本书受中国历史研究院学术出版经费资助

中国历史研究院
Chinese Academy of History
学 术 出 版 资 助

团体与日常

近代中国留日学生的生活史

徐志民　〔韩〕孙安石　〔日〕大里浩秋　等　著

社会科学文献出版社
SOCIAL SCIENCES ACADEMIC PRESS (CHINA)

中国历史研究院学术出版资助项目
出版说明

为了贯彻落实习近平总书记致中国社会科学院中国历史研究院成立贺信精神，切实履行好统筹指导全国史学研究的职责，中国历史研究院设立"学术出版资助项目"，面向全国史学界，每年遴选资助出版坚持历史唯物主义立场、观点、方法，系统研究中国历史和文化，深刻把握人类发展历史规律的高质量史学类学术成果。入选成果经过了同行专家严格评审，能够展现当前我国史学相关领域最新研究进展，体现我国史学研究的学术水平。

中国历史研究院愿与全国史学工作者共同努力，把"中国历史研究院学术出版资助项目"打造成为中国史学学术成果出版的高端平台；在传承、弘扬中国优秀史学传统的基础上，加快构建具有中国特色的历史学学科体系、学术体系、话语体系，推动新时代中国史学繁荣发展，为实现"两个一百年"奋斗目标、实现中华民族伟大复兴的中国梦贡献史学智慧。

中国历史研究院
2020 年 3 月

目　　录

前　言

　　神奈川大学人文学研究所下设中日关系史共同研究小组，其中一个重要的课题即是"中国留学生史研究"。这一研究小组以大里浩秋教授与本人为中心，定期举办研究会，并将诸多研究成果汇集成册，先后出版了 4 本研究论著，分别是：

　　（1）『中国人日本留学史研究の現段階』（御茶の水書房、2002 年）

　　（2）『留学生派遣から見た近代日中関係史』（御茶の水書房、2009 年）

　　（3）『近現代中国人日本留学生の諸相：「管理」と「交流」を中心に』（御茶の水書房、2015 年）

　　（4）『中国人留学生と「国家」・「愛国」・「近代」』（東方書店、2019 年）

　　关于中国留日学生史的研究状况，简要概述如下。日本方面，实藤惠秀最早注意到这一研究视角，并留下了开创性的研究成果《中国人留学日本史》（くろしお出版、1960 年；1970 年由同一出版社出版了增补版）。其后，以阿部洋为中心的研究小组从深度与广度两面推进了这一课题的研究。在这些优秀的研究成果之上，我们的研究小组更加重视日本外务省外交史料馆所藏的日方史料、中国台湾"国史馆"所藏清末学部档案及中华民国教育部的相关资料，在发掘资料的同时，围绕那些既往研究中较少提及或未被提及的课题展开研究。

中日双方的学术交流是推动研究发展的必经之路。围绕中国留日学生史这一课题，与中国学者共享研究成果，一直是我们认为必不可少且非常有意义的工作。2014 年，上海人民出版社出版了《近现代中日留学生史研究新动态》，该书选取了前述第一、第二本论著中对于中国方面的研究有所助益的文章，并附录了我们小组的研究动态。这是我们首次尝试以译介的方式，加深中日双方相关研究领域的学术交流。

学术发展日新月异，在这本译著出版以后，我们的研究小组又先后出版了两本论著。为了维系并进一步加深中日双方在相关学术领域的交流，继续译介新的研究成果变得更加重要。此次有幸得到中国社会科学院历史理论研究所徐志民研究员的竭力帮助，我们整合了后两本论著中的重要文章，在此基础上增加了中国学者的研究成果，形成了现在的这部著作。在本书的组稿过程中，原作者们也充分利用这一机会，对文章进行了若干增补与修订。可以说，通过本书，中国学者可以了解到日本方面留学生史研究的最新成果与动态。

以上就是本书的成书经过。

自《近现代中日留学生史研究新动态》出版以来，日本学者仍然持续关注着中国方面的中日关系史与中国留日学生史的研究动态，特别是以下几点。

首先是在发掘与翻刻各种教育与留学生的相关史料方面。浙江大学田正平教授主编的《中国近代教育文献丛刊·留学教育卷》（浙江教育出版社 2020 年版）中，收录的文献不限于留日学生，还包括大量欧美及亚洲其他诸国与中国教育相关的资料，为今后的中国留学日本史研究，以及中国留学海外其他国家史的相关研究提示了众多的可能性。

其次，以江苏师范大学周棉教授为中心的"留学生与近代中国研究中心"的研究活动让人颇为关注。我们期待该研究中心能够培养出更多优秀的留学生史研究人才。

此外，关于中国的教科书研究，乍看之下，与中国留日学生史研究的关系似乎不够密切。但众所周知，清末科举制度废除后，新式学校制度逐渐建立推广。在这一转变过程中，培养熟悉新式教育的教师，以及使用符合新式教育的教科书是改革的重中之重。清末至民国以来，大量的西方和日本图书被翻译介绍到中国，教科书也不例外。这其中，留日学生群体在新式教科书的编纂与翻译过程中发挥了无可替代的作用。在教科书研究方面，首都师范大学的石鸥教授以个人之力收集了近两万册的老课本，上至清末，下至现今，如今都静静地躺在首都师范大学的教科书图书馆内。日本学者十分关注与期待的是中国学者如何利用这些资料，以及如何拓展清末民国教科书的研究。

最后，让我们转回到日本的留学生史研究动态及今后的展望。目前，在日本的留学生史研究中，神奈川大学的研究小组扮演了重要的角色，对于这一研究领域的现状与问题，我们也有着最直接充分的体会与认识。即使在专门史的学科框架内，中国留日学生史也经常面临范围狭窄、定位边缘的问题。因此，我们认识到不能满足于现状、故步自封，需要扩大研究的面向，接纳不同志趣、学科、研究方向的学者参与其中，推动跨方向、跨学科的交流。一方面，明治初期，日本以近代化为目标，派遣了大量学生赴英国、德国、法国等西方国家留学。另一方面，在日本及欧美国家中，除了有很多来自中国的"出洋"学生外，还有来自日本的殖民地朝鲜半岛的留学生，以及东南亚诸国的留学生，他们的动向也不可忽视。因此，通过把握不同国家地域的特征，因地制宜地讨论各国的留学生问题是扩展留学生史研究的重要一环。

此外，在日本各大学中仍然保存着中国留学生的注册信息、成绩单，以及学校校务方面的行政文书等资料。这些资料对于留学生史、学校史、教育史等相关研究的深入至关重要，理应得到更多的关注。在各学校编纂的校史中，介绍了这些资料的一部分，然而也仅停留于此，尚未得到充分的利用，如东京大学驹场博物馆藏《（旧制）第一高等学校相关资料》、早稻田大学藏清国留学生部《鸿迹帖》、法政大学清国留学生法政速成科的讲义录等。近年来，有一部分资料相继得到整理，如东京大学文书馆、京都大学大学文书馆、东北大学史料馆等机构，逐渐将一部分大学档案资料电子化，并开放给大众使用。尽管基于保护个人信息的原因，仍有无法公开的内容，但这些资料的价值不容小觑。对其进行进一步整理、发掘和利用，仍是推动留学史研究向着更有深度、广度的方向发展的基础。

　　我们的研究小组会在 http：//chineseovers.jugem.jp/上定期地更新研究动态。在今后的研究中，我们期待日本、中国乃至世界其他地区的相关学者能够主动参与进来，在这个舞台上互相切磋技艺，交流心得，发表最新的研究成果。最后，再次感谢徐志民研究员，如果没有他的竭力促成，本书恐怕不会如此顺利地与中国读者见面。

孙安石

2022 年初春于横滨

第 一 章
清末留日学生研究及其新史料[*]

　　笔者对中国留日学生史的关注，是从 50 多年前喜欢读鲁迅作品时开始的，那时对他在日本留学的经历及回国后又如何记录在日经历等等很感兴趣。之后，除了鲁迅，笔者的关注点逐渐扩大到在东京和他有过接触的同乡陶成章、徐锡麟、秋瑾等在日留学时的活动，进而包括他们回国后参加光复会等的活动，并撰成论文。笔者写这些论文时，参考了很多在中国公开的资料或研究成果。在读这些研究成果时，笔者时常注意到，他们以称赞革命家作为重点而不是紧紧抓住历史事实来叙述。例如，在研究秋瑾的经历时，笔者读了对留学日本的秋瑾给予影响且在东京也有所交往的服部繁子的回忆录《关于秋瑾女士的回忆》，又查阅了秋瑾留学的实践女学校的相关资料，得以详细地知道她留学日本的原委和留学时的情况，写成《日本人所见的秋瑾——关于若干秋瑾史实的再讨论》一文。[①] 在撰文过程中，深刻体会到不夹杂主观判断地仔细研读资料的重要性。

　　在日本，研究中国人留学日本史的必读文献，是实藤惠秀先生

---

　　[*]　译者胡颖。
　　[①]　大里浩秋「日本人の見た秋瑾——秋瑾史実の若干の再検討」『中国研究月報』第 453 号、1985 年 11 月。

的几部著作。以下对实藤惠秀先生的著作加以概述，进而利用笔者最近非常感兴趣的东亚同文会机关报上的相关文章，就明治后期中国人留学日本的诸多史实，论述笔者所感。

一　实藤惠秀的研究

在日本奠定中国人留学日本史研究基础，并成为日后日本学界楷模的是实藤惠秀（1896—1985）。因此，我们先通过实藤先生著作《中国人留学日本史》的后记，看一下其研究是如何开始的。

实藤的大学毕业论文是关于中国志怪小说的，他毕业后第一次去中国旅行时，开始对汉语感兴趣，回国后经常去中国留学生聚集的场所练习说汉语。在那个过程中，他感觉到日本人对中国留学生有歧视，而他自己非常注意，不用日本人常用的让中国人反感的"支那"一词。虽然对中国越来越感兴趣，但对今后具体研究中国哪方面的问题，他还在犹豫。这时他阅读中国的新刊图书或报纸杂志时，注意到日本的书籍在中国被广泛地翻译成中文。于是，他产生了整理被翻译成中文的日本图书目录的想法。他按原作者分类做成目录卡，达到一定数量时，与日华学会（"关照"中国留学生各方面的外务省外围团体）的人商量后，刊登在该学会的机关报《日华学报》上。在制作目录的过程中，实藤有过是谁把这些日本书翻译成中文的疑问，当得知那是留学生所为之后，又有中国人为何会来日留学的疑问。在读了两三本相关著作之后，他并未发现答案。为了找出答案，他在自己所在学校早稻田大学的图书馆里，不断地查阅大量日本的杂志。在查阅可能有参考价值的日本和中国两方面文献的过程中，中国人留学日本史自然而然地成了他日后的研究课题。

就这样，经过五六年的调查研究，实藤写出的文章连载在

《日华学报》上，之后以《中国人留学日本史稿》为题出版（1939年）。① 该书出版的前一年即1938年，实藤作为特别研究员被外务省派到中国。这一年他在中国各地目睹中日战争造成的惨状。同时，无论走到哪里，他都要到旧书店去看看，只要觉得和留学生有关的就一概买到手。他如此热衷于逛书店，是因为中国之行的目的，就是为完成留学生史这一研究课题而收集资料。之后，实藤携带买到的4000多册相关图书回国。日本战败后又经过一段时间，实藤完成了《中国人留学日本史》（1960年）和稍加补充的《中国人留学日本史（增补版）》（1970年）。②

下面再次确认一下上述内容中简单涉及的实藤先生确定研究中国人留学日本史的原委，就他写了《中国人留学日本史稿》又写了《中国人留学日本史》的意图，阐述笔者的一点见解。

实藤在确定中国人留学日本史这一研究内容之前，借由去中国旅行的契机，加深了与留学生之间的交流。在此过程中，他深刻感受到日本人对中国人的歧视和轻蔑。

之后，继九一八事变、中日战争爆发，在中日关系日益紧张的情况下，实藤先生切身体会到在日本的中国留学生们所遇到的困难。他一边通过日华学会表达日本政府没有好好对待留学生之类的感慨，一边进行留学生史的研究。

而且，实藤在中日战争之时正在中国逗留，他一面亲眼见到战争的残酷情形，一面大量收买留学生史研究的参考书。

实藤既了解当时的留学实态，又通过在日本发行的新闻报刊和中日相关资料对清末民初的留学情况进行精心研究，还采访了日本国内参与中国人留学事宜的相关人士。他把时间范围从清末到1937年的研究成果写成《中国人留学日本史稿》，出版《中国人留

---

① 実藤恵秀『中国人日本留学史稿』日華学会、1939 年。
② 実藤恵秀『中国人日本留学史』くろしお出版、1960 年；実藤恵秀『増補中国人日本留学史』くろしお出版、1970 年。

学日本史》时虽然是二战结束十多年以后，但他同样把研究时间的下限定到 1937 年。实藤认为，中日战争全面爆发的 1937 年为中国人留学日本的一个阶段的结束，或者说是"留学日本前史"的终结。事实上，中国人赴日留学一直持续到 1945 年日本战败甚至之后，也许实藤认为战时留学是不正常现象，所以采取不予以承认的态度。

在此探讨一下《中国人留学日本史稿》和《中国人留学日本史》内容上的变动。

据《中国人留学日本史》"后记"的记述，《中国人留学日本史稿》中以"留学外国的时机（西洋文化和中国）""留学日本的原因（中日两国文化地位的逆转）"为标题的章节，在《中国人留学日本史》中被大幅缩减。另外，《中国人留学日本史稿》中几乎没有涉及的"留学生的日本生活""留学生和日本""留日学生的翻译活动""对中国出版界的贡献""日语词在汉语中的融入"，在《中国人留学日本史》中设有章节，而《中国人留学日本史稿》的"留日学生的革命活动"一章，在《中国人留学日本史》中进行了大幅补充。另外，在《中国人留学日本史稿》中按照从"初期的留学日本"到"九一八事变之后的留学日本"的历史顺序进行解说的部分，在《中国人留学日本史》中做了改动并有所缩减。总之，两者在内容上有很大的不同。

实藤先生为何做了如此大的改动，就如《中国人留学日本史》的"前言"和"后记"中论及的，在战争爆发并愈演愈烈的过程中，实藤先生对包括留学生在内的中国人是抱有同情的，但归根结底又无法摆脱自身也是参与侵略中国的日本的一员这样一种事实，由此产生了自责心理。他决心今后要站在中日平等的立场上为中日友好而努力，可以说这种决心反映在《中国人留学日本史》的内容当中。另外，基于对《中国人留学日本史稿》研究了"留学生来日的理由和留学日本的变迁，但关于留学生对祖国的贡献几乎没有研究"的反省，实藤先生在《中国人留学日本史》中增加了与之相关的内容。

　　实藤先生的著作中，笔者先读的是《中国人留学日本史》，之后读了《日中非友好的历史》。① 后者论述了日本如何对中国非友好，作为非友好的例子，举出的是关于反对"留学生取缔规则"运动和五四运动等的日方新闻报道。笔者从战后实藤先生站在中日友好的立场致力于留学生史研究的态度中学到了很多东西。而笔者稍迟读了《中国人留学日本史稿》后，深感其中也有很多值得学习的内容。不怕误解地说，与以平等和友好为基调而写的《中国人留学日本史》相比，在《中国人留学日本史稿》中有许多非常生动的叙述，内容也很有趣。这么说，是因为在《中国人留学日本史》中，《中国人留学日本史稿》的一部分被改写缩短，但《中国人留学日本史稿》中介绍了很多当时的资料，坦率地指出了中日双方都存在的问题。在对历史事实的理解上，笔者觉得《中国人留学日本史稿》中的记述能够引起思考的地方有好几处。在此笔者仅举出《中国人留学日本史稿》的"后记"里有而《中国人留学日本史》中没有的发问："日中两国迎送留学生数十万人，①派遣方中国的目的和方式正确吗？②被派遣的留学生们是否完成了使命？③迎接他们的（以及还在继续迎接）日本政府做了与之相应的准备吗，或想尽一切办法吗？日本政府的做法无论是为了两国文化还是为了其他，不都是应该反省的问题吗？"接着还有这样的总结："长达42年留学史的后面，两国发生了全面性的大冲突，称不上是完美成功的留学史。真是可悲！即使之前有一部分取得些许的成功，但总体上来说不能不称之为'失败的留学史'。"

　　无论在日本还是在中国，一提起实藤先生的著作，大概都可以举出《中国人留学日本史》来，可是从"实事求是"的意义上来说，《中国人留学日本史稿》也有可读的价值，笔者认为应当同时参考二者。

---

　　① 実藤恵秀『日中非友好の歴史』朝日新聞社、1973 年。

二　东亚同文会机关报

东亚同文会（1898 年 11 月至 1946 年 3 月）是日本人组织的对中国和朝鲜的各种情况予以关注的团体（最初以关注中国为主，在 1906 年日本政府于朝鲜半岛设置统监府，把朝鲜逐渐殖民地化后，其关注点全部集中到中国）。正如其成立之初的纲领"保全中国；有助于中国乃至朝鲜改良；加强中国与朝鲜时事之研究；唤起国内舆论关注"所示，东亚同文会紧跟欲借甲午战争胜利之势加强对中国和朝鲜的影响力的日本政府而展开各种活动，从成立到解散一直持续发行机关报。从 1906 年开始，东亚同文会的机关报聚焦中国，且只刊载与中国有关的文章。

本章利用东亚同文会机关报的原因，一是笔者考虑到这个机关报登载的有关中国人留学日本的文章有一定的参考价值，且里面含有其他史料中没有的信息，能丰富留学史的研究；二是甲午战争后，日本在中国建立租界并企图以此为基础从经济领域进入中国，但日本很快注意到其经济实力不如西方列强，很难达到预期效果，于是欲凭借先进且自信的日本教育进入落后的中国教育领域，以此代替经济方面，对中国施加影响。因此，由东亚同文会主导，向中国派遣教习，又创办接收中国留学生的学校——东京同文书院，还想充当管理中国人在日本留学的全部角色。这般与留学相关的动向，都刊登在同文会的机关报中。以下笔者把明治时期（1898—1911）出版的《东亚时论》《东亚同文会报告》《中国调查报告书》中的相关文章，按时间顺序加以提炼介绍，并适当地加入一些评论。

（一）《东亚时论》（1898 年 12 月至 1899 年 12 月，共 26 册，每月发行两期）

第 5 号（1899 年）的《清国留学生》中写道，有来自湖北的

19 名、来自南洋的 14 名武备学生入成城学校，有师范生 2 名、政治法律生 4 名入帝国大学附属日华学堂。之后的几期中也陆续刊登了留学生来日的情况。这些文章显示出清末派遣留日学生之初的特点，即以学陆军为目的，入具有预备性质的成城学校的留学生较多。① 另外，在第 21 号上的文章中有北洋水师学堂派遣的学生想学海军，但没得到日本海军大臣的许可，只能入日华学堂的信息。这让我们意识到日本陆军和海军在接收留学生上的不同。还能看到，最初从湖北来的留日学生比其他省要多，这与张之洞 1898 年所著《劝学篇》紧密相关。

第 18 号的《清国留学生》中写道，清国派遣的官私费留学生现在不下 80 名，还介绍了成城学校、日华学堂、高等师范学校等在校留学生的情况。文章前面提到张之洞嫡孙在东亚同文会会长近卫笃麿的指导下于学习院学习。在中国人留学日本的各种决策上，张之洞的影响很大，提及张孙之事应该是重视张之洞这一政府高官渠道的体现。②

第 23 号上，辻武雄在《论清韩留学生的教育主义》一文中写道，中国人相信"以日本为师只求自家的位置向上前进一步，如前进数十步数百步，必以欧美各国为师"，但那只是中国人的认识而已，日本具备"根本性教育主义"，对留学效果的期待一点也不会比欧美各国少，应该推荐留学日本。《湖北短信》中关于湖北派遣留学生的内容写道，因上年湖北派遣的留学生成绩优秀，湖北决定再派两湖书院 10 名学生、经心书院 10 名学生来日。《新来的清国留学生》中指出，从湖北来的 46 名学生，多数入成城学校，后续的 35 名留学生已达神户。③

---

① 「清国留学生」『東亜時論』第 5 号、1899 年 2 月。
② 「清国留学生」『東亜時論』第 18 号、1899 年 8 月。
③ 辻武雄「清韓留学生の教育主義を論ず」「湖北短信」「新来の清国留学生」『東亜時論』第 23 号、1899 年 11 月。

（二）《东亚同文会报告》（1899 年 12 月至 1910 年 6 月，全 132 册，从第 1 册到第 122 册每月发行一册，之后每月两册）

第 6 册（1900 年）的《春季大会》中写道，根津干事长的报告提到南京同文书院正在筹备中，还提到东京同文书院于上一年 10 月开办，来日学生不断增多，为不误其身，要做好监督工作。东亚同文会的重点工作是，在中国经营教日本学生中文和中国情势的学校，培养进入中国所需的经济人才，同时在东京经营东京同文书院以教中国留学生日语和普通学（日本的初高中教授的内容），培养中日"亲善"人才，并设想全盘接管中国人留学日本事宜。①

第 17 册（1901 年）中鹤冈永太郎《日清贸易和实业教育》一文，主张克服贸易萎缩的手段之一即设立实业学校，并认为此举不仅"为了扩张我国商业权力"，还能收获"保全清国之实"。由日本人为落后的中国人开办"以实业新学派专教农工商业之知识"的学校，一开始设在汉口、上海、北京，之后扩大到其他地方，劝导在那里学习的学生将来到日本留学。经济实力不如西方各国的日本，只能且可以通过教育对中国施加影响。该主张是否付诸实践，在后来的文章中没有提及，但向我们明示了想以这种理念来教育中国人的日本人在东亚同文会中是存在的。②

第 29 册的《东京的清国留学生》中载有根据最近的调查，分别按照留学日本的中国人的籍贯、年龄、在籍学校统计出人数，并做"稍加说明"。这应该是分析这个时期留学情况的有力资料。笔者在这里试举几个"说明"：据调查，留学生共计 274 人，其中官费生 163 人、自费生 111 人；来自湖北、江苏、浙江的留学生居多；留学生一共来自 15 个省。③

---

① 「春季大会」『東亜同文会報告』第 6 册、1900 年 5 月。

② 鶴岡永太郎「日清貿易と実業教育」『東亜同文会報告』第 17 册、1901 年 4 月。

③ 「在東京清国留学生」『東亜同文会報告』第 29 册、1902 年 4 月。

第 30 册的《清国留学生会馆的设立》中介绍了清国留学生会馆设立的背景、目的及所在地等。文中称留学生人数已近 300 人，为了便于监督及彼此间的交流和知识信息的交换等，在神田骏河台铃木町 17 番地设立清国留学生会馆，于 1902 年 3 月 30 日召开成立大会，参加大会的留学生有 220 人，并附有会馆职员名单和会馆章程。①

由第 35 册的《清国留学生的调停及与各相关学校的协定》及第 38 册《秋季大会》中根津干事长报告的内容结合来看，留学生与清国公使馆之间发生了矛盾，留学生入官立学校时需要驻日公使的保证，但因公使拒绝提供，双方发生了冲突，甚至出现了学生们聚集起来要统一回国的事件。此时，留学生代表希望东亚同文会出面协助。东亚同文会询问学生们的意向，他们提出设留学生总监督和"以合适的方法打开入文武两类学校之路"两点愿望。外务省听取了学生们愿望后，与宏文学院②、清华学校、东京同文书院的负责人商讨解决方案并传达给留学生代表，冲突才得以平息。③ 实藤惠秀以"成城学校入学事件"为题详细记述了此事。④

第 46 册的《北京通信》其二"留学生的监督"中指出，由于在日本的中国留学生"往往放纵不安分，蔡公使及专任监督王某也束手无策"，清政府与内田公使协商，近日将安排有充分权限的监督赴日。⑤

第 57 册的《春季大会》中写道，东京同文书院的学生共 132 人（自费生 106 人、官费生 26 人），现在的校舍狭窄，计划移到目

---

① 「清国留学生会館の設立」『東亜同文会報告』第 30 册、1902 年 5 月。

② 原名弘文学院，由日本东京高等师范学校校长嘉纳治五郎创办，后因避清乾隆帝弘历的名讳，改称宏文学院。特此说明。

③ 「支那留学生の調停と関係各学校との協定」『東亜同文会報告』第 35 册、1902 年 10 月；「秋季大会」『東亜同文会報告』第 38 册、1903 年 1 月。

④ 実藤惠秀『増補　中国人日本留学史』、424—460 頁。

⑤ 「北京通信」『東亜同文会報告』第 46 册、1903 年 9 月。

白的近卫会长私有地。文中还称今年预计有 20 多名福建官费留学生和多名山西留学生来校。①

第 58 册的《清国学生监督招待》中写道，东亚同文会以逐渐来日的管理留学生的各省监督和公使杨枢为对象，并邀公使馆各职员进行会谈。出席会谈的有来自浙江、云南、湖北、两广、北洋等地的监督，且有姓氏在记。② 这是其他资料中很少见到的珍贵资料。

第 61 册的柏原文太郎《清国视察谈》，是其考察北京教育情况后的谈话记录。其中，在当地听到的教育界相关人士对在日本的中国人教育的期望，都是"实施正当教育"。他们认为"接受肤浅的教育"回国后，反而"不如在本国接受教育的人"，将失去派遣留学的意义，可见其对日本的速成教育进行了强烈批评。③

第 67 册的《商业学专业的留学生》中写道，商部致电各地巡抚，选择学堂中优秀的学生 30 名，送到日本学习商业，培育商业人才，使其回国后在商部及各地的商务学堂充当教员。④

第 68 册的《日本留学生殿试》中写道，上个月，对归国留日学生进入中央各官署为官之人举行了"进士、举人资格"考试，其结果是第一等（进士）8 名、第二等（举人）5 名，称这是"留学日本的学生从未有过的荣誉"。《春季大会》中以"海军士官养成"为小标题的文章中写道，清国的陆军留学生至今都入成城学校，而尚没有海军留学生（实际上，上述的《东亚时论》第 9 号写了从天津水师学堂来的留学生，但那时日本海军没有接收他们），但清国有必要计划扩建海军，因此需要培育海军人才，而"本会应给予大力支持……并以适当的方法为清国海军士官的养成

---

① 「春季大会」『東亜同文会報告』第 57 冊、1904 年 8 月。
② 「清国学生监督招待」『東亜同文会報告』第 58 冊、1904 年 9 月。
③ 柏原文太郎「清国視察談」『東亜同文会報告』第 61 冊、1904 年 12 月。
④ 「商業学専攻留学生」『東亜同文会報告』第 67 冊、1905 年 6 月。

提供便利"。①

第 70 册的《北京修艺所设立》中写道，工巡局保军衙门和内务府慎刑司组织成立修艺所，以"教犯人及贫民工艺"，并决定此事由留日学生负责。②

第 71 册的《关于留日学生的报告》中写道，数名江南绅士向巡抚衙门报告视察日本的结果并主张：本省派遣的官费生毕业后必须回本省任用；每年从本省武备学堂派出 4 名学生，令其学习高等知识；为培养粤汉铁道的经营人才，多派学生到日本的铁道学校学习；省内各州县根据各自规模大小，派遣师范生和警察学生到日本留学。③

第 73 册登载了文部省于 11 月 2 日发布的第 19 号省令《关于接收清国人的公私立学校的规定》全文。《清国留学生问题》叙述了留学生反对文部省的规定而进行抗议并发展成同盟罢课的情况，且写道，"本来该文部省令是出于保护清国留学生的宗旨而制定的，也与清国驻日公使事先进行了充分的商量，是征得其同意后才发布的。事态发展到如此地步，或是有政治上企图的一派在背后煽动这类学生"，应该镇压学生的过激行为，用适当的方法救助他们，各学校代表、有力量的团体及热心人士说"目前正和清国公使及当局协商中，不久事件应该得以平息"。④ 另外，关于此事件，实藤惠秀在《中国人日本留学史（增补版）》中以"反对'留学生取缔规则'运动"为题，详细地介绍了其经过。⑤ 但是，读了此事前后经过后，笔者认为，虽然可以理解学生们的抗议，但就当时的情形来看，文部省的规定有一定的道理。

---

① 「日本留学生殿試」「春季大会」『東亜同文会報告』第 68 册、1905 年 7 月。

② 「北京修芸所設立」『東亜同文会報告』第 70 册、1905 年 9 月。

③ 「日本留学生の報告」『東亜同文会報告』第 71 册、1905 年 10 月。

④ 「清国人入学公私立学校規定」「清国留学生問題」『東亜同文会報告』第 73 册、1905 年 12 月。

⑤ 実藤惠秀『増補 中国人日本留学史』、461—494 頁。

第 74 册的《秋季大会记事》中写道，根津报告中有像现在东京同文书院所发生的留学生同盟事件的类似事件，5 年前"就预见了今后必发生同类事情，为防患于未然，已定妥方案，曾与当局进行交涉，由同文会来接收并教育全体清国留学生，将不会引起他日之混乱"，该事至今未得到解决，因此"应在教授学术方法及其他所有方面，努力成为清国留学生各学校之模范，书院的留学生们谁也不允许外住，全部安排在寄宿舍，进行全面教育"。①

第 77 册的《学部关于暂停派遣留学生的通告》中写道，学部通告，鉴于海外留学增加而发生各种问题之现状，在留学生规则制定完成之前，各省应暂停派遣留学生。②

第 78 册的《杨公使密奏在日清国留学生情况》中，载有驻日公使杨枢指出，鉴于中国人留学日本的现状，特别是速成教育存在的各种问题，希望本国"严格制定留学生选派规则"。文中还指出，接收中国留学生的日本普通学校"教育完善的除成城学校外仅有三四所"，高等专门学校和大学都有定员，接收留学生的人数有限。《张总督和留学生》一文指出，张之洞同内田公使谈到为管理在日本的留学生，应该制定更加严格的方案。③

第 79 册的《日本留学生规程》中写道，清政府为以后留学日本制定规则，按照"长期游学者、学习中等工艺者""欲入高等以上的学校及各类专门学校者""学习短期速成法政或师范者"，分别规定了必备的留学资格。其中，对欲学速成者加上留学前须学"普通学及汉文优秀"等条件。这个规程之后是如何修改实施的，速成科多大程度上按规程实施还是完全未被落实等，在那时都不明

① 「秋季大会記事」『東亜同文会報告』第 74 册、1906 年 1 月。

② 「留学生派遣見合わせに関する学部の通達」『東亜同文会報告』第 77 册、1906 年 4 月。

③ 「楊公使の在日清国留学生情況密奏」「張総督と留学生」『東亜同文会報告』第 78 册、1906 年 5 月。

确，但对之前接近放任状态的各种留学的管理，终于有了区分性的规定。该册《春季大会记事》的"海军学生养成"小标题下的内容为，清国海军决定送 70 名学生到日本，已经在日本的海军学生入商船学校学习，这是本会与海军和递信省交涉的结果。①

第 82 册的《留学生制限》中写道，学部制定游学限制章程，"向各省巡抚下达指令，要求扩充本国中等教育的同时限制派遣留学生，留学日本的总人数已达 1.3 万人，且大多数希望学习速成，这种情况是应清国学务之急需，但现在已经没有这种需求"，今后对任何希望学习速成的学生，无论官费还是自费都不得派遣。②

第 84 册的《留学生登用考试之议论》中写道，10 月，举行了"东西两洋留学生的学位授予考试"，虽然 42 名考生中有留日学生 23 名，但考中进士的 9 名和考中举人的 23 名中，没有一个留日学生，由此产生了争议，听说要重新调查试卷。对于调查的结果如何该刊并没有后续文章，之后关于擢用考试的文章，仅限于记述留日学生没有考取进士，或者没有提及留日学生。该册中的《陆军留学生规约》是日本就陆军学生的留学同清政府做出的协定的内容。其中，有"以后每年留学生定员为 70 人，送入振武学校，毕业后送联队，其中 50 人再送入士官学校，另 20 人送入测量经理科"等内容。③

第 86 册的《秋季大会》中写道，从根津干事长秋季大会事业报告中抽出有关留学的内容如下：东京同文书院在籍的中国留学生大约 200 人，本来就不计划招收过多，为了成为接收中国留学生学校的楷模，该书院一直实行全体学生寄宿制，且规定必须学习三年以上普通学才给予毕业证书。但是，今后学完普通学后学生须进高等学校，这种教育是否能够顺利地衔接"也和日本的对清政策有

① 「日本留学生規程」「春季大会記事」『東亜同文会報告』第 79 册、1906 年 6 月。

② 「留学生制限」『東亜同文会報告』第 82 册、1906 年 9 月。

③ 「留学生登庸試験の紛議」『東亜同文会報告』第 84 册、1906 年 11 月。

很大关系"，为了顺利地实施这种教育，从两年前就费尽苦心商定草案，与中日双方进行交涉。①

第 88 册的《对留学生警戒》中写道，最近，在中国国内各地发生的"暴力骚乱"，与"日本留学生及留学生和一部分日本人之间多少有关系"，将加强对留学生的警戒。②

第 89 册的《对留学生的训诫》，引用了学部因最近留日学生"风气衰退之声渐盛"，对留学生加以训诫的长文。③

第 91 册的《日本士官学校的清国生》一文，是关于陆军士官学校的留学生现状与今后的入学计划。从中可见与其他学校留学生减少的情况相比，陆军留学仍保持不变的热度。④

第 93 册的《新任驻日公使对留学生的意见》中写道，随着留日学生逐年增加，学生与公使发生冲突的事例也在增多。对此，最近上任的李公使考虑，把熟悉留学生情况的人选为副监督，在需要和学生对话时，将与同乡会等团体选出的代表进行谈话。《学部关于留学生的内训》则写道，至今各省派遣的留学生有"往往不深究其学科知识而中途回国者"，今后将采取"无论何种留学生，规定年限内必须在校学习，毕业方能回国方针"，并将该训令通电各省。⑤

第 96 册的《留学生派遣的选择》中写道，管学张之洞鉴于至今各省自行派遣留学生，没有统一的规定，下令给各省，要求今后派遣的留学生仅限于有汉文素养且有普通毕业证书者。⑥

第 99 册的《秋季大会记事》中写道，根据根津干事长的报

---

① 「秋季大会」『東亜同文会報告』第 86 册、1907 年 1 月。
② 「留学生に於ける警戒」『東亜同文会報告』第 88 册、1907 年 3 月。
③ 「陸軍留学生に対する制裁」『東亜同文会報告』第 89 册、1907 年 4 月。
④ 「日本士官学校の清国生」『東亜同文会報告』第 91 册、1907 年 6 月。
⑤ 「新任駐日公使の留学生に対する意見」『東亜同文会報告』第 93 册、1907 年 8 月。
⑥ 「留学生派遣の選択」『東亜同文会報告』第 96 册、1907 年 11 月。

告，在东京的中国人留学生人数日益减少，目前有 5000 人左右，接收中国留学生的学校面临各种困难，而东京同文书院却从春季开始留学生略有增加。为了推动留学生进入高等学校留学，同文会提出了从 1907 年开始由两国政府共出资 230 万日元的十年留学生计划。作为后续，该文指出，十年计划在于对"中国全体留学生进行完全教育"，在即将制定之时，"因为某种障碍没有实行"，如果该计划得以实施的话，"中国留学生的形势……不会出现衰退"。①虽然具体事实不明，但笔者认为该记述是颇有意义的证言。

第 101 册的《电气科学生日本留学》一文，指出农工商部管辖的实业学堂电气科学生派往日本留学的计划已逐步落实。②

第 103 册的《其他国家的清国留学生和清国的留学预备教育》一文，对《东亚ロイド》5 月版面上刊登的清国留学生在相关各国（日本、美国、英国、德国）的教育情况进行了介绍。其中对于日本，称其教育"可以说以失败而告终"，"以两年的修学期限入东京及大阪的各大学的自费及官费留学生一时达八千名，从迄今为止的经验看，这些学生与其说对祖国有用，不如说有害"，并阐述了造成这一现象的原因。其原因之一是"他们中的大多数缺乏语言及科学素养"，掌握日语又需要时间，且在本国没有完成基础教育，不能理解日本学校的教育内容，再加上有一些留学生在本国内"严肃的家庭和枯燥的学校氛围里成长"，"一旦处在没有束缚的自由的外国，做什么都按自己的意愿来，其行为最终超出常规，敢为一些不道德之事"，也有很多人加入"改革派或革命党"等。《春季大会》登载的记述，是第 99 册的《秋季大会》中根津干事长报告内容的延续。根据其报告，东亚同文会所介入的清国公使与文部省的商谈仍在继续，商谈的结果是"考到高等学校以上的学校的学生，由文部省接管……在文部省直辖学校内另建寄宿舍进行完全

---

① 「秋季大会記事」『東亜同文会報告』第 99 冊、1908 年 2 月。
② 「電気科学生日本留学」『東亜同文会報告』第 101 冊、1908 年 4 月。

教育，从本年开始每年接收大约一百五十人到一百六十人"。① 这是指"五校特约"的实施，与第 99 册根津报告中所说接收"全体留学生"的内容和规模相差很大。

第 108 册的《陆军留学生考试》一文写道，陆军部对陆军留学生进行了考试，其中留日学生 56 名、留德学生 12 名，取得考试优等合格的 27 名中留日学生占 26 名。《留学生委托》一文则指出，文部省在清国的要求下，规定由直辖五校接收留学生，五校的各种费用由清国支付，"预计今后的官费生会逐渐向好的方向发展"。②

第 115 册的《春季大会》中指出，根据根津干事长的报告，清国学部的方针是，在本国学完普通学之后来日本，"在学习日语的同时学习算数，然后进入高等学校"。报告称来东京同文书院的学生也减少了，虽然中国借各种机会进行宣传，但没有产生效果。③

第 120 册的《留学毕业生考试》一文介绍了以当年 7 月公布的《留学毕业生考试规则》为准则实施考试的情况，但留日学生考试的情况并未提及。《陆军留学生毕业考试》中记载，该次考试合格者 229 名中，有留日学生 218 名。《日本海军和清国海军留学生》前面也提到，清国要求日本海军接收本国海军留学生，但日本海军以对留学生的待遇等问题需要讨论，一直持保留态度，这次讨论结束后决定接收，毕业于商船学校的 8 名学生作为第一期清国海军学生被横须贺的海军炮术学校接收，今后也将以同样的方式接收。④

---

① 「外国に於ける清国学生と清国に於ける其予備教育」「春季大会」『東亜同文会報告』第 103 册、1908 年 6 月。

② 「陸軍留学生試験」「留学生依托」『東亜同文会報告』第 108 册、1908 年 11 月。

③ 「春季大会」『東亜同文会報告』第 115 册、1909 年 6 月。

④ 「留学卒業生試験」『東亜同文会報告』第 120 册、1909 年 11 月。

第 121 册的《秋季大会记事》中写道，据根津干事长的报告，教授中国留学生普通学的学校，现在仅剩成城学校和东京同文书院两所，拥有 125 名学生的东京同文书院，在不断总结经验后逐步完善，能够进行完全教育，卫生状况良好，留学生回国后的评价也高。该报告还言及以前报告中没有涉及西欧各国接收中国留学生的现状，称现在约有 4000 名中国留学生的日本，在教育中国学生的政策方面并不落后。①

第 122 册的《他国的事业》一文记录了美国以及英国、德国、俄国的中国留学生教育情况。②

第 127 册的《宪兵留学生回国》中写道，2 月，日本宪兵本部练习所举行了第一届清国留学生毕业仪式，12 名留学生全部以优异的成绩毕业。③

（三）《中国调查报告书》（1910 年 7 月至 1911 年 12 月，全 37 册，每月发行两册）

第 1 卷第 6 号的《本年京师匠考试之盛》，是关于废除科举已五年的清国当年也实施各种官吏擢用考试的新闻报道。其中写道 5 月为毕业留学生举行了殿试，有 200 余人参加。《学部关于女子日本留学的训示》记载，留学是为学习"高等专门之学问"，"学部章程限于中学毕业程度以上者"，因"女学尚未发达，学校不多，故不能仅限于中学毕业程度"，欲自费留学日本的女性必在提学司接受考试，成绩优异者方被许可。④

第 1 卷第 7 号的《铁路留学生考试》中写道，铁路留学生考试举行在即，将在邮电部进行。有留日铁路毕业生 6 人向驻日公使

---

① 「秋季大会記事」『東亜同文会報告』第 121 册、1909 年 12 月。

② 「外人の事業」『東亜同文会報告』第 122 册、1910 年 1 月。

③ 「憲兵留学生の帰国」『東亜同文会報告』第 127 册、1910 年 3 月。

④ 「本年京師匠考試の盛」「女子の日本留学に関する学部の訓示」『支那調査報告書』第 1 巻第 6 号、1910 年 9 月。

提交考试申请书，将于该月 25 日、26 日在邮电部一同考试。①

第 1 卷第 12 号的《日本留学海军学生》中写道，1906 年起留学日本的海军学生 70 人，于当年 11 月从商船学校毕业后，与海军省交涉成功，被允许入海军炮术学校，其中 8 人被允许搭乘军舰"津轻"号实习。现商船学校在籍者共 25 人。②

第 2 卷第 5 号（1911 年）的《清国留学生的决议》中写道，1200 余名清国留学生为"唤醒沉睡的本国国民"，于 2 月 26 日集中到牛込区西五轩町的留学生会馆进行协商，"其后十八省的留学生每省选出五名代表"，各代表于 3 月再度集会商量具体的行动办法。《清国留学生的奋起》中称，"学生团"的宗旨在于"促进本国国民觉醒，开启国民智识"，目的是"教育全体清国国民，使其具备充分的军国民资格"，为实现该目的而组织国民会，印刷数万册"全体国民警告书"，在国内各地散布。这一时期的留学生活动是由俄国出兵伊犁、英国出兵云南所引发的。③ 关于对各国出兵怀有危机感的学生们进行激烈讨论、研究对策的情形，小岛淑男的《留日学生的辛亥革命》中有详细论述。④

第 2 卷第 11 号的《在日本的清国留学生》中写道，根据 4 月 22 日的调查，在日本留学的清国学生按各学校的人数合计，其中男子共 3237 人、女子共 30 人，在"士官学校及其他家庭教师处学习"的有 500 人，总计 3767 人。⑤

第 2 卷第 19 号的《日本留学预备校设立计划》中写道，清国学部和日本文部省协商决定派遣 165 名清国留学生入五校留学，学部上奏清廷决定"开设此等学校入学的预备校，专门教授日语，

① 「鉄路留学生試験」『支那調査報告書』第 1 巻第 7 号、1910 年 9 月。
② 「日本留学海軍学生」『支那調査報告書』第 1 巻第 12 号、1910 年 12 月。
③ 「清国留学生の決議」「清国留学生の奮起」『支那調査報告書』第 2 巻第 5 号、1911 年 3 月。
④ 小島淑男『留日学生の辛亥革命』青木書店、1989 年。
⑤ 「在日本の清国留学生」『支那調査報告書』第 2 巻第 11 号、1911 年 6 月。

一两年后派遣到日本"，该学校的设立计划是"与美国留学生的预备学校清华学堂相对应而言的"。《清国委托海军学生》指出，第一届委托学生已经毕业回国，除了第二届学生 23 人、第三届学生 33 人各自还在学习中外，在商船学校的学生中有 25 人进入预备学科。但是，清国今后是否继续派遣委托学生，尚不明确。①

第 2 卷第 24 号的《东亚同文会秋季大会》中写道，在根津干事长的报告中提到东京同文书院的学生有逐渐增加的趋势，但受"本次大动乱"（指 10 月 10 日爆发的辛亥革命）的影响，学生减少 100 余名，剩下的 50 名左右学生"比平时更热衷学习"。②

以上关于东亚同文会参与中国人留学日本事务，仅挑出其机关报中登载的 1911 年之前的一小部分内容，并稍加评论。机关报中关于中华民国成立以后的留学内容不是没有，但极少，基本上是该会经营的上海东亚同文书院和东京同文书院的发展情况。虽然东京同文书院的留学生人数减少，但其仍坚持到五四运动之后，直到 1922 年停办。东亚同文书院及在中国教中国学生的学校一直开办到 1945 年。关于东亚同文会参与中国人留学日本事宜，无论 1911 年以前还是以后，都有很多需要进行史实调查与分析的研究课题。

三　小结

以上介绍了实藤惠秀的研究以及东亚同文会机关报所载的内容，最后阐述一下笔者众多感受中的两点。

第一，关于清末留学日本之初的各种混乱与试错。这是留学生

---

① 「日本留学予備校設置計画」「清国依託海軍学生」『支那調査報告書』第 2 卷第 19 号、1911 年 10 月。

② 「東亜同文会秋季大会」『支那調査報告書』第 2 卷第 24 号、1911 年 12 月。

派遣方和接收方都能看到的现象，包括并不能只一笑置之或将其否定的一些情况。

作为派遣方，不论是北京的中央各官署和学堂，以及各省政府和军事学堂等官费派遣的，还是省以下州县地方公费派遣的，都期待留学生能通过留学获得知识和技能，在回国后发挥作用。特别是留学初始，为了短时间内学得所急需的知识和技能，派留学生到很多实施速成教育的学校学习。可是，速成教育并未取得预期的效果。清政府停止派遣速成学生，转为重视高等专门教育，并把官费限定于考取文部省直辖的五所国立学校和理科类学校的学生。在速成教育实施过程中下令使其停止，并转为重视高等教育的举措，虽然给留学生们带来了震动，但对派遣方来说，也是怀着忧虑，在不断试错中进行方针转变。

同时，作为留学生接收方的日本，为了"指导落后的中国教育"，试图从教育方面使中国处于本国影响之下，不问接收条件充分具备与否，就接收了很多留学生，不单是学校，甚至各官厅或企业也招收留学生。一部分学校并不具备教学资格但仍在运营，并在留学生品行成为问题后实行严格管理，于是出现了留学生抗议的情况。可是，很多学校或官厅企业热心指导留学生，在速成教育被禁止后，对希望学习速成教育的留学生仍进行速成教育，也开办了在留学生中受欢迎的专门学校。可以说，在清末的日本留学中这类情况有很多，单纯地否定或肯定都不足以进行评价。这种情况即使到民国时期也未能完全解决。

第二，随着日本政府、军部领土扩张的野心不断膨胀，民国时期留日学生的反日情绪不断高涨，并发展到具体行动上。众所周知，留学生们在日本也进行抗议活动，甚至还有集体回国、在故乡从事抗日宣传活动的情况。但是，这些留学生的行动并没有被充分研究。另外，关于中日战争爆发后滞留日本或新来日的留学生的情况，以及日本方面的接收情况，还存在很多不明之处。

　　总之，留学日本从最初起就是祈盼祖国复兴的众多中国青年主动追求的事情，与去其他国家留学不同，出现了各种各样的现象。中国人留学日本无疑是有意义的研究对象，希望今后也不要急于下结论，而是把研究继续下去。

第 二 章

清末留日学生的早期活动

清末时期，"救国""救亡""强国"等观念成为中国文人学者的共同目标，他们寄身于"改革""立宪"，或是"革命"等不同派系阵营，从不同角度摸索解决问题的方案。以当今的视角来看，当时的文人群体可以被归入不同的派系。但实际上，当时的人是否能够清楚地意识到自己属于哪个派系，还不能过于武断地判定。更可能的情况是，他们为了宣传自己的救国方案、思想或主张，在共同的目标之下结成团体，最终由外部人士将他们归入"改良派"或"革命派"。

以留学日本的中国学生为例，他们远离了清政府的管辖与控制，利用这一优势，学生们组织起很多团体，并通过翻译、出版、演说等各种活动，对清末民初的中日关系产生了不可估量的影响。这些组织及团体在接受新知识的同时，也在普及新式教育，宣传革命思想。其中最活跃的组织包括励志会、东京青年会、军国民教育会、清国留学生会馆、中国同盟会，以及众多的翻译出版团体。

其中，留日学生最先组织起来的就是励志会和译书汇编社。他们活跃于留日学界，积极翻译和出版西洋及日本的各种图书。然而，学界关于励志会和译书汇编社的成立、人员构成，以及他们的留学生活等问题，仍有很多不甚明了的地方。

在既往的研究中，几乎没有将励志会和译书汇编社这两个组织结合在一起进行讨论的论著。关于译书汇编社的研究必须提到的就是实藤惠秀的《中国人留学日本史（增补版）》。在其"留日学生的翻译团体"一节，实藤惠秀概括性地总结了译书汇编社的成立时间、人员构成，以及主要活动和出版的图书等内容。[①] 此外，在《明治日华文化交涉》的"清国留学生会馆物语"一节中，实藤在考察清国留学生会馆建立的经过时，曾利用《译书汇编》《游学译编》等留学生杂志，并提到译书汇编社很可能是由励志会发展而来的组织。[②] 但是，由于实藤惠秀并没有收集到全部的《译书汇编》，以上结论也仅止于推测。

关于励志会的研究中最值得关注的是张玉法的《清季的革命团体》和桑兵的《清末新知识界的社团与活动》。张玉法在论著中考察了励志会的人员构成，整理了会员名簿;[③] 桑兵的研究在此基础上分析了励志会的成立与解散、组织纲领，以及成员的政治立场等问题。[④] 两人论著重点在清末革命团体的全貌，因此并没有涉及励志会与译书汇编社的关系，以及译书汇编社的活动。

本章在借鉴诸多先行研究的基础上，通过填补励志会的会员信息，考察他们的相关活动，尝试揭开这一组织的面纱。同时，对于从励志会衍生而来的译书汇编社，一方面分析其成立的时间、组织变迁、成员信息，另一方面依据日本外务省的外交文书，重建译书汇编社成员的留学履历，以管窥清末留日学生活动之一斑。

---

①　実藤惠秀『増補　中国人日本留学史』、259—264 頁。

②　実藤惠秀「清国留学生会館ものがたり」『明治日支文化交涉』光風館、1943 年、255—262 頁。

③　张玉法：《清季的革命团体》，台北，中研院近代史研究所 1982 年版。

④　桑兵：《清末新知识界的社团与活动》，三联书店 1995 年版。

一　励志会

（一）励志会的成立与宗旨

1899 年秋，在东京的中国留学生组织成立了励志会。目前，关于励志会的资料甚少，且这些资料在内容上存在互相矛盾、南辕北辙的记述，如不进行系统梳理，很容易对该组织的性质产生误解。

例如，在《革命逸史》中，冯自由有如下表述：

> 励志会为庚子东京留学界所组织。其时各省东渡留学者不过百数十人，尚无何种结合，此会实为留学界创设团体之先河。有会章五条，不外以联络情感策励志节为宗旨，对于国家别无政见。①

由此来看，励志会是以加深留学生之间的感情、互相鼓励为目的的组织。在励志会会员的回忆录及日记中，也可以找到类似的文字。曹汝霖回忆道："有一研究团体，名励志社，文武学生，都有入会，设立宗旨，只是联络情谊，研究学术。"② 秦毓鎏也表示："（励志会）宗旨和平，后来主张君主立宪者大半此中人物。"③

此外，1900 年 11 月 14 日，时任驻日公使李盛铎在致湖广总督张之洞的电报中，提到了励志会的成立时间及宗旨：

> 励志会始自去秋，专为研究学问及译书而设，月聚一次。

---

① 冯自由：《励志会与译书汇编》，载《革命逸史》初集，中华书局 1981 年版，第 98—99 页。

② 曹汝霖：《一生之回忆》，香港，春秋杂志社 1966 年版，第 17—18 页。

③ 秦毓鎏：《天徒自述（节选）》，周新国、刘大可校阅，《近代史资料》总 111 号，中国社会科学出版社 2005 年版，第 142 页。

演说皆系学问，未及国事。①

由这封电报的内容可知，励志会成立于 1899 年秋，会员热衷于研究学问和译书。沈翔云也在自己编辑的《和文汉读法》"序言"中写道："今夏四月（1900 年 4—5 月），东渡来游。而留学之士已纠合同志，开会译书。"② 就励志会的成立时间而言，不同于其他会员多年后的追忆，根据这份 1900 年的电报加上同年沈翔云的记述，可以说 1899 年秋有更高的可信度。③

然而，冯自由留下的记述中，存在与李盛铎电报中表述相矛盾的地方。他认为励志会的活动倾向于革命派，"惟是时革命思潮已风起云涌，会员中主张光复主义者大不乏人。激烈派如戢元丞、沈翔云等均任会中干事，故亦不啻一革命宣传机关"。④ 同样作为励志会会员的秦力山也有类似表述："（励志会）有会章五条，为纯粹之革命主义。"⑤ 这种认为励志会是革命组织的认识，也可以在唐才质《自立会庚子革命记》⑥、傅光培《庚子汉口起事中的傅慈祥》⑦ 中找到。

那么励志会是革命组织，还是仅仅是留学生组织的非政治性团体，根据有限的资料很难对这一矛盾之处做出确定无误的判断。早期的励志会很可能是一个重视同学友谊及学术的组织，并不以革命

---

①　《李盛铎致张之洞电》［光绪二十六年九月二十三日（1900 年 11 月 14 日）］，载陈旭麓主编《义和团运动盛宣怀档案资料选辑之七》，上海人民出版社 2001 年版，第 381 页。

②　沈翔云编，励志会增补《和文汉读法　附译书汇编叙例》，励志会译书处 1900 年版，第 1 页。参见李長波編集・解説『近代日本語教科書選集』第 7 巻（クロスカルチャー、2010 年）。

③　关于励志会的成立时间，张玉法在论著中仅模糊地写作 1900 年，但根据其所列名簿中的成员，可以说张认为励志会在 8 月自立军起义之前已成立。桑兵则认为应在 1900 年 8 月自立军起义之后成立。参见桑兵《清末新知识界的社团与活动》，第 149 页。

④　冯自由：《励志会与译书汇编》，载《革命逸史》初集，第 99 页。

⑤　彭国兴、刘晴波编：《秦力山集（外二种）》，中华书局 2015 年版，第 185 页。

⑥　唐才质：《自立会庚子革命记》，载杜迈之、李龙如等辑《自立会史料集》，岳麓书社 1983 年版，第 61 页。

⑦　傅光培：《庚子汉口起事中的傅慈祥》，《湖北大学学报》1982 年第 5 期。

为目标。但是，随着时代的变化，会员的想法也在不断改变，此后有不少会员走上了革命道路，参加革命运动。他们曾经的励志会会员身份，使得励志会是革命组织这种认识有了生根发芽的土壤。

在此，引用章宗祥对励志会性质的记述作为总结：

> 励志会本身初未有实行革命之谋划，然汉口唐才常之役，及第一次第二次革命，皆有会员之牺牲。励志会会员个人以义合，而不以会自相标榜，可称最纯洁之团体。其后留东者人数渐增，各会分立，遂生党派。[①]

（二）励志会会员

在《清季的革命团体》中，张玉法整理并介绍了励志会的会员信息。然而，这份会员名簿并不完善，会员构成仍存在很多不清楚的地方。例如，名簿中缺少会员的留日学历，以及嵇侃、吕烈煌、薛锦标、关柄荣等人的个人信息，遗漏了范源廉、蔡锷二人。此外，名簿中还有需要订正的地方。[②]

笔者在参照张表的基础上，制作了新的励志会会员名簿（参见表2-1）。新表详细地列出了会员在日本的学习经历（所在学校和时间）、留学费用的分类，并补充了张表中会员信息的缺失部分。[③]

---

① 章宗祥：《任阙斋主人自述》，载中国人民政治协商会议全国委员会文史资料委员会编《文史资料存稿选编·教育》，中国文史出版社2002年版，第927页。此外，张继在日记中对励志会性质的总结更为简洁："光绪二十五年（1899）……中国学生立励志社，发行译书汇编，尚无革命与不革命之分。"参见张继《张溥泉先生回忆录·日记》，沈云龙主编：《近代中国史料丛刊三编》第3辑，台北，文海出版社1985年版，第4页。

② 例如，戢翼翚从未进入成城学校，而是在早稻田大学的前身东京专门学校学习。

③ 具体而言，补充了嵇侃、薛锦标的缺失信息，根据李宗棠《东游纪念第一考察学务日记》，填补了吕烈煌的字、籍贯、教育经历等空白。李宗棠：《东游纪念第一考察学务日记》，1901年，第50页，东京都立中央图书馆实藤文库藏。另见李宗棠撰，李兴武点校《东游纪念》，黄山书社2016年版，第79页。

表 2-1　励志会会员名簿

编号	姓名	字	籍贯	学历	留学费用	备考
1	戢翼翚	元丞	湖北房县	嘉纳塾(1896—1899)→亦乐书院(1899)→东京专门学校(1899—1902)→早稻田大学政治科(1902,推选校友)	使馆官费	参加自立军起义,参与创立《国民报》,青年会会员
2	吕烈煌	星如	安徽旌德	嘉纳塾(1896—1899)→亦乐书院(1899)→东京专门学校(1900)→明治法律学校(1901—?)	使馆官费	外务部译官
3	嵇侃	慕陶	浙江湖州	杭州蚕学馆(1897)→竞进社蚕业讲习所(1898)→西之原蚕业讲习所(1899)→东京高等蚕丝学校(1899—1901)	浙江官费	清国最早派出的蚕业留学生
4	陆世芬	仲芳	浙江仁和	浙江求是书院→日华学堂(1898—1899)→第一高等学校(1899—1901)→东京高等商业学校(1901—1903)	浙江官费	
5	陈榥	乐书	浙江义乌	浙江求是书院→日华学堂(1898—1899)→第一高等学校(1899—1902)→东京帝国大学工科大学造兵学科(1902—1904)	浙江官费	曾任清华学校(东京)教习
6	钱承誌	念慈	浙江仁和	浙江求是书院→日华学堂(1898—1899)→第一高等学校(1899—1901)→东京帝国大学法科大学政治学科(1901—1903)	浙江官费	
7	吴振麟	止欺	浙江嘉兴	上海育材书塾→日华学堂(1898—1899)→第一高等学校(1899—1901)→东京帝国大学法科大学政治学科(1901—1903)	自费→浙江官费	日本著名教育家、贵族院议员伊泽修二的女婿
8	傅慈祥	良弼	湖北潜江	两湖书院/湖北武备学堂(1899—1900)→成城学校(1900)→陆军士官学校(1900)	湖北官费	参加自立军起义后被捕杀
9	吴禄贞	受卿	湖北云梦	湖北武备学堂→成城学校(1899—1900)→陆军士官学校(1900—1902)	湖北官费	参加自立军起义
10	章宗祥	仲和	浙江乌程	南洋公学→日华学堂(1899)→第一高等学校(1899—1901)→东京帝国大学法科大学政治学科(1901—1903)	南洋官费	
11	富士英	意诚	浙江海盐	南洋公学→日华学堂(1899)→东京专门学校(1899—1902)→早稻田大学政治科(1902—1906)	南洋官费	
12	雷奋	继兴	江苏华亭	南洋公学→日华学堂(1899)→东京专门学校校外生(1899—1900)	南洋官费	青年会会员

编号	姓名	字	籍贯	学历	留学费用	备考
13	杨荫杭	补塘	江苏无锡	南洋公学→日华学堂（1899）→东京专门学校校外生（1899—1900）→早稻田大学法律科（约1906—1907）	南洋官费	
14	杨廷栋	翼之	江苏吴县	南洋公学→日华学堂（1899）→东京专门学校校外生（1899—1900）	南洋官费	青年会会员
15	叶基桢	希贤	江苏吴县	不明→东京帝国大学农科大学（约1900—1904）	自费	
16	郑葆丞	幼周	福建闽县	北洋水师学堂→日华学堂（1899）→东京帝国大学工科大学土木工学科（1899—1900）	北洋官费	参加自立军起义后被捕杀
17	高淑琦	毅韩	浙江钱塘	北洋水师学堂→日华学堂（1899）→东京帝国大学工科大学土木工学科（1899—1902）	北洋官费	
18	蔡成煜	蔚文	直隶天津	北洋水师学堂→日华学堂（1899）→东京帝国大学工科大学应用化学科（1899—1900）	北洋官费	参加自立军起义后被捕杀
19	张瑛绪	执中	直隶天津	北洋水师学堂→日华学堂（1899）→东京帝国大学工科大学机械工学科（1899—1902）	北洋官费	
20	沈琨	朗斋	直隶静海	北洋水师学堂→日华学堂（1899）→东京帝国大学工科大学机械工学科（1899—1902）	北洋官费	
21	黎科	泽舒	广东香山	北洋头等学堂→日华学堂（1899）→东京帝国大学工科大学土木工学科（1899—1900）	北洋官费	参加自立军起义后被捕杀
22	张奎	星五	江苏上海	北洋二等学堂→日华学堂（1899）→东京帝国大学工科大学应用化学科（1899—1902）	北洋官费	
23	金邦平	伯平	安徽黟县	北洋二等学堂→日华学堂（1899）→东京帝国大学农科大学（1899—1900）→东京专门学校（1900—1902）→早稻田大学政治科（1902—1905）	北洋官费	加入青年会后不久退会
24	冯阅模	历甫	江苏崇明	不明→东京公使馆东文学堂（1899—1900）→东京同文书院（1900—1901）→东京高等工业学校应用化学科（1901—1902）→东京帝国大学法科大学政治学科（1902—1903，1905—1909）	江苏官费	

续表

编号	姓名	字	籍贯	学历	留学费用	备考
25	薛锦标		广东香山	不明→成城学校（1899—?）	自费	
26	夏循垲	爽夫	浙江杭州	不明→亦乐书院（1900）→东京法学院大学（约1900—1904）	湖北官费	
27	范源廉	静生	湖南湘阴	湖南时务学堂/南洋公学→东京大同高等学校（1899—1900）→东京商业学校（1901—1902）→东京高等师范学校（1902—1903）→法政大学（1903—?）	自费	受自立军起义牵连，被通缉
28	蔡锷	松坡	湖南宝庆	湖南时务学堂/南洋公学→东京大同高等学校（1899—1900）→东京商业学校（1901）→成城学校（1901—1902）→仙台第二联队（1902—1903）→陆军士官学校（1903—1904）	自费	
29	唐才质	法尘	湖南浏阳	湖南时务学堂/南洋公学→东京大同高等学校（1899—1900）→东京商业学校（1901）	自费	唐才常三弟，参与自立军起义，加入保皇会
30	秦鼎彝	力山	湖南长沙	湖南时务学堂→东京高等大同学校（1899—1900）	自费	参与自立军起义，《国民报》编辑
31	王璟芳	小宋	湖北恩施	两湖书院→东京同文书院（1899—1900年末）→东京高等商业学校（1901—1905）	湖北官费	《湖北学生界》编辑
32	程家柽	韵孙	安徽休宁	两湖书院→东京同文书院（1899—1901年末）→东京帝国大学农科大学（约1902—1904）	湖北官费	青年会会员
33	良弼	赉臣	清宗室	成城学校（1899—1901）→陆军士官学校（1901—1903）	湖北官费	
34	廖世纶	绥青	江苏嘉定	上海东文学社→东京同文书院（1901—1902）→东京高等工业学校（1902—1904）	自费	
35	沈翔云	虬斋	浙江乌程	湖北武备学堂（1900年被武备学堂除名，自费赴日留学）	自费	参加自立军起义。参与创立《国民报》，青年会会员
36	董鸿祎	恂士	浙江仁和	湖北自强学堂→（1900年随湖北张权考察团短暂赴日）→东京公使馆东文学堂（1901—1902）→早稻田大学（1902—1906）	使馆官费	青年会会员，钱恂女婿

续表

编号	姓名	字	籍贯	学历	留学费用	备考
37	张　继	懿孙	直隶沧县	保定莲池书院→东京专门学校（1900—1902）→早稻田大学（1902—约1903，推选校友）	自费	1899年到日本游学，青年会会员
38	王宰善	筌士	江苏上海	上海育材书塾→东京高等商业学校（1900—1903）	自费	育材书塾校长王植善堂弟
39	曹汝霖	润田	江苏上海	正经书院/汉阳铁路学堂→东京法学院大学（1900—1904）	自费	
40	王宠惠	亮畴	广东东莞	北洋大学堂→东亚商业学校（约1901）→耶鲁大学	自费	南洋公学教习，《国民报》撰述
41	叶　澜	清漪	浙江仁和	不明→千叶专门医学校（1902年，中退）	使馆官费	《蒙学报》撰述，青年会会员
42	秦毓鎏	晃甫	江苏无锡	南洋公学（中退）/江南水师学堂→早稻田大学（1902—？）	自费	青年会会员，《江苏》编辑
43	汪荣宝	袁甫	江苏元和	南菁书院/南洋公学→庆应义塾大学（约1902年）→早稻田大学（约1903年，推选校友）	自费	青年会会员，《江苏》编辑
44	关柄荣	不明	不明	不明	不明	

注：[1] 名簿中的编号顺序根据成员到达日本的时间先后而定。[2]（）内为在学年份，？表示年代不明。[3] 1901年1月1日，励志会在上野精养轩举办新年联谊会，参加者中有名为关柄荣的成员。但是，考其他资料，均不见关于此人的记载，故置于表后。参见冯自由《励志会与译书汇编》，载《革命逸史》初集，第99页。

资料来源：在张玉法《清季的革命团体》中所载"励志会名簿"（第253—255页）的基础上，参考『在本邦清国留学生関係雑纂』（外务省外交史料馆）、《清国留学生会馆报告》第一次至第五次（清国留学生会馆，1902—1905年版）、《咨送东文学堂学生年贯职名清单由》（台北中研院近代史研究所档案馆藏外务部档案，馆藏号02-12-039-02-016）、『日本陸軍士官学校中華民国留学生名簿』（郭荣生校補、龍溪書舍、2014年復刻版）、『東京帝国大学一覧』（東京帝国大学、1898—1908年）、『東京高等工業学校一覧』（東京高等工業学校、1901—1907年）、『東京高等商業学校一覧』（東京高等商業学校、1899—1903年）、『東京専門学校政学部学費舍費月俸領収簿明治32年9月—34年9月』（早稻田大学大学史センター）、『早稻田大学校友会会員名簿』（早稻田大学校友会、大正四年11月調）、『明治大学百年史』第1巻「史料編」（明治大学百年史編纂委員会、1986年）、『旧制専門学校論』（天野郁夫、玉川大学出版部、1993年）、『東亜同文会報告』第5回至第17回（藤田佳久監修・解説、高木宏治編集、ゆまに書房、2011年）、『日華学堂日誌　第一冊』、『明治三十二年学堂日誌』、『中華留学生教育小史』（松本亀次郎、東西書房、1931年）、《一生之回忆》（曹汝霖）、《革命逸史》初集（冯自由）、《湖北革命知之录》（张难先，商务印书馆1946年版）《民国蔡松坡先生锷年谱》（林逸，台北，台湾商务印书馆1987年版）、《张溥泉先生回忆录·日记》（张继）、《范源廉集》（欧阳哲生等编，湖南教育出版社2010年版）、《南菁书院志》（赵统，上海书店出版社2015年版）等资料制成。

由表 2 - 1 的会员名簿可知，励志会的会员共计 44 人。从 1896 年到 1902 年的六年间，他们相继来到日本。根据名簿的记载，可以总结出励志会有以下几点特征。

首先，励志会会员由全国各省的留学生组成，其籍贯并没有限定于某一省的范围。具体来说，浙江省 12 人，江苏省 11 人，湖北、湖南、直隶各 4 人，安徽、广东两省各 3 人，福建省 1 人，以及清宗室 1 人。从清末留日学生的出身籍贯来看，来自浙江、江苏、湖北、直隶四省的人数最多。在留学事业的起步阶段，对留学生派遣最为热衷的也正是江苏、浙江、湖北等几个地区的督抚大员。因此，励志会的人员构成也符合这一派遣比例。

众所周知，中国人自古以来就有浓重的乡土情结。明清时期，各省的会馆组织已经发展成熟。对于那些在异乡工作和生活的人来说，会馆不仅是他们维持与故乡关系的纽带，还是能够提供后援的重要血缘组织。① 因此，比起 19 世纪末才来到日本的留学生，那些更早来到日本打拼的中国人（华商、华侨）已经建立会馆这样的同乡组织。② 但是，留学生与华商、华侨的情况完全不同。励志会成立的 1900 年前后，在东京的中国留学生，包括短期的武备学生在内，全部也只有一百多人而已，③ 从人数上来说还不具备成立

---

① 〔美〕孔飞力：《他者中的华人——中国近现代移民史》，李明欢译，江苏人民出版社 2016 年版，第 8—11 页。

② 在会馆这样的同乡组织成立前，广东会所、三江会所等商团组织已先后建立，而后经过整合，成立了中华会馆。其中，横滨中华会馆建立于 1873 年，神阪中华会馆建立于 1893 年，函馆中华会馆建立于 1913 年。参见汪向荣《神户理事府》，载《日本教习》，三联书店 1988 年版；内田直作「第二部　中華会館」『日本華僑社会の研究』同文館、1949 年（『アジア学叢書』48、大空社、1998 年復刻）；伊藤泉美『横浜華僑社会の形成と発展：幕末開港期から関東大震災復興期まで』山川出版社、2018 年。

③ 実藤恵秀『増補　中国人日本留学史』、544 頁。另见李喜所《清末留日学生人数小考》，《文史哲》1982 年第 3 期，后收入《中国留学史论稿》，中华书局 2007 年版，第 248—253 页。

省级同乡会的条件。① 到 1902 年，随着留日学生人数的增多，各省留学生便相继建立了本省的同乡会。

同时，浸润了西方新知识的留学生们，实际上已经萌发超越传统地域观念的意识。早期励志会的活动主要是为了增进留学生间的友谊和感情，到计划发行杂志《译书汇编》时，会员们已经认识到"开民智""赋民权"的重要性，开始尝试介绍相关的思想和理论。可见，励志会是一个超越了传统省界区划概念的留学生组织。

其次，励志会的会员分散在东京的各个学校。19 世纪末，中国留学生主要在嘉纳治五郎的学塾、成城学校、日华学堂、横滨（东京）高等大同学校、东京同文书院等预备教育机构生活学习，②相互之间缺少联络和交流。沈翔云曾就这一现象表达了自己的感慨：

> 向者吾邦之士，留学是邦，散处各校之中，会面甚少，即偶相见，亦不过寻常应酬数语寒酸而止，同国之人互相隔膜，无亲爱连接之气。故不可无会。③

留学生们为了改变这种一盘散沙状的状况，增进彼此的友谊和羁绊，成立了励志会。

---

① 根据《留学生会馆之起源》的记载，这一时期，留学生中存在类似联谊会、同学会的小团体。参见清国留学生会馆干事编《清国留学生会馆第一次报告》，第 1—3 页。

② 「清国留学生の现在及び将来」『時事新報』1899 年 8 月 6 日、『時事新報（明治前期編）』18 卷（8）、龍溪書舍、1994 年復刻、64 頁。

③ 沈翔云：《恭祝皇上万寿演说 即中国学生会第二集》，《清议报》第 54 册，1900 年 8 月 15 日，《中国近代期刊汇刊》，中华书局 1991 年版，第 3482—3486 页。沈翔云曾在湖北武备学堂学习，1900 年 5 月，跟随张之洞长子张权带领的军事考察团，自费赴日留学，同行的留学生还有黄兴及董鸿祎。参见『在本邦清国留学生関係雑纂/学生監督並視察員之部』（B‐3‐10‐5‐3_4）（外務省外交史料館）、JACAR、Ref. B1208 1624900。

最后，励志会不问会员的政治立场，也不积极组织政治活动。
1900 年前后的留学生关注重心在探求西方的新知识，理解新理论，
反而较少从事政治活动，在学生中间尚不能明确地划分出"革命
派"与"立宪派"。

但是，根据会员们此后的经历，仍可以将他们区分为两类
人群。

稳健派（后转型为立宪派或改良派），主张君主立宪，包括陆
世芬、良弼、曹汝霖、章宗祥、王璟芳、富士英等人。特别是在
1901 年，清政府采纳张之洞和刘坤一的意见，[①] 奖励游学，同时给
予考试合格的留学生同进士、举人出身，让留学生得以进入候补官
员的行列，这使得稳健派的势力进一步扩大。例如，在清政府派出
的游历官员到日本视察的时候，章宗祥、张奎等学生就曾担任他们
的向导和翻译。[②]

相对于稳健派的是急进派，包括戢翼翚、吴禄贞、傅慈祥、郑
葆丞、黎科、蔡成煜、沈翔云等人，其中数人参与了 1900 年 8 月
唐才常领导的自立军起义。[③] 这一事件后，随着留学生人数增加，
留学生群体的思想也更加复杂化，戢翼翚、叶澜、秦毓鎏、汪荣
宝、张继等人加深了与稳健派的对立，于 1902 年从励志会独立，

---

① 江楚会奏变法三折，分别为《变通政治人才为先遵旨筹议折》《遵旨筹议变法
谨拟整顿中法十二条折》《遵旨筹议变法谨拟采用西法十一条折》《请专筹巨款举行要
政片》。参见苑书义等主编《张之洞全集》第 2 册《奏议》，河北人民出版社 1998 年
版，第 1393—1452 页。

② 冯自由：《壬寅东京青年会》，载《革命逸史》初集，第 102 页。另见「5. 帝国
大学ニ在学清国留学生本邦ニ於ケル諸制度視察ニ関スル件」『在本邦清国留学生関係
雑纂/雑之部 第一巻』（B－3－10－5－3_ 6_001）（外務省外交史料館）、JACAR、
Ref. B12081626400。

③ 在《自立会史料集》中，编者重新整合了冯自由所记关于自立会起义的文章，
改题为《自立会起事始末》。参见杜迈之、李龙如等辑《自立会史料集》，第 11—23
页。张难先在《湖北革命知之录》中，对庚子汉口一役也有详细描述。参见张难先
《湖北革命知之录》，第 19—42 页。另外，表 2－1 的"备考"中标注了参加起义的
会员。

成立了东京青年会。青年会明确以民族主义为宗旨，以破坏主义为目的，被称为留学生界的第一个革命组织。① 青年会的成立意味着励志会实际上已经发生分裂。1903 年初，励志会修改了活动章程，出现了明显的立宪倾向。②

　　关于励志会的解散，历来众说纷纭。1904 年 3 月 29 日的《警钟日报》上刊登了一篇社说《论立会之理由》，其中在励志会的解散日期一栏标注着"未久"。③ 在目前所见资料中，尚未找到有关励志会解散日期的明确记载，唯有暂时遵从《警钟日报》，励志会在 1904 年 3 月 29 日前已经解散。④

（三）励志会的活动

　　出版是励志会最重要的活动。为了向中国介绍新的知识，励志会编辑出版了杂志《译书汇编》，所译图书以政治一门为主，兼括法律、行政等方面。关于励志会与《译书汇编》的关系，在 1900 年 7 月出版的《和文汉读法》（梁启超原著）的版权页，以及书后所附《译书汇编简明章程》中有明确的记载。

　　励志会为了更好地进行翻译和出版活动，设立了励志会译书处（见图 2-1）。梁启超原著的《和文汉读法》先由沈翔云编辑印刷出版，大受好评。继而，励志会在沈翔云版本的基础上，增补修订

---

① 冯自由：《壬寅东京青年会》，载《革命逸史》初集，第 102 页。
② 修订后的《励志会章程》刊登在《译书汇编》第 2 年第 12 期，其重要纲领有三条："第一条、研究实学以为立宪之预备。第二条、养成公德以为国民之表率。第三条、重视责任以为辨办之基础。"由此可见，此时的励志会已倾向于立宪派的主张。《励志会章程》（壬寅十二月改正），《译书汇编》第 2 年第 12 期，译书汇编社 1903 年版，第 129 页。
③ 《警钟日报》第 1 册，收入罗家伦主编《中华民国史料丛编》，台北，中国国民党中央委员会党史史料编纂委员会 1968 年版，第 324 页。
④ 参见《论立会之理由》，《警钟日报》1904 年 3 月 29 日，第 5 版。另外，桑兵在援引《警钟日报》时，错将日期标示为 3 月 9 日。参见桑兵《清末新知识界的社团与活动》，第 155 页。

后进行了再版。①

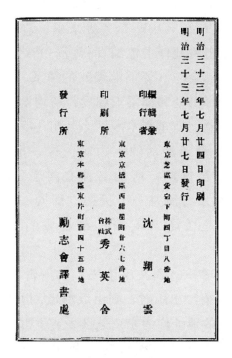

图 2 - 1　《和文汉读法》版权页

资料来源：沈翔云编，励志会增补《和文汉读法　附译书汇编叙例》。

---

　　①　目前学界关于《和文汉读法》的研究有丰富的成果，但主要集中于讨论日语教育、知识分子对日本文化的认识与接受、梁启超的日本观等。其中，考察了《和文汉读法》版本流转的论著如下。夏晓虹「和文漢読法」『清末小説から』第 53 号、清末小説研究会、1999 年 4 月；陈力衛「梁啓超『和文漢読法』における『和漢異義字』について——『言海』との接点を中心に」沈国威編著『漢字文化圏諸言語の近代語彙の形成——創出と共有』関西大学出版部、2008 年；沈国威「日本発近代知への接近——梁啓超の場合」『東アジア文化交渉研究』第 2 号、関西大学大学院東アジア文化研究科、2009 年 3 月；李海「梁啓超と『和文漢読法』」『日本亡命期の梁啓超』桜美林大学北東アジア総合研究所、2014 年、32—80 頁。其中，陈力卫和李海的文章都涉及励志会版本的《和文汉读法》，但着重从语言学角度进行考察。另，陈力卫在《"同文同种"的幻影——梁启超〈和文汉读法〉与日本辞书〈言海〉》（《东来东往：近代中日之间的词语概念》，社会科学文献出版社 2019 年版）中，增补了近年的相关研究。

在书后所附《译书汇编简明章程》中，有如下记述："是编按月一册，全年十二册，每册以五十页为率。每月初一日出书，第一册定于九月初一日发行。（中略）各处来函，请竟寄日本东京本乡区东片町一百四十五番地译书汇编发行所。光绪二十六年五月。"①据此，可以明确励志会与《译书汇编》的关系。

其一，励志会译书处和译书汇编发行所均设在当时的留学生预备教育机构日华学堂，即东京本乡区东片町 145 番地。② 那么，日华学堂的留学生是翻译活动的主力军，这一推论成立的可能性极高。这一时期，虽然发行所的名称有两个，但实际上励志会译书处和译书汇编发行所是一个机构，即同一机构，两块牌子。这是证明励志会是《译书汇编》最初发行机关的重要直接证据。③

其二，励志会增补《和文汉读法》的编辑及印行者仍署名沈翔云，至《译书汇编》出版时，则由坂崎斌④担任此职。虽然署名不同，但两者标注的地址均为东京芝区爱宕下町 4 丁目 8 番地。不仅如此，坂崎斌还为沈翔云编辑的《和文汉读法》进行了校雠，

---

① 《译书汇编简明章程》，载沈翔云编，励志会增补《和文汉读法 附译书汇编叙例》，励志会译书处 1900 年版，第 55 页，无穷会神习文库藏。李長波編集・解説『近代日本語教科書選集』第 7 卷。

② 沈翔云编，励志会增补：《和文汉读法 附译书汇编叙例》，第 55 页；『日華学堂日誌 第一冊』、1899 年 3 月 30 日。日华学堂日记原本现存于西安交通大学档案馆。

③ 包天笑在《钏影楼回忆录》中提到励志会编纂了杂志《励志汇编》。但细考回忆录的内容，包天笑很可能混淆了《励志汇编》和《译书汇编》。参见包天笑《钏影楼回忆录》，收入沈云龙编《近代中国史料丛刊续编》第 5 辑，台北，文海出版社 1974 年版，第 161 页。

④ 坂崎斌（1853 年 11 月 18 日—1913 年 2 月 17 日），明治时期小说家、新闻记者。幼名谦次，号坂崎紫澜，艺名马鹿林钝翁。出身土佐（现高知县），生于江户（现东京）。1856 年回到土佐藩，后入藩校致道馆学习汉学。1880 年，成为《高知新闻》主编，加入自由党，参与自由民权运动。晚年曾担任维新史料编纂局编纂委员。著有描写坂本龙马的小说《汗血千里驹》。洋々道人（高木伊三）『退去者人物論』金鱗堂、1888 年；『新訂 政治家人名事典 明治—昭和』日外アソシエーツ、2003 年。

并留下跋文。① 此处，坂崎斌与沈翔云的联系绝非巧合，说明两人有着深厚的友谊，可以将名誉借出。因此，当《译书汇编》出版发行时，为了使其发行合法化，避免日本政府的审查，坂崎斌担任了杂志发行人一职，② 励志会与译书汇编发行所可以说就是同一个机构。

此外，《译书汇编简明章程》制定于 1900 年 5 月。根据其内容可知《译书汇编》原本的计划是在同年 9 月发行第 1 期。笔者推测，由于会员中有多人卷入 8 月的唐才常庚子汉口一役，励志会不得不对最初的发行计划进行调整。从结果来看，译书汇编发行所更换了地址，③ 而《译书汇编》第 1 期推迟了 3 个月，直到 1900 年 12 月才正式发行。

既往研究在介绍励志会的活动时，主要关注的是演说和翻译这两项。实际上，励志会还为留学生及国内的知识人提供各种帮助。根据《译书汇编》第 1 期刊登的《简启》④，励志会尚有其他三项业务。

首先，为留学生选择学校提供援助，在日常生活上对他们多加关照。

　　日本同文，求学最易，苦无援引，来者颇艰，倘内地有欲来学者，但备一百八十元即足一年学费房食之用，来时同人可代为招呼一切，并可绍介入日本各种学校。有志之士幸毋裹足。

---

　　① 　现将其跋文节录如下（原文无标点，由笔者添加）。"今沈子东航来学，活刷和文汉读法一书，以便同人。使余校雠之，亦从粗入精之阶梯矣。夫汉文和读与和文汉渎，其法虽异，古今一揆，余于是方深感东西同文之谊焉。日本南海紫澜渔长跋。"参见沈翔云编，励志会增补《和文汉读法　附译书汇编叙例》，第 52 页。

　　② 　徐志民：《晚清留日学生报刊与中日关系》，载《日本学》第 13 辑，世界知识出版社 2006 年版，第 151 页。

　　③ 　译书汇编发行所的新地址是东京牛込区喜久井町 20 番地和东京麹町区饭田町 6 丁目 24 番地。《译书汇编》第 1 期，版权页。

　　④ 　《简启》，《译书汇编》第 1 期，版权页。原文无标点，由笔者添加。

这一业务旨在吸引更多中国学生来留学，并减轻他们的后顾之忧。此后，章宗祥于 1901 年著《日本游学指南》，细致地介绍了留学的年限、花费、方法。① 至 1902 年，清国留学生会馆成立，更加重视这一工作，专门设置招待干事，接待留学生。②

其次，帮助国内的人以及初来日本的留学生挑选、代购有用之书，并提供邮寄服务。

> 日本书籍之多，浩如烟海。内地之人，虽知其益，苦无门径何从购买。同人既事探讨颇能知其一二，若有欲购阅各种专门书及一切有用之书者，即函告同人，当举所知择要以闻。至购买之后，必可效劳代寄，照原书定价，另加邮费可也。

到日本访书购书，可以追溯到第二任驻日公使黎庶昌时期（1881—1884），他与杨守敬在日本搜集了大量珍贵的图书，刻成《古逸丛书》。至甲午战后，吴汝纶、罗振玉、张謇等众多官员及学者到日本游历，除了考察学务、农务、矿务等本职工作外，访书购书是他们的一项重要活动。③ 励志会提供的这项图书代购业务是具有开拓性的，特别是在新知识的传播上，对于无法经常到访日本

①　章宗祥：《日本游学指南》，东京都立中央图书馆实藤文库藏。

②　《招待规则》，《清国留学生会馆第一次报告》，第17—18 页。关于会馆的招待工作，参见本书第三章。另外，笔者在「清国留学生会馆の设立と励志会・訳書彙編社との関係について」（『中国研究月報』第 885 号、2021 年 10 月）中，考察了会馆招待处的同时，也将励志会、译书汇编社与清国留学生会馆之间的关系梳理清楚。

③　关于官员及学者的访书购书情况，有大量的东游日记可供参考。如严修撰，武安隆、刘玉敏点注《严修东游日记》，天津人民出版社 1995 年版；傅云龙：《游历日本图经》，王宝平主编：《晚清东游日记汇编》，上海古籍出版社 2003 年版；李宗棠撰，李兴武点校：《东游纪念》（李宗棠文集之一），黄山书社 2016 年版；等等。另，吕顺长编著的《教育考察记》中收录了大量东游日记。吕顺长编著：《教育考察记》（上、下），王宝平主编：《晚清中国人日本考察记集成》，杭州大学出版社 1999 年版。

的中国人，以及有志于来留学的学生而言，均大有裨益。

最后，编辑出版中小学教科书。

> 中国乏才，由无教育。教育之难，由于无书。同人现编辑小学中学各种教科书。然兹事体大，海内名流，有素留意此事者，望赐函见教，以匡不逮。信来请寄本编发行所。

教科书译辑社此后继承了这项业务，并翻译出版了《物理易解》①《中等算数教科书》②《中等最新化学教科书》③ 等大量中小学教科书，极大地缓解了教科书不足的窘境，推动了新式教科书及新式教育的普及。④

除上述几项以外，励志会还定期举办面向留学生的演说会。时任湖广总督张之洞担心演说的内容会威胁到清政府的统治，他在发给驻日公使李盛铎的电报中表露了以下担忧：

> 闻湖北学生颇多为康党所惑，他省学生亦有。其始创为励志会，各省学生与康党皆入其中。初则数日一会，近则或每日一会，每会必有演说，议论悖谬，大约皆欲效唐才常所为，实

---

① 陈榥：《物理易解》，教科书译辑社 1905 年第 5 版（初版于 1902 年），东京都立中央图书馆实藤文库藏。

② 陈榥：《中等算数教科书》，教科书译辑社 1904 年初版，转引自北京图书馆、人民教育出版社图书馆合编《民国时期总书目中小学教材》，书目文献出版社 1995 年版，第 347 页。

③ 〔日〕吉田彦六郎：《中等最新化学教科书》，何燏时译，教科书译辑社 1904 年初版，转引自北京图书馆、人民教育出版社图书馆合编《民国时期总书目中小学教材》，第 351 页。

④ 此外，教科书译辑社还翻译出版了《中学地文教科书》《中学物理教科书》《中学生理教科书》《中学化学教科书》《青年教育》《国家教育》《教育原理》《社会学提纲》《普通经济学教科书》《中学地理教科书》《中学代数教科书》《中学几何教科书》等教科书。参见《教科书译辑社刊行书目》，《江苏》第 1 期，1903 年 4 月，收入罗家伦主编《中华民国史料丛编》，第 203—206 页。

堪骇异。①

从"数日一会"到"每日一会"，可见励志会举办演说会的频率之高。同时，也可从中感受到张之洞对湖北省留日学生的思想受到康梁影响的不满。1900 年 11 月 14 日，李盛铎在发给张之洞的电报中说道："本年六月，有由鄂来东学生沈翔云赴该会演说，语多悖谬，刊入《清议报》。"②

《清议报》第 53、54 册中载有沈翔云的演说文，下面选取其中一节：

> 盖禁开会演说，伪政府之政策也，荣禄之政策也，群附和奸党者之政策也，非皇上之政策也。诸公既为祝皇上万寿而来，自必深服皇上之仁爱，（中略）揣诸公之意，必曰开会演说，康梁之事也。（中略）若开会演说，皆中国所禁，则犯其禁令，于将来保举之事，甚有关碍，则无论目前中国灭亡可待，科举已停，遑论保举，且保举吾者官吏而已，则保举我亦不过为官吏而已，臭之不香掷之即碎之头衔，何如我自己保举自己为第一等英雄、第一等豪杰，以救民之重且大也。③

沈翔云可以发表如此内容的演说，表明励志会没有限制演说的内容，且从这一段文字来看，励志会显然不是革命组织，其主张反

---

① 《致东京李钦差》［光绪二十六年闰八月初八日（1900 年 10 月 1 日）］，载苑书义等主编《张之洞全集》第 10 册《电牍》，第 8317 页。

② 《李盛铎致张之洞电》［光绪二十六年九月二十三日（1900 年 11 月 14 日）］，载陈旭麓主编《义和团运动盛宣怀档案资料选辑之七》，第 381 页。

③ 沈翔云：《恭祝皇上万寿演说　即中国学生会第二集》，《清议报》第 53 册，1900 年 8 月 5 日，第 3421—3424 页；《清议报》第 54 册，1900 年 8 月 15 日，第 3482—3486 页。

而更接近立宪派。① 然而，沈翔云的活跃表现让张之洞大为光火，于是照会日本驻汉口领事濑川浅之进，在文中斥责沈道，"凡乱谋悖论，皆该生所倡，尤为险谲之徒"，并要求日本政府将沈翔云从学校开除。②

二 译书汇编社

（一）译书汇编社的成立

译书汇编社究竟成立于何时？既往研究大多因循实藤惠秀的1900年成立说。③ 但是，尽管《译书汇编》的发行始于1900年12月，译书汇编社是否也在同一时期成立，则尚有值得怀疑的地方。

1902年12月，《译书汇编》第2年第10期上刊登了不得翻印杂志的告示："留学日本法科大学学生吴振麟等禀称，窃生等于光绪二十七年，在日本东京纠集同志，创设译书汇编社。社中出有

---

① 留学生的保皇主张不能等同于康有为一派的思想，留学生们将皇帝当作"共和"的象征来看待。参见曾业英《沈翔云回国参加过自立军起义考辨》，《社会科学辑刊》2017年第3期。

② 『在本邦清国留学生関係雑纂/学生监督並视察员之部』（外务省外交史料馆）、JACAR、Ref. B12081624900。张之洞在照会中共点名刘赓云、吴祖荫、程家柽、王璟芳、卢静远、吴禄贞、沈翔云等7名学生，其中要求开除的是吴禄贞和沈翔云。

③ 实藤惠秀『増補 中国人日本留学史』、259页。上垣外宪一也持相同观点。上垣外宪一『日本留学と革命運動』东京大学出版会、1982年、83页。另外，国内持有相同论点的著作还有沈殿成《中国人留学日本百年史》，辽宁教育出版社1997年版，第68页；吕顺长：《清末中日教育文化交流之研究》，商务印书馆2012年版，第202页。另一方面，黄福庆在论著中提及励志会发行了《译书汇编》，但并没有进一步考察译书汇编社的成立。参见黄福庆《清末留日学生》，台北，中研院近代史研究所1983年版，第238页。

《译书汇编》，按月一册，译辑欧美日本政治法律及各种经世专门之书。业经禀奉。"① 这份告示清楚地写明译书汇编社的成立时间是在"光绪二十七年"，即 1901 年。

译书汇编社的成立时间有着一条看似混乱的时间线，因此需要进一步整理。表 2－2 根据《译书汇编》和《政法学报》的版权页中记载的版权信息整理而成。从中可知，1900 年 5 月，励志会计划发行杂志《译书汇编》，到 1901 年 10 月发行的第 8 期为止，发行机关一直是译书汇编发行所。但是，从 1901 年 12 月的第 9 期开始，发行机关的名称变更为译书汇编社。此外，同年 11 月 30 日，涩江保原著，由译书汇编社同人翻译的《波兰衰亡战史》以译书汇编社的名义正式出版发行。② 换句话说，在《译书汇编》发行一年多以后，才出现了"译书汇编社"这个名称。大约在 1901 年 11 月，译书汇编发行所改名译书汇编社，以一个新组织的姿态继承了《译书汇编》的编辑和发行。

表 2－2　《译书汇编》与译书汇编社的变迁

杂志名称	发行阶段	时间	发行所名称	发行所地址	备考
译书汇编	发行前(计划)	1900 年 5 月至 1900 年 11 月		东京本乡区东片町 145 番地	日华学堂/励志会译书处
	第 1 期	1900 年 12 月	译书汇编发行所	(1)东京牛込区喜久井町 20 番地 (2)东京麹町区饭田町 6 丁目 24 番地	地址(1)是金邦平的住处；地址(2)同时也是《国民报》发行所所在地

---

① 《译书汇编》第 2 年第 10 期，1902 年 12 月。

② 译书汇编社同人：《波兰衰亡战史》，译书汇编社 1901 年版，东京都立中央图书馆实藤文库藏。

续表

杂志名称	发行阶段	时间	发行所名称	发行所地址	备考
译书汇编	第 2 期	1901 年 1 月	译书汇编发行所	(1) 东京牛込区喜久井町 20 番地 (2) 东京麹町区饭田町 6 丁目 24 番地 (3) 东京本乡区丸山新町 19 番地	地址（3）是章宗祥等人的租住处
	第 3 期至第 8 期	1901 年 4 月至 1901 年 10 月		(1) 东京牛込区喜久井町 20 番地 (2) 东京本乡区丸山新町 19 番地	
	第 9 期至第 2 年第 3 期	1901 年 12 月至 1902 年 6 月	译书汇编社	东京本乡区丸山福山町 15 番地	教科书译辑社发行所所在地
	第 2 年第 4 期至第 2 年第 12 期	1902 年 8 月至 1903 年 3 月		清国留学生会馆（东京神田区骏河台铃木町 18 番地）	教科书译辑社发行所所在地
政法学报	第 1 期至第 8 期	1903 年 4 月至 1904 年 5 月			

资料来源：《译书汇编》第1—12 期，版权页；《政法学报》第1—8 期，版权页。

　　《译书汇编》的发行所名称发生变化的同时，其地址也经历了数次迁移。1902 年初，清国留学生会馆成立后不久，译书汇编社搬入会馆中，此后便不再辗转。1903 年 4 月，《译书汇编》改名《政法学报》，发行所未再搬迁，依然留在清国留学生会馆内，直到杂志停刊。

（二）成员构成

　　1902 年 1 月，《译书汇编》第 2 年第 1 期上刊登了《译书汇编社社员姓氏》。这一名簿的保留，使我们可以略窥译书汇编社的成员构成。根据《译书汇编社社员姓氏》的记载，笔者在补充成员的学历和留学费用等信息后，制成表 2－3。

表 2 - 3　译书汇编社成员名簿

姓名	籍贯	到达日本年份	学历		毕业	留学费用	备考
			中国	日本			
戢翼翚	湖北房县	1896	不明	嘉纳塾→亦乐书院→东京专门学校→早稻田大学	1902（修）	使馆官费	创刊《国民报》
王植善	江苏上海	南洋公学师范部毕业。上海育材书塾（《译书汇编》的代派处,南洋中学前身）校长。光绪三十一年（1905）,到日本游历					
陆世芬	浙江仁和	1898	浙江求是书院	日华学堂→第一高等学校→高等商业学校	1903（卒）	浙江官费	
雷奋	江苏华亭	1899	南洋公学	日华学堂→东京专门学校（校外生·政治科）	1900（中）	南洋官费	《国民报》主笔
杨荫杭	江苏无锡	1899	南洋公学	日华学堂→东京专门学校（校外生·政治科）→早稻田大学	1900（中）1907（卒）	南洋官费	《国民报》主笔
杨廷栋	江苏吴县	1899	南洋公学	日华学堂→东京专门学校（校外生·政治科）	1900（中）	南洋官费	《国民报》主笔
周祖培	江苏苏州	1899	北洋二等学堂	日华学堂→东京专门学校（校外生·政治科）	1900（中）	北洋官费	
金邦平	安徽黟县	1899	北洋二等学堂	日华学堂→东京帝国大学农科大学→东京专门学校→早稻田大学	1903（卒）1905（卒）	北洋官费	
富士英	浙江海盐	1899	南洋公学	日华学堂→东京专门学校→早稻田大学	1902（卒）1906（卒）	南洋官费	
章宗祥	浙江乌程	1899	南洋公学	日华学堂→第一高等学校→东京帝国大学校法科大学政治科	1903（卒）	南洋官费	

续表

| 姓名 | 籍贯 | 到达日本年份 | 学历 | | 毕业 | 留学费用 | 备考 |
			中国	日本			
汪荣宝	江苏元和	1901	南菁书院→南洋公学	庆应义塾大学、早稻田大学	1902（中）不明	私费	《江苏》编辑
曹汝霖	江苏上海	1900	正经书院→汉阳铁路学堂	东京法学院大学	1904（卒）	私费	
钱承誌	浙江仁和	1898	浙江求是书院	日华学堂→第一高等学校→东京帝国大学校法科大学政治科	1903（卒）	浙江官费	
吴振麟	浙江嘉兴	1898	上海育材书塾	日华学堂→第一高等学校→东京帝国大学校法科大学政治科	1903（卒）	私费→浙江官费	

注：［1］"卒"指毕业，"修"指修业，"中"指中途退学。［2］表中有的成员毕业后，进入本校同学科或是不同学科继续学习。［3］汪荣宝在1902年以休假的理由从庆应义塾中途退学并回国。1903年回到日本，进入早稻田大学继续学业。［4］《译书汇编社社员姓氏》中记载曹汝霖为明治法学院的学生，但实际上他进入的学校是东京法学院外国语学校（东京法学院大学、中央大学前身）（天野郁夫『旧制専門学校論』玉川大学出版部、1993年）。

资料来源：在《译书汇编》第2年第1期（1902年3月，第6页）所载《译书汇编社社员姓氏》的基础上，参考《清国留学生会馆报告》第一次至第五次、「在本邦清国留学生関係雑纂/陸海軍外之部」（外務省外交史料館、JACAR、Ref. B12081623000）、『東京帝国大学一覧』（東京帝国大学、1899—1904年）、『東京高等商業学校一覧』（東京高等商業学校、1899—1903年）、『早稲田大学校友会会員名簿』、『早稲田大学百年史』（早稲田大学大学史編集所、早稲田大学出版部、1978年）、《一生之回忆》（曹汝霖）、『日華学堂日誌　第一冊』、『明治三十二年学堂日誌』等资料制成。

　　根据表2-3所示，译书汇编社的成员特征主要有以下几点。

　　第一，译书汇编社与励志会关系密切。表2-3中出现的14名译书汇编社成员中，只有周祖培和王植善不能确定是否加入过励志会，其余12人均加入过励志会。这两人中，周祖培与金邦平是同一时期由北洋学堂派遣而来的留学生，但是由于相关资料过少，尚无法确认他与励志会的关系。另一人王植善毕业于南洋公学师范部，执掌上海王氏育材书塾（南洋中学前身）。王植善曾于 1905年到日本游历，并不能算留学生。不过，他与章宗祥、曹汝霖、吴振麟等人相识甚早，[①] 这些关系应是他参与译书汇编社活动的重要原因。此外，育材书塾不仅是《译书汇编》在上海的代派处，而且承担了该杂志在中国国内的发售业务。

资料所限，译书汇编发行所时期的杂志干事或编辑的名字并没有留下记录，因而译书汇编社时期的杂志编辑与此前发行所时期的人员有多大程度上的重合，目前无法得知。但据表2－3所示成员构成来看，译书汇编社由励志会衍生而来，虽然改变了组织名称，但未改变其内部构成，这一点应无太大异议。

作为这一推论的佐证，1901 年 12 月 15 日，在《译书汇编》第 9 期中载有《译书汇编社发行书目（已刊）》。[②] 其中，列于前两项的均为《和文汉读法》，第二部为忧亚子增广《再版和文汉读法》，第一部署名为"本社同人编辑"《和文汉读法》。根据既往研究对《和文汉读法》版本流传的考察，以及上一节中对励志会增补本的分析，这一"本社同人编辑"版本最可能指代的就是励志

---

① 王植善与章宗祥、杨荫杭、雷奋等人共同在南洋公学学习，学生时代便建立起友谊。1900 年，章宗祥曾在育材书塾短暂代课。参见章宗祥《序》，《日本游学指南》，第 1 页；章宗祥：《任阙斋主人自述》，载中国人民政治协商会议全国委员会文史资料委员会编《文史资料存稿选编·教育》，中国文史出版社 2002 年版，第 923 页。曹汝霖曾任教于育材书塾，后又娶王植善的妹妹为妻。曹汝霖：《一生之回忆》，第 9 页。另外，还有一层关系，励志会会员王宰善是王植善的堂弟，《译书汇编》上曾刊载小林丑三郎原著，王宰善翻译《日本财政之过去及现在》的一部分。参见《译书汇编》第 2 年第 8 期，1902 年 11 月，第 1—85 页。

② 《译书汇编社发行书目（已刊）》，《译书汇编》第 9 期，1901 年 12 月 15 日。另见《清议报》第 100 册，1901 年 12 月 21 日，第 6480 页。此外，1901 年 10 月 13 日《译书汇编》第 8 期的"新书告白"栏中，同样载有《和文汉读法》一书，但是并没有像第 9 期那样明确标注是何人编辑，考虑到此时译书汇编社尚未成立，承担《译书汇编》发行工作的译书汇编发行所本就是励志会中的机构，似无必要多此一举的署名"本会同人编辑"。

会增补本《和文汉读法》。① 这说明译书汇编社与励志会的成员确实存在重叠，以及励志会译书处→译书汇编发行所→译书汇编社，这一组继承关系的成立。

第二，正因为与励志会有密切联系，译书汇编社成员的出身及政治立场也不是统一的。根据他们各自的主张，可以将他们分为两个阵营，急进派包括戢翼翚、雷奋、杨荫杭、杨廷栋、汪荣宝，稳健派则有章宗祥、钱承志、吴振麟、陆世芬、曹汝霖、富士英、金邦平。② 成员中，周祖培的政治倾向不明；王植善虽然在1905 年游历日本时加入了中国同盟会，但考虑到此一时期他与章、曹、吴等人的密切交往，1902 年时王植善属于稳健派的可能性更高。

目前来看，我们很难判断成员们政治立场的不同，对于《译书汇编》的编辑工作有多大的直接影响。不妨将时间稍稍回溯，通过译书汇编发行所时期的一例来考察。1901 年 5 月，戢翼翚、沈翔云等励志会会员组织发行了主张革命的杂志《国民报》③，并从 1900 年 12 月《译书汇编》第 1 期开始，在"新书告白"栏中投放了广告《国民报告白》（见图 2 - 2）。可以推测的是，广告的投放需要在励志会内部，或至少在译书汇编发行所内部进行讨论通

---

① 陈力卫在论文中也有类似表述。陳力衞「梁啓超『和文漢讀法』における『和漢異義字』について——『言海』との接点を中心に」、434 頁。虽然不能排除有译书汇编社编辑《和文汉读法》版本的存在，但目前尚无实物可以证实这一猜测。

② 戢翼翚、雷奋、汪荣宝加入了主张民族主义的青年会，同时，戢翼翚、雷奋、杨荫杭、杨廷栋等人发行了主张革命的杂志《国民报》。相反，章宗祥、钱承誌、吴振麟、陆世芬、曹汝霖、富士英等人与政府的关系更紧密。稳健派中的金邦平曾短暂加入青年会，后退会。参见冯自由《壬寅东京青年会》，载《革命逸史》初集，第102 页。

③ 《国民报》发行于 1901 年 5 月，雷奋、杨荫杭、杨廷栋等人曾担任其主笔。参见郭永才《国民报》，载丁守和主编《辛亥革命时期期刊介绍》，人民出版社 1982 年版，第 98 页；冯自由：《东京国民报》，载《革命逸史》初集，第 96 页。另，《秦力山集（外二种）》中收录了《国民报》的序例和章程。参见彭国兴、刘晴波编《秦力山集（外二种）》，第 45—51 页。

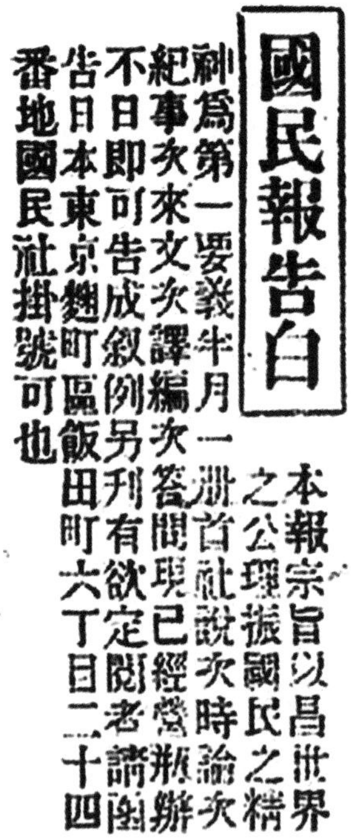

图 2-2 《国民报告白》

本报宗旨以昌世界之公理振国民之精神其意次时论次叙述次译编次纪事次来文次首义为第一要义牛月一洲刷现已经营瓶办告日本东京麹町区饭田町六丁目二十四番地国民报社挂号可也不日即可告成叙例另有欲定阅者请函

资料来源：《译书汇编》第 1 期，1900 年 12 月，第 98 页。

过后，方能实现。在这一时期，成员政治立场的不同并没有造成极端的对立，相反，从《国民报》与《译书汇编》的发行所共处一地来看，[①] 双方可以和平共处，共享办报资源。进入译书汇编社时期，东京青年会的成立也没有造成译书汇编社的分裂。换句话说，尽管成员间存在立场的差别，但在实际工作中远没有达到剑拔弩张的程度。[②]

第三，成员们的专业大多是政治和法律，这也符合《译书汇编》的发行宗旨。戢翼翚、雷奋、杨荫杭、杨廷栋、周祖培、金邦平、富士英、汪荣宝等 8 人均曾在东京专门学校（早稻田大学前身）的政治科学习；[③] 章宗祥、钱承誌、吴振麟进入第一高等学校，后以政治科选科生的身份升入东京帝国大学法科大学学习政治学；曹汝霖则进入东京法学院大学（中央大学前身）学习。[④]

---

① 《国民报》与《译书汇编》拥有一个共同的发行所，即东京麹町区饭田町 6 丁目 24 番地。参见表 2-2。

② 冯自由在描述励志会内部的两派时，用的词句是"积不相能，遂成水火"。根据本章的分析，这一时期，尽管留学生间有矛盾和对立存在，但实际情况似并不像冯叙述的那般剑拔弩张。参见冯自由《壬寅东京青年会》，载《革命逸史》初集，第 102 页；曹汝霖：《一生之回忆》，第 17—18 页。

③ 其中，雷奋、杨荫杭、杨廷栋、周祖培是东京专门学校的校外生；戢翼翚、汪荣宝有过在早稻田大学学习的经历，但没有毕业，后成为推选校友。参见早稻田大学校友会编『早稻田大学校友会会员名簿』大正 4 年 11 月调，281、283 页。

④ 曹汝霖到日本后不久，曾入学东京专门学校，但因上学路上花费时间过久，改入东京法学院大学（中央大学前身）。曹汝霖：《一生之回忆》，第 17 页。

表 2 – 4 为《译书汇编》第 1 期目录，从中可以看到政治学相关文章的比例。

表 2 – 4　《译书汇编》第 1 期目录（1900 年 12 月 6 日发行）

原著中文译名	原著者国籍	原著者
政治学	美国	伯盖司（John William Burgess）
国法泛论	德国	伯伦知理（Johann Kaspar Bluntschli）
政治学提纲	日本	鸟谷部铣太郎
社会行政法论	德国	海尔司烈（Karl Friedrich Hermann Roesler）
万法精理	法国	孟德斯鸠（Charles – Louis de Montesquieu）
近世政治史	日本	有贺长雄
十九世纪欧洲政治史论	日本	酒井雄三郎
民约论	法国	卢骚（Jean – Jacques Rousseau）
权利竞争论	德国	伊耶陵（Rudolf von Jhering）

资料来源：《译书汇编》第 1 期，1900 年 12 月，"目录"，第 2 页。

早期留学生组织的一个重要特征就是人员的流动性，而造成人员时常变动的因素则有很多，比如政治立场、学校变动、回国，或是继续到欧美留学等。因此，大的组织也好，小的团体也罢，对学生的入退会并没有强制性要求。由于资料所限，只能考察励志会和译书汇编社一个时期的人员组成，通过比较可知，两个组织有着密切的联系，并且可以说有着前后的继承关系。

（三）译书汇编社负责人

学界对于译书汇编社的实际负责人问题一直看法不一。冯自由在《革命逸史》中写道：

> 留学界之有志者尝发刊一种杂志，曰《译书汇编》，庚子下半年出版。江苏人杨荫杭、雷奋等主持之。杨、雷亦励志会会员。①

---

① 冯自由：《励志会与译书汇编》，载《革命逸史》初集，第 99 页。

　　冯自由认为杨荫杭和雷奋是《译书汇编》的代表。对此，实藤惠秀有不同的看法，他提出戢翼翚才是译书汇编社的社长。① 在范铁权、孔祥吉《革命党人戢翼翚重要史实述考》的考证中，当时在日本时间最长的是戢翼翚，他的日语翻译能力最优秀，并且直接参与了励志会的组建，有很强的组织能力，因此译书汇编社的实际责任人应是戢翼翚。②

　　前述表2-3的排列顺序，明显支持戢翼翚是译书汇编社实际负责人这一判断。尽管我们难以知晓这份名簿是以什么基准来排列顺序，但在那个重视位阶的时代，位于第一位的戢翼翚显然最有可能是译书汇编社的负责人。

　　同时，还有另一份名簿《壬寅年译书汇编担任译员及干事之姓氏》保留下来（见表2-5）。

表2-5　壬寅年（1902年）译书汇编社担任译员及干事之姓氏

编号	姓名	字	1902年所在地及学校
1	王植善	培孙	上海育材学堂总理
2	陆世芬	仲芳	东京高等商业学校
3	金邦平	伯平	早稻田大学
4	汪荣宝	衮甫	庆应义塾大学
5	曹汝霖	润田	东京法学院大学
6	富士英	意诚	早稻田大学
7	钱承誌	念慈	东京帝国大学法科大学
8	章宗祥	仲和	东京帝国大学法科大学
9	吴振麟	止欺	东京帝国大学法科大学

资料来源：《译书汇编担任译员及干事之姓氏》，《译书汇编》第2年第1期，1902年3月，第6页。

　　据表2-5可知，1902年，王植善等9人担任《译书汇编》的翻译及社团的干事，戢翼翚、杨荫杭、雷奋、杨廷栋、周祖培等5

---

　　① 実藤惠秀『増補　中国人日本留学史』、260頁。
　　② 范铁权、孔祥吉：《革命党人戢翼翚重要史实述考》，《历史研究》2013年第5期。

人的名字并没有出现在名簿上。

实际上，就在这一年，戢翼翚从早稻田大学退学回到上海，[①] 以上海为中心展开了出版与教育等多项事业。随着《国民报》停刊，戢翼翚在上海发行《大陆》杂志，并且召集旧友杨荫杭、雷奋、杨廷栋等人担任这一杂志的主笔。同时，他成立了出洋学生编辑所和作新社，开始了一段异常繁忙的岁月。因此，虽然他仍然列名译书汇编社，但实际上很可能已经不再参与东京方面的具体工作。而杨荫杭、雷奋、杨廷栋等三人此时也已身在国内。

那么回到最初的问题，这一时期的实际负责人会是谁呢？依据表2-5，排在第一位的王植善作为负责人的可能性最大，但是他本人也在上海，并不在东京。这是不是说明排在第二位的陆世芬就是实际的负责人呢？这仍然是值得怀疑的。

根据前述《译书汇编》上刊登的《翻印禁止书》的记载，"留学日本法科大学学生吴振麟等禀称，窃生等于光绪二十七年，在日本东京，纠集同志，创设译书汇编社"。[②] 虽然吴振麟在表2-5中名列最后，官方告示却以他作为该团体的代表。不仅如此，1902年7月，袁世凯派遣的考察农务官黄璟到访清国留学生会馆，收到会馆干事赠予的《同瀛录》《会馆章程》《译书汇编》等出版物。黄璟在日记中写道："《译书汇编》法科大学校学生吴振麟等于课余译录有关政治学术之书，印刷成编。"[③] 由此可见，吴振麟是译书汇编社实际负责人的可能性最大。

译书汇编社的成立不能全部归结为一个人的功劳。比较合理的

---

① 戢翼翚曾入学早稻田大学政治科，但未能毕业，于明治38年（1905年）被推选为校友。早稻田大学大学史编集所『早稻田大学百年史』第1卷、早稻田大学出版部、1978年、923页。

② 《翻印禁止书》，《译书汇编》第2年第10期，1903年1月。

③ 黄璟：《考察农务日记》，钟叔河编：《走向世界丛书》，岳麓书社2016年版，第57页。

理解是，戢翼翚谋划成立了翻译和出版学术书籍的团体，但实际活动和《译书汇编》的出版，得益于其他成员的共同努力。

三　译书汇编社成员的留学经历

上文分析了译书汇编社的成员构成，具体到每个成员的研究而言，[①] 对外务省外交史料馆藏《在本邦清国留学生关系杂纂》的使用仍是不充分的。因此，本节尝试利用这一资料重新考察吴振麟、金邦平的留学经历。

（一）吴振麟

吴振麟活跃于当时的留学界，他的留学生活充实且丰富多彩。吴加入励志会，从事译书汇编社的翻译工作，还曾参与清国留学生会馆的成立与日常运营。

关于吴振麟的大量档案资料保存在日本外务省外交史料馆中。吴振麟，嘉善县附生，在留学日本以前，曾在上海的育材书塾学习两年英语。此后，经浙江巡抚与日本外务省交涉，1898 年 10 月 22 日，吴振麟以自费生的身份，跟随赴日观摩日本陆军大演习的统领雷芸桂赴日，进入日华学堂，并与先前到达的浙江省留学生陆世芬、陈榥等人编入同一班级学习。[②]

---

① 吕顺长以浙江省的留学生为对象，考察了富士英、雷奋、杨荫杭等人到达日本的时间，并详细分析了陆世芬与教科书译辑社的关系。吕顺长：《清末中日教育文化交流之研究》，商务印书馆 2012 年版，第 187—212 页。范铁权、孔祥吉利用外务省记录，重新梳理了戢翼翚的人生经历（出生年月、留学时间、经济状况、相关的学生组织、杂志出版等），通过对"军机处档案"的整理，解释了戢翼翚回国后，被迫卷入袁世凯和瞿鸿禨之间的派系斗争，最后被迫害致死的经历。范铁权、孔祥吉：《革命党人戢翼翚重要史实述考》，《历史研究》2013 年第 5 期。

② 「浙江省私費留学生一名本邦へ派遣ノ件」『在本邦清国留学生関係雑纂/陸海軍外之部』（外務省外交史料館）、JACAR、Ref. B12081623200。

在《日华学堂日志》中可以看到这一日吴振麟到达学堂的情形："明治三十一年（1898）10 月 29 日，清国学生吴振麟带着孙淦的书信来到学堂，办理了入舍手续。"①

成为浙江省的官费留学生也使吴振麟的留学生活发生了巨大的改变。在留学生史中，吴振麟是第一位由自费转为官费的留学生，因此有必要详细考察这一交涉的过程。

1899 年 6 月 10 日，吴振麟获得进入第一高等学校听课的许可，同时获得许可的还有钱承誌、陆世芬、陈榥、汪有龄、何燏时。② 这些人当中，汪有龄是 1898 年作为蚕业留学生派遣来日，学习日语将近一年半；钱承誌、陆世芬、陈榥、何燏时等浙江留学生是 1898 年 7 月进入日华学堂，有大约一年的日语学习经历。③ 相比之下，吴振麟学习日语不到七个月，④ 就得到升学的许可，从中也可以看出他的勤奋与优秀。

借此升学的契机，吴振麟意识到"初意只以三年为期，及入学校后，始知欲求成就非五六年不可"。⑤ 因此，为了谋求经济上的安稳，他萌生了从自费生转为官费生的想法。⑥

从结果来看，1901 年 6 月，吴振麟成功取得浙江省官费留学生的资格。在交涉过程中，浙江留学生监督孙淦及在清政府内拥有

----

① 『日華学堂日誌　第一冊』、1898 年 10 月 29 日。

② 「清国浙江巡撫ヨリ派遣セラレタル留学生銭承誌外五名第一高等学校ニ聴講生トシテ入学ノ件」『在本邦清国留学生関係雑纂/陸海軍外之部』（外務省外交史料館）、JACAR、Ref. B12081623300。

③ 吕顺长：《清末中日教育文化交流之研究》，第 180—189 页。

④ 《日华学堂日志》1898 年 11 月 1 日所记如下："这一日开始，教吴生认识五十音。"『日華学堂日誌　第一冊』、1898 年 11 月 1 日。

⑤ 上海图书馆编：《汪康年师友书札》第 1 册，上海古籍出版社 1986 年版，第 1104 页。

⑥ 目前尚无法得知吴振麟携带多少资金来到日本，如果说需要准备未来三年开支的话，从他进入第一高等学校开始，每年需要日元 150—200 元，资金确实会成为他所面临的一个严峻的问题。关于留学生所需的资金，参见章宗祥《日本游学指南》，第 23—27 页。

广阔人脉的汪康年都扮演了重要的角色。

　　当时，担任浙江留学生监督的孙淦为了吴振麟的经费问题，与外务省书记官三桥信方多次书信往还（见图 2 - 3）。

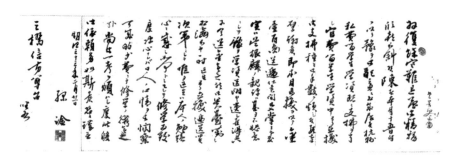

图 2 - 3　孙淦写给三桥信方的书信

资料来源：『在本邦清国留学生関係雑纂/陸海軍外之部』（外務省外交史料館）、JACAR、Ref. B12081623300。

　　1902 年 2 月 21 日，孙淦在写给三桥信方的书信中说："实际上，吴振麟的家庭并不富裕，即使要求他的家庭继续汇寄学费，也没有余力了。贵部门不会对这件事置之不理的。吴生希望可以找到代替他的家庭来缴纳学费的办法，贵部若是感受到他的好学之心，以及无论如何都要继续修学的决心的话，难道真的没有尽量减少学费的办法吗？希望贵部门能够为他考虑一下。"① 孙淦希望外务省能够综合考虑吴振麟的家庭状况，以及他的向学之心，为他提供减免学费的机会。

　　对此，三桥信方回复表示："关于吴振麟减免学费的问题，他的情况确实很令人同情，我们会加以考虑，但是目前还没有什么好的办法。"② 外务省虽然很同情吴振麟，甚至表示会好好想办法解决他的学费问题，但实际上并没有提供任何解决方案或办法。

────────────

　　①　『在本邦清国留学生関係雑纂/陸海軍外之部』（外務省外交史料館）、JACAR、Ref. B12081623300。

　　②　『在本邦清国留学生関係雑纂/陸海軍外之部』（外務省外交史料館）、JACAR、Ref. B12081623300。

孙淦为了解决吴振麟的学费问题，一方面频繁地与日本外务省进行交涉；另一方面，他还于 1902 年 5 月写信求助汪康年，为吴振麟谋取浙江省官费的名额：

> 以学问论，无论其（吴振麟）早岁蜚声庠序，游学于楚、于苏、于沪，即在此间与东土士大夫诗文往还，亦颇负其名。至于外洋语言、文字之学，亦尝争胜于各省游学秀髦济济之中。以年岁论，浙中来者渠固最幼，左右较量，无不合格。（中略）将该生一名，亦归入官费，俾其安心肄习，始终其业。①

浙江省留学生汪有龄也在给汪康年的书信中提到，希望汪康年可以活动人脉，助成此事：

> 前闻浙省有续派十人送往日本肄业之说，具见中丞公（浙江巡抚廖寿丰）为国培才，不遗余力，可否请阁下转达帅座（廖寿丰），俯念吴生（吴振麟）苦志力学，资斧不继，准将以后学费照新派诸生例，一律由官筹派，俾得竟其所学。②

除此以外，时任湖北省留学生监督的钱恂也曾言及此事："吴振麟事，当函请浙抚。然事未接手，尚不知经费在何处也。"③ 然而，经过这样多番交涉，吴振麟的经费问题始终没有找到解决办法。

那么吴振麟于何时获得了官费资格？答案在外务省的档案资料中。1901 年 6 月 20 日，在外务省总务长官内田康哉发给驻杭州副领事大河平隆则的公文中，有如下文字：

---

① 上海图书馆编：《汪康年师友书札》第 2 册，第 1466—1467 页。
② 上海图书馆编：《汪康年师友书札》第 1 册，第 1104 页。
③ 上海图书馆编：《汪康年师友书札》第 3 册，第 3008 页。

官费留学生汪有龄将辞去学生身份回国。吴生（吴振麟）补其缺，编入官费，汪生的学费改发给吴生。（中略）前面已经详细说明事情经过，吴生补缺编入官费。办理交接后，速速向浙江省申请缴送吴生去年 7 月后到本年 6 月一年间的学费加手续费，以及包括吴生在内共计 8 名学生本年 7 月以后一年的学费加手续费。①

同年 8 月，根据大河平副领事的报告，浙江省留学生的学费已经通过横滨正金银行上海支行汇到日本。② 通过以上的往来文书，可以清楚地了解吴振麟经费问题得以解决的来龙去脉。借着浙江省留学生汪有龄和谭兴沛回国的契机，由吴振麟来继承他们的经费这一提议获得通过，最终于 1901 年 6 月，吴振麟成为浙江省的官费留学生，并且在同年 9 月，以官费生的身份进入东京帝国大学法科大学政治科学习。

本节重新梳理了吴振麟从自费生到官费生的转变过程。可以说，正是因为吴振麟成为官费生，解决了经济问题，不再为学费而苦恼，他可以由此专心于学业，顺利地进入东京帝国大学，并更有余力投入《译书汇编》的编纂和清国留学生会馆的活动中。

（二）金邦平

1899 年 3 月，毕业于北洋二等学堂的金邦平由北洋大臣派遣出洋，留学日本学习政治、法律。金邦平等北洋留学生到达日本后，进入日华学堂学习普通科。以往介绍金邦平的文章，都提到他毕业于早稻田大学，却全部忽略了他曾在东京帝国大学农科大学学习的经历。因此，重新梳理金邦平的留学经历有助于理解他之后的

---

① 『在本邦清国留学生関係雑纂/陸海軍外之部』（外務省外交史料館）、JACAR、Ref. B12081617300。

② 「浙江派遣留学生学資金回送ノ件」『在本邦清国留学生関係雑纂/陸軍学生之部　第一巻』（外務省外交史料館）、JACAR、Ref. B12081617300。

仕途发展和知识结构。

关于金邦平在日华学堂时的外务省档案中，保留了学生们对学堂不满的记录。日华学堂为中国留学生设计的课程主要是日语的会话和作文，① 很少教授专业的知识。站在这些留学生的立场来看，他们认为自己接受过新式教育，来日本是为了学习更先进的知识，待在日华学堂接受这种教育无异于浪费自己的时间。1899 年 6 月，黎科、张煜全、王建祖、张奎、金邦平、周祖培等 6 名北洋学生进入日华学堂不久，就向外务省提出要进入东京帝国大学旁听政治、工学等专业课程。②

但是，当他们提出申请的时候，东京帝国大学的新学期已经开始，学期中学生不能插班听课，他们的期望暂时没有得到实现。一石激起千层浪，就在北洋学生提交旁听申请后，在日华学堂学习的其他留学生也无法再安心学习，相继提出要进入东京帝国大学或者其他学校旁听专业课。③ 结果，1899 年 9 月 13 日，多名南洋、北洋的留学生作为旁听生进入东京帝国大学、第一高等学校、东京专门学校等学校学习。但这次的申请与三个月前并不完全相同，王建祖、周祖培没有选择东京帝国大学，而是进入东京专门学校（早稻田大学前身），黎科、张奎、张煜全三人分别获得了进入东京帝国大学土木工学科、应用化学科、政治科学习的许可。

1899 年的《东京帝国大学一览》中记录了清国留学生的所属科系，黎科、郑葆丞、高淑琦、蔡成煜、张奎、张瑛绪、沈琨、张

---

① 「日華学堂のカリキュラム」『在本邦清国留学生関係雑纂/陸海軍外之部』（外務省外交史料館）、JACAR、Ref. B12081623200。另外，在《日华学堂章程要览》中保留了比日本外务省档案更为详细的日华学堂课表。于宝轩编纂：《皇朝蓄艾文编》卷十六《学校三》，上海官书局 1902 年版，第 22 页，台北，台湾学生书局 1965 年版，1451—1457 页。

② 『在本邦清国留学生関係雑纂/陸海軍外之部』（外務省外交史料館）、JACAR、Ref. B12081623200。

③ 『在本邦清国留学生関係雑纂/陸海軍外之部』（外務省外交史料館）、JACAR、Ref. B12081623300。

煜全、安庆澜等人的姓名均可以在名簿中得到确认。① 但是，与黎科、张奎、张煜全一同申请入学的金邦平的名字不见于记载。

对此，通过梳理《日华学堂日志》中记载的金邦平这一年的活动，可以找到一些端倪（见表 2-6）。

表 2-6　《日华学堂日志》中有关金邦平的记录

年	月 日	重要事项
1899	8 月 16 日	张煜全、金邦平两生前往须卷温泉根本楼，出席在此召开的东京帝国大学相关者联谊会
	9 月 24 日	收到金生可以搬入农科大学宿舍的许可
	10 月 1 日	金生来到学堂，向他收取了图书费
	10 月 8 日	金生回到学堂住宿，发给他住宿费和杂费
	10 月 28 日	金生来到学堂，领取这个月的费用
	12 月 3 日	今天发给金生学费
1900	6 月 3 日	金生来，提出明年转为实科生的请求
	6 月 7 日	将金生的志愿转达给农科大学校长
	6 月 18 日	金生来，暑假期间大学放假，金生要搬离农科大学宿舍，请求学堂舍监和总监开具证明书
	6 月 19 日	金生搬回日华学堂
	9 月 23 日	金生提交了转学进入专门学校的文件
	9 月 29 日	金生离开学堂，搬到牛込区喜久井町 20 番地，进入专门学校

资料来源：『明治三十二年学堂日誌』日華学堂、1899—1900 年。

根据表 2-6 中有关金邦平这一年的记录，以下几点过往被忽略的事实逐渐清晰起来。

首先，1899 年 8 月，金邦平曾出席东京帝国大学的联谊会，并于 9 月得到了搬入大学宿舍的许可。此后一年间，他在东京帝国大学农科大学学习，并住在农科大学的学生宿舍。由此可见，金邦平一定入学过东京帝国大学。然而，不知是什么原因，《东京帝国

---

① 東京帝国大学『東京帝国大学一覧　明治 32 年至明治 33 年』、1899 年 12 月、407、429—430 頁。

大学一览》没有记录他的名字。①

其次，虽然金邦平的学籍在东京帝国大学农科大学，并在农科大学听课，住在大学宿舍，但他的学费并不是由外务省直接汇给农科大学，而是由金邦平本人去日华学堂领取后，转交给农科大学。从这一点不同来看，金邦平很有可能仍然归属日华学堂管理。当时的日华学堂不仅仅是留学生的预备学校，留学生的学费及生活费似乎也是通过学堂来分发，这个问题仍有进一步探讨的空间。②

此外，1900 年 9 月 29 日，金邦平离开日华学堂搬到牛込区喜久井町 20 番地居住，进入东京专门学校政治科学习。③ 如表 2 - 2 所示，这一地址同时是《译书汇编》的发行所所在地，且从杂志出版的第 1 期直到第 8 期，维持了将近一年的时间。金邦平是励志会会员，那么他的住所被登记作为杂志的发行所似乎也并非不可思议之事。当然，考虑到日华学堂此时已经关闭，将发行所设置在会员个人家中应该是一种不得已的临时举措，这是否也间接说明了金邦平从《译书汇编》创刊时期就是杂志的核心成员呢？现有资料还无法完全解释这些细节。

四　小结

本章考察了励志会与译书汇编社的人员构成、组织宗旨、相关

---

① 「農科大学府県別人員表　明治 32 年 9 月末調」『文部省往復　明治三十二年』（東京大学文書館：S0001/Mo113）最后的"备考"，有如下说明："另有清国人 1 名，台湾人 2 名。但听讲生（聴講生）和临时入学生（仮入学生）不计入表中。"这一记录表明 1899 年 9 月底，有一名清国留学生在东京帝国大学农科大学学习，可惜没有载明姓名。尽管如此，结合表 2 - 6，基本上可以确定这名清国留学生就是金邦平。

② 关于清末中国留日学生的经费问题，参见胡颖『清末の中国人日本留学：派遣と経費を中心に』（学術研究出版、2021 年）。

③ 「明治三三年九月東京専門学校政学部学費舎費月俸領収簿」「三号館旧蔵資料」「id60—0185」（早稲田大学大学史センター）。

活动等内容，推进了对早期留学生组织的理解和认识。励志会是一个增进学生友谊、重视学术的学生组织，通过举办演说会启蒙留学生的思想。在此基础上，本章详细分析了译书汇编社从励志会中衍生出来的过程，并建立起励志会译书处与译书汇编发行所这二者间紧密的联系，明确了译书汇编社的诞生时间。

清末，中国留日学生是国内的知识人群接触西方新知识的重要渠道。留学生们在知识传播中扮演了重要的角色，他们通过翻译西方新的知识，宣传新的政治思想和理论，将新的教育理念和制度引入国内，成为连接封闭的内部与外部世界的窗口。

19 世纪末到日本的中国留学生成为开拓留学道路的先驱者，他们通过组织励志会的相关活动，为后来的留学生提供帮助。章宗祥作为其中的佼佼者，撰写了《日本游学指南》，详细介绍了留学所需费用、日本学校的公私区别和申请的方法，以及住宿饮食的习惯。对于那些以到日本留学为目标的学生而言，他们的活动就像是灯塔一般的存在，同时也为今日的留学生史研究提供了宝贵的研究资料。

随着时间流逝，早期留学生们的活动逐渐组织化。励志会、译书汇编社、清国留学生会馆等学生组织相继成立。他们发挥团体的力量，出版杂志、开演说会、编纂教科书等各种活动如火如荼地展开，在中日交流的舞台上拉开了新的一幕。

第 三 章
清国留学生会馆及其功能[*]

在中日关系史研究领域，留学生史是一个重要分支。二战前，日本的留学生史研究以实藤惠秀最广为人知。继之而起的是 20 世纪 80 年代以阿部洋为核心的研究团体，以及 2000 年后以神奈川大学大里浩秋、孙安石为核心的研究团体。其中，神奈川大学的研究团体选取优秀的研究论文，先后出版多部论文集，包括《中国人留学日本史研究的现阶段》《从留学生派遣看近代日中关系史》《近现代中国留日学生诸相》等。① 作为留学生史研究的重要成果，这些论文在考证史实的基础上，发掘并介绍了清末至 1945 年前后的诸多新史料。

若将时间限定在"清末"，则由日本游学生监督处②编纂的《官

---

* 本章以笔者 2018 年 5 月 18—21 日在江苏师范大学"留学生与中国现代化"国际学术研讨会上的发言为基础修改而成，系科研·教育交流（基盘 B·一般·课题号 17H02686）的阶段性成果。译者郭梦垚。

① 大里浩秋·孙安石编『中国人留学史研究の現段階』御茶の水書房、2002 年；大里浩秋·孙安石编著『留学生派遣から見た近代日中関係史』御茶の水書房、2009 年；大里浩秋·孙安石编『近現代中国人日本留学生の諸相』御茶の水書房、2015 年。

② "日本游学生监督处"是清末的官方称谓，其日常称谓也有留日学生监督处、驻日留学生监督处等，该处负责人或被称为游学生总监督、游学生监督，或被称为留日学生总监督、留日学生监督。民国初期，留日学生管理较为复杂，且时有变化，曾被称作留日学生监督处、经理处等，该处负责人相应地被称为监督、中央经理员，但一般称为留日学生监督处，或驻日留学生监督处，该处负责人被称为监督。特此说明。

报》（全十二册），对留学生史的研究有着重要的意义。① 通过《官报》的记载，我们可以了解清政府当时是以怎样的观点和政策来"监督"本国的留学生，以及清政府与日本政府进行了怎样的交涉。同时，通过监督处对清国留学生进行的各种调查和统计，还可以了解留学生的学费和医药费支出的详细情况。②

　　然而，留学生史不应该只从游学生监督处这样的国家或政府机关的角度来研究，还应注意到关于由留学生自发组织的"清国留学生会馆"的研究尚有诸多不明之处，例如其建立经过，组织构成，开展了哪些活动，其活动经费来源于何处等。

　　关于清国留学生会馆的功能，实藤惠秀有如下介绍：

> 在明治时代的留学生全盛期，会馆是留学生的中央总部、俱乐部、讲习会场、出版部。当有事件发生时，这里就变成运动的总部。这里是留学生的国度，是日本中的中国。在这里，作为前辈的留学生担任会馆的干事，照料后生，并为他们安排一切事务。③

　　实藤惠秀高度评价了清国留学生会馆具有的功能，突出了该组织的重要性。但略显遗憾的是，实藤惠秀分析清国留学生会馆的时候，只能根据二手资料进行推测，因此结论中有一些需要纠正的地方。

　　实际上，能够一窥会馆全貌的资料是存在的，即清国留学生会馆的第一次报告（1902 年）至第五次报告（1904 年）。此报告由清国留学生会馆干事编辑出版，现存于日本京都大学、中国浙江省

---

①　留日学生监督处编纂：《官报》（全十二册），国家图书馆出版社 2009 年版。

②　利用游学生监督处所编《官报》的研究成果如下。大里浩秋「官報を読む」大里浩秋・孙安石編「中国人留学史研究の現段階」、73—111 頁；胡穎「清国末留日学生の留学経費について」大里浩秋・孙安石編『近現代中国人日本留学生の諸相』、45—79 頁。

③　実藤惠秀『中国留学生史談』第一書房、1981 年、137—138 頁。

图书馆等处。根据这份资料，我们可以了解清国留学生会馆的大致样貌。

本章将通过对《清国留学生会馆第一次报告》的分析，介绍清国留学生会馆建立的经过，考察会馆的功能，以及运营经费的来源等。从清末到辛亥革命爆发，中国迎来了一个令人振奋的时期。在"国家"与"爱国"的缝隙之间，这些留学生究竟怀着怎样的苦恼，他们做出了怎样的选择？本章试图通过分析《清国留学生会馆报告》来解答这些问题。

一　对留学生会馆的早期认知

在清国留学生会馆的研究中，最值得关注的是实藤惠秀所著《中国留学生史谈》中的"清国留学生会馆"一节。① 实藤惠秀没有看过《清国留学生会馆报告》，而是通过分析《译书汇编》上刊载的有关会馆的二手材料，阐述了清国留学生会馆的"缘起、功能、出版和消亡"等。其所述如下。

首先，关于清国留学生会馆的缘起。实藤写道："清末，中国有着极强的地方性。为了应对科举考试，各地均在北京设立了地方会馆。如同在北京设立的地方会馆一样，留日学生也以各自不同的乡里出身为依据，成立了监督处及同乡会。但是，相比国内以省为单位的划分，留学生们的区分则更加细致……这种各自分裂的状况持续到1901年，留学生们意识到建立全中国统一的会馆的必要性。1902年初，清国留学生会馆由此诞生。"②

其次，作为会馆建立的重要参与者，候补道李宗棠与驻日公使蔡钧都做了哪些工作？围绕这一问题，实藤写道：

---

① 実藤惠秀『中国留学生史談』、133—152 页。
② 実藤惠秀『中国留学生史談』、134 页。

虽然没有看到会馆建立的一手资料，但幸好有相关的二手资料留存。1901 年 10 月 16 日，为了到日本进行学务考察，李宗棠登上了由上海出发的西京丸号。正巧与第九任驻日公使蔡钧乘坐同一艘船赴日。（中略）到东京后，李宗棠就留学生会馆设立的问题与蔡公使进行了多次交谈，可以说这是不可思议的缘分。①

那么在会馆建立的过程中，两人究竟扮演了什么样的角色，做了哪些具体的工作？

如前所述，清国留学生会馆的功能是"留学生的中央总部、俱乐部、讲习会场、出版部等。这里是留学生的国度，是日本中的中国"。在此基础上，实藤强调出版活动是清国留学生会馆的重要特征：

> 此外，（清国）留学生会馆还是留学生的出版总部，或者说会馆有着类似出版团体的一面。会馆中设有译书汇编社、教科书译辑社的销售部，湖南编译社、闽学会等机构的发行所，同时会馆还发行《湖北学生界》（后改名《汉声》）、《江苏》等杂志。②

至于会馆的消亡，实藤认为"清国留学生会馆诞生于 1902 年，历经了 1903 年、1904 年、1905 年、1906 年的繁荣兴盛，于明治 40 年（1907 年）消亡……由于现存资料不足，推测而言，会馆消亡于 1907 年末或 1908 年"。③

以上实藤惠秀对会馆的分析并非根据《清国留学生会馆报

---

① 　実藤恵秀『中国留学生史談』、134 頁。
② 　実藤恵秀『中国留学生史談』、141 頁。
③ 　実藤恵秀『中国留学生史談』、149—150 頁。

告》，而是基于其他著作和杂志所刊载的二手资料做出的推论，不得不说这是研究中的一大弱点。

中国方面的研究成果中，需要关注的是王若海、文景迅的《了解鲁迅留日时期生活的一份资料——关于〈清国留学生会馆第一次报告〉（1902 年）》。① 这篇文章无疑参考了《清国留学生会馆第一次报告》，其内容不仅涉及报告的目录和详细结构，更为关键的是引用了《清国留学生会馆第一次报告》中的照片。因该文主要研究对象是留日时期的鲁迅，故对《清国留学生会馆第一次报告》中附录的留学生名录《同瀛录》（光绪壬寅八月调查）给予了更多关注，却几乎没有涉及清国留学生会馆，这让人略感遗憾。

图 3 - 1　留学生壬寅新年会合影

资料来源：清国留学生会馆干事编《清国留学生会馆第一次报告》，东京并木活版所 1902 年版。

---

① 王若海、文景迅：《了解鲁迅留日时期生活的一份资料——关于〈清国留学生会馆第一次报告〉》，《山东师范大学学报》1976 年第 Z1 期。

图 3 - 2　清国留学生会馆

资料来源：清国留学生会馆干事编《清国留学生会馆第一次报告》。

二　会馆的起源、组织与活动

（一）清国留学生会馆的起源与"爱国"精神

首先，《清国留学生会馆第一次报告》中是如何记载实藤惠秀提到的李宗棠和驻日公使蔡钧所起到的作用呢？

在《清国留学生会馆第一次报告》中，关于会馆起源的记述分散在《留学生会馆之起源》《偕行社之记事》《会馆之成立》等三处。在《会馆之成立》中，可以看到驻日公使蔡钧、游学生总监督钱恂以及李宗棠对会馆进行资助的记述：

> 戊戌以来，吾国东渡留学之士日众，惟分隶各校，往往阙隔不能通声气，而会馆之议，又旋辍旋起，亦半困于资也。去年（1901 年——引者注，后同）冬群鼓以必成之气，会皖南李观察荫伯（即李宗棠）游历至东京，极热心其事，而钦使

蔡公、监督钱公又乐助其成，开办费则筹之于三公，常年费则为留学生之分担。①

由此可知，如若没有蔡钧和钱恂等清朝官员的资助，以及时任安徽游历官二品顶戴按察使衔江苏候补道李宗棠的热心其事，难以想象清国留学生会馆可以在此时建立起来。

根据实藤惠秀的分析，1901 年 11—12 月，李宗棠共计 9 次面见蔡钧，为清国留学生会馆的建立奔走。② 不仅如此，从捐款来看，他还不惜重金资助建立清国留学生会馆。

表 3－1 是根据《清国留学生会馆第一次报告》的"会计一览"中捐款金额一栏的记载，对其中超过 100 日元以上的捐款者名录整理而成。李宗棠的捐款金额为 300 日元，排在第三位。另外，驻日公使蔡钧和游学生总监督钱恂分别捐款 300 日元和 200 日元，作为会馆的开设费。

表 3－1　《清国留学生会馆第一次报告》中记载的捐款者捐款金额

职务	姓名	捐款额
出使英国专使贝子	载　振	500 日元
	孙廷杰	400 日元
安徽游历官二品顶戴按察使衔江苏候补道	李宗棠	300 日元
出使英国专使参赞官	梁　诚	200 日元
出使英国专使参赞官	汪大燮	140 日元
湖南游历官候补同知	黄忠绩	100 日元
湖南游历官翰林院庶吉士	周　渤	100 日元
出使英国专使参赞官	李经楚	100 日元

注：表中仅列举了捐款金额 100 日元以上的官员。
资料来源：《会计一览》，清国留学生会馆干事编《清国留学生会馆第一次报告》，第 39 页。

---

① 《会馆之成立》，清国留学生会馆干事编：《清国留学生会馆第一次报告》，第 9 页。

② 実藤惠秀『中国留学生史談』、134—136 頁。

　　综上，《清国留学生会馆第一次报告》的记载，印证了实藤惠秀对蔡钧、钱恂、李宗棠的论述。

　　那么，在清国留学生会馆的建立过程中起到最重要作用的清国留学生们，是以怎样的形象出现的呢？

　　《留学生会馆之起源》认为，清国留学生会馆的建立源于留学生"团结力"的成长，并将会馆建立过程分为三个阶段：①义和团以前的时期；②义和团运动以后的时期；③义和团运动的消息在日本被大肆报道的庚子六月到七月。①

　　中国留学生前往日本留学始于1900年义和团运动以前，这一时期的留学生教育以"预备"教育为主。日华学堂、成城学校、亦乐书院等机构承担了部分留学生教育的任务。对留学生而言，这个时期是"太古的时代"，是"智力"与"胆力"均比较稚嫩的时期。

　　接着是1900年义和团运动以后的时期。进入这一时期，越来越多的人争相到日本留学，其中有众多年轻人依靠乡里和亲戚的资助赴日留学，留学生的总体人数已经超过600人。这一时期，"东亚同文会""亚细亚协会"等教育机构相继登场，中日之间迎来了一个"交流"的时代。

　　1900年8月以后，"庚子之变"的消息传到日本。留日学生听闻这一消息，意识到中国正面临危机。此前不相往来的留学生们开始互相联络，担忧国家的未来，发扬爱国的精神。

　　　　转捩之关键，其在庚子六七月之间乎。值北方拳匪（义和团）乱起，城地陷失，海外警传，风驰电掣。日俗例有卖传单者，手响铃口高喝，其声凄而惨，日数次，甚或宵深漏尽，尤通街不绝。斯时斯境，游子乡关，情何以堪，谁不惊心

----

　　① 《留学生会馆之起源》，清国留学生会馆干事编：《清国留学生会馆第一次报告》，第1页。

动魄者哉。飨之东西南北不相往来者，至是无不奔走相告也。其一种爱国之精神，真足以贯长虹而耀日月，尤令我徘徊往复，想见故人于梦寐也。①

留学生们将留学日本的历史划分为前、中、后期三段，并且把握住重要的转折点，即义和团运动对留学生爱国精神的激发。

1900 年前后，日本各地有十多个"联谊会""同窗会""校友会"等留学生组织，在《偕行社之记事》中可以看到将这些组织联系起来的根本因素——爱国精神。

1902 年正月初三日，驻日公使蔡钧召开新年会，宴请 274 名留学生，并在会上发表演说。此演说被全文收入《偕行社之记事》。蔡钧认为中国最大的弊害就是国民被分成了上下两层，继而谈到今日召集留学生开会打破了这条界限，是一件令人高兴的事情。他接着说道：

> 诸君离乡别井，万里负笈，未尝不苦。但必耐苦，然后能成学，学成则公足以报国，私足以容身。中国需材孔殷，予不能不为诸君日企望之。（中略）在山林易忘廊庙，在外国亦易忘父母之邦。惟望诸君做学生时，常以忠君爱国四字存于心，则他日必为有用之材也。②

蔡钧在此处提到"忠君爱国"的概念，这一词语是置于近代意义上的"爱国"来理解，还是基于传统儒家教化的"爱国"来

---

① 《留学生会馆之起源》，清国留学生会馆干事编：《清国留学生会馆第一次报告》，第 1—2 页。此外，孙瑛鞠也注意到中国留学生的爱国精神。孙瑛鞠「清末中国人日本留学生の近代国民意識形成に関する一考察」『中国研究月報』第 849 号、2018 年 11 月。

② 《偕行社之记事》，清国留学生会馆干事编：《清国留学生会馆第一次报告》，第 5—6 页。

认识，尚难以统一。尽管对"忠君爱国"的理解有所不同，但是在一个危机遍布的时代，驻日公使希望留学生们发扬爱国精神的意图还是可以理解的。

《偕行社之记事》的结尾记述了宴会的举办对于留学生的意义——爱国精神的激发：

> 夫此会之所以有特价也，则以其非徒为饮食之征逐，而足令人生国家思想。且更有一事，足以令与会者终身不忘，并足令吾全国人猛然自奋也。盖公使者我国现在之代表，学生者即我国未来之主人。以公使而宴学生，在吾国故为非常之盛事，而为地主之日本人，亦必不视为寻常之宴会也。惟是偕行社者，乃其陆军军官之公所，不容他国之国旗拂其门墙。故是日之会，在堂上则炫赫飞扬者，中国之龙章也。而门外则寂然，同人于此，不免有故国河山之感焉。虽然，是亦激厉我爱国心之一助也。①

此段所述旨在令留学生们念起衰弱的祖国，同时唤醒大家身为国家的主人所应尽的责任与义务。作为国家的象征，此处的国旗也有了特殊意义。在热烈的气氛中，有学生提出成立统管全体留学生组织的建议，274 名留学生汇集一处，围绕建立"清国留学生会馆"的必要性达成了一致意见。

《清国留学生会馆第一次报告》中的"会馆大事记"一节，记录了清国留学生会馆的建立经过，现整理如下。

1902 年 2 月 10 日，蔡钧公使在偕行社召开新年会，宴请留学生。留学生代表吴禄贞提出建立清国留学生会馆，大部分留学生表示赞同，蔡钧公使也持同样态度。

---

① 《偕行社之记事》，清国留学生会馆干事编：《清国留学生会馆第一次报告》，第 8 页。

此日的会议有 240 余人参加。章宗祥此前已拟好《清国留学生会馆章程》数条并与游学生总监督钱恂商议妥当，宴会中将其提交公使。章程中提议请蔡公使担任清国留学生会馆总长，得到公使同意。接着，留学生金邦平推荐范源廉、吴振麟、吴禄贞、章宗祥、曹汝霖、程家柽（后由陆世芬代理）、高逸等七人担任清国留学生会馆章程起草委员会委员。后众人又举荐金邦平加入，组成了共计 8 人的起草委员会。

新年会后，2 月 17 日，起草委员会在上野三宜亭讨论《清国留学生会馆章程》。3 月 16 日，在神田锦辉馆召开留学生大会，讨论会馆章程及选举事宜。3 月 19 日，会馆干事于上野三宜亭开会讨论馆内规则，并于 3 月 30 日举行清国留学生会馆开馆式。

3 月 30 日的开馆式有大约 200 名留学生参加。首先由干事代表范源廉宣读开会致辞，接着由名誉赞成员夏偕复（原游学生总监督）致祝词。① 此后，由副长钱恂代表总长蔡钧致辞，其大意如下：

> 我国家年来例行新政，遣派诸生东来游学，取法乎同种同文同伦之国，先后荏苒者不下三百人。近来南洋各省仍有续派来学者，即目可至，可谓极一时之盛。然向无聚会处所，往往气涣散而不聚，情隔膜以难通。本年春，诸生同心协力，创设会馆，以联桑梓之谊，以求切磋之益。本大臣实深欣忭，是以捐廉欣助……②

清国留学生会馆建立的经过如前所述。那么会馆的组织结构、经费来源与使用，以及作为重要业务之一的招待活动情形究竟如何呢？

---

① 《偕行社之记事》，《会馆大事记》，清国留学生会馆干事编：《清国留学生会馆第一次报告》，第 21—28 页。

② 《开馆式记事　附录总长祝辞》，清国留学生会馆干事编：《清国留学生会馆第一次报告》，第 19—20 页。

（二）清国留学生会馆的组织结构及运转

《清国留学生会馆章程》对会馆职务的规定如下：总长掌管一切会馆事务；总长之下设副长一名，辅助总长管理会馆事务；另选12人担任会馆干事，其中负责庶务的干事6人，负责管理书信往来及记录的干事4人，管理钱财及出入款项的会计2人。

清国留学生会馆首任总长由驻日公使蔡钧担任，副长则由游学生总监督钱恂担任，剩余的12名干事通过选举产生（参见表3-2）。

表 3-2　清国留学生会馆首届职员

总长		蔡钧
副长		钱恂
干事	书记干事	范源廉、蔡锷、钱承誌、吴振麟
	会计干事	陆世芬、王璟芳
	庶务干事	章宗祥、金邦平
	书报干事	曹汝霖、张绍曾
	招待干事	吴禄贞、高逸

资料来源：《职员表》，清国留学生会馆干事编《清国留学生会馆第一次报告》，第33—34页。

清国留学生会馆干事的选举，在清国留学生会馆大会召开时进行，采取保证公平的投票方式，获得10票的人即为当选者。会馆干事根据工作内容明确区分为书记、会计、庶务等。

清国留学生会馆大会按规定每年春秋两季各举行一次。留学生年满15岁即拥有选举权，可以参加投票选举。若当选干事因事无法参会，则由干事会公议委托他人代理。通过投票这样民主的方式，留学生们选出12名干事，负责清国留学生会馆的运营。但是，会馆的一切事务都需要在定期举行的干事会上由干事们协商处理。

（三）清国留学生会馆的经费来源及使用

清国留学生会馆运营所需的经费是如何筹措的呢？会馆章程中

的"经费"一节详细规定了会馆经费的来源与用途。清国留学生会馆的经费由开办费、常年经费和预备费三项组成。开办费和预备费（作为建立清国留学生会馆之用和不时之需）来自捐款，常年经费则来自学生缴纳的会费（年会费银 3 元，即每两月捐洋元 5 角）（参见表 3－3）。

表 3－3　清国留学生会馆的收入与支出情况

收入		支出	
赞成员捐款	2718 元 11 钱	开办支出	1090 元 54 钱 5 厘
总长捐款	300 元	经常支出	807 元 27 钱
副长捐款	100 元		
会员捐款	989 元		
总长年会费(三个月)	60 元		
会员年会费	315 元 75 钱	临时支出	741 元 77 钱
会员临时捐	163 元		
杂收	12 元 72 钱		
利息	5 元 2 钱		
合计	4666 元 30 钱	合计	2641 元 58 钱 5 厘

资料来源：《会计一览》，清国留学生会馆干事编《清国留学生会馆第一次报告》，第 39—52 页。

此外，当常年经费出现亏损时，可从预备费中支出填补，但干事要对留学生们进行必要的经费使用说明。此点表明，在经费的使用方面，钱款支出需要在报告留学生同仁，且获得会员的一致同意后方能实行。

三　会馆功能与留学生的招待网络

清国留学生会馆每日早晨 7 时开门，直至晚上 10 时闭馆。在此期间，留学生可以使用会馆的事务室、接待室、阅览室以及食堂。会馆可以代替留学生本人接收信件，并待本人来取，但不代收有关金钱的信件，也不负责派送。留学生如需借用会馆场地举办宴会，需要在三日前向庶务干事提出申请。除去宴会期间，会馆内不得饮酒。① 上述清国留学生会馆的功能正好符合实藤惠秀"留学生的中央总部、俱乐部、讲习会场、出版部，生活的根据地"的描述。

清国留学生会馆还有一项重要功能值得关注——引导中国留学生到达会馆，或者直接前往学校。20世纪初，由于交通和通信设施仍不完善，中国留学生到日本或是欧美留学并不是一件容易的事情。留学生出国留学首先面对的问题，恐怕就是如何顺利安全地抵达留学目的地，以及如何开始新的生活。清国留学生会馆的重要活动便是解决留学生的这一顾虑，为留学生提供帮助，使他们可以安全地抵达日本。

当然，在会馆成立以前已经有指导留学生赴日的指南书出版。例如，章宗祥的《日本游学指南》便是早期帮助留学生前往日本留学的书。② 在其第四章"游学之方法"中，章宗祥介绍了出发和到达需要注意的情形：

> 凡自吾国至日本，分为南北二大道。南省各地，以上海为出发之地；北省各地，以芝罘为出发之地。自芝罘动身，可买船票至神户，由神户换坐火车到东京，凡大车行十七点钟，计路程共十日；自上海动身，可买船票至横滨，换坐火车到东京，凡大车行一点钟，计路程共七日。（中略）惟船每到埠，停几多时刻，及何时开船，均有一定，必须打听明白，先期回船，否则恐有失误，船或先开，受累不浅也。③

---

① 《馆内规则》，清国留学生会馆干事编：《清国留学生会馆第一次报告》，第15页。
② 章宗祥：《日本游学指南》，岭南报馆1901年版。
③ 《游学之方法》，章宗祥：《日本游学指南》，第28页。

为方便到达日本神户、横滨的留学生住宿，章宗祥介绍了专门面向中国人的旅馆——田中屋（神户）、高野屋（横滨）及山崎屋（横滨）。但是，章宗祥在《日本游学指南》中介绍的诸多事情，也只是说明了留学生到日本留学的一般路线，至于他们到达最终目的地——东京新桥站，以及此后和后续进入学校等事情则没有详细讲述。

与之相比，清国留学生会馆的学生招待工作更加彻底。为了帮助留学生来到日本，清国留学生会馆特地编写了《招待规则》，并安排两名招待干事负责此事，由此其重视程度可见一斑，这是清国留学生会馆的重要功能。

清国留学生会馆为何对留学生的招待工作这般热心？其理由如下所述：

> 本馆因东渡留学之士人地生疏，故特设专部，代为招呼一切。凡有函至本馆者，本馆即尽招待之义务。

清国留学生会馆在横滨和新桥两处安排了招待干事接待留学生。其中，新桥招待处是为了接待由神户乘火车来东京的留学生而设置。此外，在神户、上海、天津三地均有清国留学生会馆的联络员，负责留学生东渡前的联络工作（参见表3-4）。

表3-4　清国留学生会馆招待联络点

	联络员	地址
神户	冯悦甫	神户山下町　清国领事馆
	孙实甫	神户海岸仲通　清商益源号
上海	戢元丞	新马路　作新译书局
	王培孙	上海大东门内　育材学堂
天津	张亦湘	天津玉皇阁前　日日新闻社

资料来源：《招待规则》，清国留学生会馆干事编《清国留学生会馆第一次报告》，第17页。

如果留学生选择清国留学生会馆来负责自己赴日的行程，需要完成的手续如下所示：

> 各省东渡留学者，可于就近本馆赞成员诸处询问购买船票一切情形。于动身前七日先行函致本馆，以便至日前往招呼。（一）天津航路至神户起岸，船抵长崎后，可发一信至冯君或孙君，言明乘坐何船何日何时可至神户，届时二君代为照料。神户易车后，可托二君代为电知本馆，车于何时抵京，本馆干事即至新桥招呼。（二）上海航路至横滨起岸，可由长崎或马关函知本馆，船于何日何时至横滨，届时本馆干事至横滨招呼。①

除此以外，《招待规则》还记述了其他对留学生有帮助的信息。如行李要尽量少带；烟、酒、绸缎等物品因为会被日本海关课税，为免多生枝节不要携带；留学生到东京后，直接前往学校的寄宿舍，抑或是先宿于旅馆，均由学生自己决定。

四 小结

实藤惠秀最早注意到中国留学生史研究的重要性。他曾高度赞扬清国留学生会馆建立的意义，并称赞此会馆作为清国留学生的中央总部、俱乐部、讲习会场、出版部、运动总部所起到的重要作用。但是，仍然有很多问题有待进一步廓清，对清国留学生会馆的研究很难说已经十分充分。笔者仅利用《清国留学生会馆第一次报告》，介绍了会馆的建立经过、组织结构以及招待工作。其中，

---

① 《招待规则》，清国留学生会馆干事编：《清国留学生会馆第一次报告》，第17—18页。

特别值得称道的是义和团运动后留学生面对祖国日渐衰微的现状展示出的爱国精神，清国留学生会馆的建立便是在其受到这种刺激后的自发行为。

20 世纪初，中国留学生在东京这个尚未习惯的环境里，一边学习近代概念的"国家"和"爱国"，一边在清国留学生会馆的管理中尝试加入"选举"这样的民主制度。

今后，通过对清国留学生会馆第二次到第五次报告的解读，我们很可能会找到相关证据，来证明留学生的生活、学习，以及思考方式的改变过程。由于篇幅所限，本章并未分析清国留学生会馆收藏的图书，通过对图书目录的解读，我们或许可以窥探当时留日学生受到了哪些书的影响。

另外，清国留学生会馆第一次到第五次报告中都有"学界记事"一栏。这一栏目记载了诸多留学生直面日本社会和学校生活时发生的事情，对于理解 20 世纪初的留学生对国家抱有怎样的爱国精神，有着极为重要的价值。在今后的研究中，有必要对此栏所记内容进行更进一步的研究。以下仅列举几例。

《清国留学生会馆第二次报告》的"学界记事"中记录了"博览会事件"。1903 年 3—7 月，在大阪举办的第五次万国劝业博览会上，人类馆中出现了侮辱中国的展览。会馆报告记录了留学生对此展览的反应。事件大致经过如下：在大阪博览会人类馆的展览中，有一主题为"世界人种地图"的展览，其中展示了"野蛮人类"的照片和模型。该照片和模型选取了朝鲜、北海道、越南、南洋群岛等地的人以及中国人为例。这引发了留学生们的强烈抗议。结合《东京日日新闻》中关于博览会的报道，笔者以为有必要重新考察这一事件的来龙去脉。①

---

① 《学界记事》，清国留学生会馆干事编：《清国留学生会馆第二次报告》，东京并木活版所 1903 年版，第 14—17 页。关于博览会事件的介绍，参见坂元ひろ子「中国民族主義の神話——進化論・人種観・博覧会事件」『思想』第 849 号（岩波书店、1995 年）。另见「人類地図と人類館」『東京朝日新聞』1903 年 3 月 21 日。

　　《清国留学生会馆第三次报告》中记述了"义勇队创立事件"和"成城学校运动会黄龙旗事件"，这两件事都明确包含留学生们对国家和爱国想法的表达。"义勇队创立事件"的始末如下。1903 年 4 月 27 日，日本的新闻报道了俄国要挟清政府接受七条密约。对此，清国留学生会馆的干事和评议员们开会协议，决定"学生一定要组织军队，抗拒敌人"，午后在锦辉馆召开了全体留学生大会，组织对抗俄国的义勇队，女留学生则以看护死伤者为职加入队伍。根据记事所载，到第二天就有 180 多名留学生签名加入。5 月 3 日，义勇队改名学生军，留学生们公举两名学生为特派员，派他们回国进行相关的联络事宜。然而，在日本警察的干涉之下，5 月 12 日，留学生们不再使用学生军的名号，改称"军国民教育会"。①

　　"义勇队创立事件"在中国近代史上被称为"拒俄运动"。李晓东的《军国民考》一文认为使用"军国民"这一词语象征着留日学生之间已经产生近代意义上的国家意识。其论述的依据则来源于《浙江潮》《湖北学生界》《游学译编》等留学生编辑的杂志。作为重要的补充资料，清国留学生会馆报告中也有关于军国民教育会的记载。②

　　"成城学校运动会黄龙旗事件"是指在成城学校春季运动会上，万国旗中没有悬挂中国国旗——黄龙旗，留学生对此表达了强烈抗议的事件。如果将这一事件放在留日学生以建立清国留学生会馆为契机而展示的爱国精神这一相同脉络下，便可顺利理解。③

　　《清国留学生会馆第四次报告》中记录了董鸿祎被选为留日学生代表，前往爪哇从事华侨教育的事情经过。辛亥革命后，董鸿祎

---

　　①　《学界记事》，清国留学生会馆干事编：《清国留学生会馆第三次报告》，东京并木活版所 1903 年版，第 12—13 页。

　　②　李晓東『軍国民考』大里浩秋・孫安石編『近現代中国人日本留学生の諸相』、81—83 頁。

　　③　《学界记事》，清国留学生会馆干事编：《清国留学生会馆第三次报告》，第 13 页。

先后任北京政府教育部秘书长、次长、代理教育部总长等职务。

　　会馆报告对这件事有如下记述。由于担忧移居海外的子孙忘记祖国，爪哇的华侨建立学校来教授子弟汉语，入学者有数百人。华侨们曾向早稻田大学校长大隈重信寻求帮助，希望他可以推荐早稻田大学的中国留学生来爪哇从事学校教育，董鸿祎成了被选中的学生。根据清国留学生会馆报告的记述，董鸿祎的爪哇之行，无论是对"中国国民"，还是对"中国的前途"都是值得祝贺的事情。中方编纂的人名辞典中，有关董鸿祎的记载，大多是介绍他在日本留学和在早稻田大学就读时的经历，以及1912年后担任教育部秘书长时期的活动，清国留学生会馆报告的记述正好填补了他在这两段经历之间的行踪。①

　　《清国留学生会馆第五次报告》的"学界记事"记载了留日学生组建"亚雅音乐会"的经过。根据该记事，留日学生曾泽霖召集20余名同学成立了亚雅音乐会。他们利用课余时间，每周练习6个小时左右。同时，亚雅音乐会邀请高等师范学校教授铃木米次郎担任教师，并由严智仪和潘志愔综理会务。音乐会的课程设置分为初等科（三个月）、中等科（三个月）、高等科（六个月）三种。报道时中等科已有70余人毕业。此音乐团体并非单纯为了享受音乐而组建，对他们而言，音乐也是振兴祖国教育的重要一环。②

　　第五次报告中另一件值得关注的事情，是明治大学经纬学堂开设了"教育"选科。这一课程的开设是留日学生奔走交涉的成果：

　　　　教育乃强国之根基，人尽知之。凡在留日本者，无论学何种科学，异日归国，皆当有教育之责任。而教育学未能普知，

------

① 《学界记事》，清国留学生会馆干事编：《清国留学生会馆第四次报告》，东京并木活版所1904年版，第16页。

② 《学界记事：（三）亚雅音乐会》，清国留学生会馆干事编：《清国留学生会馆第五次报告》，东京并木活版所1904年版，第18—19页。关于亚雅音乐会，另见榎本泰子『楽人の都・上海』（研文出版、1998年），第23页。

实大缺点也。热心教育诸君，乃谋之于会馆，干事特与经纬学堂校长岸本辰雄君商筹，设教育选科，授课以夜，为学各科学者之补习。岸本君极赞成之，复商之公使，公使以为然。遂于阳历十一月十五日夜，在经纬学堂行开校式，次夜开校，入学者凡三十余人。①

由此可见，留学生已经认识到国家富强的根本在于教育。

笔者撰写本章时，有幸读到张剑的《清末民初留美社团组织分析》。②该文分析，"欧美同学会"这一最有代表性的中国留学生组织，始于 1902 年在美国三藩市（San Francisco）成立的"美洲中国留学生会"（The Chinese Students Alliance of America）。1911年，"留美中国学生总会"成立。1913 年，"北京欧美同学会"在北京成立，有 100 余名欧美留学生参加该会，是一个全国性的统一的留学生组织。在 20 世纪初的 1902 年，作为国家与爱国精神展现的标志，在东京的 400 余名留学生建立了清国留学生会馆。留学生们以一己之力议定了会馆的规章制度，并通过民主选举的方式，选举出会馆干事负责会馆的日常工作。会馆维持独立的财政体系，同时为中国留学生提供招待服务，帮助他们适应在日本的生活。与欧美留学界相比，留日学生的这些活动应该得到更高的评价。

（补记）

本章付印之际，笔者得知宁金苑的《清国留学生会馆研究》（硕士学位论文，武汉大学，2018 年），同样是以清国留学生会馆为对象的研究。宁金苑在论文中以《清国留学生会馆报告》为主要资料，参考了与清国留学生会馆有密切关系的章宗祥、曹汝霖、冯自由等人的日记和回忆录，分析了留学生会馆的组织和经费。管

---

① 《学界记事》，清国留学生会馆干事编：《清国留学生会馆第五次报告》，第 20 页。

② 张剑：《清末民初留美社团组织分析》，《学术月刊》2003 年第 5 期。

见所知，这是目前中国国内对清国留学生会馆研究最全面的一篇论文。

然而，笔者还是要指出该论文的一些不足之处。首先，宁文略过了对清国留学生会馆成立前的励志会的考察。其次，1905 年留日学生的活动重心由会馆转到"中国留学生总会"，同年 11 月留学生界在经历"清国留学生取缔规则事件"后，革命派和立宪派之争愈发激烈，至 1910 年，美国援助下成立的"中华留日基督教青年会"成为中国留学生新的活动根据地。宁文对这一时段的分析，并没有发掘出足够的史料来支撑自己的论断。

举例而言，根据日本外务省外交史料档案馆所藏《在本邦清国留学生关系杂纂/杂之部　第一卷》的记载，[①] 在 1909 年 9 月前后，清国留学生会馆依然很活跃。围绕安奉铁路建设的问题，以会馆干事长时功玖（湖北枝县人，日本大学毕业生）为核心，在他的带领下，留学生们撰写了反对日本获得利权的檄文《为安奉铁道警告同胞公函》（铁笔印刷品）。该文被大量印刷后带到神户、长崎等日本各地，以及中国上海。

此外，宁文指出，"清国留学生会馆最终在 1910 年，因无力支付房租被迫从神田区的骏河台会馆退租，迁移到牛込区西五轩町。会馆及总会虽不复当年之辉煌，但仍作为留学生公共活动中心和群体事务管理者，并时刻关注国事"。[②] 但是，同一份文件指出，1911 年 3 月，为响应国内舆论号召，留学生界也准备进行反对云南和伊犁条约的活动。3 月 19 日下午 1 时，在清国留学生会馆召开了以留日学生为中心的中国国民会总会。会议开始后，清国留学生会馆干事长熊越山发表演说，感谢那些前往清国公使馆，要求面

① 『乙秘　第二〇六三号　清国留学生帰国の件』（外务省外交史料馆）、JACAR、Ref. B12081629100。

② 宁金苑：《清国留学生会馆研究》，第 66 页。

见公使并彻夜进行抗议活动的留学生们。① 由此看来，清国留学生会馆已经不再活跃的结论似乎有些武断。

尽管在资料的发掘上有不足的地方，但无论如何，宁金苑这篇《清国留学生会馆研究》仍是留学生会馆研究中不可替代的优秀论文。因此，对有志于研究清国留学生会馆的学者来说，这是一篇必读论文。笔者以为在今后的研究中，需要进一步地探明 1905—1911 年被普遍认为不再活跃的清国留学生会馆的相关活动。

---

① 『乙秘 第二〇六三号 清国留学生帰国の件』（外務省外交史料館）、JACAR、Ref. B12081629100。

第 四 章
清末留日学生的经费之别

　　清末留日学生的相关文书或史料中，往往把留日学生按费别分成"官费生"、"公费生"、"私费生"（也称"自费生"）三类。①清政府最初制定留学政策时，也是以官费生为对象，之后鼓励自费留学，到了中晚期，在学部制定的留学规则中加入了自费生条款。这种政策性的倾向使得以往的研究多围绕官费生，探讨清政府制定留学政策的背景及过程，还有派遣经过及入学情况等，而以"公费生"为对象进行专题研究的论文或著作，笔者尚未发现。公费生的研究没有受到重视的原因大概有以下几个方面。一是现代意义上的官费，指"政府出资，相对自费而言广义上的公费"，②公费被解释为"国家或公共机关团体出资的费用，公家出资的费用"，③所以公费生和官费生没有严格的区别，二者被学界统一看待。二是

---

　　① 日本游学生监督处发行的《官报》记载中还可以看到"半费生""津贴生"等称呼。这种类别的留学生多半是自费生，后由本省给予一部分资助而得名。另外，日本也曾根据经费出处不同来分类本国的海外留学生。近代日本的海外留学生被分成官费、藩费、私费三种。桑兵「近代の日本人中国留学生」大里浩秋・孫安石編著『留学生派遣から見た近代日中関係史』御茶の水書房、2009 年、4 頁。

　　② 参见日本『大辞林』第 4 版。另外，日本『広辞苑』第 4 版解释的"官费"为政府出资的费用。

　　③ 参见日本『大辞林』第 4 版。『広辞苑』中的"公费"指国家或公共团体出资的费用。

与官费生相比，公费生只是众多留学生中的极少数，也许无须特别研究，也能了解清末留日学生的整体动向和变化。三是关于公费生的资料有限，做专题研究非属易事。

虽然如此，但笔者认为既然当时的文书或资料中把公费生和官费生分开记载，就意味着二者有本质上的区别，因此有必要把公费生提出来进行探讨。

清末留日学生中，到底有多少公费生？表 4 - 1 显示了公费生的人数。我们可以看到，最初公费生寥寥无几。1901 年只有浙江省 1 人，1902 年从湖南省和浙江省各来 2 人，1903 年直隶省、江苏省等地又新来 8 人。到 1904 年仅四川省就有 88 名公费生来日，还有湖北、湖南、直隶等省公费生来日。但由于留日高峰 1905—1906 年的资料不足，很难把握公费生的人数。直到 1906 年 11 月日本游学生监督处成立并发行《官报》，据《官报》统计，1906 年山西省有 78 名、江西省有 93 名公费生赴日。另外，尽管人数不多，但从《官报》中还能看到云南、贵州、河南等省公费生的信息。可以说，清末大多数省份派遣过公费生。

表 4 - 1　清末公费留日学生人数

年份	浙江省	湖南省	湖北省	直隶省	江苏省	安徽省	四川省
1901	1						
1902	2	2					
1903	4	8		4	4		
1904	7	25	12			2	88

资料来源：根据《清国留学生会馆报告》（第一至第五次）整理而成。

探讨对公费生进行专题研究的意义之前，有必要明确一下所谓公费生这种派遣形式。清末的公费生大多数由主导地方公共事务的官绅阶层派遣，是利用各州县的地方公费资助的一种派遣形式。迄今为止的研究在考察各省留学生派遣情况时往往忽视这种地方公费派遣形式，进而忽略了公费生这一课题在留日学生史研究中的地位。另外，从留学经费的角度看，由地方州县公费资助的公费生与官费生相比，有着本质的不同。清末的官费生由于每月定时领取留学费用，过着相对安定的留学生活，但公费生也许并非如此。考察他们的留学生活状况，可以让清末留日学生的留学生活全貌更加清晰起来。

　　本章主要利用早期留日学生撰写的对同乡青年的留学劝诱文章、当时关于留学生的报纸和杂志的报道，以及游学生监督处发行的《官报》和《经费报销册》等资料，目的在于明确清末各省派遣的公费生的相关情况，填补留学生史研究领域的空白。

　　关于文中出现的名称，需要说明以下几点：一是"公费生"并非一般意义上的由民间资本创立的企业等派遣的留学生，而是指各州县的公共资金派遣的留学生；二是"地方"在这里指各省所辖的下级州县；三是官费生和公费生的划分，都是基于当时的史料记载而定。

一　公费留学生的派遣背景

　　甲午战争特别是八国联军侵华后，战败的清政府被迫与日本及其他列强分别签订不平等条约，支付巨额赔款；同时，军事上开支日渐增加，加上政治上从 1901 年开始实施新政，各项支出增多，其财政陷入困境。特别是在全国范围内实施的教育改革、开办新式学堂等，需要大笔开支。为此，清政府指示中央各部、各省及各州县分别各自负担高等学堂、中等学堂及初等学堂的教育经费。[①]

　　1903 年，张之洞和袁世凯提出，世界各国的各级学堂并非全由政府的财政开支，我国也应该实行高等教育由政府负责，初等教

---

　　①　关于清末教育改革的实施，参见商丽浩《政府与社会：近代公共教育经费配置研究》，河北教育出版社 2001 年版；刘惠林：《中国地方教育财政问题研究》，黑龙江人民出版社 2008 年版。

育由各地方士绅负责。① 另外，普及初等教育应当以"现地筹款"为原则筹措所需经费。② 可以说，在这种教育财政的分配形式下，在日本留学派遣事宜上，自然形成了中央和各省州县各自负担的意见。

　　1898 年清政府制定了以官费生为对象的日本留学派遣政策，关于留学经费只有"各学应支薪水用项，由臣衙门核定数目，提拨专款，汇交出使大臣随时支发"的简单规定，③ 没有涉及具体的财源。到 1901 年创建新式学堂，培养新式学堂教育的人才成为急务，为此清政府提出重视派遣日本留学、奖励留学的政策。奖励留学政策明确要求，由于政府的资金有限，如有希望自费留学者，各省应给予奖励。④ 同年 8 月 5 日，中央政府向各省下令各自准备留学经费，适当支给，并允许把留学经费当作正常的支出款项。⑤ 清政府实行各省在基本行政开支之外，如有必要的大的财政支出，需要获得中央政府许可的制度，⑥ 而留学经费作为正当的财政开支已经得到批准。由此，我们可以看出中央政府在留学经费方面的政策，即从中央各部署到各省自备经费各自派遣的同时，如有自费留

---

　　① 该主张参见《袁世凯、张之洞奏请递减科举折》，载璩鑫圭、唐良炎编《中国近代教育史资料汇编·学制演变》，上海教育出版社 1991 年版，第 525 页。

　　② "现地筹款"是指在筹办地方教育时，由各州县当地官绅势力筹集经费。1903 年张百熙、张之洞、荣庆等制定的《学务纲要》中就提到"各省经费支绌，在官势不能多设……即当督饬地方官，剀切劝谕绅富，集资广设"。参见舒新城编《中国近代教育史资料》（上），人民教育出版社 1981 年版，第 202 页。

　　③ 《遴选生徒游学日本事宜片》，参见陈学恂、田正平编《中国近代教育史资料汇编·留学教育》，上海教育出版社 1991 年版，第 325 页。但关于该政策制定的年份，引用资料写为 1899 年，而黄福庆《清末留日学生》［《中央研究院近代史研究所专刊》(34)，台北，1983 年版，第 19 页］遵照日本学者细野浩二之说法，认为应为 1898 年。笔者遵循黄福庆之研究主张。

　　④ 参见张之洞、刘坤一《变通政治人材为先遵旨筹议折》，载苑书义等主编《张之洞全集·奏议》第 2 册，第 1405 页。

　　⑤ 关于对中央政府的上奏，《前云贵总督魏奏陈资遣学生出洋游历折》中有所提及，参见陈学恂、田正平编《中国近代教育史资料汇编·留学教育》，第 14 页。

　　⑥ 朱英：《晚清地方势力的发展与中央政府的对策》，《探索与争鸣》1996 年第 1 期。

学者应给予支持鼓励。

关于各省在派遣留日学生时筹措经费的办法，维新派人物康有为早有建议。1898 年康有为在《请广译日本书派游学折》中写道："请筹学费，或令各县分筹之，大县三人，中县二人，小县一人，皆举其县之秀才，令其县自筹供其费。"① 提出各州县出资培养各自所需人才。另外，各省中较早提出留学经费筹措方法的是四川省。1902 年四川省学政在奏折中提到"就地筹款"，并提出就地筹款的具体方法如下：

> 查川省各州县，多有绅富捐设学田，津贴应试文武生童，现在武科既停，岁有间款，并为一用，聚则见多，约计每年可提数千金。又中富之邑津捐宾兴等居时有赢余，文昌宫各庙等会向多糜费，或酌提奇零，或量劝资助，大县、中县岁筹三二百金，当尚不难。此二项拟分饬各属州县，按年提解，名为游学经费，由县解府，由府汇解盐道库收存候拨。②

如引文所述，四川省提倡收集各州县各项地方公共事务中多余的资金或者呼吁捐助，每年从各州县可集资二三百银两用于留学经费，并且汇聚到省的盐道库随时支付。不过，四川学政的意图是把地方闲置资金收集起来存到省的盐道库，作为官费生的留学资金。可实际上，派遣留学生时，往往直接把各州县的公费支付给学生。例如，1904 年四川总督锡良从各州县选派的 200 多名学生中有很多是公费生，由各州县负担留学费用。③ 下面再来看一下湖南、山西、直隶、江西等省的留学经费筹措情况。1902 年赴日留学的湖南籍学生在给湖南巡抚劝导派遣学生

① 陈学恂、田正平编：《中国近代教育史资料汇编·留学教育》，第 323 页。
② 陈学恂、田正平编：《中国近代教育史资料汇编·留学教育》，第 1 页。
③ 参见凌兴珍《清末四川留日速成师范教育及影响》，《四川师范大学学报》2009 年第 4 期。

留日的信中写道："湖南于省中筹款或恐一时难及，惟有敬乞通饬各府州县，令各筹款若干派送学生，大县二、三人，小县一、二人。"[1] 为财政困难的湖南筹措经费指出一个解决之道。山西省留日师范生 1905 年致李宗棠催促留学日本的文函中，也有类似的说法，并举出浙江、四川等例，称"浙、蜀各省即用地方派生法，均派生数百东游速成，归即在本地方教育……如公车宾兴及他项积储，大县岁可派三四人，小县亦岁可派二三人，各地方士绅设法办理，无不立就，近东南各省生东游，且多有地方士绅集公资派送者……"[2] 而后山西省采纳留日师范生的建议，于 1906 年从各州县选派 78 名公费生赴日。直隶总督袁世凯于 1905 年选派游历官绅和速成学生赴日时，命各州县拿出地方公费选派当地人员。[3] 江西省于 1906 年利用地方州县的公费，从当地州县选派 108 名公费生赴日。[4]

基于上述事例，可以说清末多个省份依照新政教育改革财政之法，利用地方州县的资金选拔当地人到日本留学。特别值得一提的是，在 1906 年 7 月学部废除速成留学的前夕，派遣留学起步晚而且本来财政就困难的山西和江西等省还亟须养成担任各州县初等学堂的教员，对这些省份来说，利用现地筹款派遣留日学生应该是一个有效的解决之策。也可以说，清末新政时普及初等教育的经费筹措之法——现地筹款，也被用到留学派遣上。

通过以上对各省留学经费的筹措方法的考察，可以做如下总结。清政府在财政紧张的情况下，在推出鼓励派遣留学政策的同时把留学经费的筹措交给各省政府。但是，各省政府也同样面临财政困难，为

---

① 俞诰庆等：《湖南留学日本师范生上谕中丞书》，《选报》第 33 期，1902 年 10 月 31 日。《选报》于 1901 年在上海创刊，停刊时期不详。

② 《山西留学日本师范生致李观察宗棠函》，《四川官报》第 8 册，乙巳四月上旬（1905 年 5 月）。其中提到的四川省派遣，指的是 1904 年总督锡良命各州县派遣一事。另外，浙江省的派遣指的是 1905 年送出的百名师范生。

③ 《东方杂志》第 2 年第 8 期，1905 年 9 月；第 2 年第 9 期，1905 年 10 月。

④ 经济学会编：《清光绪年二十二省财政说明书（安徽、江西卷）》，全国图书馆文献微缩复制中心 2008 年版。

了培养普及各州县初等教育所需的人才，只好利用各州县的地方财力派遣当地人留学。这即是各州县拿出公费派遣学生留日的背景所在。

二 官费生与公费生之区别

如前所述，迄今为止的研究中对公费生没有做专题探讨，也许基于这样的认识：公费生的界限很模糊，与官费生没有严格的区别。有了这种认识，容易让人觉得既然没什么区别，就没有必要分开来探讨。因此，在这里有必要明确一下官费生和公费生的区别究竟在哪里。

在论述官费生与公费生的区别之前，有必要提及一下清朝的财政制度及"官款"与"公款"的界限。清朝实施中央集权的财政制度，从中央到地方州县有统一的财政体系，由户部规定官吏的俸禄及行政公费的数额。① 各省遵从中央政府的命令收缴各种税金上缴中央，省内如有规定范围内的必要经费之外的开支，要有中央政府的许可，各省没有独立的财政权。② 另外，清朝设立官职止于县。各州县作为最下级的行政官署，负责征收田租和各种赋税，在扣除官吏俸禄及行政公费后全部上缴中央。③ 各州县筹办教育等地方公共事业的经费，被限定在国家财政支出外，由知州县令及地方绅士等自行解决。特别是清末新政时开展的各种地方教育事业及实行地方自治时所需必要的经费，通常规定不使用国家税金收入，而使用地方公款、公产、公益捐献及罚款收入等。④

---

① 瞿同祖：《清代地方政府》，法律出版社 2003 年版，第 14 页。

② 朱英：《晚清地方势力的发展与中央政府的对策》，《探索与争鸣》1996 年第 1 期。

③ 魏光奇：《官治与自治——20 世纪上半期的中国县制》，商务印书馆 2004 年版，第 33 页。

④ 1909 年 1 月颁布的《城镇乡地方自治章程》，规定地方自治经费由各地方自行筹措。参见故宫博物院明清档案部编《清末筹备立宪档案史料》，中华书局 1979 年版，第 738 页。

　　因此，依据清末财政制度，梳理官费和公费的区别，可以说从中央到各州县纳入国家财政收支的经费为官费，其他如各州县在筹办地方公共事业时筹集的各种地方公款即为公费。①

　　那些地方公共事业具体的经费来源，以与派遣公费生密切相关的各州县地方教育公费为例，大致有以下几种。

　　（1）为资助参加科举考试的生员准备的川资及各种相关费用，因废除科举后，仍有剩余，加上开办新式学堂后传统的教育机关书院等留下的款项。

　　（2）举行祭祀活动的庙堂、大宗族供奉祖先的祠堂、会馆等的公共财产，以及用于各地举行除厄招福等祭祀活动、演剧等费用的一部分。

　　（3）为了兴办教育而向乡人新征收的租税所得的资金。②

　　除此之外，地方官吏亲自捐银③，也是教育公费的部分来源。④派遣留学生是地方教育改革的一环，因此其费用也可以说出自上述这些教育公费。为了有助于进一步理解取自地方教育公费的留学经费，以浙江省留日学生写给同乡的鼓吹劝诱留学的文章为例，可见派遣留学生筹集费用有四种，一种为"官费"，其他三种为公费，分别是"地方公费""学堂公费""家族公费"。⑤其三种公费都有详细所指，"地方公费"有"通常储积之公费"和"特别筹集之公

---

　　①　这里所说的公费并不是官吏的行政公费，而是用于各种公共事业经费的总称。但是，官吏捐出的部分行政公费，有时也被用于公共事业。关于行政公费，参见关晓红《晚清直省"公费"与吏治改革》，《历史研究》2010 年第 2 期。

　　②　田正平、陈胜：《教育负担与清末乡村教育冲突》，《浙江大学学报》2008 年第 3 期。

　　③　养廉银是清朝雍正年间开始实施的，支给官吏生活用俸禄及行政办公费用等的俸禄制度。官吏捐出一部分支援地方事业，通常被称作捐银或捐廉。佐伯富「清代雍正朝における養廉銀の研究——地方財政の成立をめぐって（三）」東洋史研究会『東洋史研究』第 30 巻第 4 期、1972 年 3 月。

　　④　商丽浩：《政府与社会：近代公共教育经费配置研究》，第 48 页。

　　⑤　孙江东主笔：《敬上乡先生请令令子弟出洋游学并筹集公款派遣学生书》，《浙江潮》第 7 期，1903 年 9 月 1 日。

费"两种，通常储积公费"如善堂、如各业公所、会馆之贮蓄金、如演剧、赛会之贮蓄金"，① 而特别筹集公费称"无定则，试举其例。某在家时，曾闻绍兴有某绅，创议收航船捐，以充学堂经费。盖绍兴至西兴一带之航路，航船往来如织，例须纳陋规于县署差役，所费不赀，某绅招航船户与约，视其平日所纳陋规之数，捐十分之六七于学堂，而为之请于官，永远革除陋规"。② "学堂公费"指各大学堂从年中所需预算经费拿出一部分用于留学。"家族公费"即为大宗族祠堂公款，用于供养或祭拜之款的剩余部分派遣族人留学或资助留学生。由于史料的限制，利用上述资金筹备方法派遣留学生的具体实施情况不得而知，但公费生的留学经费大体不外乎以上几种来源。

按照上述公费的种类来试区分官费生和公费生，即所谓官费生就是利用国家财政资金的一部分派遣出的留学生，公费生则是利用地方各种公共财产公益资金及祠堂公款等资金派遣的留学生。

理清官费生和公费生的区别之后，再来看早期中央政府的留学政策。如前所述，1898 年清政府确立留日政策时，未涉及具体的留学经费来源。1901 年关于留学派遣的文书中只把留学生分为"贵胄留学生""官派留学生""游学学生"三类。③ "贵胄留学生"即皇族大臣的子弟，由于和本章没有直接关系暂不做讨论，而关于"官派留学生"和"游学学生"的说明，分别为"如京师大学堂及各省督抚学政暨

---

① 善堂是救济穷人或收容老人儿童的场所。参见《善堂绅董禀到宪暨制造局宪稿》，载虞和平编《辛亥革命百年纪念文库·经元善集》，华中师范大学出版社 2011 年版。另见〔日〕夫马进《中国善会善堂史研究》，伍跃、杨文信、张学锋译，商务印书馆 2005 年版。公所是同乡同业聚集的场所，会馆为在外省或京城同乡聚集的场所。参见潘君祥、段炼、陈汉鸿《上海会馆公所史话》，上海人民出版社 2012 年版。

② 孙江东主笔：《敬上乡先生请令子弟出洋游学并筹集公款派遣学生书》，《浙江潮》第 7 期，1903 年 9 月 1 日。"陋规"在清朝法规中是被禁止的，但事实上已成惯例的贿赂行为很多。参见魏光奇《有法与无法——清代的州县制度及其运作》，商务印书馆 2010 年版，第 337 页。

③ 《外务部：奏议复派赴出洋游学办法章程折》，载陈学恂、田正平编《中国近代教育史资料汇编·留学教育》，第 15 页。

各大臣所派者皆是""如民间自备资斧出洋者皆是"，① 显然所指为官费生和自费生。1906 年学部颁发的《管理游学日本学生章程》中只有官费生和自费生的条款，没有涉及公费生。② 清末留学政策中没有公费生的相关规定，此类留学生是各省州县根据实际情况派遣的。

　　既然各省派出的非自费生中，既有官费生也有公费生，那么可从各省具体的派遣例子来考察二者的区别。首先是官费生。1904 年广东省计划官费派往日本 22 名、欧美各国 26 名留学生，决定从学务处的"经费项下筹拨"。③ 从广东省学务处出资的经费，为前述提到的中央政府许可的正当支出。而后面将要提到的《官报》刊登的各省官费生，也是以这种形式由各官署出资派遣的。可是，同年江苏巡抚端方命学务处从各州县选拔 130 名学生送宏文学院速成师范科，其经费并非从学务处的经常费所出，而是临时裁剪门包款项④，如有不足再由各州县自行筹措。⑤ 浙江巡抚聂缉椝也在同年派遣法政速成留学生，其费用为"自行捐廉"，⑥ 即"银元局余利项下拨归抚藩两署公费银每月银一千两，聂则以此款捐作公用"。⑦如江苏省和浙江省这样由巡抚本人筹措经费的当属官费生的一种。

　　其次是公费生。从 1905 年起四川、湖南、湖北、广西、浙江等省都陆续派遣了公费生。1905 年四川泸州从"体仁堂余款"⑧

---

　　①　《外务部：奏议复派赴出洋游学办法章程折》，载陈学恂、田正平编《中国近代教育史资料汇编·留学教育》，第 15 页。

　　②　陈学恂、田正平编：《中国近代教育史资料汇编·留学教育》，第 386—387 页。

　　③　《南洋官报》第 101 册，1904 年 8 月。

　　④　守门人是在衙署负责递送介绍信、通报来访者及递送文书等杂务之人。清朝贿赂守门人的风习被公开承认，且备有专门贿赂经费，是陋习的一种。

　　⑤　参见《南洋官报》第 99 册，1904 年 8 月；日本讲道馆所藏『宏文学院関係書類』。

　　⑥　佐伯富「清代雍正朝における養廉銀の研究——地方財政の成立をめぐって（三）」東洋史研究会『東洋史研究』第 30 巻第 4 期、1972 年 3 月。

　　⑦　《警钟日报》1904 年 9 月 17 日。《警钟日报》最初以《俄事警闻》之名于 1903 年 12 月 15 日在上海创刊，停刊时间不详。

　　⑧　体仁堂是清乾隆年间在今重庆市建立的进行各种慈善事业的场所。

拿出两千两送 5 名留学生赴日，① 次年该省合州利用宾兴的经费送
20 余名留学生去日本。② 同年，湖南省湘潭有易姓大家族，计划利
用家族公费派遣族内子弟出洋留学。③ 湖北省汉阳及南漳分别用
"赔款兴学" 和 "赔款捐" 的经费，共派出 14 名学生留学日本。④
还有广西省容县欲派遣留日学生，但苦于资金困难之时，有一位叫
何祖瑞的人因为冒充官职被官府罚款三千，容县官府从中拿出两千
当作经费派出 4 名留学生。⑤ 再有浙江因金华、衢州、严州三地是
铁路经过地，浙江巡抚命令三府拿出公款派遣铁路留学生，以便培
养将来从事铁路业务之人才。⑥ 从以上各省州县派遣留学生的例
子，可以看出都是利用善堂公费、宾兴费、家族公费及罚款等派出
公费生。还有像湖北省那样，利用各州县负担的义和团赔款的一部
分派遣公费生留学。

最后，还有在史料记载上为 "官·公费生" 的，但实际上无
法区分其经费来源。例如，1904 年四川总督锡良命令各州县准备
经费选派的 200 名留学生中，有超过 90 名是官费生，超过 80 名为
公费生。⑦ 参考前述的地方公费种类，可以理解其被归类成公费生
的缘由。但是，很难辨别那些官费生的经费出处。同样情况的还有

---

①　《东方杂志》第 2 年第 9 期，1905 年 10 月。

②　《东方杂志》第 3 年第 5 期，1906 年 6 月。

③　《岭南学生界》第 8 册第 2 期，1905 年 12 月。

④　《东方杂志》第 2 年第 11 期，1905 年 12 月。关于汉阳的留学信息，直隶省
《教育杂志》第 13 期也以 "地方公费派生游学" 为题登载。在张之洞的命令下，湖北
省把光绪三十年八月应缴纳的庚子赔款分担额 60 万两改为 "学堂捐"，各州县收缴的
部分无须上缴，留作各州县新建学堂之用。参见苏云峰《张之洞与湖北教育改革》，
《中央研究院近代史研究所专刊》（35），台北，1977 年版，第 193 页。南漳县用学堂
经费剩下的部分派遣了公费生。

⑤　直隶《教育杂志》第 12 期，1905 年 9 月 13 日。

⑥　《东方杂志》第 2 年第 10 期，1905 年 11 月。

⑦　《警钟日报》1904 年 6 月 25 日。另外，官费生、公费生人数由笔者依据清国
留学生会馆干事编《清国留学生会馆第五次报告》（东京并木活版所 1904 年版）统计。

直隶省。1905 年直隶省宣化府利用各县令、绅董及官立学堂公费派出"官·公费生 8 人"留学日本。该 8 人为当地的士绅及学堂的学生，其详情如下：

> 宣化县谢大令恺捐银二百五十两，举得冯延铸一名；署龙门县经大令文捐银二百五十两，因本邑无人，举得中学学生杨渊懋一名；署怀安县普大令容，拟按五年由官摊捐银二百五十两，举得中学学生黄松龄一名；万全县前任王大令锡光、现任万大令和寅，合捐银一百两，并该县绅董公捐银一百五十两，举得马增基一名；怀来县周大令世铭捐银一百二十两，并在该县官立高等小学堂公款内拨银三百六十两，举得席之琦、中学学生高士廉二名；赤城县周大令学渊在官立高等小学堂公款内拨银二百五十两，举得本学（堂）学生程瀛一名；张家口督销局总董王君乃节捐银二百五十两，举得中学学生保安州人赵庆元一名。①

虽然他们被称为"官·公费生 8 人"，但具体谁是官费生，谁是公费生，很难辨别。

三 公费生的留学生活状况

下面从与官费生的比较来看公费生的留学生活情况。1907 年 1 月游学生监督处发行《官报》之前，可以从报刊中确认一些公费生派遣情况，但提及公费生在日生活的史料很少，所以很难知道他们的留学生活情况。也许早期以速成留学形式派遣的公费生，在短

---

① 《东方杂志》第 2 年第 9 期，1905 年 10 月。

期内完成速成留学回国，其留学生活相对安定顺利。速成留学被废止后，公费生的留学生活情况如何，这些可以通过《官报》的记载窥见一斑。另外，还有和《官报》同时发行的各种经费收支统计即《经费报销册》，也记载了公费生的经费收支情况。下文将利用这两种资料来探讨公费生的留学生活情况。

1906 年后各省监督裁撤，驻日公使馆内设置监督处，并由总监督代替各省监督，统一管理留日学生。但是，由于学部的管理章程中没有关于公费生的规定条款，监督处对公费生的管理并不像对官费生那样明确。从《官报》的一些记载来看，监督处的处理方法是公费生如有咨询就给予解决。从第 1 期到第 50 期的《官报》中有 40 多篇关于公费生的文书，且多是受公费生的委托，监督处发给公费生原籍省份的提学使或总督、巡抚等问询他们学费的相关事宜。特别是李家驹接替前任总监督杨枢后，即从第 10 期到第 13 期《官报》中有不少关于公费生的往来文书。由于多是公费生询问学费未到或滞纳等问题，监督处统一发文给各省总督或巡抚，要求先行支付公费生的学费。其内容如下："查现在公费生甚多，此项公费大半不由本处转给，并有未经咨明在案，本处实无从核查。应请贵部堂、院札饬各属，凡该州县派有公费学生，所有学费尚未解清者，应由选派之月起，核算清楚，一律迅筹补解。嗣后每年应解学费，务须分季先期汇解，万勿延误……"[1] 从新任监督李家驹致各省的公文，可见各省都有公费生管理混乱的现象。[2] 笔者把《官报》中刊登的关于公费生的文书，按姓名、籍贯、来日时间、公费金额、公费出处及官报期号等总结成表 4－2。

---

[1]　《咨各省总督部堂巡抚部院为请通饬各属迅将公费学生学费分季先期汇解文》，《官报》第 13 期，1908 年 1 月。

[2]　驻日公使胡惟德也发出同样宗旨的公文，即《咨清各省通饬各属凡派有公费学生学费查照前咨催令速解文》，《官报》第 23 期，1908 年 11 月。

表 4 - 2　《官报》中确认的各省公费生

	姓名	籍贯		来日时间	公费金额	公费出处	《官报》期号
1	郭伯棠		南康县	光绪三十二年(1906)	150 元[1]	宾兴公费	第 10 期(1907 年 10 月)
2	卢建侯、叶先堪		瑞州府萍乡县	不详	不详	不详	第 11 期(1907 年 11 月)
3	曹运鹏→胡蕙[2]	江西	新建县	不详	不详	宾兴公费	第 14 期(1908 年 2 月)
4	卢式楷[3]		清江县	不详	350 元(年额)	宾兴公费	第 17 期(1908 年 5 月)
5	李师洛		庐陵县	不详	不详	不详	第 33 期(1909 年 9 月)
6	魏昌清		资州	不详	不详	本州公费	第 10 期(1907 年 10 月)
7	李誉龙		泸州江安县	光绪三十一年(1905)	300 金(年额)	不详	第 13 期(1908 年 1 月)
8	李崇典、梁津	四川	重庆府长寿县	不详	不详	本邑公费	第 13 期(1908 年 1 月)
9	冷天才		铜梁县	光绪三十一年十一月	不详	不详	第 39 期(1910 年 2 月)
10	王士选		虞乡县	光绪三十二年四月	300 金(年额)	前任县令抽出公费	第 10 期(1907 年 10 月)
11	相黄六		解州	光绪三十二年	纹银300 两(年额)	本县公款志诚公局	第 10 期(1907 年 10 月)、第 31 期(1909 年 7 月)
12	李秉晋	山西	泽州府高平县	光绪三十二年五月	300 金(年额)	本县公费	第 12 期(1907 年 12 月)
13	乔烈		阳曲县	光绪三十三年(1907)二月	300 金(年额)	本县公费	第 13 期(1908 年 1 月)
14	马凌云			不详	不详	不详	第 13 期(1908 年 1 月)
15	叶夺元		闻喜县	不详	不详	本县公费	第 20 期(1908 年 8 月)
16	李润鼎		大同县	光绪三十二年四月	160 金(年额)	本县公费	第 31 期(1909 年 7 月)
17	向忠勤		黔阳县	光绪三十二年	不详	不详	第 10 期(1907 年 10 月)
18	熊作丹、彭启莱		浏阳县	光绪三十一年	不详	本邑公费	第 10 期(1907 年 10 月)
19	潘平界	湖南	岳州府华容县	光绪三十三年春	240 元(除川资外年额)	本县公费	第 11 期(1907 年 11 月)
20	刘志远		耒阳县	不详	不详	不详	第 12 期(1907 年 12 月)

续表

	姓名	籍贯		来日时间	公费金额	公费出处	《官报》期号
21	文俊	湖南	醴陵县	不详	不详	地方公费	第13期(1908年1月)
22	刘志杨		耒阳县	不详	400两(年额)	本县公费	第13期(1908年1月)
23	陈逢元→郑文光→王兆荣		永定县	不详	400元(年额)	地方公费	第14期(1908年2月)
24	周鸿仪	安徽	天长县	光绪三十二年	400元(年额)	本县公费	第11期(1907年11月)
25	顾怀慎		凤阳县	不详	不详	不详	第34期(1909年9月)
26	郑象堃		英山县	不详	不详	不详	第38期(1910年1月)
27	杨启祥	湖北	宜昌府	光绪三十一年		宜人学社公费	第12期(1907年12月)
28	旷达		潜江县	不详	不详	本县公费	第13期(1908年1月)
29	刘崛、陈毅雄	广西	梧州	不详	不详	地方公费	第12期(1907年12月)
30	李觉、匡惠、黄骞、李昀、李光、李暮		梧州府苍梧县	光绪三十一年四月	不详	地方公款	第24期(1908年12月)
31	黄爵文		恩隆县	不详	不详	不详	第34期(1909年9月)
32	陈凤鸣、赵家珍、李彝伦→李光鼎	云南	宁洱	不详	不详	宁洱公费	第15期(1908年3月)

　　注：〔1〕公费金额"150元"是半年还是一年，难以判断；〔2〕→表示前者公费空出补给后者；〔3〕江西省清江县每年提出宾兴公款1400余元，派遣4名留日学生。其中一名为卢式楷族兄，中途去世，卢式楷欲顶替其名额公费留日，因其学力浅，未被学部允许。

　　从表4-2公费生的籍贯来看，公费生来自江西、广西、四川、山西、湖南、湖北、安徽、云南等省。如加上前文提到派遣公费生的几个省份，可以说几乎各省都派遣了公费生。从表4-2的公费具体出处来看，其大概可分以下四种。一是地方公费（各州县乡公费的总称），以这种费用派遣的公费生最多，共15名。二是宾兴公费，共 2 名。三是用某团体的运营资金派遣的公费生，共 2 名。①
四是削减公费开支所得资金派遣的公费生，1 名。这四类公费的出
处只有团体的运营资金充公费为初次所见，其他均在前文提及的公
费范围内。

从公费的金额来看，其各不相同，并没有统一的标准，可推定
是由各派遣地自行决定。一年"三百金"共 5 人，其他为"四百
银两"3 人，还有除去川资一年"二百四十银元"1 人。清末各省
流通的货币不尽相同，公费生领到的是本省的货币，再由他们自
己、提学司或通过监督处换成日元，还会造成差额。② 例如，山西
省给公费生送学费共 300 两，通过监督处换成日元"三百九十元零
五角二分"。③ 由此可以推算当时的银两与日元的汇率为 0.7∶1，
而英洋和日元大概为 1∶1。④ 那么后面所述的江西省公费生每人一
年可领英洋 360 元，换成日元也为 360 日元。但是，学部的管理章
程统一规定的官费生学费均为日元——私立学校 400 日元，官立高
等专门学校 450 日元，官立大学 500 日元。⑤ 这样看来，公费生和
官费生领到的金额是有差异的。山西省公费生比官费生少 10 日元，
而江西省公费生将少 40 日元之多。公费生到手的学费还由于日本

① 光绪二十九年（1903）湖北省由地方绅士、商人及留日学生等出资成立了
"宜人学社"。由该社出资派出 20 多名留日学生，湖北省公费生杨启祥就是由宜人学社
派出。参见《咨湖广总督为学生张景栻催解公费并通饬各属按期汇款文》，《官报》第
12 期，1907 年 12 月。山西解州相黄六的公费由"志诚公局"提供。所谓"公局"是
在各县乡设立的由乡绅主导处理当地事务的机构。参见《山西巡抚咨复相黄六本籍公
费业已停止文》，《官报》第 31 期，1909 年 7 月。

② 清末流通的货币有很多种，银币就分为银两、银元、洋银三种。银两又
根据重量和成色分库平银和漕平银等，洋银有墨（墨西哥）银（也叫鹰银或英
洋）、本（西班牙）洋等，银元是光绪中期广东、湖北等七八个省模仿洋银而铸
造的。临時台湾旧慣調査会第一部报告『清国行政法』第 3 卷、11—13、93—96 页。

③ 《经费报销册》光绪三十三年十二月至三十四年五月（1908 年 1 月至 6 月）。

④ 杨苪在《扶桑十旬记》中写道，1907 年去日本考察前，在上海的横滨正金银
行用英洋 399 元换取 400 日元。沈云龙主编：《近代中国史料丛刊》第 10 辑，第
491 页。

⑤ 1906 年学部制定的《管理留学日本学生章程》中规定了官费生的待遇。

的物价及汇率变化，可能变得更少。① 另外，官费生除了固定的学费之外，在学校的实验费、旅行费还另行支给，医药费也实费报销，这些都是公费生不能享有的待遇。

由于待遇不如官费生，甚至有公费生在请求汇送学费时，要求增加金额。例如，湖南公费生潘平界致函湖南提学使时，称在日本留学必需 400 元。② 另外，江西省公费生当初被派遣时，每年学费 360 元（银元），到了 1907 年江西省按照学部章程规定的标准给每人涨到 430 元（其中含有 10% 的临时费），和私立学校官费生的待遇相当。③

《官报》中关于公费生的内容，几乎都是学费还未到账，或只领到一部分，请本省派遣地快速汇款的诉求。这些公费生所属省份为：山西省和江西省各 5 名，四川省和湖南省各 4 名，湖北省 2 名，安徽省和广西省各 1 名。各省公费生的具体情况不同，下面举出几个典型的例子。

山西省泽州府高平县的李秉晋称领了"库平银二百三十余金"，到当年正月已经用完，交涉十多次的结果是，地方官绅终于送来 100 元，但到 6 月已用尽。④ 同是山西省的闻喜县叶夺元称每年正月应收到学费，但已到 7 月还没有汇款，这几个月靠同乡的援助才得以交上学费，且生病 3 个月不仅房费，连医药费也支付不起，陷入极其困苦之境。⑤ 四川省泸州江安县李誉龙也倾诉已经借款数次，又面临毕业即将回国，而苦于没有回国的路费。⑥ 另有湖南省浏阳县的熊作丹和彭启来称 1905 年来日，还剩半年的学费至

---

① 到了光绪三十四年（1908）冬因日元升值，宣统元年（1909）因兑日元汇率高，为支付公费生的学费，江西省多付很多钱。参见经济学会编《清光绪年二十二省财政说明书（安徽、江西卷）》。

② 《致湖南提学使为学生潘平界催公费函》，《官报》第 11 期，1907 年 11 月。

③ 经济学会编：《清光绪年二十二省财政说明书（安徽、江西卷）》。

④ 《咨山西巡抚为学生李秉晋催寄公费文》，《官报》第 12 期，1907 年 12 月。

⑤ 《咨催山西巡抚汇解叶夺元公费文》，《官报》第 20 期，1908 年 8 月。

⑥ 《咨四川提学使为李誉龙催公费文》，《官报》第 13 期，1908 年 1 月。

今没有送到；① 同省岳州府华容县的潘平界被派遣速成留学，速成教育被废止后进入宏文学院三年制的师范科，称自己是本县唯一的留学生，请求支给 400 元经费。②

以上这些都是各省公费生遇到的留学经费滞纳或未支付的情况。当然，各省公费生为催促尽早送来学费，很有可能夸张地描述自己的窘况，但也能由此窥见公费生因汇款的延迟等而留学生活窘迫的情形。甚至还有公费生，如湖北省宜昌的杨启祥收到学校通知，称一周内如交不上学费将被学校除名。③

除了上述内容之外，《官报》中还有少量关于公费生的其他信息。如有在日本的自费生请求把自己转成公费生，希望得到经济上的援助，或有希望留学的人想得到空余的公费生名额来留学。例如，湖南黔阳县的向忠勤当初申请公费时，湖南提学使答应他如果出身县能凑出公费就给作他留学之用。④ 江西新建县的胡蕙在早稻田大学的预科毕业后，因资金不足，借临时回国之际，与当地的官绅商量后得以补缺，领到了公费。⑤ 云南省宁洱县原来派遣 4 名公费生来日，因一人中途得病去世，把剩下来的公费名额补给了同是普洱县人且勤奋好学的李光鼎。⑥ 还有 3 名自费生同时申请了一个公费生空缺名额，由同乡留学生商议，又咨询各人学业成绩，最终补给了三人之一的刘彭年。⑦ 湖南省永定县的王兆荣已是明治大学

---

① 《致湖南提学使为学生熊作丹催公费函》，《官报》第 10 期，1907 年 10 月。

② 《致湖南提学使为学生潘平界催公费函》，《官报》第 11 期，1907 年 11 月。

③ 《咨湖广总督为学生张景栻催解公费并请通饬各属按期汇款文》，《官报》第 12 期，1907 年 12 月。

④ 《致湖南提学使为学生向忠勤请补公费函》，《官报》第 10 期，1907 年 10 月。

⑤ 《江西提学使咨明胡蕙补曹运鹏公费文》，《官报》第 14 期，1908 年 2 月。在该期《官报》的目录中，这份咨文中学生的名字写作“胡薰”，但实际查考《官报》正文中的咨文标题及文字，皆写作“胡蕙”，故此学生的名字应为“胡蕙”。此处使用正文中的标题。

⑥ 《咨云南提学使为以李光鼎补李彝伦公费文》，《官报》第 15 期，1908 年 3 月。

⑦ 《致湖南学使为萧鸿钧遗额准补刘彭年函》，《官报》第 12 期，1907 年 12 月。

专门部三年级，又因临近毕业而得到了公费资助。①

上述这些公费生的例子，有的是原有公费生中途退学或生病回国，空出来的公费由已在日本留学且临近毕业，学业和品行都受到肯定的自费生补缺，由此转为公费生。当然公费生也可升格为官费生。按照学部的管理章程，考入官立学校或特约五校的公费生便升为官费生。例如，从第 48 期《官报》的"学界记事"可知，江西省的公费生名单内有 4 人考入五校而升为五校官费。②

四 公费生的学费滞纳问题

上文探讨了国内汇款延迟等给公费生的留日生活带来的影响，究其原因，大概归结为直接和间接两种。其直接原因可以通过公费生的一些具体情况进行分析。

首先来看前述湖南省华容县公费生潘平界的例子，他当初以速成留学被派到日本，但因为速成科的废止，不得不进入宏文学院三年制的师范科。他本人要求领到和私立学校官费生同样的 400 元学费。监督处给湖南提学使发函，称既然该生原籍的县令及县绅商议决定给予他公费，就应该继续资助直到该生毕业。③ 由此可知，该县令及官绅虽然提供公费，但也仅准备了速成留学所需的费用，所以出现了入三年制的师范科后，还能否继续提供公费的问题。同样，山西省解州的相黄六，1906 年宏文学院的速成师范科毕业后，④ 再入法政大学的法政科学习，1909 年向原籍要求汇学费时，根据原籍的复函，得知他已经用了 900 多银两，且前任知州在派遣

---

① 《咨湖南提学使为王兆荣补郑文光公费文》，《官报》第 14 期，1908 年 2 月。
② 《学界记事》，《官报》第 48 期，1910 年 11 月。
③ 《致湖南提学使为学生潘平界催公费函》，《官报》第 11 期，1907 年 11 月。
④ 《山西留学日本公费学生统计表》，《官报》第 4 期，1907 年 4 月。

时只准备了一年的速成师范留学费用。① 像这两个人都是速成留学来日，因此派遣方只准备了一年的公费，在日超过一年后，出现了公费能否持续的问题。监督处和公费生原籍联系，希望解决其留学经费问题。

还有湖北省宜昌的杨启祥，由于经手的官绅更迭，留学经费没有按时汇到，导致学费不能按时交付。② 山西省阳曲县的乔烈也称因县令的交替，新任县令不知派遣公费生一事，未付余款，尚未收到。③ 江西省崇仁县公费生李有甲，因原籍崇仁县筹集不到经费，一年的学费被削减了 200 元。④

再有四川省铜梁县的冷天才称于 1905 年 12 月（光绪三十一年十一月）来日，阴历十一月已到领学费之时，但由于四川铜梁县距离日本太远，信函往来需要数月，汇款延迟导致在日处境困难。⑤

从上述公费生的具体情况看，留学经费滞纳的直接原因，即各州县按速成留学派遣，只备速成期间的公费。因此，公费生延长留学时间，或速成科被废止不得不学习其他科时，派遣方的地方官绅未能提供可持续的资金。另外，派遣时负责筹集资金的地方官绅更迭，导致经费滞纳。加之，地方财政窘迫，资金筹集困难，公费生的留学经费被削减。另外，四川等偏远地区，交通往来不便，汇款要花上数月，出现学费滞纳问题。

但是，公费生的留学经费被延迟的间接原因也是最根本的原因，要归于各州县的公共财政基础薄弱。以监督处和省府围绕一个

---

① 《山西巡抚咨复相黄六本籍公费业已停止文》，《官报》第 31 期，1909 年 7 月。

② 参见《咨湖广总督为学生张景栻催解公费并通饬各属按期汇款文》，《官报》第 12 期，1907 年 12 月。

③ 《咨山西提学使为乔烈不能改给官费催解公费文》，《官报》第 13 期，1908 年 1 月。

④ 《江西提学使咨为查复李有甲何日旋东应扣学费若干文》，《官报》第 15 期，1908 年 3 月。

⑤ 《咨请四川学司转催汇解冷天才公费文》，《官报》第 39 期，1910 年 2 月。

公费生有过数次文书往来的山西省公费生相黄六的事例，便可见其中缘由。相黄六原在宏文学院速成师范科学习，《官报》第 31 期刊登了山西省给监督处关于支给本年度学费的回信。该回信中详细记述了不能继续提供留学资金的理由，即当地知州称该生既然是本州派遣的公费生，如所在学校毕业后尚不打算回国，应把所在学校名及何时毕业等情况如实报告给知州，方能续支公费，而该生没有遵守规定。且现在地方公费不足，学费难以筹措。为此，解州知州决定停止相黄六的公费。① 不过，由第 34 期《官报》中刊登的监督处给山西巡抚的信函，可知相黄六因不满对自己的处置而反驳官府。该生反驳称派遣当初并没有人规定留学期限，宏文学院速成师范科毕业后，因学业尚未完成便入法政大学法律专门部，预计 1909 年 9 月毕业。该生还称去年各绅士告之除去公款利息每年还有二三千剩余，说公费不足的原因那是光绪三十三年的事，且光绪三十四年的留学费用也收到过，为何唯独 1909 年难以筹到。针对这种情况，监督处回复山西巡抚，称监督处并不掌握该生的留学期限是否被规定的情况，既然前年去年都支给了留学经费，那就应该继续给到该生毕业。②

从相黄六的事例可以看出，提供给公费生的公费财源每年并不固定，且公费支出的权限在地方官绅。派遣公费生之初，派遣方与被派遣方即公费生之间没有明确的规定，以有限的公费开支来追求最大效果的派遣方，与尽量依靠"公家"（官府）的力量来规划自己将来的公费生之间产生了摩擦。关于这种公费派遣的弊端，官方文书中也有所提及。1907 年 7 月监督处提出的"游学计划书"有如下表述："官费之外，则有公费提地方公款而为。该生学费大都皆限于一二年，极多至三年者。当选派之初，已有归尽义务之约。

---

① 《山西巡抚咨复相黄六本籍公费业已停止文》，《官报》第 31 期，1909 年 7 月。
② 《咨山西巡抚请续给相黄六公费文》，《官报》第 34 期，1909 年 9 月。

即有欲求深造者，亦以期满后学费无出，不得不回国。"①

　　那么，综合考虑公费生学费被拖延的直接原因和山西省公费生的情况，可以找出公费留学不安定的深层原因，即提供公费的财源基础薄弱。清末各地方州县筹办教育事业时往往"兴一事筹一款，临时应付，没有固定的款源"，② 提供给公费生留学费用的财源也和地方教育财政状况密切相关。公费生的派遣是由地方官绅之力实现的，但双方并没有明确的遵守准则。地方官绅等地方有权势者因为主导地方各种事务，筹集公费也多是他们的主观判断。③ 像这种因素和地方财政困难一相撞，会陷入更困难的境地，自然影响提供给公费生的资金保障。这种各州县内的因素影响到公费生留学生活的情况，是公费生和官费生最大的不同之处。

　　通过《官报》中关于公费生的记载，也可以看出提供公费的各州县的态度。下面以江西省公费生的事例来探讨一下省府对公费生采取的态度。

　　江西省派遣留学生是从 1904 年开始的，④ 要晚于湖南、湖北、浙江、江苏等省。直至学部将要停止速成留学的 1906 年，江西省才派出大量的速成留学生。这一年江西巡抚通知各州县筹集资金选派 108 名公费生赴日。可就在这批公费生速成留学期间，学部下令停止了速成留学。对于这些学习速成的公费生，江西省不得不采取措施。如前所述，江西省于 1907 年给这批公费生每年每人 430 元的经费，与私立学校的官费生待遇基本一样。而且，从第 25 期以前的《官报》中可以看到，监督处在做新学期留学经费预算时，

---

① 《游学计划》，《官报》第 8、9 期合刊，1907 年 9 月。
② 商丽浩：《政府与社会：近代公共教育经费配置研究》，第 32 页。
③ 田正平指出，在准备各州县乡教育经费时，地方绅士有积极出钱的也有贪污集资款的，完全取决于地方乡绅的个人素质。参见田正平、陈胜《中国教育早期现代化问题研究——以清末民初乡村教育冲突考察为中心》，浙江教育出版社 2009 年版，第 156—157 页。商丽浩也有同样论述，参见《政府与社会：近代公共教育经费配置研究》，第 238 页。
④ 黄耀柏：《清末江西留日学生述论》，《江西社会科学》1992 年第 1 期。

把江西省官费生和公费生放在一起处理。这种处理方法一方面是为了方便监督处管理，另一方面也说明此时江西省公费生的学费尚未出现问题。

第 26 期《官报》中江西省的公费生和官费生仍被放在一起统计，共 193 名，到第 33 期（1909 年 9 月）《官报》中刊登了江西巡抚给监督处的文书（江西提学司意见经由巡抚转给监督处文书），此时江西的官公费留学生人数为铁道局公费生 8 名、地方公费生 93 名、官费生 83 名，共 184 名。该文书还写着今后江西省官费生定额为 50 名，希望监督处把官费生和公费生清楚地分开，并说明将公费生排除在江西省官费定额之外的理由："地方公费九十三名，系由前学务处札饬各县派送，大县三四名，小县一名，其款会绅筹解。计自光绪三十二年以来，有龙南浮梁鄱阳三县分文未解，此外，或批解一学期半学期不等。是其费本难持久，应请悉数不做定额，以清界线……"①即各州县若筹集不到留学经费，并不能像官费生那样有稳定的经费支付保障。据此可知，自派遣之初，各州县的公费支付情况就不好。1910 年以后，因公费的支付情况更加恶化，江西省改变了对公费生的应对方法。其详情从第 48 期（1910 年 11 月）《官报》"学界记事"可见，其内容概要如下：

　　查本省各属派送留日公费学生，所有学费以及医药费等款，原定在于各生原籍宾兴项下或地方公款内提解到司，会同官费一并汇交驻日监督处，转发各生应用。嗣因各属不能如期解，司无凭汇，迭奉电催，其中耗息甚巨，是以不得不于学务公所汇领经费项下先行筹拨，按季垫汇，其年垫款叠。经林前署司札催速解，并派员守提各在案。兹查各属每以地方艰窘筹解为难，目下统计各属欠解前项学费扣至本年底止，

① 《江西巡抚咨官额以五十名为限文》，《官报》第 33 期，1909 年 9 月。

以日币折合英洋计十万一千五百九十九元有奇，医药费计一万七千七百四十一元有奇，二共欠解英洋十一万九千三百四十元有奇。细查情形，实因无力缴解者，居其多数。值此清理财政实行预算之时，长此垫汇，不惟官费公费界限永难划清，且库款奇绌，势必垫无可垫。查此项公费生，当初学务处派送时，原以学习速成师范，克期毕业回籍担任教育，借为开通风气起见，迨后相率转学延长学期，与原定办法本不相符。地方公款有限，何以堪此。目前困难情形已难殚述，如不明示限制，诚不知伊于胡底，惟有仰请抚院咨明学部并咨会驻日大臣转饬监督处，将本省所有公费各生截至东历本年下学期止，一律改为自费。其能向原籍绅董商明照领公费者，听其直接汇寄，其不能自领公费又无力自费就学者，应请由监督处按照人数给予川资，饬令回国俾尽义务。所有垫发川资数日再由本省汇还归垫……①

从上述内容可以看出，公费生派遣开始后，各州县支付公费的情况各不相同，按时付款的县很少。随着这种情况逐步恶化，未付金额累积增加给垫款的江西省提学司造成负担，促使江西省对公费生调整应对措施。江西省不再垫付公费生的经费，与各州县地方公费明确分开。这些公费生的经费由各州县自行筹集，经江西省统一汇款到监督处，和江西省的财政收支并无关联。② 在速成留学被废止之际派出很多速成师范生，这说明江西省还有用该方法培养教育人才的需求。但是，学部并未考虑普通教育仍然落后的江西省的具体情况，全面停止了速成留学，而江西省也只能遵从中央的政策。

---

① 《学界记事》，《官报》第 48 期，1910 年 11 月。
② 经济学会编：《清光绪年二十二省财政说明书（安徽、江西卷）》。

五　小结

本章重点探讨了迄今为止尚未被中国人留学日本史研究界重视的公费生情况，得出以下几点结论。

制定留学日本政策之后，从中央政府到各省政府在财政紧张的情况下，以四川省为首的部分省份（山西、江西、直隶等）制定了"现地筹款"，依靠各州县的财力培养其所需人才的策略。这与各州县的初等教育依靠当地财力的清政府教育财政分配方针是一致的，也为各州县利用地方公费派遣留学生提供了可能。利用有限的公费短时间内培养近代教育所需的人才是派遣公费生的目的。也可以说，在速成留学阶段派遣留日学生时，地方财力发挥了很大的作用。

公费生和官费生的区别在于派遣方及所用经费。所谓官费生一般由中央政府的各官署、各省总督或巡抚等派遣，且其留学经费由国家财政的一部分或总督巡抚亲自调度提供。与之相反，公费生由各省总督、巡抚命令各州县选派或各州县官绅自行选派，且其留学费用来源于地方的各种公共财产及特别筹集。但是，关于各省留学经费，史料上的记载（特别在《官报》发行前）中，公费和官费的区分并不明确，二者的界限也有模糊之处。

笔者利用《官报》的记载，对由速成留学转换到长期留学的公费生进行考察，其结果是由于公费的支付被拖延，公费生的留学生活不像官费生那样安定。派遣公费生的各州县具体情况发生变化，是公费生陷入困苦之境的直接原因。但是，公费生的留日生活不安定的根本原因，一是留学经费没有固定的财源且地方财政基础薄弱；二是公费生是由地方官绅派遣的，但二者之间没有相互应该遵守的制度约束；三是公费生的选拔多是地方官绅等地方有权势之人的主观判断。派遣方的情况导致公费生的留学生活受到影响，这是其与官费生最大的不同点。

上述《官报》中记载的江西省公费生事例，是公费留学实际情况的典型。虽然随着速成留学的废止而转为长期留学，但江西省各州县的经费拖延问题变得严重。江西省对公费生采取停止公费令其回国的处理办法。江西省即使公费募集不上，也一直坚持公费生的费用让各州县负担，最终导致对公费生不利的结果。虽然学部下令废止速成留学，但江西省刚派出很多公费速成师范生赴日，这也说明对江西省来说，还需要利用公费培养速成型教育人才。

通过本章的探讨，可以看到利用当地公费培养当地人才这种留学派遣方式，几乎各省都有，也由此窥见各州县派遣留学生的实际情况。清末新政实施改革，培养地方初等教育所需人才成了当务之急，在这种背景下，利用能快速筹集起来的地方公费派遣各州县的当地人才留日，也许是速成留学时期最为有效的手段。但是，转换到长期留学后，由公费援助的留学因经费的拖延或未交付等发生各种问题，在长期留学时期培养高等专门人才方面出现了弊端。

本章仅论述了清末时期的公费生，但到民国时期公费生依然存在。民国时期公费生和清末的区别何在，以及民国时期公费生的留日情况，将作为今后继续探讨的课题。

第 五 章

清末留日学生的生活空间

1896 年，13 名中国学子来到日本，在东京高等师范学校校长嘉纳治五郎的监督下学习日语，[①] 翻开了近代留日学生的历史篇章。经过此后 10 年，到 1905 年日俄战争之后，留日学生人数增至8000 人，1907 年达到最高峰，人数猛增至 13000 人。[②] 这是中国近代史上留日热潮的开端。

1901 年，经过义和团运动，慈禧太后痛感改革时弊的重要性，开始实施一系列变革举措，即所谓"清末新政"。近代化的先决条件是人才培养。清末国内的教育机构无法满足近代化所需的人才，只能向国外派出留学生。其中，留日学生是人数最多的群体。

通过留学日本，从清末至民国初年，大量引领中国社会发展的中坚人才涌现。他们在政治、思想、文化、教育，尤其是语言改革

① 这 13 名学生是唐宝锷、朱忠光、胡宗瀛、戢翼翚、吕烈辉、冯阊模、金维新、刘麟、韩寿南、李宗澄、王作哲、赵同颉、瞿世瑛。来日后不久 4 人回国，2 人中途退学，三年后毕业的只有 7 人。嘉纳治五郎在神田三崎町租民宅作为校舍，请高师附中英语教师本田增次郎负责这些学生的教育和起居。

② 这个数字来源于「清国留学生教育协会员ノ行动二就テ」乙秘第 570 号、1907 年 6 月 6 日、「4. 在本邦清国留学生举动报告」『在本邦清国留学生关系杂纂/杂之部 第一卷』（B - 3 - 10 - 5 - 3＿6_001）（外务省外交史料馆）、JACAR、Ref. B12081626300。

上做出了巨大的贡献。但是，对于清末留日学生这个群体的研究，主要集中于其革命思想的形成、参加革命运动，以及在翻译领域的贡献等方面，对于其生活在跨文化环境所面临的问题的研究还不够充分。民国年间出版了大量留日学生的日记和回忆录，还出版了以清末民初留日学生为题材的小说《留东外史》①。通过这些作品，人们认为当时留日学生们不认真在学校学习，而是沉湎于追求异性和享乐，生活堕落。

以往的研究者也认为当时的留日学生的生活比较堕落，② 至今为止研究留日学生的生活环境的论著不多。究其原因，从日本方面来看，明治末期的留日学生只不过是短期生活在日本的外国人群体，是非社会主流群体，随着时代变迁，他们与日本的关系日益淡薄，并未引起人们的注意。从中国方面来看，这个群体虽然对于中国近代社会的发展贡献巨大，值得评价，但关注的主要是他们思想的形成过程，以及对于社会发展的贡献，并未涉及其在日本的生活。而且，由于历史原因，清末留日学生从属不同的政治集团，对他们在历史上的地位和作用的评价也存在分歧，其中大部分留日学生的著作和日记尚未公开，研究者无法使用这些第一手资料。

关于清末和民国初期留日学生的生活，描述最多的是不肖生的小说《留东外史》。这部小说共 90 章，以古典白话小说的章回体写成。叙述文字轻快，登场人物众多，故事内容丰富多彩。该书的内容主要基于作者亲身的留学经历和见闻，其中夹杂着各种传闻和虚构，不足以作为研究资料。

相比之下，宋教仁（1882—1913）的《宋教仁日记》和黄尊三（1880—1950）的《留学日记》，③ 不仅记录了留学和生活，而且是观察清末留日高峰期留学生活较完整的珍贵的第一手史料，参

① 不肖生：《留东外史》，民权出版部 1922—1924 年版。
② 黄福庆：《清末留日学生》，第 114 页。
③ 参见《宋教仁日记》（湖南人民出版社 1980 年版）和黄尊三日记的第一部《留学日记》（湖南印书馆 1933 年版）。

考价值颇高。

宋教仁，字得尊，号敦初，1882 年 4 月 5 日生于湖南常德府桃源县，自幼聪颖，18 岁即为生员，具备参加乡试的资格。他从桃源县漳江书院毕业之后，进入湖北武昌的文普通中学堂读书。1904 年 11 月，宋教仁与黄兴策划推翻清朝的民众暴动，消息败露后，为了逃避地方政府的追捕，他沿着长江逃至上海，12 月 5 日登上赴日的班轮，8 日到达长崎，13 日在横滨登陆，然后乘火车到达东京。①

黄尊三，别名礼达，字达生，1880 年 11 月 16 日②生于湖南辰州泸溪县武溪镇。在长沙高等学堂读书时，于 1905 年 5 月被选派为 60 名留日官费生之一，6 月 18 日从上海出发，26 日来到横滨，入宏文学院学习。

宋教仁自 1904 年 12 月至 1911 年初，在日本生活 6 年；黄尊三自 1905 年 6 月至 1912 年 7 月在明治大学毕业，在日本留学 7 年。两人基本上同期在东京生活。

宋教仁和黄尊三皆为湖南人，同属西路同乡会。黄尊三虽然关心革命运动，但是并未参与其中，属于专注学业的留学生。宋教仁则不专注学业，是积极参与革命运动的革命家。通过对比他们的日记，可以了解清末留日学生真实的日常生活。

本章以《宋教仁日记》和黄尊三《留学日记》为主线，通过分析二人在留日学生的寄宿旅馆"下宿屋"的生活，剖析留日学生日常生活中所接触的生活空间。剖析生活空间并不是单纯考证他们的居住环境，而是考察居住环境对于留日学生日常生活和交流，以及他们日本观的形成所产生的影响。

---

① 陈旭麓、何泽福编：《宋教仁》，江苏古籍出版社 1984 年版，第 10—11 页。

② 据黄尊三的日记记载，1905 年 11 月 17 日满 24 岁。据此推算，其出生日期应为 1880 年 11 月 16 日。因此，『清国人日本留学日記』（実藤恵秀・佐藤三郎訳、東方書店、1986 年）的"前言"记述的"1883 年"有误。

图 5 - 1　留学生合影（1905 年摄于东京）

前排左起分别为黄兴、不详、胡瑛、宋教仁、柳扬谷，后排左起分别为章士钊、不详、程家柽、刘道一。

一　两部留学日记及其研究史

《宋教仁日记》原题为《我之历史》，是 1904 年 10 月 30 日至 1907 年 4 月 9 日的日记。1910 年，宋教仁回国时，将日记交给同乡陈犹龙①保管。1913 年，宋教仁在上海遭到暗杀，陈犹龙也于 1919 年病逝，其子陈伯华将日记带回桃源。1919 年冬，宋教仁的生前好友文骏将日记分为六卷，1920 年 9 月由桃源三育乙种农校石印出版。1933—1935 年，该日记以《宋渔父日记》为题连载于南京《建国月刊》第 9 卷至第 11 卷第 4 期。湖南省哲学社会科学

---

① 陈犹龙（1870—1919），湖南桃源人，1900 年加入唐才常组织的自立军，计划泄露之后，化名左仲远，逃到日本，与宋教仁在自立会成立前后成为知己。黄尊三《留学日记》中也对其有所记述。

研究所古代近代史研究室以《宋渔父日记》为底本，加以注释，于1980年出版了《宋教仁日记》。

黄尊三的《三十年日记》分四册，第一册《留学日记》（1905—1912），第二册《观奕日记》（1912—1924），第三册《修养日记》（1925—1928），第四册《办学日记》（1928—1930）。

概览黄尊三留日生活的研究史，笔者所见的专著和论文主要内容如下。实藤惠秀的《中国人留学日本史》[①] 引用黄尊三的日记，简述了留学生活。黄福庆在《清末留日学生》中谈及留日学生的居住环境。酒井顺一郎的《清国日本留学生的语言文化接触：相互误解的日中教育文化交流》[②] 与以往研究不同，首次正面涉及留日学生的衣食住问题。

近年，中国大陆学者也颇为关注黄尊三的日记。郭斌在《黄尊三的留日活动初探》[③] 中介绍了黄的主要活动。范铁权在《黄尊三留日史事述论——以黄尊三〈留学日记〉为依据》[④] 中，叙述了留日学生日本观变化的轨迹。杨瑞在《辛亥变局与留日学人心态裂变——以湘人黄尊三心路历程为个案的考察》[⑤] 中，研究黄尊三从早期拥护君主立宪过渡到支持革命的思想变化，分析了其心路历程。李在全在《"新人"如何练就：清末一位留日法科学生的阅读结构与日常生活》[⑥] 中，叙述了黄尊三在同乡会的活动及其经济生活，特别关注了日记中涉及的借债部分和迁居。

---

① 実藤恵秀『中国人日本留学史』くろしお出版、1960年。

② 酒井順一郎『清国人日本留学生の言語文化接触：相互誤解の日中教育文化交流』ひつじ書房、2010年。

③ 郭斌：《黄尊三的留日活动初探》，《北方文学》2010年第3期。

④ 范铁权：《黄尊三留日史事述论——以黄尊三〈留学日记〉为依据》，《徐州师范大学学报》2012年第4期。

⑤ 杨瑞：《辛亥变局与留日学人心态裂变——以湘人黄尊三心路历程为个案的考察》，《史学月刊》2013年第10期。

⑥ 李在全：《"新人"如何练就：清末一位留日法科学生的阅读结构与日常生活》，《史林》2016年第6期。

　　关于日本的宋教仁研究，松本英纪在 1975—1977 年翻译并发表了《宋教仁日记——〈我之历史〉译稿》①，奠定了研究基础。樋泉克夫在《关于宋教仁〈我之历史〉》② 一文中，探究了围绕宋教仁的各种人物。桥川文三在《北一辉和宋教仁》③ 中，从两个时代革命家的共同点分析了北一辉和宋教仁的关系。狭间直树在《宋教仁的传统和近代——以〈日记〉为中心》④ 中，分析了宋教仁的留学生活。松本英纪在《宋教仁研究》⑤ 一书中，否定了以往由孙中山领导的武昌起义这一"正统史观"，叙述了宋教仁的革命活动，据此分析孙中山与宋教仁革命路线的不同点，以及宋教仁建设新政府的思想，探讨了宋教仁革命思想的特征。片仓芳和在《宋教仁研究：清末民初的政治和思想》⑥ 中，论述了黄尊三和宋教仁的相似之处。武内房司在《清国人日本留学日记·宋教仁日记》⑦ 中，考察了回国后的黄尊三和宋教仁的相似之处。徐静波在《从热血青年成长为中国近代宪政思想和实践的先驱者——宋教仁在东京的岁月考察》⑧ 中，通过研究宋教仁的留学生活，论述了其

---

　　① 　松本英紀「宋教仁の日記——訳稿『我之歷史』」（1）—（5）、『立命館文学』第 362・363 号、第 371・372 号、第 375・376 号、第 382・383 号、第 384・385 号、1975 年 8 月、1976 年 6 月、1976 年 10 月、1927 年 5 月、1977 年 7 月。

　　② 　樋泉克夫「宋教仁『我之歷史』について」『和光大学人文学部紀要』第 16 号、1981 年 3 月。

　　③ 　橋川文三「北一輝と宋教仁」神島二郎ほか編『橋川文三著作集』第 7 巻『近代日本と中国』筑摩書房、1986 年。

　　④ 　狭間直樹「宋教仁にみる傳統と近代——『日記』を中心に」『東方学報』第 62 巻、1990 年 3 月。

　　⑤ 　松本英紀『宋教仁の研究』晃洋書房、2001 年。

　　⑥ 　片倉芳和『宋教仁研究：清末民初の政治と思想』清流出版、2004 年。

　　⑦ 　武内房司「アジアからみた近代日本　清国人日本留学日記（黄尊三）・宋教仁日記」武内房司編『日記に読む近代日本』第 5 巻『アジアと日本』吉川弘文館、2012 年。

　　⑧ 　徐静波「熱血青年から中国近代憲政思想と実践の先駆者へ——宋教仁の東京歳月への考察」千葉俊二・銭暁波編『谷崎潤一郎　中国体験と物語の力』勉誠出版、2016 年。

参与推翻清朝统治的革命运动及其近代宪政思想的形成过程。大东和重《宋教仁——从日记的视角考察中国留学生的生活和明治末年的日本社会》①，通过《宋教仁日记》和黄尊三《留学日记》，考察了中国留学生的日常生活和明治末期的社会状况。

关于下宿屋的研究，目前可见的是堀江亨、松山薰、高桥幹夫《关于日本近现代化过程中的城市集中住宿形态的下宿屋的实证研究——以东京本乡"本乡馆"为例》②，该文从历史和建筑结构两方面进行了考察，特别是对下宿屋经营者进行了访谈，保留了珍贵的资料。高桥幹夫还在此研究基础上出版了《下宿屋的近代》③，从历史角度讲述了下宿屋的发展状况。

二 宋教仁与黄尊三的赴日留学

宋教仁于 1904 年 12 月 5 日 8 时乘船从上海起航，8 日 9 时到达长崎港，经过海关检疫后上岸，在中餐馆用餐之后，去邮局给同乡吴绍先、李和生寄出明信片，通知他们到达横滨的时间。9 日经过马关，10 日到达神户港，13 日 8 时左右到达横滨港。西路同乡会的招待员龙铁元与李和生到横滨港迎接，在高野屋旅馆稍事休息后，他们一行在 12 时左右乘去东京的火车，下午 2 时左右到达新桥车站，4 时左右入住新桥附近的江户川馆，当天晚上，宋教仁在李和生的劝说下搬进神田的香澄馆。

---

① 大東和重「宋教仁——日記から見る中国人日本留学生の生活と明治末年の世相」和田博文・徐静波・兪在真・横路啓子編『「異郷」としての日本：東アジアの留学生がみた近代』勉誠出版、2017 年。

② 堀江亨・松山薫・高橋幹夫『日本の近現代における都市集住形態としての下宿屋の実証研究：東京・本郷・「本郷館」をケース・スタディとして』第一住宅建設協会、2002 年。

③ 高橋幹夫『下宿屋という近代』住宅総合研究財団、2007 年。

　　黄尊三于 1905 年 6 月 17 日下午 6 时在上海登上熊本丸①，6 月 18 日 11 时起航，20 日 9 时到达长崎，熊本丸于 21 日下午 1 时到达门司港，23 日早上 5 时停靠神户港之后，25 日下午 6 时到达横滨。26 日上午 10 时登岸，先在高野屋旅馆休息，吃完午餐之后，傍晚 6 时乘火车，7 时到达新桥车站。然后乘人力车来到位于巢鸭的宏文学院分校宿舍南寮。

　　由此可见，宋教仁和黄尊三是经过相同路线来到东京。章宗祥在面向中国留学生的《日本游学指南》②中介绍，在横滨港上岸后，高野屋和山崎屋负责搬运行李以及办理通关手续。而且，当年有像龙铁元那样的老留学生作为同乡会的招待员到港口迎接的机制，对于刚到日本的新留学生来说，这是无微不至的关怀。

　　宋教仁到达东京之后开始在下宿屋生活，不久后便频繁来往于胜光馆、越州馆、道德馆、筑地馆、崎越馆、卧龙馆、升盛馆、海国馆、大岛馆等下宿屋，访问友人，商议准备召开集会和发行杂志等，一个月之后，1905 年 2 月 1 日开始去顺天中学学习日语和英语。③ 与此相反，黄尊三入住宏文学院分校的宿舍，开始了集体生活。从日记可以得知，黄尊三来到东京之后一直感到身体不适，晚上睡觉时做噩梦、出冷汗，很难适应新的生活环境。

　　黄尊三所在的宏文学院总校的宿舍位于下谷区谷中真岛町 1 番地，巢鸭分校和宿舍在郊区。宏文学院巢鸭分校附设的南寮采用训育的手法，舍监监督早晚行礼仪式并管理日常生活。据《东京同文书院宿舍管理规则》记载，寄宿生每月要缴纳学费 3 元、寄宿费 8 元（房费 1 元半、饭费大约 6 元半）、灯油和木炭费 1 元，书费、

---

　　①　黄尊三《留学日记》中记载的是"雄本丸"，"雄"和"熊"汉语发音相同，"雄本丸"可能是"熊本丸"的误记。

　　②　章宗祥：《日本游学指南》，岭南报馆 1901 年版。

　　③　在顺天中学的学习未能长久，约 1 个月之后便中途辍学。

笔墨费、杂费等自备，共计 15 元左右。① 据章宗祥《日本游学指南》介绍，寄宿费每月 5—6 元，没有记载饭费的金额，如果包括饭费，则每月大概 10 元。

留日学生在宿舍起居，日常交流比较方便，也容易采取集体行动。黄尊三刚到东京不久，7 月 4 日，警察到校擅自检查行李，因此激怒了学生，集体罢课抗议。7 日，湖南人范源廉出面说服大家。据《留学日记》记载："同乡范静生来院，以检查非院长意，乃日政府行政权之发动，劝同学忍耐上课，同学知无善法，不得已从范议，定明日上课。"②

像这样主张罢课和退学的抗议活动时有发生。据《留学日记》9 月 3 日记载："同学开会，议抵制日人禁我自由出版及开会事。多数主张退学，余认为过激，主张暂为罢课，众人认为不当，强制书名而散。"③ 由此可见，黄尊三是埋头读书的稳健派学生。

1905 年 11 月 2 日，日本文部省颁布第 19 号省令《关于准许清国人入学之公私学校之规定》，留日学生们举行共同罢课，抗议文部省的决定。进入 12 月后，抗议活动愈演愈烈。据《留学日记》12 月 1 日记载："三钟，弘文同学亦开会讨论，群以日本政府专与留学生为难，不尊重吾辈人格，如不取消取缔规则，宁全体退学，言时非常愤激，此外毫无办法，匆匆散会。"④ 12 月 1 日以后，《留学日记》还记述了相关的内容。3 日经宋教仁确认传闻属实，4 日西路同乡会召开全体会议，5 日举行共同罢课，6 日学生进行全体罢课，7

---

① 金额的单位是日元，本章均简称为元。「東京同文書院章程」『在本邦清国留学生関係雑纂/雑之部　第一巻』（B－3－10－5－3_6_001）（外務省外交史料館）、JACAR、B12081629300。

② 黄尊三：《留学日记》，六月初五日，第 12 页。《留学日记》1905 年开始时使用阴历，从 1907 年 2 月 13 日起改为阳历。正文为行文方便全部使用阳历。

③ 黄尊三：《留学日记》，八月初五日，第 21 页。

④ 黄尊三：《留学日记》，十一月五日，第 36 页。

日推选纠察员，10 日陈天华蹈海自尽，① 11 日全体学生决定退学回国等，《留学日记》记录了每天的事态发展，表明其日益激烈。随着运动的发展，宏文学院的数百名学生退学回国。因此，宏文学院关闭了三个分校。这时，黄尊三也遵照湖南同乡会的决议，决定退学，12 月 21 日乘镇安号轮船回国。

《宋教仁日记》欠缺 9 月 22 日至 12 月 31 日的部分，因此，我们无法了解宋教仁在集体罢课运动中所发挥的作用，以及其对于陈天华抗议投海、多数留学生回国等抗议运动持何种态度，但是，黄尊三曾经去宋教仁投宿的下宿屋确认文部省取缔规则的真伪。由此可见，宋教仁在西路同乡会的留学生中具有一定的威望，是学生领袖之一。

三　宋教仁和黄尊三的生活环境

（一）宋教仁的生活环境

1904 年 12 月 13 日到达东京，先入住新桥附近的江户川馆，当晚搬进同乡李和生居住的神田香澄馆。

1905 年 4 月 1 日，同李和生一起搬到越后馆（今川小路 2 丁目 17 番地）。9 月 6 日发现放在抽屉中的 5 元丢失，怀疑女佣偷窃，便决定搬家。

9 月 7 日搬入小金楼（麴町区），每月房租（含伙食）10 元 50 钱。

1906 年 1 月 27 日，搬入早稻田瀛洲筱处（丰多摩郡下户冢村 268 番地）。

2 月 12 日，搬至第一洗染舍。

3 月 13 日，又搬入青山便当屋。

---

① 陈天华跳海自尽是 1905 年 12 月 8 日，10 日该消息刊登在《读卖新闻》见诸报端，因此黄尊三在日记中记述的是听到消息的时间。

6月9日，对李和生谈道："余言此处已招日人之嫌，不欲居此，欲入大学寄宿舍居之。"因环境萌生搬出下宿屋，搬入宿舍居住的念头。

8月8日，因同李和生发生冲突而报警，遂想去芝区海边暂避，兼避暑，但未付诸行动。

8月20日，因患神经衰弱，在东京医院住院。入住二等病房，每日1元60钱。[①]

10月13日，赴青山屋与主人清算房费，转日，让人将行李搬至民报社。

11月4日，出院。本来预定去宫崎滔天家（内藤新宿番集町34），因车夫漫天要价，中途下车去民报社借宿。

11月5日，搬至宫崎家。

1907年1月5日，搬至伊势屋（黄兴入住的房间）。

2月6日，搬入私人出租房[②]黑川家（新小川3丁目14番地）。

3月23日，从新桥站出发，去"满洲"（中国东北）。

（二）黄尊三的生活环境

黄尊三参加集体回国运动，1905年12月12日，从宏文学院退学后离开南寮，寄宿在李家驹的住所。21日乘船回国。1906年3月13日在上海乘日本汽船的班轮，19日到达横滨，先寄宿在西路同乡会会馆。从此至1912年7月，黄尊三为了寻求良好的居住环境，不断搬家。

1906年4月16日，搬到菊广馆（神田神保町），同友人张少留在同一个下宿屋居住。

7月3日，搬至花月馆（神保町10番地）。

---

① 宋教仁著、松本英纪訳注『宋教仁の日記』（同朋舎、1989年、212頁）中为"每月费用1元60钱"，原文为"每日金一元六十钱"（214頁）。

② 私人出租房指明治和大正时期普通家庭将空闲的房间出租，让学生寄宿，以此维持生活。

考入早稻田大学普通预科，8 月 3 日，搬到甲阳馆 4 号房。9月 23 日又换到 14 号房，在此生活了 11 个月。

1907 年 7 月 6 日，搬到竹早町 7 番地的贷间，与向懋卿、田北翔同居。

8 月 31 日，升入早稻田大学特别预科，搬入光荣馆（丰多摩郡户冢村 626 番地）。下宿屋主人的女儿很和善，但房客都是日本学生，饭菜也是纯粹的日本口味，因此不到两个月就搬出。

10 月 22 日，再次搬到甲阳馆，在此生活了 9 个月左右。

1908 年 7 月 5 日，搬入冰川馆（小石川原町 53 番地），一个月后搬家。

8 月 9 日，搬入小泉屋（早稻田），因弹月琴与老板发生争执，不足一个月搬出。

8 月 31 日，搬入宫前馆（鹤卷町 5 番地）。因房费便宜，且离学校近。但在 9 月 5 日和 9 的日记中抱怨："不料同居之中国学生，或奏音乐，或猜拳，或高声唱戏，有时与下女戏打，门窗户壁，皆为震动，不能用功。至是始悔前日弹琴之不当。""数日以来，馆中同住者，唱闹如故，致神经感非常之痛苦。不唯白天不能读书，即夜来亦不能安眠。"① 忍耐了 10 天左右，决定搬出。

1908 年 9 月 10 日，搬到都留馆（鹤卷町附近），在此生活了近 10 个月。

1909 年 7 月 3 日，搬到贷间古川家（小石川区金富町 16 番地），环境安静，离电车站较近，交通方便。但伙食不佳，待客态度不友善，仅住了 22 天又决定迁居。

8 月 1 日，搬到私人出租房岩田幹一家（小石川区水道端町）。住在一楼八帖房间，条件舒适，但未长期居住。

9 月 15 日，在朋友百仓的劝说下，搬到芳荣馆（神田）。12月 21 日的日记表达了对主人的待客态度和饭菜口味的不满。

---

① 黄尊三：《留学日记》，1908 年 9 月 5 日、9 日，第 149 页。

12 月 25 日，迁居到小泉屋（本乡区汤岛新花町 29 番地）。1910 年 1 月 9 日的日记中写道："自迁居小泉以来，课事无恒，心总不静。"

1910 年 1 月 10 日，搬入本乡馆（本乡区弓町 1 丁目 18 番地）。该馆是 1905 年新建的木结构三层楼，规模宏大，远近闻名（见图 5-2）。① 可是，黄在 1 月 31 日的日记中写道："是日因住居不如意，心中不快，虽在教堂听讲，而心不在，昏昏欲睡。"2 月 22 日又写道："因现住之地，离学校太远，价贵而房又不明亮，势不得不迁。"遂决心搬家。

2 月 24 日，搬到红梅馆（小川町）。

4 月 30 日，搬入私人出租房北村家（神田仲猿乐町）。

6 月 20 日，收到家里来函，希望他暑假回国整理家务。6 月 23 日，从横滨坐船回国。这是黄尊三第二次回国。9 月 18 日，返回东京，因房间已转租他人，便搬到都馆。

10 月 6 日在日记中抱怨道："唯因都馆三层楼房，正当北风，馆中人杂，招待不周，有他迁之意。"他希望换房间，但遭到主人拒绝，便决心搬家。

10 月 17 日，再次搬至出租房北村家。

11 月 30 日，搬至今井馆（神田甲贺町 18 番地）。终于在此安顿下来。

在第二年 7 月 2—29 日去湘南片濑海岸避暑之前，黄在今井馆生活了 7 个月。

1911 年 8 月 1 日，搬到出租房西川家。

8 月 24 日，搬至神田出租房木村家，但对环境不满意。9 月 5 日的日记中写道："因居室人多嘈杂，天雨房黑暗，不能看书，搬家之念，憧忧于怀，暑假以来，所居之地，总不如意，故颇影响余之

---

① 本乡馆出现在不肖生《留东外史》第 29 章，被描述为豪华下宿屋。据说，当年蒋介石和茅盾都在这里住过。后来本乡馆几经易手，一直经营至战后，并于 2011 年重建。

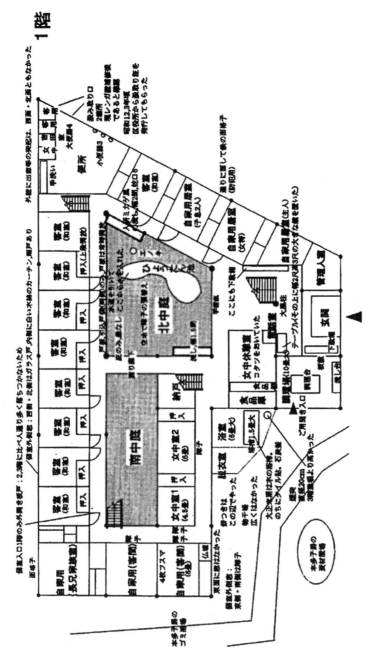

図 5 - 2　本郷館戦前建築平面図復原

资料来源：堀江亨・松山薫・高橋幹夫『日本の近現代における都市集住形態としての下宿屋の実証研究：東京・本郷・「本郷館」をケース・スタディとして』。

用工，明知居无求安，为士人要义，然余根性不良，不能奉行，奈何奈何。"

9 月 7 日，搬至生饭馆①，租住八帖房间，见到友人李志敏住在三帖的小房间专心致志地学习，感觉十分惭愧。

辛亥革命爆发后，黄于 11 月 22 日至第二年 2 月 28 日短期回国。这是他留学期间第三次回国。

1912 年 2 月 29 日返回东京，入住信水馆（早稻田）。

3 月 12 日，搬入苍龙馆（小石川）。因该馆距学校 4 华里，稍嫌远。

4 月 3 日，又搬至鸣凤馆，这里是黄留学期间最后的住处。

7 月 2—16 日，黄去大森海岸避暑，7 月 5 日收到朋友来信得知毕业，7 月 17 日从新桥站出发，18 日从横滨乘船回国，23 日到达天津大沽。

如上所述，黄尊三频繁搬家，生活十分不稳定。从 1906 年 3 月到 1912 年 7 月，6 年多的时间里竟然搬了 26 次家。其间，居住时间较长的是甲阳馆（1906 年 8 月 3 日至 1907 年 7 月 5 日、1907 年 10 月 22 日至 1908 年 7 月 4 日）、都留馆（1908 年 9 月 10 日至 1909 年 7 月 3 日）以及今井馆（1910 年 11 月 30 日至 1911 年 7 月 1 日）。

黄尊三在找房搬家上花费了诸多时间、劳力和金钱，还要花费很多精力适应新环境。对此，他在日记中坦言："余好迁居，稍不如意，即不能耐。故留东数年，少有定住一年以上者。"② 并自省道："余日来尝感经济困难，其弊在好舒服住好房子，好体面穿好衣服，好口腹吃好东西。"③"迁居一事，屡屡苦余脑经，若有神鬼使之，临时不能自主。事后思之，真是何苦，费钱，费神，费时，如何上算？东京下宿屋，大都如是，迁来迁去，不过几间破败房间，有何不同？以后无论如何，总以安居为上，切不可见异思

---

① 在该日的日记中对于生饭馆的名称记述不同，故依前面的名称。

② 黄尊三：《留学日记》，1910 年 10 月 25 日，第 278 页。

③ 黄尊三：《留学日记》，1910 年 10 月 26 日，第 278 页。

迁。"① 可见，黄尊三为住宿烦恼，为搬家自省，为开销后悔。

《留学日记》中有两处记述了生活费的细节，据此可以了解日常的开销内容。

第一次是 1908 年 8 月 27 日住在小泉屋时，具体开销为房租十一元（饭菜在内）、添菜二元、客饭菜三元、茶一毛、烟五毛、信纸二毛、剃头二毛、洗衣四毛、洗澡六毛、学费三元三毛、书纸笔墨二元、衣服鞋袜二元、特别捐项一元、医药费五元、电车费三毛、洋皂牙粉一毛、报纸三毛五分、不时费用一元，总计二十八元一毛。

第二次是 1909 年 7 月 29 日住在古川家时，具体开销为房租八元、饭费三元、电车一元、洗澡一元、烟一元五毛、报纸四毛、学费金三元五毛、冰水一元、茶二毛、洗衣一元、医药费五元，总计二十五元六毛。

由此可知，相比学费三元三毛，客饭费竟要花费三元，这说明留学生之间的访问非常频繁。另外，贷间的房费（包括饭菜）要比下宿屋便宜，所以留学生愿意选择贷间。

因为黄尊三中途入住时，住宿费按日计算，加之行李不多，叫一辆人力车就可以搬家，所以他搬家十分频繁。而且，下宿屋存在环境吵闹、待客态度不佳、饭菜不可口等各种各样的问题，所以房客不得不频繁搬家。

四　城市集中住宿的场所——下宿屋

（一）下宿屋的特色

下宿屋是日本近代特殊的城市集中住宿的方式。明治时期，大量的单身者流入城市，为了应对这种局面，便出现了下宿屋这种新型的都市生活方式。江户时代兴盛起来的佛教寺院在明治初期的

---

① 黄尊三：《留学日记》，1910 年 11 月 30 日，第 289 页。

"废佛毁释运动"① 中逐渐衰落，寺院为了生存，不得已出售墓地。但是，人们认为晦气，寺院的墓地无人问津，出租也很难找到租户。于是，从乡下来到东京的人们低价租下这些墓地，建房开始经营下宿屋，作为上京读书的学生和乡下出身的低级官吏们生活的场所。其中，学校聚集的本乡区、神田区以及邻近的牛込区和芝区内有很多下宿屋，聚居着众多的学生。②

东京素有"学校的百货店"之称，大学、专门学校、预备校、高中、初中、职业学校、军校、女校等，各类学校并存。对于留日学生来说，可以有多种选择。

下宿屋通常分三帖、四帖半、六帖三种类型的单人房间，有的还有八帖，厕所和澡堂公用。房间一般是日式，但是像本乡馆那样以留日学生为主的下宿屋特别备有西式房间，并配有床，③ 而且一般提供膳食，女佣们将饭菜放在小食案上，分别送到各个房间。如果有客人来访，还可叫客饭。除此之外，还为各个房间送开水。早上，房客们在盥洗室洗脸、刷牙。房间里备有火盆、茶壶和茶碗、煤油灯以及棉坐垫，其他的小桌和生活用品需自备。④ 冬天，老板娘和女佣早上到各个房间给火盆点火、加木炭，还要铺床叠被、开关窗外的防雨板、打扫房间、代购酒水食品、收发邮件等，照顾房客的起居。洗衣店出入各个下宿屋，代办洗衣。房客如果有事，只要拍手，女佣就会到房间听候吩咐。⑤ 这种服务体系对于单身生活

①　明治初期，日本政府将神道定为国教，发布了"神佛分离令"，压制排斥佛教，以平田派国学者为首的神官们破坏佛教寺院，毁坏佛像、佛具、经文等，很多佛教寺院也改为神社。

②　据 1887 年东京市的统计，神田区有 394 家，本乡区有 355 家，芝区有 222 家。

③　堀江亨・松山薫・高橋幹夫『日本の近現代における都市集住形態としての下宿屋の実証研究：東京・本郷・「本郷館」をケース・スタディとして』、77 頁。

④　据《周作人文选・自传・知堂回想录》第 2 卷（群众出版社 1999 年版，第 171 页）记载，不习惯席地而坐的留学生自己买来桌子和椅子。

⑤　据《周作人文选・自传・知堂回想录》第 2 卷（第 170 页）记载，有的下宿屋安装了电铃，用来呼唤女佣。

在城市的人来说，非常方便。

房客要付房费、饭费、取暖的木炭费和照明的灯油费。房费以一帖为单位计算。下宿屋按照房屋的规模和伙食分三个档次，上村贞子编的《官公私立各类学校改订就读指南》介绍道："一等伙食费七元，房费二元五十钱（四帖半），共计九元五十钱，二等伙食费六元，房费二元（四帖半），共计八元，三等伙食费五元，房费一元五十钱（三帖）。"由此可知明治30年代下宿屋的市场价格。[①]据章宗祥的《日本游学指南》，上等下宿屋的房费为5—6元，伙食费约10元；中等的房费是每月3—4元，伙食7—8元；下等的房费为每月2元，伙食费5—6元。与前述下宿屋的市场价格相比，中国留学生的居住条件属于中等水平。除此之外，还有洗浴费、理发费、洗衣费、朋友来访时的茶水点心费、客饭费等额外费用。

下宿屋的规模有各种档次，但基本上是木结构二层楼或者三层楼，平房很少，东京市内只有13家，本乡区只有2家。神田的下宿屋为47家，二层楼共40家，平房仅有2家。下宿屋一般集中在神田、本乡、早稻田的各类学校附近，东京的总数为646家，其中226家集中在本乡区，约占三分之一。由此可见，下宿屋是日本近代初期都市型集中住宿的雏形建筑。

（二）中国留学生群体

由于下宿屋主要集中在神田、本乡、早稻田的各类学校附近，留日学生经常访问同乡和熟人，交流密切。读宋教仁和黄尊三日记，其中有很多访问朋友的下宿屋聊天杂谈的记录。[②] 在互访和杂谈之中，产生许多人际关系的矛盾，宋教仁和黄尊三都曾为朋友之间的矛盾而伤脑筋，甚至因此患上神经衰弱症。

---

① 上村贞子编『官公私立諸学校改訂就学案内』博文館、1904 年。

② 周恩来『十九歳の東京日記』（矢吹晋編、鈴木博訳、小学館、1999 年）和不肖生《留东外史》中有相同的记述，说明互相访问聊天杂谈在当时是普遍现象。

黄尊三在日记中反省自身的行为，写道："近顷朋友往来，几无虚日，时间半耗于应酬，殊觉可惜，然此几成为留学界之风气，无法挽回，加以个人神经复杂，思虑太多，借朋友之往还，可以减少思虑，调剂神经，故明知耗费时间，亦安之而已。"① "又思以后无事不可常去友人处，非唯防碍人之课事，且足招惹是非。有时讲人闲言，亦损友道，伤德性。"②

1905 年，东京的留日学生为了抗议日本政府的留学生政策，经常举行集会和集体退学。在抗议《关于准许清国人入学之公私学校之规定》运动中，12 月 7 日，宏文学院的 250 名学生在饭田河岸的饭店富士见楼集会，商讨对策。③ 这次抗议运动超出文部省的预料，异常激烈，罢课持续了一个多月的时间。据 1905 年 12 月 21 日《读卖新闻》的报道，留在学校的学生，成城学校仅 2 名、宏文学院 12 名、振武学校 20 名。大多数学生不是回国就是去日本乡下旅行，基本上都离开了东京。最终，8000 名以上的留日学生中，2000 多人选择了辍学回国。1906 年 1 月中旬，"维持留学界同志会""联合会""学界调停会"三派协商决定解散各自团体，回校复学，抗议运动才告一段落。因为学生们集中居住在神田、本乡、早稻田附近的下宿屋，往来和联络方便，所以众多的留日学生加入抗议运动。

同时，集中住宿还滋生了其他现象——一部分留日学生经常聚众赌博。在日本赌博是违法的，警察一得到消息便上门抓人，因此，这些人赌博时，一般都在二楼或者三楼最里面的房间，并派人在一楼放风。

（三）下宿屋的伙食

在下宿屋的生活中，最令留日学生们头疼的是饮食。对于横滨

---

① 黄尊三：《留学日记》，1906 年七月二十日，第 67 页。
② 黄尊三：《留学日记》，1911 年 2 月 1 日，第 308 页。
③ 「清国留学生の紛議」『読売新聞』1905 年 12 月 9 日、第 3 版。

登陆后的第一餐，黄这样写道："至高野屋稍休，用饭，日本饮食，颇简单，人各分食一菜一汤，味极淡薄。"傍晚，到达宏文学院的宿舍后，"夜膳时，人各一蛋一汤，饭亦仅一小匣，初吃甚觉不适"。① 初到日本便不适应饮食。

到8月，黄仍然不能适应东京的生活："到东后因气候饮食不宜，日益加重，今两月有余，幸无药而愈，欣快奚若，以后当力加保养。"② "高等同学来东者，约二十人，大都得病，岂尽摄养之不善欤，实气候与食物之不相宜也。"③

下宿屋提供的饭菜大多是日本口味，一般是老板娘和女佣们做的乡下家常菜。最常见的是炖萝卜、烤鱼、酱汤、豆腐和咸菜等，缺油少肉，口味清淡。食材和调料由米店、菜店、鱼店、大酱店的伙计挑担送来，为了节省开支，下宿屋总是挑选便宜的食材，所以经常引起不满。

例如，《读卖新闻》上刊登的《改良下宿屋（四）》一文中指出："通常，下宿屋使用的都是四等米以下的大米，而且掺入了南京米，更有甚者有的下宿屋全部使用南京米等低等大米。（中略）大多数日本人有一个习惯，就是每天早上必须喝黄酱汤，做黄酱汤本来不需要什么费用，下宿屋每天早上也一定提供黄酱汤，但是即使一般家庭调制极其廉价的黄酱汤，下宿屋仍然要节省材料，少放黄酱，多加盐，干松鱼等调味料更是有名无实，汤料也极少，下宿屋的黄酱汤被人们嘲讽为'一眼见底'。"④ 除此之外，下宿屋为了赚取利润，总是买最廉价的鱼，因此，当时竟然出现了专门为下宿屋提供廉价鱼的鱼店。

---

① 黄尊三：《留学日记》，1905年五月二十四日，第10页。
② 黄尊三：《留学日记》，1905年七月十一日，第17页。
③ 黄尊三：《留学日记》，1905年八月二十六日，第24页。
④ 「下宿屋の改良（四）」『読売新聞』1907年2月2日、第4版。"南京米"是日本旧时的俗称，主要指从东南亚和中国南方进口的大米，米粒形状细长，类似现在的泰国香米。

为此，黄尊三在日记中写道："因光荣馆住客完全为日本学生，料理亦纯粹日本式，不合食。"①"余自移住芳荣馆已数月，主人招待不周，食物极粗，不能下咽，且加以三阶之房，入冬甚冷，且甚危险，而下层又无间房可住。"②

宋教仁未曾在日记中记述对于日本料理的感想，也没有抱怨过饭菜不合口味。他的日记中关于走访友人居住的下宿屋，吃客饭受到款待的记述非常多，还有很多出入成昌楼、牛鸟肉店、中华餐馆等各类饭店的场面。

中国留学生们不喜欢日本饭菜清淡的口味，喜欢荤菜，希望能尝到家乡的口味。为了满足他们的要求，下宿屋和私人出租房的主人以及牛鸟肉店马上改变经营内容。牛肉店开始售卖猪肉，下宿屋和私人出租房的家庭，也开始提供猪肉菜肴。据《读卖新闻》报道："战争胜利之后，清国留学生逐渐增加，神田、本乡、牛込、小石川等地的下宿屋开始提供中华料理，出租房的家庭也开始采用猪肉料理，这些举动自然影响到牛肉零售商，市面的店铺开始出现销售猪肉的现象。"③

1904 年，东京开始流行中华料理。报纸上的报道称："美食家们最近不断品尝中华料理，现在已经俨然是上流社会的家庭饭桌上的流行菜肴。"由此可见，明治 40 年代，中华料理已经渗透到富裕家庭。中华料理之所以能够流行，其背景是有众多的厨师来到横滨。当时的厨师以广东人居多，他们在日本开设中华料理店。这些饭店成为厨师的供给地，每当东京开中华料理店时，店主就能从横滨雇到广东厨师。粤菜和北方的菜肴相比，加入砂糖，口味略甜，这种口味比较符合东京人的喜好。

---

① 黄尊三：《留学日记》，1907 年 10 月 22 日，第 118 页。

② 日本是地震频发的国家，神田附近房屋密集，火灾频发，房屋又是木质结构，因此学生们认为楼上危险，不愿意住三层的房间。参见黄尊三《留学日记》，1909 年 12 月 21 日，第 209 页。

③ 「支那料理の流行」『読売新聞』1904 年 11 月 30 日、第 3 版。

1905 年，中国留学生人数猛增，他们主要聚居在神田附近。神田有两所公立学校、五六所私立学校，还有五六所实业学校，适合中国留学生留学。仅次于神田的是本乡、麴町、牛込、赤坂、四谷等。小石川也有一些中国留学生聚居的下宿屋。据《读卖新闻》报道，这一时期留学生达到"一万三千余名"，其 12 月 12 日的报道又称："从清国各省来到都下的留学生日益增加，本月初，据当局调查，已经超过三万人，今后仍有不断增加的倾向。"这些留学生以神田为中心，形成留日学生群体，出入中华料理店，推动了中华料理在日本的普及。

另据报道："从今川小路到小川町，乃至里神保町一带，南京料理店有十数家，其中留学生最多的就是广昌和楼，许多秘密集会都在三楼的大客厅举行，八日晚上聚集了三百人。"① 再有，"里神保町的第一楼和今川小路的维新号、元顺号等都人气旺盛。（中略）桌上摆满烧鹅、炒肉丝、烧鱼等美味佳肴，畅饮高粱酒和五加皮酒的人们"，② 热衷于猜拳，沉湎于享乐。

阅读《宋教仁日记》和黄尊三《留学日记》，可以看到其中有很多与同乡和朋友一起去中华料理店聚餐的记述。中华料理店不仅满足了留学生们口腹之欲和思乡之情，还起到了促进交流的作用。留学生的人数增加，为日本社会带来了商机，面向留学生的中华料理店也随之增加。

（四）下宿屋经营者的烦恼

下宿屋经常与房客发生矛盾，被舆论批评只顾赚钱。上村贞子在《官公私立各类学校改订就读指南》中，也严厉谴责下宿屋重利轻义的经营理念：

---

① 「支那留学生の秘密集合」『読売新聞』1915 年 3 月 12 日、第 7 版。
② 「いろいろな新年（一）支那留学生」『読売新聞』1916 年 1 月 1 日、第 5 版。

下宿屋只重经营，丝毫没有监督学生，希望他们人生成功，为他们谋求利益的想法。退一万步讲，即使有经营者有这种想法，这种人也是少之又少，大多数经营者除了谋求自己的私利之外，既无亲情，也无人情，他们只想让学生们多花费金钱，以饱私囊。①

但是，经营者也有苦衷。老板要照顾房客饮食起居等日常生活，平时也十分辛苦。据井泽宣子《东乡馆的人们：东京"小日向台"故事》论述，对于下宿屋的经营者来说，最伤脑筋的是偷盗和欠账赖账的不良房客，人称"下宿屋无赖"。②

1912 年，大方馆（神田区表猿乐町 20 番地）的主人村上重太郎，请求天津领事馆的小幡领事追索东京岩仓铁道学校学生叶复元（山西人）欠下的房租 60 日元。天津领事馆经过和山西省地方政府交涉，追回了 60 日元房费，收据保留至今。③ 据《东京旅馆协会沿革史》记载，大正时期，因国内战乱等原因，有些留学生参加集体回国运动，未清算房费即回国，协会呼吁旅馆和下宿屋主人注意相关事项，现存四份相关文件。协会代表还走访警视厅、中国公使馆、经理员等，呼吁有关人士协助处理。④

下宿屋不但要和廉租旅店⑤及私人出租房竞争，与同业者竞争，还要提防不良分子偷盗和欠账赖账，精神十分紧张，因此对待拖欠房费的房客态度恶劣，招致很多不满。

---

① 上村贞子编『官公私立諸学校改訂就学案内』、19 頁。
② 井沢宣子『東郷館の人びと：東京「小日向台」物語』三一書房、2000 年。
③ 「支那留学生下宿料取立送付ノ件」『在本邦清国留学生関係雑纂/雑之部 第一巻』（B－3－10－5－3_6_001）（外務省外交史料館）、JACAR、Ref. B12081629200。
④ 東京旅館組合編『東京旅館組合沿革史』東京旅館組合、1931 年。
⑤ 廉租旅店江户时代就已经出现，由客人自带干粮，旅店只收煮饭的木炭钱。明治时期主要是从事体力劳动的人居住。

（五）下宿屋存在的问题

下宿屋为负笈东京的众多学生提供住宿和饮食，为学生和家长排忧解难，发挥了重要的作用。中国留学生在异国他乡生活，借助下宿屋这种寄宿旅馆才能顺利完成学业。不过，下宿屋也存在很多问题。

其一，下宿屋是经营体，和学校的宿舍不同，不负有监督教育的责任。宿舍有严格的作息时间，是训育的手段之一，而下宿屋对房客采取放任态度。当时的私立学校对留学生的出勤和学籍管理不严，[①] 只要每月缴纳学费，留学生睡懒觉、逃课也没有人追究。这些私立学校以收取学费为目的，被讥讽为"学店"。据周作人回忆，即使每天不去上课，只要参加考试，也能毕业。[②]

其二，当时不仅是留日学生，从乡下来东京上学的日本学生也经常受到各种诱惑而变坏。其中之一就是与"不良少年"交友，不良学生放荡不羁的行为给周围同学带来恶劣影响。

其三，下宿屋作为城市集中住宿的场所，本应创造良好的居住环境，但部分下宿屋管理松散，喧哗吵闹，房客无法安心学习。《读卖新闻》的专栏"下宿屋生活"中抱怨道："晚上，到了休息时间，有些人和女佣谈笑，用扬声机播放音乐，妨碍其他人学习和休息。"[③] 这种情况似乎司空见惯，黄尊三在宫前馆也有类似的经历。

关于下宿屋的问题，兵库师范学校校长井田竹治在《学生风纪问题》中进一步指出：

（一）时常吵闹，不适合深入思考。（二）各室的房客往来频繁，空谈阔论浪费时间，而且浪费金钱。（三）除了学生

---

① 日本学校的考勤制度是为了征兵时检查学生生活态度而建立的，因此私立学校对留日学生的出勤管理不严。

② 《周作人文选·自传·知堂回想录》第 2 卷，第 173 页。

③ 斩马剑「下宿屋生活」『読売新聞』1922 年 3 月 14 日、第 3 版。

以外，底层的官吏、游手好闲的壮士、纺织工、病人、女学生等都住宿在一起，从卫生和风气上来看都存在隐患。（四）经常有人提供骨牌、小说、酒等引诱学生堕落的东西。（五）不仅有人介绍典当铺和放高利贷，更有甚者还有人拉皮条介绍色情场所。（六）不仅食物恶劣，而且厨房环境不洁，态度恶劣。（七）房间狭窄，采光通风不良，而且环境潮湿，饮水不卫生。（八）除了房费、饭费以外，巧立名目收取各种费用。（九）为客人送饭的女佣品行不良，缺乏修养。①

其四，卫生状况堪忧。下宿屋没有对于传染病的预防措施，导致感冒和肺结核蔓延。而且，共用餐具，所有餐具放在一个大桶中清洗，餐具的清洗和消毒不充分，餐具上粘着残羹剩饭，极易传染疾病。

其五，下宿屋唯利是图的经营方式。《读卖新闻》曾经指出下宿屋盈利的秘密，报道称："大多数下宿屋并未减少收入，究其原因，请看下表。三等米一元可购八升，一个月的主食一斗五升大约二元，一个月的副食一元五十钱，房间费用一元，合计四元五十钱，加上雇下女的工资大概也不过五元，而房费一般每月七元，盈利二元，如果假设房客二十人，每月盈利为四十元。"②

另有《下宿屋欢迎的房客》一文叙述如下：

　　下宿屋的主人在众多的房客之中，最欢迎的房客是经常有来访的朋友，并且时常吩咐"买点心，买水果"，吃饭时经常要求给房客提供客饭的，这是下宿屋的上客，不用说这样可以获得比定额的房费更多的盈利。当然，如果客人出外吃饭，或者在其他地方用餐，可以节省餐费，这种房客也受欢迎。收留

① 井田竹治『学生風紀問題』弘文館、1902 年、73 頁。
② 每位房客的成本为 5 元，收取房费和伙食费 7 元，从每位房客身上盈利 2 元。「葉がき集」『読売新聞』1899 年 1 月 13 日、第 4 版。

房客住宿，就应该尽量与人方便，不让房客破费无益之财，这才是正常的人情世故。现在的房东使尽浑身解数让房客花钱，实属愚蠢之极，此乃需要改良的下宿屋的一大问题。①

其六，不良学生的恶劣影响。井田竹治在《学生风纪问题》中，批评不良学生放荡不羁的行为及其带来的恶劣影响，指出：

都下充斥各处的腐败学生对洁白无垢的少年而言皆为恶友，由此可知恶友之多。此等腐败学生长居都下，惯于作恶，自身已无学资供给，为寻求享乐，遂以巧言令色诱惑他人，教唆他人一起作恶。最初往来串访于下宿屋之间，无益闲谈，浪费宝贵时间，其次相约出外饮食，相互访问，至此逐渐受到恶友感化，投其所好，相邀出入料理店，游于戏院，旷课游乐，荒废学业，寻求刺激而热衷赌博，耗尽学资而自暴自弃，逐步陷入黑暗，终致后悔终生。②

其七，服务态度恶劣，日本社会当时存在歧视留日学生的现象。下宿屋有很多房客，老板娘一个人无法照顾房客，大多从老家和乡下招来年轻女子做女佣，于是比较大规模的下宿屋采取分工体制。女佣分为两类，一种是帮厨女佣，另一种是客房女佣。客房女佣负责送膳和撤膳、铺床叠被、打扫房间、为客人代办杂事等，每天面对房客，她们的态度直接关乎下宿屋的形象。这些女佣每天从早忙到晚，每月的工资只有1元50钱到3元左右，辛苦劳作却工资微薄。因此，除了工资以外，房客如果让女佣买东西，就要给小费。据章宗祥的《日本游学指南》介绍，每月付给女佣的小费一般需要50钱至1元。

① 「下宿屋の改良（七）」『読売新聞』1907 年 2 月 6 日、第 3 版。
② 井田竹治『学生風紀問題』、57—58 頁。

　　房客如果拖延付房费，或者小费的金额少，女佣的态度会骤变，冷面相待，有时还会故意刁难。黄尊三在《留学日记》中指出："至移住事，计自搬居古川仅二十二天，饮食既不良，呼应亦不便，加以老婆狡猾太甚。"① 字里行间表达了对房东的不满。

　　语言不通时，女佣们对待房客的态度也不友善。《留东外史》第35章中有一位人称"黄夫人"的女学生不通日语，当她想要热水时，几次拍手呼唤女佣，但是女佣并不应声，于是她站在走廊呼唤："开水开水，拿来给我。"② 过了一会儿，女佣才慢腾腾拿来热水，退出来时猛力将门关上，在门口高声发牢骚。

　　日俄战争后，日本人对于中国的印象一般是"野蛮""落后""脏"等固定观念。田山花袋等日俄战争的随军记者发表的见闻录中，列举了鸦片中毒和缺乏卫生观念等现象，将中国的负面印象推广到普通民众。这种印象随后逐渐成为日本社会普遍的观念，在明治末期、大正、昭和等时期长期支配日本社会的民众意识。其中，上述刁难时而表现在对留日学生的态度上。

　　1914年9月，吉林省教育顾问峰旗良允就留日学生的现状向汤化龙提交意见书，指出东京下宿屋的环境对于学生们来说，各种不良影响较多，一部分留日学生懒惰懈怠，不认真学习。对此他提出："堕落大多是因为不规律的寄宿生活，因此应该禁止在下宿屋寄宿。除了在学校教授的家庭寄宿之外，其他学生应该在学校宿舍生活。宿舍应该参照日本各师范学校的宿舍管理制度，招聘中日两国懂教育的热心人士担任舍监以及其他职员。"③

　　《读卖新闻》的《改良下宿屋之七——中国人和当今的下宿屋气质》中，批评下宿屋的经营手法，内容如下：

---

　　① 黄尊三：《留学日记》，1909年7月25日，第169页。
　　② 不肖生：《留东外史》第35章，第340页。
　　③ 『在本邦清国留学生関係雑纂/雑之部　第二卷』（B－3－10－5－3_6_002）（外務省外交史料館）、JACAR、Ref. B12081629800。

　　神田猿乐町附近的下宿屋使出各种手段招揽中国人留学生为房客，一个月房费为每人十二元，最贵的还有二十四五元至三十元，伙食既不是中华料理也不是日本料理，更不是西洋料理，简直就是大杂烩。上等的房客自己带被褥，除了房费之外，还极尽奢侈，与日本人的房客相比，盈利较多，因此有些下宿屋专门接待中国人。（中略）这些中国人不懂日本行情，买东西时加收小费也比日本人容易。由此可见，喜爱收留中国人房客即表现出当今下宿屋的经营品德。①

　　其八，风纪问题是下宿屋受到批评的重点之一，也是教育家们关切的问题。上村贞子编的《官公私立各类学校改订就读指南》指出："勤俭、坚韧、专心致志、认真攻读的学生遭受冷遇，更有甚者还会诱惑学生去听相声看戏剧，出入饮食店，最终引其入魔道，意志薄弱的学生开始还意志坚强，后来便逐渐态度软化，原本是前途有为的学生，朦胧之间便堕落为腐败书生，成为堕落学生的典型。"②

　　《读卖新闻》刊登的《清国留学生和下宿屋》中分别采访了留学生和下宿屋，刊载了双方的意见。在文中，留学生说道："我打算下个月考完试后回国。我是自费留学，不了解日本当地的情况，最初非常为难。开始朋友介绍我入住的下宿屋非常过分，晚上总带来莫名其妙的女子，各种诱惑，令我十分困惑。我和三个朋友一起来日本留学，其中两个堕落，辍学回国。日本的学生大多不友善，我从来没有交往，总觉得他们瞧不起我们。想住好一点的下宿屋，但是一询问便被拒之门外，不知缘故。"而本乡某下宿屋的主人说道："我们到去年为止一直收留中国人，因为没有什么盈利就不收了。留学生当中有些人比日本人要热

――――――――

① 「下宿屋の改良（七）」『読売新聞』1907 年 2 月 6 日、第 3 版。

② 上村贞子编『官公私立諸学校改訂就学案内』、19―20 頁。

情，人品也很好，但是有很多自甘堕落，而且不讲卫生。中国人不知道吹灭灯火睡觉，容易引起火灾，而且他们带来臭虫，很难对付。在本乡这一带，我熟悉的四五个下宿屋都因此拒绝中国人。”①

《留东外史》中描述了很多留学生在下宿屋和装扮成女学生的卖淫女同居的场面。当时，神田附近的下宿屋数量很多，竞争激烈，很多对于房客和女人同居采取默认的态度，有的下宿屋甚至介绍私娼，默许卖淫女出入；有些下宿屋为了吸引留学生，特意招聘长相较好的女佣，有些女佣为了赚钱不惜出卖肉体，这也是上述井田竹治指出的“女佣品行不良”的缘故。

黄尊三的《留学日记》中也记述了类似的场面：“忽朦胧中觉有人拉余被，并贴近余之身，梦中惊醒，电光灼灼中，见一女子，身裁面貌尚不俗，年在二十上下，问何人何为至此，女笑而不答，并欲关闭室中电灯，余起立阻止，婉词劝其下楼，彼见所欲难，遂恨恨而去，余始重复就睡。”②

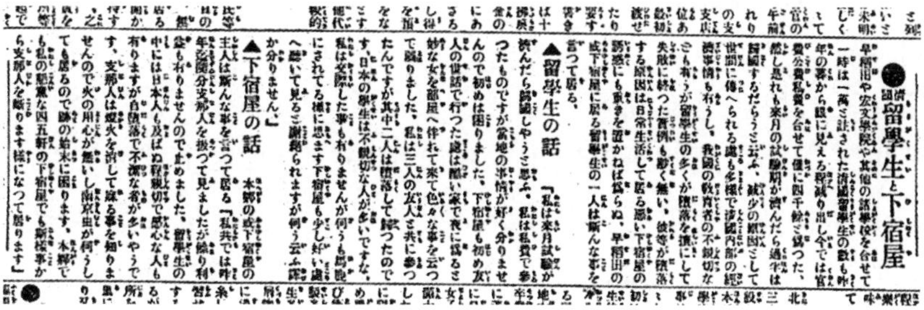
●清國留學生と下宿屋
早稻田や宏文學院や其他の諸學校を合せて一時は一萬と註された清國留學生の數も昨年の暮から眼に見える程減り出し今では官費公費私費を合せて僅に四千餘と減つた、然し是れも來月の試験期が濟んだら過半は歸國するだらうと云ふ、減少の原因として世間に傳へられる處も多様で清國内部の經濟事情も有らうし、我國の教育者の不親切なども有らうが留學生の多くが墮落を擴にして失敗に終つた實例も尠く無い、彼等が墮落する原因は日常生活して居る惡い下宿屋の誘惑にも觸きを置かねば成らぬ、早稻田の或下宿屋に居る留學生の一人は斯んな事を言つて居る、

▲留學生の話　「私は來月試験が濟んだら歸國しやうと思ふ、私は私費で參つたものですが當地の事情が好く分りませんので初めは困りました、下宿屋も初め友人の世話で行つた處は醜い家で夜に成ると妙な女を部屋へ伴れて來て色々な事を云つて困りました、私は三人の友人と共に參つたんですが其中二人は墮落して歸つたのです、日本の學生は不親切な人が多いですな、私は交際した事も有りませんが何うも馬鹿にされてる様に思ます下宿屋も少し好い處へ這いて見ると謝絶られますが何う云ふ譯か分りません」

▲下宿屋の話　本郷の或下宿屋の主人は斯んな事を言つて居る「私共では昨年迄隨分支那人を扱つて見ましたが餘り利益も有りませんので止めました、留學生の中には日本人も及ばぬ程親切で感心な人も有りますが自然墮落で不潔な者が多いやうです、支那人は燈火を消して寐る事を知りませんので火の用心が無いし南京虫が何うしても居るので跡の始末に困ります、本郷でも私の懇意な四五軒の下宿屋でも斯様事から支那人を斷ります様になつて居ります」

图 5－3　「清国留学生と下宿屋」（『読売新聞』1908 年 3 月 21 日）

对于下宿屋等歧视留日学生的现象，宫崎滔天曾撰文《关于中国留学生》发出警告。他在文中针对教育界和下宿屋的经营者批评道，“极其可悲之处乃以盈利为目的之中国学生教育也”，

---

① 「清国留学生と下宿屋」『読売新聞』1908 年 3 月 21 日、第 3 版。

② 黄尊三：《留学日记》，1910 年 9 月 20 日，第 267 页。

"观察此等学校经营者如何劝诱留学生，宛如下等宿屋之皮条客，立于横滨等待轮船入港，手中挥舞广告传单"。在文章的最后，他谆谆告诫日本各界道："寄语我邦当局者、政治家、教员、商人、下宿屋主人、女佣、小偷、盗贼、卖春妇诸君，诸君日夜当作'豚尾奴'轻视、嘲笑、欺骗、贪绞、诱惑的中国留学生，他们将来是新中国的建设者。他们现在正含垢忍辱，诸君心中岂无丝毫慊歉之情！诸君今日侮辱他们，最终将招致他们的侮辱！而相互侮辱或许最终还会招致争斗！深恐中国强大的人们，务请深思再三。"①

　　下宿屋以盈利为本的经营手法经常见诸报端，受到批评。例如，早稻田的稻穗馆不仅贪图暴利，还将房客吃剩的饭菜转送给其他客人，在酒中掺水，对待房客态度恶劣，引起房客抗议，集体退房。② 日本学生为了表达对下宿屋的不满，不时会发起"讨伐下宿屋"的活动。③《读卖新闻》在《讨伐不法下宿　早大生委员与下宿屋签订协议》中报道："对于近来不法下宿屋的不满早有耳闻，早大学生组成协会，讨伐不法下宿屋，执行委员多次召开干部会议商讨对策。早稻田大学学生会委员和早稻田附近二区二郡的旅客与下宿屋联合协会总部签署十七条协议，重点为甲级一帖一个月一元十钱以下、乙级同八十钱以下，伙食甲等一个月二十三元以下、乙等二十元以下；开饭前如果预先通知不需准备时，应扣除饭费；不得雇佣败坏风纪的女佣；为了国际亲善，应和善对待外国学生；希望出现每月十七元以下的下宿屋。"所谓"应和善对待外国学生"应该主要指中国留学生。

　　鉴于这种风潮的出现，神田北神保町上野馆的老板娘友善对待留日学生的佳话，特别刊登在报纸上。据《读卖新闻》报道："本

---

① 宫崎滔天「支那留学生に就て」宫崎竜介・小野川秀美编『宫崎滔天全集』第 4 卷、平凡社、1973 年、62 頁。
② 「不良下宿征伐」『読売新聞』1913 年 10 月 2 日、第 3 版。
③ 「不正下宿征伐」『読売新聞』1920 年 2 月 21 日、第 4 版。

馆的客人有八十名左右，主要是中国留学生。以前，中国人士在日本受到恶劣对待，据说经常诅咒日本的下宿屋，我对于中国的学生则以诚相待。"① 从这段报道可知，当时下宿屋对待留日学生的态度十分恶劣。

就这些社会问题，《读卖新闻》从1907年1月30日至2月8日分八次连载了"改良下宿屋"的文章，呼吁经营者改变唯利是图的经营手法，创建"模范下宿屋"，并指出共用脸盆和餐具会引起肺结核和梅毒等传染病的蔓延，应改善卫生状况，改善伙食，取消购买点心时加收小费的恶习，改善女佣的待遇，纠正鼓励房客浪费等问题。

五 小结

论述清末留日学生的生活时，应该注意到他们在东京的都市体验。留日学生们在东京享受了"自由"，下宿屋则为他们在都市集体生活中提供了体验都市自由的场所。他们在东京的本乡和神田附近观看戏剧和电影，出入百货店、中华料理店和妓院，在城市的诱惑中体验充满刺激享乐气氛的都市生活。

留日学生当时在东京能充分享受都市生活的原因，在于其经济实力。根据学校的层次，留日学生领取的官费金额有一年500元、450元、400元三等，不但学费和生活费有保障，还会有所结余。② 据《留学日记》记载，黄尊三每月领取33元，即使这样也入不敷出。当

---

① 「女高師出身で下宿屋の主婦、支那の留学生を誠実に世話する」『読売新聞』1918年12月5日、第4版。

② 1912年7月12日广东总领事馆的报告中，记述了广东省派遣官费留学生的官费支付金额。「広東省派遣日本留学生ニ関スル件」『在本邦清国留学生関係雑纂/雑之部 第二巻』（B-3-10-5-3_6_002）（外務省外交史料館）、JACAR、Ref. B12081629700。

时"阅日报家庭实益谈，医生某，妻母三口，其中人之生活，月费仅二十四元。以余较之，其奢侈俭相去数倍"。① 可见，黄的生活相当富裕。宋教仁不仅得到官费，还利用翻译书籍挣钱，官费和翻译费加在一起，每年有 700 多元的收入。即使是自费留学，留学生也基本是靠家里寄钱在东京游学。读《留东外史》也可以知道，当时一部分留日学生十分阔绰，且东京距故乡遥远，无须顾及家人的管束，自由自在，可以沉迷于赌博，出入妓院和中华料理店，充分享受东京的自由空气。宋教仁和黄尊三的日记中也有多处记述他们和朋友在神田周围的中华料理店聚餐的场面，这一点值得注意。

正如前述，当时不仅新闻界，许多教育家也经常提出批评，呼吁禁止寄宿在下宿屋，修建学校宿舍。但是，修建宿舍需要大笔的建设费，还存在管理问题，至今东京等大城市的学校配备宿舍的也不多。小说《留东外史》中描绘了许多留学生放荡的生活，大多受此影响。黄福庆在《清末留日学生》中指出中国留学生的生活十分堕落，这是留日学生群体的污点。

宋教仁参加推翻清政府的革命运动，失败后逃到东京；黄尊三被官府选拔派遣到日本留学。他们来到日本的目的各异，但是，通过在下宿屋的生活，留日学生不仅享受了都市生活的自由，而且通过留学生之间的交流催生了民族意识和国家意识，这也是客观事实。首先，通过跨文化环境的体验，萌生群体意识。其次是宋教仁和黄尊三在日记中提及的在学校和日常生活中受到歧视时，亲眼见到炮兵工厂时，经过《马关条约》签约地想到国耻时，看到靖国神社中的甲午战争战利品时，在伊藤博文被暗杀之后听到老师的演讲时，他们都产生了激愤情绪。由此，留日学生们萌生了国家意识，觉醒了民族主义意识。最后，日本政府和清政府对于留日学生采取压制政策，也引起留日学生反弹，他们通过同乡会举行各种抗议集会，在集体抗议行动中也增强了民族意识。

---

① 黄尊三：《留学日记》，1908 年 8 月 27 日，第 146 页。

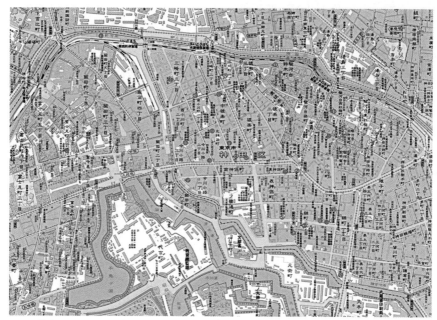

①清国留学生会馆②东京基督教青年会③正则英语学校④顺天中校⑤明治大学预科·经纬学堂⑥锦辉馆⑦东明馆⑧中华留日基督教青年会馆⑨秀光社⑩明治大学⑪杏云堂病院⑫越后馆⑬东亚高等预备学校⑭东京座⑮维新号⑯中华第一楼⑰富士见楼⑱神田警察署⑲法政大学⑳西神田警察署㉑中央大学专门部㉒专修学校㉓东京商业学校㉔日本大学㉕大成中校㉖共立女子学校

图 5-4　神田附近的中国留学生相关设施示意

资料来源：『江戸明治東京重ね地図』ABB 公司、2009 年。

　　从日记中，我们可以读到留日学生对于日本社会的反感。这体现了黄尊三对于日本社会的认识，同时也真实地反映了当时留日学生对于日本社会的认识。这种对于日本社会的反感在反对《关于准许清国人入学之公私学校之规定》和"二十一条要求"，以及《中日共同防敌军事协定》中，留日学生多次举行抗议活动，集体罢课回国，运动不断高涨。除了政治运动以外，他们在下宿屋的生活中积累的各种不满像火山岩浆一样，不断汇聚酝酿，最终爆发多次抗议回国运动。

　　宋教仁是一位积极的革命者，他不但创办革命杂志《二十世纪之支那》，积极宣传革命思想，还和黄兴一起组织革命运动，支持孙中山在日本东京成立同盟会，并任司法部检事长，将《二十世纪之支那》改为同盟会的机关报《民报》。相比之下，黄尊三虽然参加了留日学生抗议日本政府的留学生政策的运动，退学并回国，但是从总体来看，他对于政治运动态度并不积极。1905 年 6 月黄尊三到达东京后，7 月 30 日孙文和黄兴等召开"中国同盟会"预备会，8 月 13 日 1300 多名东京的留日学生在富士见楼召开孙文欢迎会，8 月 20 日同盟会举办成立大会，12 月 7 日宏文学院 250 多名学生在富士见楼举办抗议集会，这些都是发生在黄尊三身边的重大事件，但是他的日记中对此没有任何记述，可见黄尊三对于政治运动的气氛并不敏感。因此，其日记是一个普通留日学生的生活记录，是了解清末留日学生生活环境绝好的第一手资料。

第 六 章
清末的留学生"监督"行政[*]

　　如今的留日学生史研究迎来了一个新的阶段。此前，在不同于外交史的"交流史"框架下，留日学生史的研究支撑着中日友好的逻辑。此外，如同聚焦于东京的革命派与立宪派的论争，以及学生的政治运动那样，这一研究还起到了补充革命史——这一中国近代史叙述的主线的作用。然而，随着中日关系史中绝对化的"友好"史观被打破，以及中国近代史研究中对革命史观的再审视，加之史料公开取得较大进展，留日学生史的研究也在寻求一种新的范式。

　　在此有诸多课题可供设想，例如，以"近代化"的视角研究留日学生，详细追寻他们回国后参与近代化以及国家建设活动的足迹；以价值相对主义的视角，对归国学生参与包含民族主义运动在内的各种政治运动加以分析；此外，不局限于清末，还可将民国及战后也纳入视野，进行历时性研究；还有一种研究方向，就是以"人的流动"这一视角，整体把握包含汪伪政权与伪满洲国在内的"日本帝国内部"学生的流动；甚至可以从异文化交流等文化交流发展的视角，研究"留学"和对外认识的形态；也可以开展针对留日学生生活本身的社会史研究。在这样的变化中，迄今为止被刻

　　* 本章是日本学术振兴会研究费奖励研究（A）「近現代中国外交の構造の解明——中国外交档案に依拠した仮説提示の試み」的阶段性成果。译者郭梦垚。

意划分出的留日学生史这一研究领域，作为一个大框架的绝对化被打破，得以重新调整自己的定位。①

留日学生史向来被纳入异于政治外交的“交流”的框架中，其研究应该考察的两点，一是如何在广义的政治世界中理解留日学生，政治与学生的流动之间如何产生相互作用；二是在革命史的框架下被赋予了特征的20世纪初留日学生界，以及留日学生与出现在他们生活空间中的“官”——驻日公使馆的关系。本章将尝试从留学生行政的角度考察这两点。②

---

① 20世纪80年代以前，关于日本的留日学生史研究，参见小林共明「留日学生史研究の現状と課題」辛亥革命研究会編『中国近代研究入門』（汲古書院、1992年）。90年代以后，首先要提到的是明治大学高田幸男利用台北“国史馆”藏“教育部”档案，对归国留学生在中国的活动进行了研究（高田幸男「明治期東京の中国人留学生諸相」藤田直晴『東京：巨大空間の諸相』大明堂、2001年）。其次，佐藤慎一从长时段比较论述了1905年和20世纪80年代中期的留日潮（佐藤慎一「留学ブームと思想的開国——20世紀初頭の中国人日本留学生」加藤祐三編著『近代日本と東アジア』筑摩書房、1985年）。中国出版的资料集有全国政协暨北京上海天津福建政协文史资料委员会编《建国初期留学学生归国纪事》（中国文史出版社1999年版）、钟少华《早年留日者谈日本》（山东画报出版社1996年版），显示出关注对象的时段逐渐延长。教育史及政治史方面综合性研究有王奇生《中国留学生的历史轨迹》（湖北教育出版社1992年版）和《留学与救国——抗战时期海外学人群像》（广西师范大学出版社1995年版），以及田正平《留学生与中国教育近代化》（广东教育出版社1996年版）。此外，厳安生『日本留学精神史——近代中国知識人の軌跡』（岩波書店、1991年）从比较文学的角度出发，对实证史学中难以研读的部分进行了论述。还有以留学生回忆录为中心，从留学生的视角重新考察留日学生史的研究，参见张玉法「中国留日学生的経歴與見聞（1896年—1945年）——以回憶録為主体的探討」衞藤瀋吉編『共生から敵対へ——第四回日中関係史国際シンポジウム論文集』（東方書店、2000年），以及聚焦于清末民国时期女子留日学生的著作，参见周一川『中国人女性の日本留学史研究』（国書刊行会、2000年）。

② 关于清朝留日学生派遣政策的研究有陈琼瑩《清季留学政策初探》，台北，文史哲出版社1989年版；容応萸「清末近代化における対日留学生の派遣」『アジア研究』第26巻第4号、1990年1月；容応萸「清末留日学生派遣政策の研究」衞藤瀋吉編『共生から敵対へ——第四回日中関係史国際シンポジウム論文集』。另外，关晓红在《晚清学部研究》（广东教育出版社2000年版）第七章第二节“加强留学管理”中，概述了学部管理留学生的状况。

本章在时间上以光绪新政时期至即将迎来中华民国成立的宣统时期为中心。在这期间，作为中央集权政策的一环，清政府在留日学生的管理上变得十分积极，不仅在制度上制定了"章程"以管理留学生，还在公使馆设置了作为管理留学生机构的游学生监督处。这些制度和机构如同其他诸多中央集权政策一样，并未达到预期效果。这一时期以往被视为革命派与立宪派的斗争时期，或者被称作"黄金十年"，笔者试图强调异于这两者的其他侧面。

一　对留学生一元管理的摸索

对留学生来说，他们去日本留学的动机大多源于自身、家庭、至交好友、地域社会等身边的因素，但若成了官费学生，由这种个人或是私人动机出发的行动，则会变成国家或地方政府战略的一部分。由中央政府或地方各级衙门派遣的官费学生，从派遣主体的立场来看，与他们的发展战略或人才政策密切相关。当然，对留学生自身而言，无论从何处获得资金，比起从属于出资者，他们利用出资者的意识似乎更加强烈。因此，留学生们在实现个人的人生计划之时，反而意识到中央政府或地方衙门是可以利用的工具。在这个意义上，留学生与政府是密切相关的。

当时，作为学生资助者的中央及地方政府，为了实现富强的目标，确保必要的人才储备，不断提供资金。众所周知，废除科举制度与招揽海外留学生群体是配套的措施，甚至可以说，这是中央政府为了招揽科举制度下无法全部吸纳的海外留学生群体的举措。但是，就像刊载在《东方杂志》上的《论游学不可太滥》一文所言，当时有着盲目留学的风气，事实上在留学生行政现场也发生了混乱。① 因为政府意图和个人状况之间未必达到平衡，而个人受"时

---

① 《论游学不可太滥》，《东方杂志》第 9 期，1904 年 11 月 2 日。

代变了"这种意识的驱动，随着某种焦虑，开始按照各自的想法行动，于是出现了政府眼中的"混乱"状况。

清政府驻日公使杨枢曾有如下论述：

> 奴才初抵任时，在东官费自费学生仅逾千人，日增月盛，迄于今日，已至八千余人。朝廷号令于上，疆吏奉行于下，可谓盛矣。然其所以骤增之故，盖有数端。诏停科举，注重学堂，而学堂之出身，不如出洋留学之易而优，一也。自天津上海至日本东京，仅六七日之程，较之由府县入省会学堂，由省会入京师学堂，其劳逸相等，二也。（中略）日本普通学堂专为中国学生设者，如成城学校等三四处，尚称完备。然不完备者，则不下十余处。有以三个月毕业者，有以六个月毕业者，甚至学科有由学生自定者，迎合学生之意，学生即喜入之而不能禁，此普通学堂之不可恃也。日本高等专门各学校及大学校皆有定额，中国学生年增数倍，而学额不能增。奴才屡商日本文部，皆有难词。即能增额，亦难容此数千之众，况后来者尤难预计。（中略）此普通学之不可信也。日本学生自小学起，每试验皆合格，至入大学亦须十四年，若是其难。而中国学生到东年余，在本省又多未预备，甚或国文亦未尽晓。遂幸入大学，三年毕业，一试获隽，出其强不知以为知之学说以应世用，其贻害可胜思耶。故虽大学及高等毕业者，亦未可尽信也。①

此外，杨公使还指出中国留学生缺少在本国的专门教育、各省学生管理体制存在差异等弊害。接着，为应对这些问题，他请求政府制定包括统一调查学生学力等内容的《选派学生出洋留学章

---

① 《出使日本大臣杨密陈游学生在东情形并筹拟办法折》，《东方杂志》第 3 年第 6 期，1906 年 7 月 16 日。

程》，以及以改正各省官费数额不等为目的的《官费划一章程》。①

杨枢的这些建议是否获得采纳？《学部官报》上刊登了 1906 年的奏折《酌拟管理游学日本学生章程折》，其中有如下语句：

> 游学一途，所以考求外国学术关系至为重要。派遣之先，固当从严考验。出洋之后，亦宜设法稽查。（中略）业经咨行各省在案，似已不至有滥派之患。惟既经出洋诸生稽查之法，尚未有划一章程。现在出洋游学者，以日本为最多，亟应先行设法管理。②

这封奏折中提到了选择各人适合的学校，准确掌握学生的成绩，指导学生的品行，按实际发给学费等具体问题，而关于监督学生的方法，则提出了以下方案：

> 有此数端，管理事宜至为繁杂。而各省所派监督，不相连络，办法参差，似非特设员额不足以专责成，非一其事权不足以资约束。臣等再三酌议，拟就出使日本大臣署内，设管理游学日本学生监督处。设总监督一员，由出使日本大臣兼任，设副总监督一员，由臣部会商出使日本大臣奏派，其应有分课办事，及分校监察等员，概由总监督委派。各省原派监督一律撤回，其各省原派监督经费，各按原数照旧汇解，作为该处办公经费。似此办理，各省经费无所增而事权画一，管理较为切实。臣等与出使日本大臣杨枢往复商酌，意见相同，仅拟具

---

① 《出使日本大臣杨密陈游学生在东情形并筹拟办法折》，《东方杂志》第 3 年第 6 期，1906 年 7 月 16 日。

② 《酌拟管理游学日本学生章程折（未完）》，《学部官报》第 8 期，1906 年 12 月 6 日。另，此奏折续刊于《学部官报》第 9 期。参见《酌拟管理游学日本学生章程折（承前）》，《学部官报》第 9 期，1906 年 12 月 16 日。

《管理游学日本学生章程》恭呈。①

1906 年 11 月 27 日，这一提案经过光绪帝批准后，决定施行。《管理游学日本学生章程》规定，游学生监督处要将学生成绩的高低、课堂上的表现、品行的优劣等据实向学部汇报；无论官费生还是自费生，不得进入未经文部省选定、出使大臣认定的学校，如若违背，毕业时将不发给证明书（没有这份证明书，学生回国后将无法在学部登录）；学生想要退学、转学、变更学科，需得到监督处的许可。此外，监督处可以干涉学生选择学科；如果监督处认为学生的住所不合适，便会强制要求学生更换。该章程中列举的管理学生入学学校及住所的方法，基本沿袭了 1902 年日本驻华公使内田康哉与张之洞缔结的《约束游学生章程》的相关规定。

有一点需要注意的是，原本属于各省的留学生管辖权被移交给了中央派遣的总监督（经费仍由各地方负担）。正如大家所知，载振曾为考察学务访问日本，基于他的意见，总理外务部事务的庆亲王奕劻与驻日公使蔡钧上奏，于 1902 年在东京设置了游学生监督处。然而，这一监督处只不过是在承认各地方所派监督的留学生管辖权的基础上，宽松地统管全体留学生的机关，并且总监督本身也是由外务部派遣而来（首任总监督是汪大燮）。②

与此不同，1906 年的总监督是在废除各地方监督的基础上设置的，而且，在加强其权力的同时，改由外务部与学部兼管。早稻

---

① 《酌拟管理游学日本学生章程折（未完）》，《学部官报》第 8 期，1906 年 12 月 6 日。

② 1902 年，驻日公使蔡钧与留学生之间因为自费留学生的成城学校入学资格问题爆发了冲突。参见《中国留学生新年会记事》，《新民丛报》第 5 号，1902 年 4 月 8 日。此外，蔡公使反对留学生派遣本身也逐渐酿成了与留学生之间的不和。考察学务而来的载振看到这些事后，在否定性评价蔡公使的同时，这也成了他上奏请求设置游学生总监督的契机。

田大学藏有由游学生监督处发行的《官报》。[1] 这种"公报"的发行，本身就可以说明这一机关的特质。从《官报》中，我们可以了解监督处的业务内容。"文牍"一栏刊登学部与各地方督抚间的往来文书，接着是留学生的房租、各学校的学生人数、学生的成绩与品行、学费的支取等，再加上意见书等报告，构成了《官报》。[2] 此后，到了 1908 年 9—10 月，由驻日公使兼任游学生总监督的形式出现问题。根据胡惟德公使的提议，副监督被废除，另设总监督一职，且不再由驻日公使兼任。总监督由学部与驻日公使会商后，从使馆的参赞中选任。[3]

对于这一变化，关晓红有如下评价："1908 至 1911 年是学部留学管理的第二阶段。此期学部采取的措施，一是游学生毕业统一考试制度化，以甄别使用和奖励为手段，控制留学生的思想行为，掌握学习效果，促使留学各国的学生程度、素质趋于整齐；二是制定政策，鼓励官费、自费留学生学习实业，调适专业类别选择；三是继续调整完善留学管理体系，正式建立欧洲游学生监督处和游美学务处，并再三修改日本留学监督处章程。在留学国别导向方面，继续实行限制留学日本和鼓励留学欧美的方针。"[4]

但值得怀疑的是，如此这般对留日学生的管理在多大程度上具有可行性。各省派遣的留学生的文化程度并不高，游学生监督处发

---

① 川島真「日本と台湾における清末民初留日学生関係史料——中国留日学生監督処文献・外務部档案・教育部档案」『中国研究月報』第 557 号、1994 年 7 月。

② 『中国留日学生監督処文献』早稲田図書館所蔵、A171。1907 年 1 月，王克敏被任命为副监督。《出使日本大臣杨枢奏使署增设监督处并派员经理折》（光绪三十二年十二月十七日），《清光绪朝中日交涉史料》下册，文海出版社 1970 年版。此外，关于游学生监督处设置的研究可参考如下论著。黄福慶「清末における留日学生派遣の成立とその展開」『史学雑誌』第 81 巻第 7 号、1972 年 8 月；永井算巳「いわゆる呉孫事件について」『中国近代政治史論叢』汲古書院、1983 年；実藤恵秀『増補中国人日本留学史』くろしお出版、1970 年。

③ 《奏酌改管理日本游学生监督处章程折》，《学部官报》第 69 期，1908 年 10 月 15 日。

④ 关晓红：《晚清学部研究》，第 394 页。

给的毕业证明也没有得到充分承认。① 严安生对《文明小史》等清末通俗小说中所展现的游学生监督的形象进行了介绍，描绘了他们当时的状态，提示了其负面的形象。② 然而，即使从官方的角度来看，游学生监督也是个难以找到胜任之人的、麻烦的职位。

首任游学生总监督汪大燮，同时也是清末最后一任驻日公使。他在就任驻日公使后不久，向亲戚汪康年抱怨道："此间因学生事甚冗，文武学生皆不服监督，必请见公使，却无不欢欣而去，然事则多急矣。"③ 从驻日公使这一管理者的角度来看，比起从事革命运动或是学业成绩不理想，学生们每日蜂拥至公使馆更令人头疼。但是，反过来看，学生们聚集在公使馆的行为本身就能够表明，留学生制度或公使馆的职能对他们来说并不是没有价值的，而是随着实际情况变化的。如若两者没有关系，学生们也就不需要聚集到公使馆了。那么，这样的关系具体变成了什么样呢？下一节中，让我们来看看由清朝制定的留学生管理政策的最终局面。

二 留日学生界与汪大燮的意见书

自光绪末年至宣统年间，清朝继续通过中央政府的网络对留学生进行管理。上一节考察了留学生管理的制度层面，本节将基于管理者的视角，通过考察宣统年间留日学生界的具体情况，探讨留学生监督和管理方面诸相。此外，本节重点关注汪大燮公使的意见书，该意见书揭示了留学生监督与管理的边界。如前所述，汪大燮

① 《咨各出使大臣各省督抚限制各省选派游学生办法文》，《学部官报》第 78 期，1909 年 2 月 20 日。
② 厳安生『日本留学精神史——近代中国知識人の軌跡』、333 頁。
③ 上海图书馆编《汪康年师友书札》第 1 卷，上海古籍出版社 1986 年版，第 1011 页。

既是首任游学生总监督，也是清朝末任驻日公使。①

　　作为驻日公使前往日本赴任的汪大燮，到任之际便陷入与留学生的冲突。1910 年，积极推进开设谘议局及国会开会请愿等立宪活动，是清末的一种政治潮流。当时的留日学生界也是立宪派占主流。② 因为汪大燮也是主张推进立宪的官员之一，容易让人联想留学生们会对他有好感。但是，若基于当时中国政治的其他标准，汪大燮也并非留学生眼中的受欢迎者，毕竟当时存在争论，焦点就在中央集权与地方分权。

　　中央集权与地方分权并不一定相互矛盾，中央集权得到强化时，也存在地方权力扩大的情况。然而，清末的状态是这两者在未能实现整合的情况下继续发展。特别是中央和地方围绕铁路利权的斗争较为激烈，中央想要借助外国资本进行由中央主导的铁路铺设，而地方则欲以乡绅或乡商的资本为中心，以地方利益为重进行铺设，二者互不相让。汪大燮在外务部与邮传部任职的时候，曾试图引入英国资本铺设沪杭甬铁路，这使得江南所有地区都视之为敌。即使在家乡杭州，他也被视为"逆贼""卖国贼"，以至于先祖的坟墓都被掘开。1910 年 7 月 3 日，在留学生总会上，本来在留日江浙同乡会的要求，以及其他各省同乡会的支持下，应该讨论"拒绝汪大燮就任"这一议题，但是，干事长于振宗欲将其作为与国会开会和铁路问题紧密相关的一般性议题来讨论，而后者对立宪派而言至关重要，因此遭到革命派的反对，发生了于振宗被殴打受

---

　　① 后世的研究者对于汪大燮的评价并没有那么低。严安生曾正面评价汪大燮："除去首任总监督汪大燮等一两位有能力的人，实施这些规则和措施的监督系统未免有些惨淡。"（厳安生『日本留学精神史——近代中国知識人の軌跡』、333 頁）关于汪大燮个人的传记有《伯唐公事略》（汪大燮编《汪氏振绮堂宗谱》，1930 年，哈佛大学燕京研究所藏），以及《颇得人望——汪大燮》（张朴民：《北洋政府国务总理列传》，台北，台湾商务印书馆 1984 年版）。另外，正如臼井佐知子所指出的，汪大燮同时也是徽州商人出身（臼井佐知子「徽州商人とそのネットワーク」『中国　社会と文化』第 6 号、1991 年 6 月）。

　　② 小島淑男『留日学生の辛亥革命』青木書店、1989 年、18 頁。

伤的事件。①

　　这一事件表明，在日本的中国留学生不再认为驻日公使与自己无关，而是将其视为清朝或"官"的代表，当作政治运动的目标。因此，在海外强行向驻日公使表示抗议的行为，也是同国内的反政府运动并进而行的。然而，对留学生们来说，驻日公使及公使馆并不纯粹是"敌人"，两者的关系主要涉及学费等金钱相关的内容，签发留日学生所需的毕业证明等制度性政策也维系着二者之间的关系。

　　此后，汪大燮获得留学生干事汤增璧的协助，顺利就任驻日公使，但他就任后便前往朝鲜半岛考察，因此在 1910 年与留学生并无具体接触。进入 1911 年，就像小岛淑男在《留日学生的辛亥革命》中所论述的那样，在这一年的年初，围绕中俄伊犁问题和中英片马事件，留学生们也活跃了起来。② 有意思的是，留学生们要求清政府对外采取强硬态度的时候，比起去抗议被视为清朝代表的公使馆，最终反倒是请求公使馆代替他们向清中央政府发电报，并将他们学费的一部分充作电报费。留学生们似乎有着这样的意识，政府编制给他们的预算就是他们自己的东西，而关于留学生要求公使馆代发电报这件事，留学生本身就是作为中国候补官员的政治参与者，管理他们的机关是公使馆及监督处，因此，为了将他们的意见反映给中央政府，经由公使馆是有必要的。但是，这件事若是站在作为管理者的公使馆的立场来看，首先学生们参与政治就是禁止事项，此外，公使馆没有可以自由支配的税收，也就不可能完全成为学生们的代言人，不可能按照学生们的意愿去修改支出项目、增减额度。

　　然而，到了辛亥年武昌起义爆发时，三千名留学生开始筹划集体回国，且不管是官费生还是自费生，都想从公使馆获得回国的路

① 小岛淑男『留日学生の辛亥革命』、138 頁。
② 小岛淑男『留日学生の辛亥革命』、38—55 頁。

费。对此，公使馆决定发给官费生50元，自费生30元。① 这一举措表明，即使南方各省已经宣布从清朝"独立"，代表清朝的公使馆仍然将南方出身的留学生视为"管理"的对象而支付经费。②

在这样的境况下，汪大燮公使于武昌起义爆发后的1911年10月15日，向学部提交了意见书。在意见书中，汪公使从管理者的视角毫不掩饰地揭露了当时留学生行政的状况：

> 监督处办事向无条理也。前杨星使裁撤各省监督，设立监督处，总司留学事务。立法原非不善，惟自设处以来，规则未能完备，又值纷纷派遣速成学生之时，人数甚众，品类不齐，一切杂乱无章，粉饰因循，相沿成习。李椒使到任以后，始有送学时须呈交相片一事。既取相片，理当编号收存，而杂置一篚，遗失过半。所有各省派遣之官费学生，到东几年，在何学校，一概不知。有其人辍学归国，而学费通帐久未撤消，依旧照领，视同乾修者；有其人虽在东，并不入学，挈眷侨居领费度日者；有其人虽已毕业，不领证书，不领川资，依旧以学费为生活者。既无分校名册可考，亦无到东年月可稽。前此本无相片，后之相片又无从检查。此项学生，大率在私立学校，函请该校查报，终不得复，并欲求一纸出席表而不可得。紊如乱丝，一任弊混丛生，不可究诘。③

从上文可见，监督处在掌握留学生的信息、掌握金钱流动方面产生了混乱，与学校方面的联络沟通也出现了障碍。同时，汪大燮指出了监督处内部存在的问题：

---

① 「殺気満てる公使館」『東京朝日新聞』1911年11月11日。

② 这暗示了一种可能性，与其说公使馆是清政府的派出机关，不如说是代表着"中国"等概念的机关。

③ 《裁撤游日学生监督处案》，台北"国史馆"藏"教育部"档案，数位典藏号：019 - 020400 - 0025。

（汪大）燮到任，始知监督处委员多至三十余人，分科办事。送学有人，送医有人，发费有人，核算有人，治牍有人，缮写有人，通译有人，办报有人。各科又各有总司之人，以为必井井可观矣。乃索取分校名册不得，索取编号相片不得。有事问甲，则曰向归乙办，甲不知也。及又问乙，则曰待查，累日而不能复也。甚至款目纠纷，无从悉其底蕴。①

汪公使对监督处内部的状况十分不满。虽然他将自己培养的人安排到监督处负责会计工作，试图改变现状，但实际上似乎并没有产生明显效果。他强烈地批判了这种官僚主义现象："在官之人，名曰当差，其志在保举耳、薪水耳。"此外，汪公使曾严厉地批评游学生监督胡元倓，谓"其胆怯畏"。这是因为中英片马问题、中俄伊犁问题发生之时，胡监督为避难而逗留于下关。②

接着，汪公使指出监督处的人事安排中湖南出身者人数众多的问题，并对停止学生们的医药费，以及山口高等商业学校退学等事进行了说明。然而，问题不仅在于业务内容，也有因历史遗留造成的业务量增加的一面：

川乱既起，自费学生要求补助，相持浃旬。而鄂乱大作，湘亦寻陷，水深火热，事虽甚于灾祲，惟乱源不一。而子靖已有湘鄂一例之谕，于是赣滇陕晋，相逼而来，不可御矣。③

在辛亥革命爆发的混乱中，游学生监督处将仅有的经费作为归

---

① 《裁撤游日学生监督处案》，台北"国史馆"藏"教育部"档案，数位典藏号：019 - 020400 - 0025。

② 《裁撤游日学生监督处案》，台北"国史馆"藏"教育部"档案，数位典藏号：019 - 020400 - 0025。

③ 《裁撤游日学生监督处案》，台北"国史馆"藏"教育部"档案，数位典藏号：019 - 020400 - 0025。

国旅费发给学生们，导致自身经费愈发枯竭。

以上是管理者或制度方面的问题。下面，汪公使将批评的矛头转向了学生的学习态度：

> 自庚子以后，中国竞言游学。遣派之际，不加选择，益以自费，毫无稽考。逸居无教之民，群居海外，父兄鞭长莫及，官师禁令不行。上焉者但图奖励，下焉者志在学费而已。私立各校视为利薮，不必保送，不问缺席，年满给凭。甚至情托价卖，无求不得。①

汪大燮一语道破，"求学二字，不过名词而已"。此外，他以具体的事例揭露了"医药费"中弥漫的不正之风。

在留学生的生活中，一方面，学生因"血气未定"而沉溺于"游妓""酒肆""赌博"，以致负债累累；另一方面，日本也有其"下流"的一面，高利贷贪图暴利，年利甚高，只需半年利息就已超过本金。因此，出现了将学费账本用作担保的学生，以及极其贫困的学生。此外，汪公使还提到，因"党派纷歧"，各派分别募捐经费；学生携家人而来，或是与"私妇"同居，导致开销过大，生活窘困。

汪公使表示，此种状况监督处已不能管理，并且用经费来维系监督处与学生之间联系的方式也是有限度的。这些表述与《时报》上刊登的《对于部章之意见书》的内容一致。② 如果按照汪大燮的评价，可以说清朝管理留学生的目标并没有实现。根据他的分析，造成这种状况既有游学生监督处内部的问题，也有学生自身的问题，但更为根本的原因则是留学生派遣制度本身的松散。

---

① 《裁撤游日学生监督处案》，台北"国史馆"藏"教育部"档案，数位典藏号：019 - 020400 - 0025。

② 东京同学公益会：《对于部章之意见书》，《时报》1907 年 3 月 30 日至 4 月 1 日，4 月 6 日、7 日。

从中央政府的角度来看，这意味着科举制度废除后，新的人才培养模式没有制度化。1908 年以前，留学生行政由外务部主导，此后相对地以学部为主导。特别是在学部主导下，留学生行政与国内的教育行政联结起来，制度建设得以推进。在留学生管理方面，确实有一个议题，就是"如何取缔革命运动"，但这一议题未必浮出台面，倒不如说是作为解决以下课题的一种尝试，也可以说是留学生行政的定位，即如何重新整顿科举制度废除后的人事行政与教育行政，如何以中央政府为主导重新构建"立身出世"的途径及价值体系。但是，其是否成功如前所述。尽管如此，从如何管理留学生这一点来说，清末十年间所实践、思考的内容，或许就是现行中国留学生行政的雏形或"原型方案"。

1912 年 1 月，汪大燮咨明学部，宣告游学生监督处的撤销。除了 500 余名学生仍留在东京以外，其余留日学生皆给资送返回国，监督处直至最后仍在履行职责。① 但是，监督和管理留日学生的历史并未就此终结，进入民国后，监督处得以恢复。

三　小结

那么，该如何看待日本留学界的状况呢？为了避免绝对化，最后让我们看看欧美的情况。从制度上来看，欧美与日本相同，清朝整合了各省及各衙门的游学生监督处，在中央政府的管辖下实行一元化的管理。但以下的史料显示，留学目的地成了中央政府征募学生的场所。曾在美国哥伦比亚大学留学的顾维钧有如下记述：

---

① 《咨明裁撤游学监督各节》，台北"国史馆"藏"教育部"档案，数位典藏号：019 - 020400 - 0025。

　　在使团离去以前，唐绍仪向中国学生团体发出了邀请。他邀请四十位中国学生作为他的客人在华盛顿逗留十天。邀请书是通过清帝国驻华盛顿公使发出的。不知道这四十位学生是如何挑选的，但是不管怎样，我却是其中之一。据说当时中国使馆有人专管中央和各省派出的留学生。他通常密切注视所有留美的中国学生。想到这里，我记得颜惠庆博士当时是使馆的三等秘书，与中国学生联系密切。①

　　顾维钧得到唐绍仪的赏识，被视为知己，他与唐的女儿结婚，由此进入官场。众所周知，此后在颜惠庆担任外交总长时，作为驻英、驻美公使的顾维钧成了颜的左膀右臂。在顾维钧的记述中，我们感受不到留日学生那样的悲壮感。

　　关于留学生在社会中的位置，留学生的出身、资质、前程等，本章并未尝试将留日学生史置于与留欧美学生的比较中去理解，这将成为今后的课题。

　　若从整体上来思考中日关系的历史，有一种看法认为，光绪新政到宣统年间是一个中日关系相对好的时代，在经历"二十一条要求"等摩擦冲突后，留日派即将进入一个"受难的时代"。确实从人数来看，留日学生很多，但是数量多不会直接影响其评价。即使从留学生行政的角度来看，在光绪末年，留日学生的管理已有破绽，中央政府也开始逐渐将重心转向欧美留学。因此，有必要将官方对留学生派遣的态度纳入研究视野。

---

　　①　中国社会科学院近代史研究所译《顾维钧回忆录》第一分册，中华书局1983年版，第63—64页。

第 七 章
"军国民"思想与近代中国民族主义

近代东亚在前所未有的"西力冲击"（Western impact）之下，旧有的华夷秩序逐渐崩溃，朝贡、册封体制逐渐为近代国家体系所替代，明治日本在这一过程中迅速适应这一新的体系，较为顺利地实现了向近代国家的转型。相比之下，处于华夷体系中心的中国的人们在世界观的改变上，却不得不经历一个艰难而漫长的过程。

作为"想象的共同体"的近代民族国家（nation state）与民族主义（nationalism）相辅相成，要创建近代国家，其动力源泉在于民族主义思想的普及与国民意识的觉醒。也正是因为如此，nationalism一词既是"民族主义"，又可以是"国家主义"和"国民主义"。在此意义上，"国"与"民"同根。然而，二者之间却包含着张力。

一 拒俄运动与"军国民"思想

对于近代中国的民族主义以自发的有组织的运动形式出现，应上溯至何时，或有不同的观点，但是，拒俄运动当属早期最具影响的运动之一。比起早先同是受"外压"刺激而自发组织的"公车上书"，此时，近代民族国家的观念已经清晰形成。众所周知，拒俄运动的大规模爆发始于 1903 年 4 月，缘于俄国拒从中国东北撤兵。对此，上海等地举行抗议集会，始终关注撤兵动向的日本媒体亦在第一时间大加报道，使当时留学东京的中国学生们深受刺激。他们自发召开了留学生大会，并迅速决定成立"拒俄义勇队"，准备开赴东北为国而战，有200 多名留学生报名参加。义勇队随后更名"学生军"，开始军事训练，随时准备为国而战。然而，这一由留学生出于强烈的爱国心成立的组织，由于清政府通过日本政府的干涉而被迫解散。对此，留学生们决定"形式变而精神不变"，他们改变军的形式，成立了"军国民教育会"，其宗旨为"养成尚武精神，实行爱国主义"。①

留学东京的中国学生们生活在近代国家建设过程中民族主义高涨的日本，在日本吸收近代西方的新知识，开始实现由"天下"到近代民族国家的价值观的转化。可是，留学生们建立在近代民族主义意识上的爱国热忱却在运动过程中受到政府的压制，他们对清政府的失望乃至绝望之情可想而知。为此，不少人放弃了对清政府的幻想而逐渐转变为革命者。继"军国民教育会"之后，先后成立了华兴会、科学补习所、光复会以及同盟会等革命团体，它们均以留学生为主要力量，可以说拒俄运动对他们而言是思想转变的一个重要契机。在此意义上，拒俄运动的意义不仅仅在于运动本身，它对近代中国主要政治力量的形成也有着直接影响。

特别值得注意的是，在拒俄运动中，"军国民"一词贯穿始终，可以说，它是这个运动的核心理念。不仅如此，"军国民"并没有因运动的挫折而昙花一现，相反，自运动以后，在留学生发行的杂志和梁启超的《新民丛报》等杂志中，"军国民"教育与思想得到大力宣传，它同时还波及国内，最终在清末形成了一种重要思潮，对清末以及民国以后的教育思想产生了很大影响。1906 年，

---

① 《留学记录栏》，《湖北学生界》第 5 期，罗家伦主编《中华民国史料丛编》。"军国民教育会"的有关史料，另见杨天石、王学庄编《拒俄运动（1901—1905）》，中国社会科学出版社 1979 年版。

"军国民"一词出现在学部奏请宣示的教育宗旨中："凡中小学堂各种教科书，必寓军国民主义，俾儿童熟见而习闻之。"① 可见，"军国民"在当时已耳熟能详并被不断推广。同时，"军国民"思想作为民族主义思想超越了政治立场。辛亥以后，蔡元培任民国初期教育总长时颁布的教育宗旨写道："注重道德教育，以实利教育、军国民教育辅之，更以美感教育完成其道德。"② 培养近代国民的"军国民"教育在民国之后依然是教育宗旨的重要内容之一，"军国民"思想在清末民初的影响力由此可见一斑。

第一次世界大战后，在德国战败以及战后世人的和平志向的背景下，以德国的铁血主义为榜样的军国民主义受挫而退潮。但是，"军国民"一词并未消失，当中国处于危急存亡之时，它还是被不时提起。例如，伪满洲国成立的翌年即1933年，《军国民》杂志在上海创刊。其发刊词中大力提倡军国民主义，呼吁克服国民的文弱与意志消沉以御外侮，同时，它也强烈意识到大战后的潮流，强调"军国民"主义绝非"黩武""穷兵"之主义，而是抵御侵略反抗暴行的"自卫""抵抗"之主义。③ 由此可见，"军国民"一词在动荡的近代史中作为御侮的民族主义的象征，在不同时期里都不断地被提及。

由于"军国民"思想对近代中国的政治变动有着巨大影响，迄今为止不乏对"军国民"思想的研究。④ 然而，"军国民"思想

---

① 舒新城编：《中国近代教育史资料》上册，人民教育出版社1961年版，第220页。

② 舒新城编：《中国近代教育史资料》上册，第223页。

③ 季承厚：《发刊词》，《军国民》创刊号，1933年3月。

④ 中国的研究，有谢本书《论"军国民主义"》，《贵州社会科学》1989年第10期；李群：《日本体验与近代中国尚武思潮的发生》，《东疆学刊》2011年第1期；吕玉军、陈长河：《清末民初的军国民教育思潮的兴起及其衰落》，《军事历史研究》2007年第3期；等等。在日本，有吉沢誠一郎『愛国主義の創成——ナショナリズムから近代中国を見る』（岩波書店、2003年）一书论及"军国民"。另外，近年还有小野寺史郎『中国ナショナリズム——民族と愛国の近現代史』（中公新書、2017年）；「デモクラシーとミリタリズム——民国知識人の軍事・社会観」中村元哉編『憲政から見た現代中国』（東京大学出版会、2018年）。

的提出实际上深受近代日本的影响这一点，并没有引起足够的重视，这当然与"军国民"一词在近代日本很少见诸各种媒体有关，但对"军国民"思想的认识如果忽视日本的影响的因素，就很难对这一思想的内涵及其对中国近代民族主义形成的意义有更全面的认识，甚至还存在把"军国民"思想等同于军国主义的误解。[①] 对此，本章目的就在于考察"军国民"思想的内容及其形成过程中与日本的关系，同时探讨"军国民"思想在近代中国民族主义形成过程中所起到的作用。

二 "尚武"与"国魂"

在 20 世纪初的留日学界，各省留学生纷纷创办刊物介绍他们在日本所学的新知识、新思想。这一时期出版的《游学译编》《湖北学生界》《浙江潮》《云南》等留学生主办的杂志上，先后出现不少关于"尚武""军国民"的论述，年轻的鲁迅也正是在东京的拒俄运动的背景下撰写了小说《斯巴达之魂》，并发表在《浙江潮》上。同时，梁启超在其主办的《新民丛报》上刊载蔡锷、蒋方震等人关于"军国民"的文章，自己也创作了不少关于"尚武"等配合"军国民"思想的论述，如《斯巴达小志》（1902 年）、《中国的武士道》（1904 年）等。留学生们的杂志与《新民丛报》被大量带回国内，在近代中国的思想启蒙上发挥了很大的作用。

从现有的史料来看，最初提出"军国民"一词并对这一思想进行讨论的是近代留日学生。蔡锷的《军国民篇》和蒋方震的《军国民之教育》则是其中最具有代表性的文章。二人是留学日本陆军士官学校时期的同窗，他们的文章先后发表在《新民丛报》上。蔡锷的文章以"奋翮生"为笔名首先发表在 1902 年 2 月出版

---

① 如付可尘《蔡锷军国民教育思想浅析》，《怀化学院学报》2011 年第 3 期。

的《新民丛报》创刊号，之后共分 4 次连载，详述了实行"军国民"主义的主张。蒋方震的《军国民之教育》则发表在《新民丛报》第 22 号，时间上略晚于蔡锷的文章，但是，从文章开头的编者说明可以看出，这篇文章是著者的一篇旧译文，因此蒋方震应于更早时候就开始关注"军国民"思想。此外，1902 年底，在由湖南留学生创刊的《游学译编》第 1—4 期上连载了一篇没有署名的题为《武备教育》的文章，与《新民丛报》上蒋方震的文章比较，可以看出它们译自同一篇文章。① 笔者认为，对"军国民"的介绍与论述应自以上这三篇文章始，蔡、蒋二人可以说是"军国民"思想的最初介绍者和论述者。之后，这一思想又在梁启超以及同时代留学生们的大力声援与宣传下迅速扩大影响，成为同时代最具影响的民族主义思想之一。

《军国民篇》的作者蔡锷（1882—1916），本名艮寅，为梁启超在长沙时务学堂时期的弟子，后因领导云南响应辛亥革命的起义，以及后来的反袁世凯称帝的"三次革命"而闻名。1899 年，蔡锷留学日本。其间，他参与组织了最初的留学生团体"励志会"，同时加入了唐才常的"自立会"。1900 年，他同其他留日学生一道回国参与了唐才常起义，起义的失败使他深受刺激。他在起义后又回到日本并改名为锷，决定弃笔从戎。他于 1901 年底自费进入日本士官学校的预备校成城学校改学军事，并于 1903 年底成为陆军士官学校第三期的留学生。从时间上来看，《军国民篇》是蔡锷进入陆军士官学校的预备校成城学校以后不久写就的。可以说，这篇文章也是对蔡锷投笔从戎原因的最好说明。

蒋方震（1882—1938），字百里，与蔡锷为成城学校及日本陆军士官学校的同学。他通过蔡锷引荐认识梁启超并视其为己师。1903

---

① 由于题为《武备教育》的文章没有署译著者之名，所以无法断定它是否是编者梁启超提及的蒋方震的旧译稿。但是，在同一时期，除了这三篇文章外再无专门介绍关于"军国民"思想的文章。再从蔡锷、蒋方震二人的陆军士官学校留学生背景来看，这篇文章应与此二人特别是蒋方震有关系。

年他与其他留学生一道创办了《浙江潮》杂志并担任主编，在留学界十分活跃。蒋方震在自己主编的杂志上撰文对梁启超的新民说提出异议，提出自己独到的见解。① 回国后，他又曾留学德国，后任保定军官学校校长，是近代著名的军事理论家和军事教育家。

纵观此一时期关于"军国民"的讨论，可以说在理论和观点上都没有超出蔡、蒋上述两篇文章。以下先通过这两篇文章来了解以"尚武"和"国魂"为基本内容的军国民思想。

首先，蔡锷在文章中写道："军国民主义昔滥觞于希腊之斯巴达，汪洋于近世诸大强国。欧西人士，即妇孺之脑质中亦莫不深受此义。盖其国家以此为全国国民之普通教育，国民以奉斯主义为终身莫大之义务。"② 他认为古代的斯巴达、现在的日本，都因为实行了军国民主义，所以能以一小国立足于弱肉强食的世界。

反观中国，蔡锷认为，中国今日之病在于"国力孱弱、生气销沉"，因此，"不以军国民主义普及四万万则中国其真亡矣"。③他对"军国民"的关注首先出于他对中国亡国的强烈危机感。蔡锷从教育等八个方面具体分析了中国积弱的原因，认为"欧美诸邦之教育在陶铸青年之才力，使之将来足备一军国民资格，中国之教育在摧残青年之才力使之将来足备一奴隶之资格"。④ 自秦朝天下一统以来，"国民之忧患心与竞争心遂益不振"。⑤ 同样，从学派、文学、风俗、体魄、武器、郑声、国势等方面来看，中国都是一个尚文贱武的民族。"好汉不当兵，好铁不打钉"，反映了自古

---

① 在《浙江潮》的第 8、9 期上，蒋方震以"飞生"为笔名连载了《近时二大学说之评论》，对梁启超的新民说提出异议。他认为，为了救国家之急，应以更为激烈的手段震撼国民，"鼓其前进之气"。对此，梁启超专门写了《答飞生》（《新民丛报》第40、41 号，1903 年 11 月）作为回应。

② 蔡锷：《军国民篇》，《新民丛报》第 1 号，台北，艺文印书馆 1966 年版，第80 页。

③ 蔡锷：《军国民篇》，《新民丛报》第 1 号，第 80 页。

④ 蔡锷：《军国民篇》，《新民丛报》第 1 号，第 84 页。

⑤ 蔡锷：《军国民篇》，《新民丛报》第 7 号，第 68 页。

以来的社会风俗；八股试帖耗散人之精神，使人崇文而废武，趋于文弱；鸦片之毒、妇女缠足更是使中夏大地几无完人。这些都使得汉族人"堕落腐坏不堪"。

要言之，蔡锷认为，在弱肉强食的世界中，积弱的中国要想强大，就必须摒除文弱而尚武，实行并普及军国民教育。古代的斯巴达、普鲁士的铁血主义以及同时代的日本的武士道都是军国民主义的榜样。由此可见，提倡尚武精神乃是军国民思想的首要特征。

在蔡锷的《军国民篇》连载完成后，梁启超也在《新民丛报》上发表了《斯巴达小志》声援弟子。他认为，在"天演物竞之公例"中，"尚武精神为立国第一基础者所同认矣"。"自今以往二十世纪之世界……非取军国民主义者则其国必不足以立于天地。"因此，"斯巴达实中国第一良药"。①

梁启超在同时期发表的《新民说》中，特别设一节"论尚武"，其中主张"尚武者国民之元气国家所恃以成立而文明所赖以维持者也"，"苟无尚武之国民铁血之主义……必无以自立于竞争剧烈之舞台"。② 这一时期，正是梁启超吸收和宣传西方近代思想最为活跃的时期，他在介绍和宣扬康德、穆勒等近代思想家的思想同时，还强调"军国民"的尚武精神，提倡中国的武士道，尚武精神成为他所主张的"新民"中不可或缺的一部分。

然而，尚武并非"军国民"思想的全部内涵，"军国民"思想中还有一更为重要的要素，即"国魂"。蔡锷认为，"欲建造军国民必先陶铸国魂"，"国魂者，国家建立之大纲，国民自尊自立之种子"，③ 日本有武士道为其国魂，德、美诸列强也各有其国魂。蒋方震也说："国魂者，国之所恃以为国，盖由国民爱国之精神之热血所酝酿胚胎以成此一种不可思议之妙物。"④ 在"军国民"思

---

① 梁启超：《斯巴达小志》，《新民丛报》第 12 号，第 28 页。
② 梁启超：《新民说》，《新民丛报》第 28 号，第 1 页。
③ 蔡锷：《军国民篇》，《新民丛报》第 11 号，第 48 页。
④ 蒋方震：《军国民之教育》，《新民丛报》第 22 号，第 36 页。

想中，"尚武""军人的精神"不仅与"国"相联系，还与"民"紧密相连。

蒋方震在《军国民之教育》中写道："军务者，国民之负债也。国防者，国民之义务也。今日之战争，国民全体之战争，而非一人一姓之战争也。"① 同时，"国也者谁守之，守之则军人也。国也者谁有之，有之则国民也。国民乎军人乎而谓可以分之乎。孰则肯舍死而为人守家产也。人必知此物之为我有也而后爱之，而后肯舍死以争之"。②

在这里，蒋方震道出了"军、国、民"的真正本质，近代的国家是国民的国家，同时在物竞天择的社会进化论的影响下，弱肉强食的国际社会中一个国家的安危需要每一个国民去关心和保护，而只有在所有的国民真正认识到这个国家乃是属于自己的国家，才能够为它献身。这也正是"国魂"真正意义之所在。

蒋方震文章提出"军人精神教育之大纲"，其中包含爱国、对于团体所当应尽之义务的公德、为国捐躯的名誉心、素质与忍耐力等内容，可以说，它们正是这个时期大力提倡的"军国民"思想的内涵。

另外，刊载在《游学译编》第 7 册的另一篇未署名的文章《军人之教育》，在介绍了德富苏峰与尾崎行雄关于中国缺乏国家意识的描述后，③ 写道"夫所谓军人者非徒贵有军人之武力而尤贵有军人之精神"，同时，"欲振起军人之精神，不可不使知独立自尊之义。夫独立自尊云者，非仅以保全一己为得策也，而必以维持国家之独立自尊为目的。日儒福泽谕吉之训士也，曰'无论长幼男女当维持国家之独立自尊'，斯言也诚立人之大义，建国之骨干也"。④

---

① 蒋方震：《军国民之教育》，《新民丛报》第 22 号，第 33 页。
② 蒋方震：《军国民之教育》，《新民丛报》第 22 号，第 36 页。
③ 关于德富苏峰与尾崎行雄的主张将在后文论及，由此亦可见此二人对近代留日学生的影响之巨。
④ 《军人之教育》，《游学译编》第 7 册，罗家伦主编《中华民国史料丛编》，第 686—687 页。

在这里，军人的精神与福泽谕吉的"独立自尊"命题相连，与蒋方震的主张互为呼应。

蒋方震在论述了军国民的内涵后，指出："我国民其念之哉。中国之兴亡其祸福与他人无与也。"[1] 蔡锷更是在他的文章最后感叹道："执笔至此，吾汗颜矣，然而吾脑质中有一国魂在。"[2] 反映了他们都已清晰地认识到近代民族国家的本质，并亟盼陶铸中国自身国魂的强烈愿望。

三　"军国民"中的"国"与"民"

以"尚武"和"国魂"为基本内涵的"军国民"思想与灌输普及此思想的"军国民"教育在这一时期被提起并非偶然，自有其时代与思想背景。它的背景主要可以从以下两个方面来看。

首先，对尚武的提倡早在"军国民"思想提出之前就已出现。可以说，提倡尚武精神是对此前洋务运动时期的思维的一个深入。洋务的基本目的就在于"师夷之长技"，近代西方的坚船利炮是"西力冲击"最为直观的表现。洋务派造兵工厂、买军舰、建海军都是对"西器"的模仿，认为以此就可以强国御侮，但是，甲午海战中北洋舰队的覆没给这种洋务思维敲响了丧钟。于是，一些人认识到仅是加强武备并不足以自强，还需要树立尚武的意识。体现这种想法的典型就是后期的洋务派代表人物张之洞。他在建立"自强军"的同时，甲午战后又积极响应日本的劝诱，著《劝学篇》鼓励留学日本，其中，特别重视军事学生的派遣。他认为"学校为当今要务，而武备尤要中之要"，[3]认识到

---

① 蒋方震：《军国民之教育》，《新民丛报》第 22 号，第 36 页。
② 蔡锷：《军国民篇》，《新民丛报》第 11 号，第 51 页。
③ 张之洞：《札委姚锡光等前往日本游历详考各种学校章程》，载《张之洞教育文存》，人民教育出版社 2008 年版，第 169 页。

"（与东西洋各国相比，各国）人人以当兵为荣，以从军为乐，以败奔为耻……中国乃有'好铁不打钉，好人不当兵'之谚，稍有身家，咸所鄙弃，贵贱之分，强弱之源也"。① 在他看来，仅有"西器"不足以自强，重文轻武的传统正是中国积弱的根源，这也正是他注重军事教育、积极推动留学日本的重要原因。

张之洞在文中提到的"好铁不打钉，好人不当兵"，在蔡锷的文章中也同样被提起作为中国"文弱"的证据。可以说，对于当时中国社会意识状况的认识超越了不同的政治立场。例如，康有为的弟子麦孟华早在 1900 年的一篇文章中就已谈到，国人"无武侠之精神""无竞争之思想""无奋振之希望"，然而，"今固尚武竞争之世，非奋振不足以生存矣"，因此，只有"淬厉其精神"，"行之以勇悍，持之以坚忍积诚，久则智勇生"。②

可见，在沉重的"外压"之下，要在弱肉强食的世界中抵御外侮，就需要一扫中国的"文弱"之气，实行尚武教育，培养尚武精神，这一点可以说已成为当时朝野上下众多知识分子士大夫的共识。蔡锷在他的文章中也谈到，不是中国的"海陆军非所以立国"，而是"无用之之资格而已"，因此，他主张："迄今以往吾不欲中国之竞言军备，而欲其速培养中国国民能成军之资格……军国民兮盍归乎来。"③

然而，尽管在重视尚武精神这点上形成一致，在对"军国民"的另一要素——"国魂"（爱国）的认识上，张之洞与留日学生们之间却存在本质的区别。

在《劝学篇》中，张之洞谈道："教将士之本务有二：曰知忠爱，曰厉廉耻。"他随即补充道："西洋教官教武备学生之言曰：

① 张之洞：《酌拟变通武科新章折》，载《张之洞教育文存》，第 274 页。
② 麦孟华：《论中国救亡当自增内力》，《清议报》第 41 号，《中国近代期刊汇刊》，中华书局 1991 年版。
③ 蔡锷：《军国民篇》，《新民丛报》第 11 号，第 47 页。

汝等需先知自己是中国人，将来学成，专为报效国家，若临战无勇，乃国家之耻，一身之耻。"① 也就是说，军人应知忠爱，有报效国家的爱国精神。

正如前面提到的，在蒋方震的文章中，"爱国"被置于军人精神的首要位置。他列举日本的例子，日本明治初期开始实行征兵制时，许多人都对此抵制或逃避，而到了20世纪初的日本社会，在日的中国人亲身体会到日本社会对献身国家的军人的尊敬。这一点，梁启超早在《祈战死》（1899年）一文中就有描写，可以说，当时的留学生们对此深有同感：

> 冬腊之间，日本兵营士卒，休憩瓜代之时，余偶信步游上野，满街红白之标帜相接，有题曰欢迎某师团步兵某君，某队骑兵某君者，有题曰送某步兵某君，某炮兵某君入营者。盖兵卒出营入营之时，亲友宗族相与迎送之以为光宠者也，大率每一兵多者十余标，少者亦四五标，其本人服兵服，昂然行于道，标则先后之，亲友宗族从之者率数十人，其为荣耀则虽我中国入学中举簪花时不是过也。其标上仅书欢迎某君送某君等字样，无甚赞颂祝祷之语。余于就中见二三标，乃送入营者，题曰祈战死三字，余见之矍然肃然，流连而不能去。②

然而，尽管同样是对东西洋各国的军人的爱国精神留下了深刻印象，张之洞与留学生们和梁启超所理解的爱国有着本质区别。因为，他们所理解的"国"在本质上是完全不同的。

在张之洞的观念中，他所强调的爱国、忠爱，只有"国"而无"民"。在《劝学篇》中，他攻击民权道："今日撷拾西说者，

---

① 张之洞：《劝学篇》，载《张之洞教育文存》，第234页。
② 梁启超：《饮冰室自由书·祈战死》，《清议报》第33册，第2127页。

甚至谓人人有自主之权，益为怪妄，此语处于彼教之书，其意言上帝予人以性灵，人人各有智虑聪明，皆可有为耳。译者竟释为人人有自主之权，尤大误矣。"他认为："惟国权能御敌国，民权断不能御敌国，势固然也。"① 可是，他并不能理解前引蒋方震所说的爱国的根据，就在于"人必知此物之为我有也而后爱之，而后肯舍死以争之"。

实际上，无论是蒋方震的以上主张，还是蔡锷所说的"国魂"，都可在其师梁启超的《自由书》中找到原型。在《自由书》的《中国魂安在乎》（1899 年）中，梁启超虽未用到"军国民"一词，但他早已谈道，"尚武之风由人民之爱国心与自爱心两者相合而成也。人人就由性命财产国家之设兵以保人人之性命财产，故民之为兵者不啻各自为其性命财产而战也"，"人民以国家为己之国家则制造国魂之药料也；使国家成为人民之国家则制造国魂之机器也"。② 因此，在梁看来，荣禄、张之洞等人所养之兵之所以不可用，就在于其为"无魂之兵"，可谓一针见血。蔡锷、蒋方震的主张正与梁一脉相承。

的确，在一个国家中，要是民权得不到伸张，民不能做国家的主人，不能将国家的兴亡与自己及家庭的命运相联系，又何以誓死保卫自己的家园？张之洞谓"稍有身家，咸所鄙弃"从军的社会观念，其症结正源于此。张之洞所说的"忠爱"之心的对象的"国"仅属于君主一人。与此相对，蒋方震、蔡锷等留学生在日本的社会和知识的环境下，已经清晰地树立起近代国民国家与近代民族主义的观念。因此，张之洞的国家观与留学生们所树立的近代国民国家观念有着本质的区别。张之洞从西洋教官对于报效国家的教导中所感受到的"爱国"与蒋方震所提到的爱国，自然从根本上

---

① 张之洞：《劝学篇》，载《张之洞教育文存》，第 201 页。
② 梁启超：《饮冰室自由书·中国魂安在乎》，《清议报》第 33 册，第 2128 - 2129 页。

也是不同的。

这也正是"军国民"主义与军国主义的最大区别。在日本，从前近代的幕藩体制向近代明治国家体制过渡的过程中，民族主义的形成和普及是与民族国家的独立自主息息相关的，在此意义上，明治初期的民族主义保留着其健康的一面。它具体表现为国权主义与民权主义的共存，自由民权运动的兴起便是它的具体体现。但是，这种追求自主独立的健康的近代"国民"意识，在随后加入帝国主义扩张行列的过程中却逐渐为"臣民"所替代。

首先，追求国权的课题逐渐不再停留在修改不平等条约上，而进一步发展为实行对外扩张。原先共存的国权与民权、国家主义与国民主义之间逐渐发生分裂。战后日本著名的思想家丸山真男认为，甲午战争是其分水岭，甲午之后，"在日本的思想界极为风靡的，不是原有的与民权论不可分割的、（追求）国民独立意义上的国权论，而是帝国主义式发展意义上的国权论"。[①] 民族主义在此过程中逐渐变质。

同时，经历了明治14年政变后颁布的明治宪法，一方面象征着日本成为一个近代立宪国家，另一方面又树立了"万世一系"的天皇的绝对权威。随着将天皇绝对化了的《教育敕语》与《军人敕谕》通过国民教育渗透并普及于日本社会，前近代的家长制与近代国家意识畸形结合逐渐造就了以天皇为中心的"家族国家"。日本近代国家中将天皇等同于国家的"忠君爱国"，它与在明治初期的自由民权运动脉络中成长起来的健康的国民意识之间的消长，换言之，即国权与民权之间的消长，最终倒向了以天皇为中心的"国"的一面，民族主义在畸形的发展过程中逐渐失去了"民"的性质，最终蜕变成军国主义。

---

① 丸山真男「明治国家の思想」『丸山真男集』第 4 巻、岩波書店、1995 年、75 頁。

在日本，从近代的报刊来看，"军国民"主义的提法大致出现在19世纪末的甲午战争之后，与丸山真男指出国权论变质的时间相吻合，这一时期可以说正是日本明治初期的健全的民族主义转变成对外扩张的民族主义的过渡期。因此，日本出现"军国民"思想的论述也不可避免地包含了对外扩张的性格。然而，应该注意到"军国民"思想所主张"全民皆兵"的思想必然回溯到法国大革命，它作为近代民族主义思想的一个象征，依然保存着其思想中"民"的一面。法国大革命中信仰自由、平等的国民，为了抵制外来侵略保卫自己的国家而实行"全民皆兵"的民族主义。只是，作为"军国民"思想的象征之一的这一观念在逐步走向对外扩张之路的日本，逐渐蜕变成臣民效忠于天皇的"忠君爱国"的性格，原先为捍卫国土的国民军一旦跨出国土就成为对外扩张的工具，其性质必然发生转变，"军国民"亦逐渐变质，失去了其中健康的国民主义的意义。

这种天皇制下的"忠君爱国"在本质上更近似于张之洞所倡导的爱国观念，留学生们在日本接受"军国民"思想时，正是民权与国权之间的消长向国权倾斜的时期。在接受"军国民"思想时，一方面，留学生们在社会进化论的影响下，更多地从现实主义的角度理解帝国主义的扩张本性，正如蔡锷文章所说，"帝国主义实由军国民主义胎化而出者也。盖内力既充自不得不盈溢而外奔耳"，① 对帝国主义的侵略性并无太大的抵触；但是，另一方面，他们更为重视的是如何实现国家的独立和强大，为了建立一个独立的近代民族国家，就需要陶铸"国魂"，让全民拥有近代的国民意识。可以说，这种意识保持了近代民族主义的健康性。

---

① 蔡锷：《军国民篇》，《新民丛报》第1号，第80页。

四　"军国民"思想的接受与日本

（一）《武备教育》的"制清策"与"军国民"

对在中国首倡"军国民"思想的留学生们产生最直接影响的，可以说是日本的因素。他们在所生活的日本社会，亲身感受到战后日本的从军热，前述梁启超对"祈战死"的描写可以说为留学生们所共睹，同时，它与"好铁不打钉，好人不当兵"的中国传统观念形成的强烈反差也是留学生们共同感受。而他们对这种反差有深刻的认识，不能不说是源于以德富苏峰及其民友社和尾崎行雄等为代表的同时代的日本的言论。

首先，最早提出军国民思想的蔡锷、蒋方震的文章，以及同年在《游学译编》上连载的译作《武备教育》，实际上受到同一本书的影响，蒋方震的文章与《武备教育》更是直接译自该书，它就是出版于甲午战后的明治28年（1895年）、以德富苏峰（1863—1957）为领袖的民友社编撰的小册子《武备教育》①，这是一套《青年丛书》②中的第1卷。事实上，留学生们所使用的"军国民"一词正是源于这本小册子。

那么，民友社《武备教育》是一本什么样的书呢？

在民友社《武备教育》的书后关于该丛书的宣传页上写道："新胜使国运急变而国势之转进必伴国民之资格……加顽清以不可

---

① 《游学译编》中的《武备教育》与蒋方震的《军国民之教育》都是民友社《武备教育》的简译或节译。从内容上看，二者分别译出了不同部分，重复不多，互补性很强。这一情况显然不是偶然的。当然，也无法断定这两篇文章同出一个译者，但是，一方参考了另一方的可能性很大。

② 这套丛书原计划出十卷，结果实际上似出了六卷和两本号外。从第2卷起为『遠征』『市民』『職業論』『技術』『学校生涯』，以及号外『本朝美術』『征塵余錄』。

愈之铁创，以新兴国立于世界之嫉妒与畏惧中心之大日本非武装之斯巴达耶。”“武育之国民、高美之市民、知时务有技术之人，以一代人造就世界之人乃一等国之国是，今日之急务也。造就大日本人非造就大日本国唯一之道耶。新人物产生新事业，新事业开新国运。”①

既然日本在甲午战争中已给清以“不可愈之铁创”，那么，为什么还要学斯巴达呢？书中认为，日本战胜之后不仅要戒骄惰，“同时要预防败敌的反击”，“一旦挫暴清之全力，吾人必使之永远屈服”，而“武备教育实制清策之第一步”。②“武备教育”换言之就是实行“全国皆兵主义”，建设武装的社会制度、进步的军国制度。③可以说，作为“制清策”的“军国民”、“武育的国民”和“全国皆兵”形成了该书的基调。

民友社《武备教育》开篇第一章就是“军国民”，文中以三个资格对“军国民”一词加以定义。这三个资格分别是作为新组织新制度的“全国皆兵主义”、作为消极国防方针的“武装的国民”，以及“军事的智识”。④

从内容上看，《游学译编》从创刊号始连续4期连载的《武备教育》正是译自民友社出版的《武备教育》一书，对该书的内容也介绍得最为详细，但它也是一个简译文本，原书共由13章构成，而《游学译编》中的译文仅译出了包括结论的6章，且均是择要而译，同时加入了译者自身的感想。对于民友社《武备教育》原书的第一章，译作《武备教育》基本上是在忠实于原文的基础上译出了主要内容。相对于此，蒋方震的《军国民教育》一文，正如编者所言，也是译稿，但文章在更为简略地译出的同时，以区分译文的形式大量地加入自己的感想。如原书中最初的“军务者国

① 『武備教育』『青年叢書』第1卷、民友社、1895年。
② 『武備教育』『青年叢書』第1卷、16—17頁。
③ 『武備教育』『青年叢書』第1卷、18頁。
④ 『武備教育』『青年叢書』第1卷、4、12、13頁。

民之负债，国防者国民之义务"① "威严与实力，乃兴国之第一步最终的护国之器"等语，被准确地反映在蒋文中，但从总体来看，可以说蒋方震是在简译原文的基础上加上自身的主张对文章进行了重构。

另外，蔡锷的《军国民篇》中同样可以看到民友社《武备教育》的影响，如文中所引用的"列强陆海军费与人口比例表"与《武备教育》原书中的表完全相同。② 尽管蔡锷的文中基本看不到对民友社原书的直译，但是，如文中"有日人曰，军者国民之负债，军人之智识、军人之精神、军人之本领非独从军者所应具，凡举国国民皆应具之"，③ 同样可以看到民友社《武备教育》的痕迹；蔡锷文中"军国民主义者起源于昔希腊之斯巴达""大和魂者日本之尚武精神"等主张，④ 也可以找到民友社《武备教育》的影子。原书中写道："武备教育于其制度上……乃欲再造昔时之斯巴达；其精神……乃欲再兴于今犹存其名之武道；欲以现时进步之智力发挥不朽的大和魂。"⑤ 从蔡锷与蒋方震的密切关系推断，蔡锷撰文时很有可能也接触到民友社《武备教育》。

（二）剧药——留学生们的读法

作为"制清策"的民友社《武备教育》，对于留学生们来说并非一本可以轻松阅读的书，那么他们为什么特意选取了这样一本书来翻译呢？对此，蒋方震的下面这段话可以作为回答："鸣呼，我国民应自思，甲午以来，彼国胜而惧我，我国败而不奋起，虽有一二仁人奔走呼号，和议一成则耽歌自若……鸣呼，有人心乎，岂有

---

① 原文中的这句话在《游学译编》中的《武备教育》里的译文是："军务者国民之义务，国防者国民之责任。"

② 蔡锷：《军国民篇》，《新民丛报》第1号，第73页。

③ 蔡锷：《军国民篇》，《新民丛报》第1号，第80页。

④ 蔡锷：《军国民篇》，《新民丛报》第1号，第80页。

⑤ 『武備教育』『青年叢書』第1卷、第18頁。

不亡之理。"① 蒋方震对甲午战后中日间在意识上的反差可以说是痛心疾首。因此，民友社《武备教育》对蒋方震来说，无异于医治中国的一剂剧药。

如前所述，留学生们的翻译并非完全的忠实翻译，当然，这一部分也可以归因于他们的语言能力还有限，但更重要的在于，译者们的意译和对原文的感想反映了留学生们强烈的问题意识。以下就民友社《武备教育》与译作《武备教育》和蒋方震的《军国民之教育》之间的对应关系进行比较，考察留学生们译文的几个特点。

第一，增加了原书中没有的内容。在译本《武备教育》的开头，加入了原书中没有的一段话：

> 军国民云者，东方所未闻知者也。从来，兵凶战危之事，杀人亿兆，流血山谷，军不必有系于国；窃钩者诛，窃国者侯，军不必有系于民。故军国民云者，宜东方所未闻者也。今有欲讲武备教育者乎，则军国民之义不可不讲。②

从这段话可以看出，译者抓住了"军国民"一词象征的近代民族主义的特征正是在于"国民"二字。同样，蒋方震的文章开头写道：

> 今日之战争乃国民全体之战争，非一人一姓之战争。③

这句话的后半句是原文中没有，由译者有意识地加上的。国民全体与一人一姓的对比，更是凸显了译者所理解的"军国民"中

---

① 蒋方震：《军国民之教育》，《新民丛报》第 22 号，第 47 页。
② 『武備教育』『青年叢書』第 1 卷、第 43 页。
③ 蒋方震：《军国民之教育》，《新民丛报》第 22 号，第 33 页。

对"国民"的强调。

关于这一点，民友社《武备教育》原书中也写道："军务为国民之负债；国防为国民之义务；和战为国民之意志，国民必以自身的利害得失为标准以自身的高义尊荣为良心，解释并遂行具有全国民性质的大问题。"① 在强调国民的义务的同时，也主张国民的主体性。同时，在谈到军国民的资格时，提出"切望作为完全的市民，成为完全的军人"。② 书中对市民的内涵并没有涉及，但在民友社《武备教育》出版两个月后面世的同一丛书的第 3 卷《市民》中，我们可以看到对"市民"的定义。其中写道："大日本市民作为臣民奉戴万世一系的皇室，作为国民耸立于世界列国之国民之间。"③ 即是说，所谓市民，即对外的国民和对内的臣民。"大日本市民"必须是市民道德的化身，而市民道德的源泉则在于忠君、武士道与绅士的品格。④ 不能否认这里的臣民是以明治宪法为前提的，并非完全前近代意义上的臣民。但是，该书的著者断言："宪法上的日本臣民在统治者面前不具有秋毫的权利。"⑤ 同时，象征立宪制的议会制度，也"在统治者面前不是独存自立的机关，而是服从统治者的意志在宪法上成立的"。⑥

明治宪法所具有的近代立宪的性格在这一解释中被消除，市民被等同于臣民，从属于"一人一姓"的天皇制国家。如后所述，这种论调与民友社的领袖德富苏峰甲午战后的思想转向有着直接的关系，可以说这套丛书的主张反映了这一时期德富苏峰的思想。

德富苏峰对同时代的留学生们有很大影响，但在对"军国民"的理解上，留学生们更强调的是"军国民"中所包含的国民主义

① 『武備教育』『青年叢書』第 1 卷、1 頁。
② 『武備教育』『青年叢書』第 1 卷、14 頁。
③ 『市民』『青年叢書』第 3 卷、民友社、1895 年、1 頁。
④ 『市民』『青年叢書』第 3 卷、8 頁。
⑤ 『市民』『青年叢書』第 3 卷、47 頁。
⑥ 『市民』『青年叢書』第 3 卷、55 頁。

的一面，而非"一人一姓"。留学生们在译著的过程中基于他们自身的问题意识，并没有被日本天皇制意识形态牵着鼻子走，坚持"军国民"中所包含的近代性的含义。

第二，译者们不仅在文章中添加内容，还对原文进行了"改译"。以下试举两三例。

民友社《武备教育》出版在甲午战后，留日学生们不仅受到书中的"军国民"主张的触动，该书中关于"制清策"的讨论本身也强烈地刺激了留学生们，使他们更强烈地意识到"自强"的重要性。

例如，原书中引用了普鲁士的元帅毛奇①关于增兵策的话，其中有一段话的旁边被特别地打上重点记号："增兵之大本非为破天下之和平以营一国之私，唯欲以我兵力保持天下的治安和平。"②但是，此文在被翻译后，变成了以下内容："增兵之意未必尽欲破天下之平和以营一己之私欲，无如我若不强，则使他国生心以为鲸吞蚕食之计，反足以破天下之平和也。"③

原文中的"以我兵力保持天下的治安和平"在被改译后，成为积弱势将成为鲸吞蚕食之对象，换言之，自强才是维护和平的手段。可以说，这正是留学生们从本国的现实出发以自身的问题意识进行改译的。

再如，原书在论述"军国民"资格之一的"军事之智识"时写道："至美之兵制基因于国民天与的禀性与祖先父辈之血性，日本国民乃天与之武人民族，应采用何种兵制（以国民教育之眼光）鼓吹何种军事之智识？"④ 对此原文，受到触动的译者不禁想到本

---

① 原书中误为俄罗斯的元帅，实应是指 Helmuth Karl Bernhard von Molthe（1800 - 1891），即老毛奇，在《游学译编》的译文中被翻译为毛克。老毛奇，军事学家，普鲁士总参谋长，曾领导普军取得普奥、普法战争的胜利，被称为"近代德国陆军之父"。

② 『武備教育』『青年叢書』第 1 卷、5 頁。

③ 《武备教育》，《游学译编》第 1 册，第 44 页。

④ 『武備教育』『青年叢書』第 1 卷、13 頁。

国的情形，此一部分被改译为："日本国民者，天性尚武之国民也。苟欲采用兵制，受军事教育自与寻常之国不同。寻常之国，由父祖传来之血性即由重文轻武之心姑不深论，而日本国民可以无此缺点。"①

所谓"寻常之国"，对照译者的译文，显然是指具有儒家传统的国家。在这里，"尚武"之日本与"文弱"之中国形成了鲜明的对比。这种认识同时基于留学生们在日本的亲身体验，十分具有说服力。这种反差与"西力冲击"相比，构成了强烈的"日本冲击"，它同样是基于译者的问题意识而被鲜明地表达出来的。

又如，民友社《武备教育》的第 2 章"何谓武备教育"中写道，"日本在未来百年中之长策无他，采制清策而已"，同时，"武备教育实制清策之第一步"。② 这一部分译者忠实地翻译出来了，而在论述其理由时，原文写道："当代之日本国民已到了不得不予邻邦以不可愈之铁创之时，战胜固可贺，而一旦以全力挫暴清，吾人必使其永远屈服。"③ 这段的译文写道："吾国虽于甲午一役大挫暴清，然于军事知识初未得有大益。清国自经此挫，安知其不认人愤恨，研求战术以为报复之计乎。越之报吴，十年生聚，十年教训。清国之民患不知生聚与教训之道耳。一旦知之，则吾国岂能安枕哉。"④

此处与其说是翻译，不如说是译者从自身的立场出发的有感而言，一方面意识到在翻译，另一方面，针对原文中的"制清策"从中国的立场出发提出"十年生聚，十年教训"的卧薪尝胆的典故，而颇具讽刺意味的是，同样的典故在甲午之后日本面对俄、德、法三国干涉时被用来说服国民。此外，原文中的"暴清"一词被原原本本地翻译过来，或可看出译者对本国政府的态度。

---

① 《武备教育》，《游学译编》第 1 册，第 47 页。
② 『武備教育』『青年叢書』第 1 卷，17 頁。
③ 『武備教育』『青年叢書』第 1 卷，16 頁。
④ 《武备教育》，《游学译编》第 1 册，第 49 页。

以上可以看出，留学生们作为译者从自身的问题意识出发翻译了民友社《武备教育》一书，同时也作为读者在文中阐发自身的感想并对原文进行了改造。他们特别关注"军国民"一词，对此进行了大力宣传，最终使"军国民"发展成为流行于清末的一种思潮，"军国民"教育也成为政府教育宗旨的重要组成部分。

五　德富苏峰与尾崎行雄的影响

（一）民友社《武备教育》与德富苏峰

民友社《武备教育》虽非德富苏峰所著，但强调"尚武"的该书与这套《青年丛书》可以说是甲午战后德富苏峰的思想的反映。

对于德富苏峰的影响力，冯自由曾在其回忆录中写道："笔者于民国前14年戊戌留学东京时已熟耳其名。凡涉足彼都之留学生，亦少有不读过苏峰著之国民小丛书也。"[①] 可见德富苏峰当时对留学生们影响之巨。

德富苏峰是近现代日本著名的思想家、历史学家和政论家。他是日本言论界的常青树，活跃于明治、大正和昭和三个时代，从战前到战后对近现代日本都有很大影响。德富苏峰在1887年1月创立了民友社，翌月又创办了《国民之友》，自任总编辑。这一时期，他是一个民权主义者，主张平民主义，在批判贵族主义和藩阀专制主义的同时，主张建立一个自由平等的社会。但是，在甲午战后，他转变成一个帝国主义者，主张对内实行平民主义，对外实行

---

① 冯自由：《革命逸史》第4集，中华书局1981年版。德富苏峰不仅在留日学生中有很大的影响力，对梁启超的影响也很大。石川祯浩「梁启超と文明の视座」狭间直樹编『梁启超——西洋近代思想受容と明治日本』みすず書房、1999年。

帝国主义，宣扬对外膨胀论，鼓吹扩张军备以形成一个武备社会。可以说，力倡尚武的《武备教育》及《青年丛书》正反映了德富苏峰这一时期的思想倾向。

在德富苏峰思想转变前的 1886 年，23 岁的他撰写了《将来的日本》。在该书中，他将德川封建社会以"武备主义"为原理的"旧日本"与明治日本以"生产主义"为原理的"新日本"区分开来，认为二者对立不可兼容。这里的"武备主义"同时意味着少数人掌权的"贵族主义"与强权的"腕力主义"，而"生产主义"则意味着人民当家做主的"平民主义"与"和平主义"。德富苏峰认为，德川时代的日本作为"武备机关膨胀之国"，财富被供于武士阶层的骄奢，结果，尽管德川时代维持了 260 年的太平，但"我邦依然是野蛮的贫国"。① 对于这个时期的德富苏峰来说，"武备主义"是完全应被排斥的。他写道，"现今流行于我邦的国权论武备扩张主义之流虽然披着其新奇道理的外套，实际上皆不过是陈腐的封建社会旧主义的变相"。② 他彻底地否定"国权论武备扩张主义"。与此相对，他大力倡导"平民主义"，给同时代的日本言论界带来了巨大冲击，这使德富苏峰声名鹊起，该书确立了他在言论界和思想界的地位。③

然而，在甲午前后，德富苏峰的思想开始转向对外膨胀的帝国主义，强调"国民的扩张"。他在甲午年写就的《大日本膨胀论》中，认为战争的最大战利品就是日本国民获得了"可雄飞世界"的资格的"自信力"。④ 与此相对应，在他的主张中，原先的德川

① 德富蘇峰『将来之日本』植手通有編『德富蘇峰集』（明治文学全集 34）、筑摩書房、1974 年、98 頁。

② 德富蘇峰『将来之日本』植手通有編『德富蘇峰集』、198 頁。

③ 有关德富苏峰的思想的研究可参见米原谦『近代日本のアイデンティティと政治』（ミネルヴァ書房、2002 年）；和田守『近代日本と德富蘇峰』（お茶の水書房、1990 年）。

④ 德富蘇峰『大日本膨脹論』植手通有編『德富蘇峰集』、261 頁。编者指出，"苏峰的这本书完成了他思想上的转变"（『解題』、394 頁）。

时代的"封建"与明治时代的"近代"的二元对立，在内容上也变成了"锁国根性与雄飞世界的自信力"之间互不相容的对立。①

他认为，德川幕府持续了两百多年的太平，幕府的锁国政策同时也使"国民的膨胀性"完全枯死，德川时代的武士没有国民观念，"封建铁网细工的成功使日本国民成为精神的侏儒"。②

同时，对于维新后的明治社会，他分析道："世人夸称文明之进步……然太平之社会与人心正为文明病所传染乃不可争之事实也。文明病者何物也？于社会上即放逸、骄奢、文弱，于制度上即繁文缛节，于个人即人心之腐败是也。而总知足无进取意向者，此为一大病根。"③ 在他看来，甲午一战"打破了三十年来泰平之梦"。④ 对于今后的"经世"方针，他重提明治以来的"富国强兵"，主张"吾人相信，在强兵的同时，不，作为强兵的手段，要讲求积极的富国策"，⑤ "富国"在这里已沦为德富苏峰的主张中强兵和对外膨胀的必要手段。

由上可见，在日本，对"军国民"教育的提倡与"军国民"思想的兴起，是与甲午战后产生的，对战败的中国发动反击的可能性感到威胁的心理息息相关的。而对于留学生们，特别是像蒋方震、蔡锷这样的军事留学生们来说，他们本身就是甲午战败后为"师人长技"而来到日本的。此时的"长技"已不限于军事知识与技术的"器"的层面，更重要的是精神上的"国魂"的陶铸——近代民族国家意识的形成。日本社会露骨的对华扩张言论对于留学生们来说无异于一味"剧药"，催生了近代中国的民族主义。德富苏峰及其民友社在甲午之后所倡导的民族主义象征着日本明治初期的民族主义的变质，而极具讽刺意义的是，它又通过留日学生的解

---

① 德富蘇峰『大日本膨脹論』植手通有編『德富蘇峰集』、262 頁。
② 德富蘇峰『吉田松陰』植手通有編『德富蘇峰集』、171 頁。
③ 德富蘇峰『大日本膨脹論』植手通有編『德富蘇峰集』、264 頁。
④ 德富蘇峰『大日本膨脹論』植手通有編『德富蘇峰集』、264 頁。
⑤ 德富蘇峰『大日本膨脹論』植手通有編『德富蘇峰集』、272 頁。

读和宣传，对近代中国民族主义形成产生了很大影响，这一现象也体现了近代中国与日本的民族主义的交错。

（二）尾崎行雄的影响

除了以上谈到的民友社《武备教育》，从蔡锷在文章中的引用还可看出，他受尾崎行雄（1858—1954）文章的影响更大，他在文中多次转引尾崎行雄在《对支那处分案》中对汉族致弱之病根的分析，并介绍了尾崎对中国"永无雄飞之望"的断言。

尾崎行雄是日本近代著名的政治家和自由主义思想家，他在1913年反对藩阀官僚政治的护宪运动中发挥了重要作用，被称为"宪政之神"。他还反对军国主义，是缩减军备的积极倡导人。但是，在一战结束之前，他一直是一个强兵论者。他的《对支那处分案》同《武备教育》一样，写就于甲午战后的1895年。

在文中，他分析了甲午战后的形势，认为搅乱东洋治安的因素有二——"欧人之东侵"和"中国再起复仇",[1] 对中国可能的东山再起，尾崎行雄与《武备教育》的作者一样感到威胁。但是，同时，在尾崎看来，对战后的清国来说，"内乱外寇交至，乃清国之亡因，且其期近在眉睫".[2] 对此，日本的对清政略只有一条，那就是单独兼并清国,[3] 因为如果不这么做，中国终将被欧洲列强吞并,[4] 同时，先下手为强还可防止中国东山再起。

然而，通过蔡锷的文章可以看出，给蔡锷更大冲击的不是尾崎行雄"兼并清国"的帝国主义倾向的主张，而是他对中国的分析。

尾崎行雄的主张来自他对中国的观察和认识，他写道："中国

---

① 尾崎行雄『對支那処分案』清崟太郎・小松悦二編『愕堂集』読売新聞社、1909 年、1413 頁。

② 尾崎行雄『對支那処分案』、1440 頁。

③ 尾崎行雄『對支那処分案』、1474 頁。

④ 尾崎行雄『對支那処分案』、1551 頁。

人不知国家为何者。"① "国家、忠义心、团结力皆保国之要素也，中国人不备其一，如此而能保存独立于倾夺世界中之事例，余未曾知也。"② 也正是由于中国人没有国家的观念，在他看来，"中华民族古来屡屡甘受其视之为禽兽夷狄之统御，视朝廷如逆旅，故无论何人来并领之，唯得安就其业，则满悦之"。③ 对这样一个"尚文好利""习性顺从易于驾驭"的民族，④ 他认为，手握东洋全局之命运的日本兼并清国是为增进中华民族惠福，是日本的"天职"，相反，如不救之，"中国他日必为欧洲列国所并吞"。⑤

尾崎行雄的主张对蔡锷来说无异于一剂"剧药"，对于尾崎的批判，蔡锷不仅没有回避，也没有拒绝，而是认为尾崎的这些主张"虽曰为鼓舞其国民之敌忾心而发，然接之实际则毫发不易。抚心自问，能无恧然"。⑥ 他多处引介尾崎的观点，呼吁"建造军国民必先陶铸国魂"。⑦ 尾崎的文章没有使用"军国民"一词，而蔡锷则用尾崎的观点阐述了陶铸国魂实行"军国民"教育的重要性。

除了《对支那处分案》，还应提到的是尾崎的《尚武论》一书。尾崎 16 岁时就学于庆应义塾，并受到塾长福泽谕吉的赏识。1879 年，年仅 21 岁的他在福泽的推荐下任《新潟新闻》的主笔，在此期间他在报上连载了他给海军士官的讲演，后来，这些连载汇集成书并于 1880 年出版，这就是《尚武论》。此书首刊后八年再版，又在数年后刊行了第三版，在当时的日本脍炙人口。德富苏峰在该书再版时为其作序，其中写道："尚武之目的……唯鼓舞一国之元气，发扬其精神，使其人民为独立独行自爱坚忍不拔之人民而

① 尾崎行雄『對支那処分案』、1485 頁。
② 尾崎行雄『對支那処分案』、1424 頁。
③ 尾崎行雄『對支那処分案』、1489 頁。
④ 尾崎行雄『對支那処分案』、1471 頁。
⑤ 尾崎行雄『對支那処分案』、1551 頁。
⑥ 蔡锷：《军国民篇》，《新民丛报》第 1 号，第 83 页。
⑦ 蔡锷：《军国民篇》，《新民丛报》第 11 号，第 4 页。

已。尾崎君著《尚武论》其意即在此哉。"①

在《尚武论》中，尾崎主张："人民文弱则国必衰，人民勇武则国必兴。"② 他从内外两方面分析了当时的形势。一方面，从"内势"来看，德川二百余年的太平时代养成了日本社会"柔弱骄奢""因循姑息"的弊习，尽管明治维新扫荡了这种恶习，但是在盲目崇拜西方的"洋学书生"的影响下，"一旦萌发的刚毅朴讷侠义勇武之风气索然拂地，骄奢柔弱轻薄之恶弊复燃"。③ 另一方面，从"外势"来看，"各国交际之道未开，不顾情义，不问理非，不虑后患而计近利"，④ 是一个弱肉强食的"虎狼之世界"。为了使日本能够存于这"虎狼之世界"中，就应扫荡"柔弱骄奢"之恶习，必须尚武。

他认为，"云尚武何必谓养捧铳带剑之士，蓄拔阵陷城之器具乎，余所贵重非在武人而在武人之气象也"。⑤ 所谓"武人之气象"，就是"勇进敢为之气象""活泼壮快之气象""侠义廉节之气象"。⑥ 至于尚武的实施，他认为可以从多方面入手："曰增海陆两军之费额也。曰大中小诸校皆设一兵学课，使书生讲习之也。曰奖励勇武之游戏如击剑、角力、竞马、舟竞、跋涉山川、游猎鸟兽也。曰著述《三国志》《水浒传》《八犬传》之类勇壮快活之野史小说，使之流行也。曰减少警察保护，使此民发挥自治之气象也。"⑦

有趣的是，从该书在论述中的引用和论述内容来看，《尚武论》与民友社《武备教育》颇有相似之处，尽管二者出版时间相

---

① 尾崎行雄「再版尚武論後序」『尚武論』博文堂、1893 年、1 頁。
② 尾崎行雄『尚武論』、101 頁。
③ 尾崎行雄『尚武論』、45 頁。
④ 尾崎行雄『尚武論』、53 頁。
⑤ 尾崎行雄『尚武論』、68 頁。
⑥ 尾崎行雄『尚武論』、68 頁。
⑦ 尾崎行雄『尚武論』、90 頁。

隔了 15 年之久，其间又经历了甲午战争，且两书的章节结构也不同，但是，两书相较，从民友社《武备教育》中还是可以看到《尚武论》的影子。这不仅是因为两书都强调尚武，又同是由德富苏峰推出或推介的，而且因为两书在论述的引用上也有高度的相似性。这两部书都在第一章的开头引用了老苏，即北宋文学家苏洵《几策》的段落"治天下者定所尚。所尚一定，至于万千年而不变。……故圣人者出，必先定一代之所尚"，说明"尚武"与"军国民"的重要性。①

另外，前面提到的民友社《武备教育》中对毛奇增兵策的引用，尽管在表达上有所不同，同样也出现在《尚武论》中。② 如此的相同引用在笔者看来绝非偶然，因为从二书的整体论述上来看，核心内容均为"尚武""武备教育"，而在其实施方法的说明上，《武备教育》几乎可以说是《尚武论》的扩大完善版。《武备教育》没有署作者名字，不能说《武备教育》就是出自尾崎之手，但是，从内容上看，作为《青年丛书》首卷的《武备教育》可以说无疑是直接受到尾崎行雄《尚武论》的影响的。

由上可见，尾崎行雄的观点与前面提到的德富苏峰是一脉相承的。就这样，德富苏峰的思想与尾崎行雄的著作，成为影响同时代留日学生的重要思想资源，他们对中国的批判、露骨的侵略言论深深地刺激了留学生们。在弱肉强食的世界观中，这种刺激如一味剧药催化了留学生们的民族主义思想，其中有不少人更是对清政府彻底失望，趋于革命。

---

① 『武備教育』『青年叢書』第 1 卷、3 頁；尾崎行雄『尚武論』、2—3 頁。只是，在『武備教育』中，"老苏"被错写成"苏老"。

② 『武備教育』『青年叢書』第 1 卷、5 頁、尾崎行雄『尚武論』、55 頁。尾崎书中的"普国大元帅モルトケ"是正确的，而在民友社《武备教育》中，"モルトケ"被错写成"モルツケ"，且被当作俄罗斯（『露国』）的大元帅。由此可推断这两本书并非同一作者。但是，基本可以推断，『武備教育』是参考了『尚武論』而写成的。

六 小结

清末的"军国民"思想，是由近代的留日学生在日本接受了"军国民"的观念，并通过他们自身的宣传和"拒俄运动"等实践形成的，对近代中国社会产生广泛影响的民族主义思想。"军国民"的提法滥觞于日本，尽管这一概念在日本并不流行，但因其直观易懂，在通过留日学生被介绍到中国之后迅速在内外交困的清末得到普及而脍炙人口。

特别是日本原倡者在倡导"军国民"时，将其作为提防甲午战后中国复仇的"制清策"，同时将中国文弱与缺乏国家思想的传统作为"军国民"的反面教材，这些言论与留日学生们在日本社会的体验一道，使留学生们痛感中日间的巨大反差，并将其反映到他们的文章中，使文章起到了振聋发聩的效果。

尽管"军国民"思想与清末的洋务运动一样重视军事，与张之洞一样强调"尚武"，但是，它不仅不停留在"器"的层面上，而且重视的是更为根本的思想和精神上的意义。它更是近代民族主义思想的一个重要分支，它所强调的"爱国"，绝非"为人守家产"、为了"一人一姓"的忠君式爱国，而是"人必知此物之为我有也而后爱之，而后肯舍死以争之"的近代的国民主义。这一点，"军国民"所主张的"尚武"与张之洞的主张有着本质的不同。

"军国民"思想因其浅显易懂之道理，迅速渗透到清末的人们的观念之中。国家的自强需要坚强的体魄，更需要树立近代的国民意识。"军国民"教育成为清末直至民国初期教育的宗旨之一，也正是试图通过"军国民"教育，从小强健国民的体魄，树立国民意识，造就近代意义上的国民。

一战结束后，"军国民"思想在战后和平论的大势之下，影响力迅速衰退。1918年底，蒋方震随同梁启超等人在欧洲进行了为时一年多的考察，遍访英国、法国、德国、比利时、意大利、荷兰、瑞士各国，观察了战后的欧洲。1922 年，曾大力提倡"军国民"思想的蒋方震著文《军国主义之衰亡与中国》。他认为，19 世纪上半期的普鲁士和 20 世纪初的日本所实行的"厉行阶级的强迫的军事教育"，"维持极大之常备兵"，实行侵略主义的军事制度"决非吾中国之所得而追步者也"。① 他写道："所谓'世界政策'、'大陆政策'者，皆侵略主义之进一步而失其目标者也，其结果，对内则目标消灭，而国民之统一力不坚，对外则遭群强之忌刻，而协以谋之，故其失败可操券而待也。""侵略政策国家主义终有一旦之自毙。"因此，他主张，"我国家根本之组织不根据于贵族帝王，而根据于人民；我国民军事之天才，不发展于侵略霸占，而发展于自卫"，并提出如下宣言："我国民当以全体互助之精神保卫我祖宗遗传之疆土。是土也，我衣于是，我食于是，我居于是，我祖宗之坟墓在焉，妻子之田园在焉。苟欲夺此土者，则是夺我生也，则牺牲其生命与之宣战。"在此宣言中，前面提到的蒋方震留学时期的"孰则肯舍死而为人守家产也。人必知此物之为我有也而后爱之，而后肯舍死以争之"的主张得到了再现。

在目睹第一次世界大战后的惨状和铁血主义的穷途末路后，可以说蒋方震对自己昔日鼓吹的"军国民"思想有了更深切的认识。在他看来，德国的战败，便是对内实行非民主的教育，对外实行侵略主义的军国主义走向衰亡的实证。

同时，蒋方震关于"军国民"主义的思考，也为我们提出了一个关于民族主义的既古老又存于当下的课题：民族主义是否只有在追求民族的独立和解放时才可能保证其"健全性"？换言之，民族主义会随着国家的"富强"而变质是否民族主义的宿命？近代的"军国民"思想所引发的讨论及其运动的变迁历史，再一次把这些古老而又崭新的课题呈现在我们的眼前。

---

① 蒋方震：《国防论》，上海书店出版社 1989 年版，第二章，第 123—131 页。

第八章
近代中国留日学生主要统计史料[*]

　　近代留日学生统计中最具权威性的资料首先是接收留学生学校的学籍簿，其次应该是直接管理留学生机构的各类统计。但是，2005 年日本开始实行《个人情报保护法》以后，学籍簿管理愈加严格，除了学校教职工外，想要查询留学生学籍簿进行研究几乎已不可能，在这种情况下，留日学生管理机构的资料变得更为重要。

　　本章主要对留日学生监督处、文部省、日华学会、伪满洲国驻日大使馆等机构的统计资料进行对比和分析。基于种种原因，这些管理留学生的机构所做的统计之间有很大出入。按理说留日学生监督处直接监管留学生，应有确切的留学生统计数据，但因为当时留学生赴日自由，无须护照，政府相关部门无法掌握众多自费留学生的去向，致使留日学生监督处几乎没有确切的总人数统计。笔者在收集留日学生资料的过程中，查阅了分散在各图书馆和史料馆的大量统计资料，其中统计时间长、最接近实际留学生人数的数据应来自日本文部省和日华学会。① 虽说此两类统计也有标准不一、

---

　　*　本章系 Jsps 科研费（25360051）的研究成果之一。
　　①　日华学会于 1918 年成立，最初是为中国留学生适应留学生活提供各方面帮助的团体，之后逐渐演变为协助日本政府对留学生进行调查、监管的组织。

遗漏和计算错误等问题，但资料来源是接收留学生各校汇总上来的详细的留学生名单和近况调查，可信度很高，具有极高的史料价值。此外，伪满洲国成立后，伪满洲国驻日大使馆在 1935 年开始统计留日学生，每年出版《满洲国留日学生录》（以下简称《学生录》）至 1943 年。与日华学会相同，《学生录》的资料来源也是留学生所在各学校。《学生录》刊行数年后，日华学会在1940 年停止了对伪满洲国学生的统计，将调查对象限于中国关内留学生。

以上述及各管理留学生机构的史料，在很多研究留日学生的著作和论文中都有引用，笔者也对其中的一部分资料进行过梳理，对1906—1944 年中国留日学生人数做了考订。① 但是，对这些共存于一个时期的留学生管理机构的史料之间的承继关系，以及相互关联之处等综合性的考察，还是未涉领域。了解各统计之间的关系和不同，是理解史料的重要环节和正确使用统计数据的前提。

一　留日学生监督处的相关史料

本节涉及的与中国留日学生监督处（以下简称"监督处"）相关的史料共分三部分，一是 1906—1923 年监督处的史料；二是参加 1929 年 10 月监督处进行的留学生总调查的金律夫、陈竺同发表在《教育杂志》的文章；三是留日学生监督周宪文的文章，此文也发表在当时教育界的权威杂志《教育杂志》上。后两部分虽然不是监督处保存的原始资料，但是从两篇文章中可以看到此时期监督处统计资料和文部省、日华学会之间的关联部分，了解当时监督处留日学生统计的背景和过程。

---

① 周一川：《近代中国留日学生人数考辨》，《文史哲》2008 年第 2 期。

（一）中国留日学生监督处文献（1906—1923）

"中国留日学生监督处文献"是如何保存到早稻田大学的，川岛真在《日本和台湾的清末民初留日学生关系资料——中国留日学生监督处文献·外务部档案·教育部档案》[①] 一文中有详细的说明。

这些资料中有清国游学生监督处刊行的《官报》和《经费报销册》，还有中华民国留日学生监督处的各类统计和名单。清国游学生监督处的《官报》和《经费报销册》刊行于 1906 年底，记录了当时留学生的人数、成绩、活动、官自费、学费等情况，是研究清末留日学生的重要史料。近年来已经有使用这些史料的研究成果问世。[②]

中华民国留日学生监督处的资料大多是统计和名单，以各省为单位的居多，不连贯，无系统性。笔者查阅全部资料后发现，监督处的这些文献中对留学生进行全面调查的统计资料，只有 1914 年的《第一次留学生调查报告书》（1914 年 6—9 月，共 4 册）。《第一次留学生调查报告书》是 62 所接收留学生学校的名单，第 1 册到第 4 册分别是官立学校 36 校，早稻田大学、庆应义塾大学等私立学校 11 校，明治大学 1 校，预备校和女子学校等 14 校。此报告书之外的资料，大多是各省

① 1923 年关东大地震后，中国公使馆在撤离东京前，将使馆文件资料交予日华学会保存。二战后日华学会解散，实藤惠秀将此资料转移到中国研究所。几年后，研究所希望实藤惠秀保存这些资料，资料又转到实藤惠秀的早稻田大学研究室。在把这些资料归还中国之前，实藤惠秀向早稻田大学提出申请，将其制成微缩胶卷，命名为"中国留日学生监督处文献"，现保存在早稻田大学综合图书馆的微缩胶卷（マイクロ）资料室。参见川岛真「日本と台湾における清末民初留日学生関係資料——中国留日学生監督処文献·外務部档案·教育部档案」『中国研究月報』第 48 卷第 7 号，1994 年 7 月。

② 胡颖『清末の中国人日本留学——派遣と経費を中心に』学術研究出版、2021 年。

官费生的调查和"五校特约"① 的相关统计，含自费留学生在内的统计很少，从监督处的史料中无法获得各年度留日学生的总数。

（二）金律夫、陈竺同的《吾国留日学生之最近概况》

《吾国留日学生之最近概况》（以下简称《最近概况》）发表于1930年中国的《教育杂志》，② 由文章的"概说"可知，两位作者都参加了监督处自1929年10月进行的留学生总登记工作。文中对作者自身和该文的写作目的有如下记述："作者因为亲身参与这种工作，比较地能明了我国留日学生的过去现在和将来。兹选择一些比较要紧的材料介绍与国人。"③

1. 概要

文章由四部分组成，分别是"概说""留东学生生活的分析""由留东学生而说到妇女问题的几点""最后几句话"，最后附有"上海环球中国学生会调查"的"中国留日学生之统计"一表。

"概说"中，作者首先批评了中国政府的留学政策，强调了统计的重要性，并指出日本的文化事业部有对留学生的准确统计，而中国方面从未进行过此类调查。由此，该文中表格很多，共有22个，内容涉及留日学生人数、性别、年龄、国内出身学校、专业、学费等，以按省分类的统计为主。其中，对女留学生的分析占很大篇幅。用数据进行论证是该文的一大特点。

2. 《最近概况》资料来源的考察

第一次阅读该文时，笔者首先感到资料翔实，再就是了解到监

---

① 根据清政府的要求，1907年日本和政府缔结了为期15年的"五校特约"。其主要内容是文部省直辖5校，即第一高等学校（65人）、东京高等工业学校（25人）、东京高等师范学校（40人）、千叶医学专门学校（25人）、山口高等商业学校（10人），共设165名中国留学生定员，所需经费一部分由清政府负担。

② 《吾国留日学生之最近概况》，《教育杂志》第22卷第4号，1930年4月，第79—104页。

③ 《吾国留日学生之最近概况》，《教育杂志》第22卷第4号，1930年4月，第79—80页。

督处除 1914 年，在 1929 年也进行了大规模的留学生调查统计。但是，与此同时也产生了监督处是如何对自费留学生（多数不到监督处报到登记）进行统计的等疑问。为此，笔者将该文和 1929 年 6 月刊行的日华学会编《留日中华民国学生名簿》（以下简称《名簿》）进行对比，理清了以下几个问题。

第一，日华学会在编辑 1929 年版《名簿》时，得到了监督处的协助。日华学会的《名簿》于 1927 年开始刊行，从《名簿》的"凡例"记载可知，1927 年和 1929 年的资料来源除了各学校之外还有监督处。监督处无法掌握自费留学生的总体状况，但是官（公）费生，因领取费用等手续都在监督处办理，监督处应有较全的资料。根据"凡例"中"本名簿的资料是由日本各地的学校和留学生监督处提供"的记载，[①] 可知此年监督处向日华学会提供了该处的留学生资料。

第二，《最近概况》一文中统计表的制作，使用了日华学会已出版的《名簿》的可能性极大。日华学会 1929 年度《名簿》于 6 月出版，监督处进行的留日学生总登记是在其后的 1929 年 10 月，这样即便是有很多不到监督处登记的自费留学生的情况，参考日华学会的《名簿》便可掌握。

第三，文章最后的附录"上海环球中国学生会调查""中国留日学生之统计"（以下简称"统计"）基本是日华学会同年《名簿》目次的抄录。"统计"列有接收留学生各校的一览表和各校留学生数。将这些数据与日华学会同年《名簿》目次对比可知，"统计"的内容就是转载了日华学会同年《名簿》目次，除去几处抄录错误，内容几乎一样。

"统计"中记载的总人数是 2485 人，[②] 和日华学会的统计相同。二者中学校一览表的顺序也完全一致，只是接收留学生的学校

---

① 「凡例」『昭和 4 年 6 月現在留日中華民国学生名簿』財団法人日華学会学報部、1929 年 6 月。

② 《吾国留日学生之最近概况》，《教育杂志》第 22 卷第 4 号，1930 年 4 月，第 104 页。

数不同，"统计"中是 84 校，而《名簿》中是 85 校。按顺序对照两表可以发现，这一校之差，是"统计"将日华学会一览表中注明"未调查"的日本大学删掉了。1927 年和 1929 年日华学会的《名簿》在"日本大学"一栏里注有"未调"两字，估计原因是当年日本大学没有按时向日华学会提供留学生名单。从 1928 年《名簿》"日本大学"一栏的数据可知，该年留学生人数是 177 人。由此可以推测 1929 年日本大学留学生人数应该在 100 人以上。因此"统计"将有 100 余名留学生在读的日本大学从接收留学生的学校一览表中删除是编辑的判断错误。

另外，"统计"中还有对留学生人数的抄录错误，各校人数叠加后和总人数 2485 人不符。比如，日华学会《名簿》中陆军士官学校人数是 219 人，"统计"中是 39 人。出错的原因应该是《名簿》目次是竖写的汉字数字，"二一九"被看成了"三九"。

从以上分析可以断定，文章最后的"统计"是基于同年日华学会《名簿》编辑而成，只是出现了若干错误。此文的作者当时就在东京，还参加了留日学生的调查工作，不可能不知道日华学会以及《名簿》的刊行。然而，整篇文章里只字未提日华学会以及《名簿》的存在，且文章最后附录的"统计"注明的资料来源是"上海环球中国学生会调查"，原因引人深思。

（三）留学生监督周宪文的《留日学务近状一瞥》

《留日学务近状一瞥》是当时的留学生监督周宪文写的文章，介绍了 1933 年留日学生的情况，此文发表在 1934 年的《教育杂志》上。

1934 年就任留学生监督的周宪文对监督处的资料有如下说明："（一）监督处所有的登记是限于领有教育部所发留学证书的学生；事实上，很有一部分学生，未领留学证书，径来日本求学的；这一部分学生的状况，一时无从考察，本文概未列入。（二）监督处之举办登记，虽始于民国 17 年，但是根据登记所得结果，来制作各

种的统计，亦只在民国 17 年时，曾有一度的尝试；自从民国 17 年
以后，监督处所存的档案中，只有历年学生的登记片，没有已经整
理的统计表；本文所有的统计，是在作者接事以后临时编制的，挂
漏之处，在所难免……"①

　　从周宪文的说明可知，仅凭监督处的资料无法全面掌握留学生
的情况，因此他在制作统计表时，明确注明使用了文部省提供的数
据和日华学会的资料。此文中共有 5 表，表后括号中内容是原文中
的数字和说明：

　　1. 全国留日学生之人数及各省分配比较表（1070 人）

　　2. 全国留日官费生之人数及各省分配表（267 人）

　　3. 全国留日学生所在学校比较表（1027 人）（此一统计
是民国 22 年监督处函请日本外务省转托日本文部省向日本全
国各校调查的结果）

　　4. 全国留日学生学科比较表（1027 人）（来源同 3 表）

　　5. 全国留日学生国内经过学校比较表（1128 人）

　　（以上为日华学会于民国 22 年的调查）

　　周宪文的这篇文章除了监督处的资料外，还使用了文部省和日
华学会的数据，弥补了监督处自费留学生资料不足之处，是民国时
期监督处制成的最为翔实的统计资料。

　　始自清末的日本留学到抗日战争爆发为止，留日学生一直处于
半无政府状态，中国政府无法掌控自费留学生的状况是近代日本留
学的重要特征。另外，进入民国之后，政权更迭频繁，时局的动荡
必然使监督处处于极不安定的状态中，因此，民国时期监督处的各
类资料缺乏连贯性，没有系统的统计数据。

---

　　① 周宪文：《留日学务近状一瞥》，《教育杂志》第 24 卷第 1 号，1934 年 1 月，
第 173 页。

二　文部省的留日学生统计资料

目前学界可以接触到的文部省的统计资料大多是来源于外务省外交史料馆的外务省档案。最近，这些档案基本都可以通过日本的"亚洲历史资料中心"（アジア歴史资料センター）查阅到，这类资料收集已经摆脱了到资料馆手抄、申请复制和摄影的原始手法。此节各表是笔者或其他研究者综合各类资料制作而成，属经过加工的统计表。文中引用的各资料属原始资料。

（一）　二见刚史、佐藤尚子"明治末至大正时期的留日学生数（1906—1921）"一表的再考察

1906—1921 年中国留日学生的统计，学术界目前主要使用的是二见刚史和佐藤尚子《中国人日本留学史关系统计》[1] 一文中的表 1 "明治末至大正时期的留日学生数（1906—1921）"。此文是作者将外务省外交史料馆的外务省档案中有关中国留学生统计的各类重要统计归类整合而成，其中的表 1 归纳出了 1906—1921 年的留日学生的总数。表 8－1 是此表的原文转载（包括表后的注）。

表 8－1 首次整理了 1906—1921 年的留学生总数，至今仍是最具权威性的数据。但是，在笔者重新考证留学生各类数据的过程中，发现表 8－1 中的学校数存在明显的错误。以 1921 年为例，由外务省档案《中国留学生教育施设概要》中的附表"直辖学校在学中国朝鲜留学生人数调查"（大正 10 年 5 月）[2] 可知，1921 年

① 二見剛史・佐藤尚子「〈付〉中国人日本留学史関係統計」『国立教育研究所紀要』第 94 集、1978 年 3 月、99—118 頁。

② 「直轄学校在学支那朝鮮留学生員数調」（大正 10 年 5 月現在）、『支那留学生教育施設ノ概要』（外務省記録『在本邦清国留学生関係雑纂/日華学会』）、JACAR、Ref. B12081632300。

表 8 - 1　明治末至大正时期的留日学生数（1906—1921）

年　份	学校数(所)			学生数(人)		
	直辖	公私立	计	直辖	公私立	计
1906 年(明治 39 年)	—	—	—	262 *(—)	7021 *(45)	7283 *(—)
1907 年(明治 40 年)	—	—	—	363(—)	6434(139)	6797(—)
1908 年(明治 41 年)	—	—	—	538(15)	4678(111)	5216(126)
1909 年(明治 42 年)	—	—	—	744(9)	4522(140)	5266(149)
1910 年(明治 43 年)	—	—	—	799(7)	3180(118)	3979(125)
1911 年(明治 44 年)	—	—	—	1025(10)	2303(71)	3328(81)
1912 年(大正 1 年)	—	—	—	771(9)	666(43)	1437(52)
1913 年(大正 2 年)	—	—	—	—	—	—
1914 年(大正 3 年)	37	135	172	666(6)	3130(89)	3976(95)
1915 年(大正 4 年)	32	117	149	778(17)	2333(60)	3111(77)
1916 年(大正 5 年)	35	118	153	814(18)	1976(73)	2790(91)
1917 年(大正 6 年)	36	116	152	816(12)	2075(60)	2891(72)
1918 年(大正 7 年)	36	109	145	912(12)	2812(70)	3724(82)
1919 年(大正 8 年)	35	121	156	959(19)	2496(63)	3455(82)
1920 年(大正 9 年)	36	112	148	1015(—)	2236(44)	3251(—)
1921 年(大正 10 年)	44	87	131	1171(—)	948(36)	2119(—)

　　资料来源：「支那留学生収容学校数並員数調」（外务省记录文书『在本邦支那留学生関係雑纂第一　陆军学生·军学生外ノ部』所収）；「直辖学校在学支那朝鲜留学生員数調」（同前）；「支那朝鲜留学生収容公私立学校数並員数調」（『在本邦清国留学生関係雑纂/日华学会』所収）。
　　注：［1］每年统计人数时间截至 5 月底。［2］ *（）表示其中的女学生数。

接收中国和朝鲜留学生的 44 所直辖学校中，并不是有朝鲜学生的学校必有中国学生，如上田蚕丝专门学校、京都蚕业高等学校和山口高等学校，就只有朝鲜学生而无中国学生。因此，此年接受中国学生的直辖学校数就不是 44 所，而是 41 所。在表8 - 1制作中，出现了简单地将朝鲜学生和合计部分删除，学校部分未除去只招收朝鲜学生的学校，就制成中国留学生统计表的错误。从 1921 年一例即可推断，直辖学校以外的学校以及其他年度，出现同样问题的可能性很大。因资料所限，目前还无法进一步确认其他年度的学校数。此类统计错误不仅出现在表 8 - 1 中，在当时的文部省等资料中也有类似问题。

（二）1923—1926 年留日学生人数统计

1. 1923—1926 年文部省的中国留学生调查资料

在外务省档案里，有 5 册文部省的中国留学生统计资料。其中两册是 1923—1924 年度《官、公、私立大学及专门学校中国留学生现状调查》（『官公私立大学専門学校支那留学生現状調』），还有 3 册是 1924—1926 年度《有关中国学生的调查》（『支那学生ニ関スル調査』）。这两类调查资料内容有别，前者只有官公私立大学专门学校留学生名单，没有综合统计；后者没有名单，但有各类综合统计（学历、专业、年龄、出身省份、学费、历年人数变动等）。其统计范围广，除大学专门学校外，还有中小学校等其他学校的统计。此外，对留学预备教育学校的学生也有统计，但此类学生并未被列入留学生总数，而是另行制表。

需要说明的是，外务省档案中有关中国留学生的资料，从 20 世纪 20 年代初开始迅速增多，很多调查附有详细的留学生名单。这一现象与 1923 年日本开始的"对华文化事业"有关，资料应是为"对华文化事业"补助留学生一项内容做准备的。在"对华文化事业"开始之前，文部省有关留学生的调查表，大多是中国和朝鲜一起统计，目前能看到的文献大多只有综合数字，没有名单。

上述 5 册文部省统计资料的整理，使一直处于未知状态的 1923—1926 年度的留日学生人数清晰起来，主要统计数字见表 8-2。此表中 1923 年（大正 12 年）的统计，因原资料里没有中小学校等的内容，所以 1923 年度仅有官、公、私立大学及专门学校的学校数和学生人数。还因同资料除了名单之外没有综合统计表，1923 年度的各项数字是笔者根据《名簿》统计算出。

2. "接收中国留学生公私立学校数及学生数调查表"（"资料 1"）引发的疑问

"资料 1"是附在大正 15 年度（1926 年度）后的各年度公私

立学校数及学生数的统计表。此表为大正最后一年的统计，使大正时期的数据一目了然。

表 8-2 1923—1926 年留日学生人数

年度	官、公、私立大学及专门学校				含中学·女校·实业学校·小学校学生总数	留学预备教育学校学生数,（）内为东亚高等预备校学生数
	学校数	男	女	合计		
1923 年度（大正 12 年度）	64	1606	26	1632	不明	不明
1924 年度（大正 13 年度）	64	1533	31	1564	1818	340（255）
1925 年度（大正 14 年度）	69	1361	46	1407	2095	519（360）
1926 年度（大正 15 年度）	70	1305	49	1354	1774	463（321）

资料来源：「官公私立大学専門学校支那留学生現状調」文部省、大正 12 年度、『在本邦留学生関係雑件』第 3 卷（外務省外交史料館）、JACAR、Ref. B05015398200；「支那学生ニ関スル調査」文部省普通学務局、大正 13 年 5 月末、『在本邦各国留学生関係雑件　別冊支那留学生ノ部』第 2 卷（外務省外交史料館）、JACAR、Ref. B12081648100；「支那学生ニ関スル調査」文部省普通学務局、大正 14 年 5 月末、『在本邦留学生関係雑件』第 3 卷（外務省外交史料館）、JACAR、Ref. B05015397600；「支那留学生ニ関スル調査」文部省普通学務局、大正 15 年 5 月末、『在本邦留学生関係雑件』第 3 卷（外務省外交史料館）、JACAR、Ref. B05015397500。

资料 1 接收中国留学生公私立学校数及学生数调查（每年 5 月底统计）

年度	学校数	男子	女子	合计
大正 3 年	135	3041	89	3130
大正 4 年	117	2273	60	2333
大正 5 年	118	1903	73	1976
大正 6 年	116	2015	60	2075
大正 7 年	109	*2741*	70	2812
大正 8 年	121	2433	63	2496
大正 9 年	112	2192	44	2236
大正 10 年	87	912	36	948
大正 11 年	133	980	91	1071
大正 12 年	295	1730	98	1828
大正 13 年	360	1624	132	1756
大正 14 年	378	2046	49	2095
大正 15 年	156	1615	159	1774

注：斜体字属抄录错误，正确数字为 2742。

　　笔者将以文部省统计资料为基准制成的表 8 - 2 和同为文部省统计资料的"资料 1"比较之后，产生了如下疑问：不包括官立学校的"资料 1"中的学校数为什么比包括官立学校的表 8 - 2 中的还多？为什么无官立学校统计的"资料 1"与包括官立学校的表 8 - 2 中 1925 年度和 1926 年度的学生总数相同？在笔者找到了"资料 1"的前身"资料 2"后，部分疑问有了答案。

　　3. 文部省"资料 1"统计中的几处错误

　　"资料 2"的统计时间比"资料 1"早一年，是 1925 年文部省《有关中国学生的调查》的附表。对比两表可以发现，1926 年的"资料 1"显然是将 1925 年统计"资料 2"中各年度的朝鲜学生统计部分去掉，再加入当年（1926 年）的统计数字制成。但是，只将朝鲜学生数字去掉，并没有把接收学校中只招收朝鲜人的学校数除去，就使学校数字超出了实际招收中国学生的学校数，属统计失误。这应该是学校数出入大的原因之一。

资料 2　接收中国留学生公私立学校数及学生数调查（每年 5 月底统计）

年度	学校数	中国人			朝鲜人			合计
		男	女	合计	男	女	合计	
大正 3 年	135	3041	89	3130	457	17	474	3604
大正 4 年	117	2273	60	2333	365	21	386	2719
大正 5 年	118	1903	73	1976	387	18	405	2381
大正 6 年	116	2015	60	2075	394	23	417	2492
大正 7 年	109	*2741*	70	2812	472	42	514	3326
大正 8 年	121	2433	63	2496	336	30	366	2862
大正 9 年	112	2192	44	2236	761	18	779	3015
大正 10 年	87	912	36	948	<u>905</u>	<u>46</u>	<u>949</u>	1897
大正 11 年	133	980	91	1071	873	60	933	2004
大正 12 年	295	1730	98	1828	1251	112	1363	3191
大正 13 年	360	1624	132	1756	1368	137	1505	3261
大正 14 年	378	2046	49	2095	1808	106	1914	4009

注：斜体字属抄录错误，正确数字为 2742。大正 10 年中加下画线的为合计不符数字。

此外，表 8 - 2 是根据文部省的详细统计制成，可信度高。是否可以推测，表 8 - 2 中 1925 度和 1926 年度学生总数与"资料 1"中的相同的原因，是当时负责制表的相关人员在制表过程中，未认真确认统计表标题，将当年的官（直辖）、公、私立学校留学生数加在了公私立学校统计表的最后，从而出现了内容和题目不符等差错。

1927 年以后，外务省档案里文部省对中国留学生的总人数等综合统计几乎没有，这与日华学会接受政府委托，[①] 开始对中国留学生进行全面调查有密切关系。

三　日华学会的留日学生统计

各年度日华学会的留学生统计与文部省的有很大的不同，不仅是文部省未曾收录的军事、铁道各类学校都在统计范围之内，就是留学生进行实习的林业及工业等各类试验场、讲习所、研究所等，也都收录在《名簿》中。因此，其统计范围比文部省的广泛。

1. 总人数等综合数据

笔者利用日华学会《名簿》在不同的文章里做过数张留日学生的统计表。因目的不同，各表的重点不一，收录内容也有差别。本节中，表 8 - 3 的制作原则是：第一，以总人数为主，将含多重学籍（原文为「復籍」）和不含多重学籍的两类人数都列入表内，不含多重学籍人数加下画线；第二，尽可能判明保留学籍但已经回国者的人数，由此可以得到在校学生的真实数据。

除表 8 - 3 的注外，还有两点需要加以说明。

第一，表中人数看上去精确到了个位数，但是只能作为概数使

---

① 「日華学会委嘱」『在本邦留学生関係雑件　第一巻』（外務省外交史料館）、JACAR、Ref. B05015396600。

表 8 – 3　各年度日华学会《名簿》的留日学生统计数据（1927—1944 年度）

统计时间（年度） 第　版/回[1]	在学籍总人数（女生数）[多重学籍数]	高等·专门学校总人数（大学、专门、陆军、特设预科等分类人数）[2]	备注 [原《名簿》"备考"〈〉内为笔者注]
1927 年 6 月 （昭和 2 年）	1924	—	日本大学未调查 〈含军事学校、试验场等，不含留学预备校〉
1928 年 6 月 （昭和 3 年）	2480	—	（同上） 〈日本大学留学生数 177 名〉
1929 年 6 月 （昭和 4 年）	2485	—	日本大学未调查 〈从此年开始统计含留学预备校〉
1930 年 6 月 （昭和 5 年）	3064	—	（同上）
1931 年 5 月 （昭和 6 年） 第 5 版	3096（192）[124][3] <u>2972</u>	2528 （大 945、专 1065、陆 378、特预 140）	部分预备校女生数不明 〈开始学校分类〉
1932 年 6 月 （昭和 7 年） 第 6 版	1421（96）[21]<u>1400</u>	1365 （大 600、专 616、陆 50、特预 99）	在籍未到校者有 500—600 名，实际在校学习者约有 800 名
1933 年 5 月 （昭和 8 年） 第 7 版	1417（114）[60] <u>1357</u>	1266 （大 556、专 688、特预 22）	实际在校学习者约有 1200 名 推测女生人数有 120—130 名 〈此年开始陆军学校归入专门学校类〉
1934 年 6 月 （昭和 9 年） 第 8 版	2340（170）[172] <u>2168</u>	1855 （院 147、大 669、专 971、特预 68）	实际在校学习者约有 2100 名 推测女生人数有 200 名左右
1935 年 6 月 （昭和 10 年） 第 9 版	3781（339）[258] 3527[254]	2911 （院 261、大 839、专 1149、预科 662）	实际在校学习者约有 3500 名 推测女生人数有 370—380 名
1936 年 6 月 （昭和 11 年） 第 10 版	5909（441）[247] <u>5662</u>	4777 （院 354、大 1078、专 206、预科 1277）	实际在校学习者约有 5600 名 推测女生人数有 500—600 名
1937 年 6 月 1 日 （昭和 12 年） 第 11 版	5945（575）[415] <u>5530</u>	5114 （院 301、大 1214、专 3126、预科 873）	回国休学中的学生有 50—60 名，实际在校生约有 5470 名
1937 年 11 月 1 日	—	—	调查仅限于关内留学生 〈资料来源：1938 年版《名簿》〉

续表

统计时间（年度）第 版/回	在学籍总人数（女生数）[多重学籍数]	高等·专门学校总人数（大学、专门、陆军、特设预科等分类人数）	备注[原《名簿》"备考"〈〉内为笔者注]
1938 年 6 月（昭和 13 年）第 12 版	3132（266）[29]<u>3103</u>（264）	2916（院 150、大 921、专 1630、预科 215）	在籍人数：3103一时回国：1099（关内 1044，"满洲"55）实际人数：2004（关内 454，"满洲"1550）
1939 年 6 月（昭和 14 年）第 13 版	2357（253）[25]<u>2332</u>（252）	2016（院 75、大 500、专 1179、预科 262）	在籍人数：2332休学回国：415（关内 401，"满洲"14）实际人数：1917（关内 614，"满洲"1303）
1940 年 6 月（昭和 15 年）第 14 版	1204（124）	—	回国：412；实际人数：792（女生 103）〈"例言"〉〈此年始只进行关内留学生统计〉
1941 年 9 月（昭和 16 年）第 15 版	1466（163）	—	一时休学：11〈"例言"〉〈此年开始停止对长期在学籍但实际已回国学生的统计〉
1942 年 4 月（昭和 17 年）第 16 回	1341（151）	—	一时休学：41〈"例言"〉
1943 年 4 月（昭和 18 年）第 17 回	1380	—	长期缺席或休学：65〈笔者查阅名单算出〉
1944 年 4 月（昭和 19 年）第 18 回	1118	1028（学部以上 346、预科 92、专 590）	长期缺席或休学：85〈笔者查阅名单算出〉（手刻油印版）

注：［1］1927—1930 年度《名簿》还没有标明"第 版"，表中也不做添加。

［2］（）内是当年度名簿的统计数字，合计值为笔者算出。

［3］加下画线数字为不含多重学籍人数。最初几年的《名簿》中没有对多重学籍人数进行统计，1931—1936 年度人数是 1939 年的『昭和 14 年 6 月现在 第 13 版 中华民国·满洲国留日学生名簿』里"留日学生省别年度别员数表"的统计，因为此表中的 1937 年数据与当年《名簿》的统计不符，另外还有其他的计算错误，所以 1937—1939 年度的数据使用了当年度《名簿》的统计。1940 年以后的《名簿》没有关于多重学籍人数的统计。

资料来源：根据日华学会编各年度（1927—1944 年度）《名簿》制作而成。

用。从各年度《名簿》中的订正、说明可知，当时《名簿》的制作人也在不断补充、修改其内容，在印刷后的版面上仍有手写的改动之处。如果留学生在读学校未提交名单，或对调查学校有疏漏，就不可能收集到全部数据。

第二，表 8−3 中部分数据是笔者根据原《名簿》记载算出，统计过程中也难免出现误差。

在制作表 8−3 的过程中，笔者发现 1932 年以后各年度《名簿》的"备考""例言"中，基本都有对实际在校学生记录，尽管大多数年度是推测人数，但可制成表 8−4，归纳出 1932—1944 年度实际在校就读的留日学生数。

表 8−4　1932—1944 年度实际在校就读留日学生总人数

统计时间	在校就读总人数	当年度《名簿》"备考"
1932 年 6 月	800	推测人数
1933 年 5 月	1200	推测人数
1934 年 6 月	2100	推测人数
1935 年 6 月	3500	推测人数
1936 年 6 月	5600	推测人数
1937 年 6 月 1 日	5470	推测人数
1937 年 11 月	403	调查仅限关内留学生
1938 年 6 月	2004（关内 614，"满洲"1550）	
1939 年 6 月	1917（关内 454，"满洲"1303）	
1940 年 6 月	792	此年以后只进行关内学生统计
1941 年 9 月	1455	
1942 年 4 月	1300	
1943 年 4 月	1315	
1944 年 4 月	1033	

注：1932—1939 年度的人数里含伪满洲国留日学生人数。

进入 20 世纪 30 年代，日本发动对华侵略战争，中日进入交战状态，留学生人数变动极大。但是，有些学校对已经回国的学生仍然保留学籍，就出现了"空头学籍"人数也包含在总人数之内的现象，仅看总人数并不能判断实际在学留学生人数。九一八事变后，大批留学生回国，日华学会《名簿》从 1932 年度增加了回国人数的调查项目，是在姓名上方加注○印。最初对○印的解释是"○印为在学籍但未到校者"。[①] 此项统计如"例言"中所说并不精确，当时的统计也是大概的数字。"○印的在学籍但未到校者，部分学校数字不详，已确认的为 342 人，不详人数约 250 人，合计约为 600 人。"[②] 从 1932 年度开始，这项统计一直持续到 1944 年度的最后一册，到 1939 年度为止此统计总数大多在名单最后的"备考"栏中，1940—1942 年度放在了"例言"里。1943—1944 年度虽没有○印总数的统计，但是名单中仍有○印的记录，从中可以算出总数。如果统计标准改为实际在学人数统计的话，不少年度的总人数将减少很多，1938 年度的在学籍数和实际在校的学生数之差在千人以上。

2. 分类统计表

《名簿》的分类统计表从 1928 年开始，此后逐渐增多。下面是 1939 年度《名簿》里的 8 种分类统计表：

"学校类别员数表"（最近 8 年间）

"留日学生省别年度别员数表"（昭和 5—14 年度）

"研究科目别表"（昭和 7—14 年度）

"特别预备学生内译表（大学预科、特设预科）"

"最近 9 年留日学生学费别表"

"研究科目别表"（昭和 14 年 6 月）

"昭和 14 年度留日学生学费别表"

"留日学生在留地方别表"（最近 10 年间）

在 1939 年度之前几年的《名簿》里，也可以找到相似的分类统计表，不同年度的同类统计表数字叠加之后可以得到 10 年以上的数据。

---

① 『昭和 7 年 6 月现在　第 6 版　留日中華学生校别名簿目次』、1 頁；『昭和 14 年 6 月现在　第 6 版　留日中華学生名簿』财团法人日華学会学报部、1932 年 6 月。

② 「例言」『昭和 14 年 6 月现在　第 6 版　留日中華学生名簿』。

日华学会除了编纂《名簿》之外，还发行《日华学报》①，刊登各类与留学生有关的消息和报道。与《名簿》一样，《日华学报》也是历时18年，共出版97册。两者都是留日学生研究的珍贵史料。1945年2月，日华学会等组织解散并重组为日华协会，日华学会的活动结束。

四　《满洲国留日学生录》

1932年，在关东军支持下，伪满洲国成立，此后在日本的中国留学生被分为"中华民国留学生"和"满洲国留学生"。到日本留学是伪满洲国的"国策"，不仅是官费留学生，自费生也处于严格的管理之下。伪满洲国驻日大使馆从1935年开始刊行《满洲国留日学生录》（以下简称《学生录》），直到1943年。

与日华学会的《名簿》一样，《学生录》的资料主要来源也是接收留学生的各个学校。《学生录》分学校、分地方的统计非常详细，对总人数也有统计表。表8-5是根据《学生录》的"附表"等制成，根据此表可以清楚地了解1934—1943年伪满洲国留日学生总人数和男女生的人数。《学生录》的统计到1937年包括各机构派遣的"官吏留学生"。

从表8-5可知，伪满洲国成立后，有数千名留学生赴日，1937年前后留学生人数最多，此后开始减少，1943年的总人数只有1937年的一半多。女留学生人数从1935年以后超过百人，人数相对稳定，1941年最多，超过两百人。

伪满洲国留学生受到严格管理，伪满洲国驻日大使馆统计的留学生数字可以认为遗漏很少。但是，从表8-5可以看到，其中的计算错误也是在所难免。

---

① 已有复刻版出版。大里浩秋·孙安石·见城悌治监修·编集『日華学报』（全16卷）、ゆまに书房、2012年。

表 8-5 伪满洲国留学生人数统计

年度	男	女	合计	含官吏留学生总数
1934	809	85	***884***	894
1935	853	129	982	1214
1936	1203	160	1363	1798
1937	1674	148	1822	2017
1938	1355	164	1519	
1939	1161	164	***1325***	
1940	805	128	933	
1941	1050	206	1256	
1942	1031	189	1220	
1943	821	183	1004	

注：斜体字属计算错误数字。

资料来源：「留日学生男女比较表」『满洲国留日学生録』昭和18康德10年度、驻日满洲国大使館、1944年、96頁；「留日学生男女比较表」『满洲国留日学生録』昭和12康德4年度、驻日满洲国大使館、1937年、1頁。

五 其他相关统计资料

有关留日学生统计的资料种类很多，除上述的监督处、文部省、日华学会、伪满洲国驻日大使馆之外，外务省、警视厅、"兴亚院"等机构也有相关统计。

在外务省档案里外务省文化事业部的统计等资料非常多，其中大多数与学费补助有关。此外，警视厅的调查资料也随处可见，其中1922年警视厅外事课的《大正11年 中国关系事务概要》（以下简称《概要》）中有总人数统计。此次的调查对象包括东亚高等预备校，但总人数里不含军校。对于军校的人数仅在备注里写有"本表不含陆海军留学生。军校生现为42名"。① 《概要》记载大正

---

① 警视厅外事課「大正11年 支那関係事務概要」（大正11年6月15日）、『在本邦各国留学生関係雑件 別册支那留学生ノ部 第1巻』（3-10-5-17-2）（外務省外交史料館）。

11 年的留学生总数为 1530 人，此外还列有大正 5 年到大正 10 年的总人数。数字如下：

大正 5 年	大正 6 年	大正 7 年	大正 8 年	大正 9 年	大正 10 年
2358 人	2465 人	2653 人	3815 人	3481 人	2087 人

在本章论述的文部省统计中没有 1922 年的数据，警视厅《概要》中的总人数统计填补了这一欠缺。

"兴亚院"是日本政府 1938 年新设的机构，成立后接管了一直由外务省管辖的"对华文化事业"。1939 年 4 月，"兴亚院"政务部委托专门学校以上的各校调查其留学生状况，根据各校的调查报告汇总了毕业生名单，在 1940 年制成了《留学日本的中华民国人名调查》（『日本留学中華民国人名調』）。此调查是为了将来出版《新中国人名鉴》做准备的，以毕业生名单为主，其中部分学校含有在校生名单，共收录了大约 13000 人（不包括伪满洲国留学生），是查阅各校毕业生情况的重要史料。

临近二战结束时，大多数留日学生已陆续回国，但也有因各种原因仍滞留日本的留学生。1946 年中华民国留日同学总会出版了《中华民国留日学生名簿》，由此可以基本掌握此时期留日学生的具体人数、出身地以及所在学校。此名簿是手刻油印版，序言中对 1946 年 4 月中华民国留日同学总会的成立过程、组织起来的重要性，以及在日留学生的苦恼和将来回到祖国的希望等都有论述。从目次可知，当时在日的留学生就读的学校及专业非常分散，千余名留学生就读的大学、大学专门部、专科、中学、预科等共有 219 处。名簿后附有中华民国留日学生省别表，从中可知 1152 名留日学生中，来自台湾省的居多数，为 734 人，来自大陆的留学生为 428 人。

六 小结

在归纳整理 1906—1944 年的留日学生统计表后，笔者并没有完成多年夙愿的喜悦，相反，却感到必须给这项统计加若干注解，进行详细的说明，指出其相对性，其理由如下。

第一，统计机关和标准的不同。

文部省的统计不收录军事、铁路等不属于自己管辖的学校的留学生，对留学预备学校的学生也另做统计。日华学会不同，其《名簿》收录范围广，不仅是军校、铁道各学校，就是配置在各兵团，以及各工、农、蚕业试验场的学生也都收录其中，留学预备学校的人数亦在统计范围之内。东亚高等预备校每年都有数百名学生就读，仅此一项不同，就会造成两者统计之间的统计结果至少有几百人之差。由此可见，不同的统计机关，各有自己的统计标准。标准不同，会造成各类统计间产生很大的数差。

第二，统计标准的变化。

统计机关不同必然统计准则不一，即便是同一统计机关，由于各类原因统计标准也会发生改变。日华学会在最初几年的统计里没有收录留学预备校的人数；从 1940 年开始还改变了统计对象，仅对关内留学生进行统计，不含伪满洲国留学生。此外，日华学会对接收留学生学校和机关的统计，20 年代后期是以同一学校为单位，本科生、专科生、预科生都一并进行统计。进入 30 年代后逐渐开始以教育水平为分类标准，即使是同一所大学，本科、专门部、预科学生都分门别类，同一学校在目录中出现两次、三次的现象很多，学校数字比一般意义上的要多。

《满洲国留日学生录》1935—1936 年度的统计范围广，除一般留学生外，还包含官吏留学生（各机关派遣）的统计，1938 年开始只对一般留学生进行统计。因此《学生录》1937 年前后的统计数据不能不经说明一并使用。《学生录》对接收留学生的学校数的统计，与日华学会在 30 年代后的统计方法类似。文部省对中国留学生较详细的调查资料，集中在 20 年代初。已提到的两类统计 1923—1924 年度的《官、公、私立大学及专门学校中国留学生现状调查》、1924—1926 年度的《有关中国学生的调查》有不同的调查标准，前者的调查对象仅是大学和专门学校的留学生，后者除大学和专门学校外还包括中小学校等其他学校。因此，即便是使用同一机关的调查数据，如不警惕统计标准中途改变现象，也会得出背离事实的结论。

第三，不完全统计和统计错误的存在。

文部省的 1923 年度《有关中国学生的调查》中没有收录东京女子医学专门学校，根据日本学者的调查可知，同年此校至少有 8 名留学生在学。[①] 1924 年度的同调查中增添了此校的内容，由此可知，1923 年度的统计并不全面。根据日华学会 1928 年《名簿》可知日本大学有 177 名中国学生在学，而在 1927 年和 1929 年的《名簿》中日本大学人数栏目里只有"未调"二字，因此同年总人数也属不完全的统计。另外，有关中国留学生统计的原始资料中错误并不少见，有单纯的取舍计算错误，还有抄录笔误。在有较详细的相关史料可以查阅的条件下，核实史料去伪存真是一项极为重要的基础工作。

第四，统计时间不同。

从清末至民国期间国内政局动荡，中日关系恶化，留日学生的人数波动非常大。大多数留日学生都积极参加了辛亥革命，此外在留学界爆发的几次大规模反日回国运动中也都有大批留学生弃学回国。如果留学生调查的时间是在这种特殊时期的话，即便是同一年的调查，仅是调查月份的不同，其人数之差将不是几百人，而是数千人。

---

① 三崎裕子「東京女医学校・東京女子医学専門学校中国人留学生名簿——1908 年から1942 年まで」『辛亥革命研究』第 8 号、1988 年 12 月。

　　本章在分别解析了留日学生监督处、文部省、日华学会、伪满洲国驻日大使馆等统计资料的同时，对各统计的背景、目的、特点、各史料间纵向的承继关系及横向的相互关联部分进行探讨，期待能逐渐看清各留学生管理机构的统计资料在浩瀚的史料宝库中所处的历史位置。

第 九 章
中国留日作家描写的"日本"*

    1921 年，在郁达夫（1896—1945）居住的东京的公寓里，几名中国留学生共同成立了创造社，这一文学团体在中国现代文学史上提供了独特的文学观以及文体。与此同时，在北京存在以学者与欧美留学归国者为中心的团体"文学研究会"及"新月社"。以上海为据点的创造社成员，像是要与其对抗一般，通过描写"个体"的苦闷与彷徨，以新颖的文体吸引年轻的读者。并且，大多数成员会在作品中描写对"帝国"日本的反感，这也成为他们作品的另一个特色。不过，创造社的作家们对于日本的态度，绝非停留在"反日"这一层面。

    郁达夫是中国现代文学的代表作家，又是与日本有缘分的作家，他在日本接受过高等教育，战后不久被日本的军事警察暗杀。这也是日本比中国更早开始重视研究郁达夫的原因之一。在日本，从战败后不久的 20 世纪 50 年代末开始，伊藤虎丸等人就着手对他的文学作品进行重新评价。[①] 在中国，20 世纪 80 年代，王自立、

---

    * 译者郭梦垚、刘柯。

    ① 伊藤虎丸「郁達夫の処女作について：その主題と方法をめぐる二、三の比較的考察」『漢文学会会報』18 号、1959 年 6 月；「沈淪論（1）——日本文学との関係より見たる郁達夫の思想＝方法について」『中国文学研究』1 号、1961 年 10 月；「沈淪論（2・完）——日本文学との関係より見たる郁達夫の思想＝方法について」『中国文学研究』3 号、1965 年；等等。

陈子善编《郁达夫研究资料》及许子东《郁达夫新论》的出版，
开始从多种角度推进对郁达夫作品的研究。[1] 此后，《郁达夫全
集》得以出版。[2] 但是，迄今为止，全集中还有很多作品尚未得
到细细品读。

本章将选取郁达夫作品中的《归航》（1924 年，发表时题作
《中途》）这一此前尚未被深入讨论的作品，分析其是如何描写身
为中国男子留学生的"我"对日本抱有的矛盾情感。在分析该作
品之前，首先要提到的是郑伯奇的《最初之课》与郁达夫的代表
作《沉沦》，伊藤虎丸等人的创造社研究，[3] 指出这两部作品描写
了民族主义。本章将通过与这两部作品进行比较，分析《归航》
的文本。特别值得注意的是，《归航》中提到了当时在英、美、日
三国都被热议的英国反日小说《和服》（1921 年，英文原题
Kimono）。笔者希望通过这些考察，论述郁达夫早期作品中提到的
中国留日学生对日本的多重看法，以及其虚构的表现手法的独
特性。

一　创造社的作品与对日本的描写

20 世纪 10—20 年代，在日本的早期创造社成员有共同的留学
背景。本节笔者在考察创造社成员留日经历的特点之后，将视线移

---

① 王自立、陈子善编：《郁达夫研究资料》，天津人民出版社 1982 年版；许子
东：《郁达夫新论》，浙江文艺出版社 1984 年版。

② 《郁达夫全集》，浙江文艺出版社 1992 年版、2007 年版。

③ 伊藤虎丸「問題としての創造社——日本文学との関係から」（伊藤虎丸編著
『創造社研究　創造社資料別巻』アジア出版、1979 年）指出，创造社早期作品的特
色是带有双重性，即通过与日本的接触产生了对于"近代"的憧憬以及民族的屈辱感，
接着论述了作为中国人却不得不通过日本人的视角来观察中国的民族主义的状态。另
外，伊藤虎丸在介绍反映了民族主义的作品时，列举了郑伯奇的《最初之课》与郁达
夫的《沉沦》。

至郑伯奇在早期创造社活动中发表的作品《最初之课》上，他在这部作品里描写了中国留学生对日本混杂着期待与排斥的复杂情感。①

日本作为亚洲的小国，在日俄战争中战胜了欧洲大国俄国。此后，清政府废除了持续千年的官吏选拔制度——科举制，同时开始奖励日本留学，以促进国家的"近代化"，中国留日学生的数量迅速增加。然而，留日学生群体规模的扩大，使得学生的教育质量出现问题，这引起了人们的关注与讨论。为此，中日两国政府于1907年签订了"五校特约"，日本官立高等专门学校每年招收固定名额的官费留学生，并规定该特约的有效期为15年。

"五校特约"中的第一高等学校下设有特设预科，创造社成立时大多数成员曾就读于此，随后他们被分配到各地的旧制官立高等学校，最终进入帝国大学。例如，郁达夫从名古屋第八高等学校进入东京帝国大学，郭沫若从冈山第六高等学校升入九州帝国大学，郑伯奇从京都第三高等学校考进京都帝国大学，张资平与陶晶孙也分别从熊本第五高等学校、东京第一高等学校考进东京帝国大学与九州帝国大学。也就是说，郁达夫等人都是获得官费的高学历留学生，同时也是长年居住日本的日本生活体验者。

他们留学时正值日本大正年间，青年留学生们受到大正自由主义风潮的影响，发表了一些重视"个体"内心告白的文学作品，这种新潮的文风与文体吸引了中国国内很多年轻读者。他们在日本生活的时候，正好也是中日间政治摩擦不断加剧之时。

---

①　高田昭二「創造社の小説に見られる『反日』と『親日』」（『学術紀要』第32号、1972年3月），主要对东山（郑伯奇）《最初之课》中所表现出的"反日"与张资平的《木马》中所表现出的"亲日"这样两种截然相反的感情的双重结构进行了论证与分析。另外，文中也提及《最初之课》并非只描写了"反日"的情感。严安生『日本留学精神史』（岩波書店、1991年第1版、1998年第4版）一书中指出，《最初之课》中所描写的日本人的中国观，是当时日本社会中流传的与"黄祸论"相连的"中国人种世界侵略论"的一个反映。

1915 年，日本政府向北京政府提出"二十一条要求"，随后在 1918 年双方签订了《中日共同防敌军事协定》。第一次世界大战后，《巴黎和约》将战败国德国所持有的山东权益转让给日本，这直接导致了 1919 年五四运动的爆发。随着这一连串事件的发生，留学生们纷纷选择退学回国来表达他们的抗议。虽然已经进入民国，但是，此时的中国还处于北京政府时期，各地军阀纷争不断，国内的混乱使得各省的官费汇款很容易停滞。在这种情形下，留学生们对祖国的思念之情变得无处发泄。

在异乡度过青春时光的创造社作家们，对中日两国都有着疏离感，他们在表达个人内心解放的过程中，自然敏锐地捕捉到了欲与欧美列强一样将亚洲邻国殖民地化的"帝国"日本所带来的压迫。与此同时，他们也以严厉的目光注视着在国际上自甘弱国地位的祖国的现状。

创造社最初的机关刊物——《创造》季刊的第 1 卷第 1 号（1922 年 3 月）上，刊登了东山的短篇小说《最初之课》，它正是这样的一部作品。在这部小说里，一位名为屏周（So Hei Chu）的中国男留学生进入京都的学校学习，作者生动地描写了主人公在第一天的历史课上所受到的侮辱。他听到日本同学蔑视中国的话之后，屈辱到咬牙切齿的程度。东山是郑伯奇（1895—1979）的笔名，当时他还勤勉于诗歌的创作。如前所述，郑伯奇 1919 年从第一高等学校预科进入京都的第三高等学校，后于 1922 年考入京都帝国大学，在这期间他参与成立创造社。[①] 笔者认为郑伯奇可能在该作品中融入了许多自己的亲身体验。以下引述几段对主人公留学困境的描写：

> "哼是呀，你的名字这簿子上没有。你不是日本人。你是朝鲜人吗？清国人吗？"

① 王延晞、王利编著：《郑伯奇研究资料》，知识产权出版社 2009 年版。

屏周听了这话，不免又有点冒火。朝鲜人，他却不气，最难受是清国人三字。他从前初到东京，找中国公使馆，他向人问了几次，"中华民国的公使馆在那里！"没有人答他，他后来忍声吞气说："支那公使馆在那里？"那时才有一个人向他问道"你问的是清国公使馆吗？若是清国公使馆便在坡上。"

他当时把 Shin koku 这三字听不清，他还在默想的时候，四周站的那几个人，都早避开他走了。没法子，他向坡上走了三五步，他猛然口里咕噜道："是的，Shin koku，Shin koku 清国，清国，Baka！混账王八蛋！我不信你这王八连支那两字也不懂。Baka，Chikusho！"可怜的 So Hei Chu！那晓得他到了他所神圣的公使馆，不仅五色旗未挂。门首那两块双龙的铜牌，还牢牢的钉着在呢！他到日本第一次受了这刺激，他半年之间常常在脑中保留了个新鲜的印象，每当他们朋友们三五聚首，讲日本侵辱中国的时候，他必定要把此段故事讲出。可是他今天又听见"清国人"三个字了——乃是出之于从事高等教育的一位先生的口里。①

"你们看那支那人！（目注屏周，复转向对面天花板角，）他们走到那里，人家讨厌他们，叫他们做猪，他们却只是去，泰然地去，世界上最多而处处都有的只有老鼠同支那人。……"②

虽然辛亥革命后，中华民国已成立，但在日本使用"支那（China）"或者"清国"来统称中国的情况仍然很多。比如，1921年，作家芥川龙之介以大阪每日新闻社海外调查员的身份到中国旅

---

① 东山：《最初之课》，《创造》第 1 卷第 1 号，上海书店出版社 1983 年影印版，第 74—75 页。引文保留原文词语及标点符号用法，下同。

② 东山：《最初之课》，《创造》第 1 卷第 1 号，第 76 页。

行，并于 1925 年出版了《支那游记》。出于对文明古国的传统的尊重，接受过汉文教育的他也使用"支那"一词。同时，还有人指出，使用"支那"一词，暗藏着日本经过甲午战争、日俄战争、第一次世界大战等一系列战争的胜利，变得愈发自大，不想承认新成立的中华民国，以及将中国半殖民地化的奢望。① 根据前述引文，对于经历此事的中国留学生来说，不能使用"中华民国"这一国名无疑是一种屈辱的体验。

不过，《最初之课》并非仅仅批判日本对中国的民族歧视问题。例如，通过主人公屏周的视线，作者描写了一幅颇为讽刺的场景：本应成为屏周爱国心支柱的公使馆，却没有将印有清国国旗的牌子取下。在这部作品里，作者不仅写出了置身于"帝国"日本的中国留学生那无法消愁的情感，也刻画出了以日本的视角客观地观察中国，在中日两国夹缝中生存的留学生的形象。

此外，在小说开头登场之时，屏周还是一名为成功考上第一志愿的学校而感到兴奋、对未来满是憧憬的新生。在上学的第一天早晨，他就兴奋得早起，在宿舍周围散步，对京都群山的美丽自然感到满足。此处的描写也表现出发表过浪漫诗歌的郑伯奇诗人的一面。他那"东山"的笔名应该出自他所就读的第三高等学校和京都帝国大学的所在地——京都的东山，这也能反映出郑伯奇对留学生活的留恋。

不仅如此，在《最初之课》中，主人公屏周并没有经常离开留学生群体而单独行动。他到日本留学也是听了朋友的建议，对日本的愤怒以及对祖国的失望，不是他独有的情感。这些情感常常是同伴之间共有的，他曾向朋友询问中国人去日本留学的意义：

　　我在东京常和人谈，说这些日本留学生可怜，读的西洋的

———————

① 例如，20 世纪 20 年代初，日本外务省用庚子赔款来发展中日文化交流事业，称之为"对支文化事业"，而中国方面希望更改该名称。

书，受的是东洋的气，受气倒不怕，只可怜那些大学先生个个
带一副神经病的面孔，唉才一两年呀，再五六年之后，我怕也
难免！唉！可怜！我不解中国每年花费数十万元造些神经病
者，有什么意义？……①

他那时不愿来日本，因为他很藐视日本，怎奈禁不得朋友
的好意，他没法子才过了黄海东来。②

主人公在内心发泄的"中国每年花费数十万元"，指的正是
"五校特约"。中国政府负担相关费用，委托日本政府培养中国留
学生。从"读的西洋的书，受的是东洋的气""他那时不愿来日
本，因为他很藐视日本"等描写中，能够了解到当时的中国学生
到日本留学的实际情形，即他们为了学习"近代西洋"的学问来
到邻国日本，却并不对日本抱有憧憬。

综上所述，《最初之课》里描写了中国留学生对"帝国"日本
怀有的期待与失望，以及对祖国现状无可奈何的情绪。并且，在该
作品中，主人公的郁闷并不只是涌动在他一个人的心中，他向伙伴
们吐露心声，反映出这是留学生们所面临的共同问题。郁达夫在这
个问题上则使用了更加虚构的表现手法，他描写了一个封闭自己内
心的主人公，一位"神经病患者"在留学期间的个人内心活动。

二　郁达夫《沉沦》中的虚构手法

作为创造社的代表作家，郁达夫的早期作品脱离了传统的儒家
道德价值体系及文以载道的士大夫文学模式，以一种告白体的形式

---

① 东山：《最初之课》，《创造》第 1 卷第 1 号，第 77 页。
② 东山：《最初之课》，《创造》第 1 卷第 1 号，第 78 页。

诉说同时代知识青年们的性苦闷，塑造出了一种新的文学价值观与形态。^① 这些作品的主人公都是正在日本留学的男学生，展现了他们对日本的爱憎之情。本节笔者主要基于先行研究，分析其代表作《沉沦》给读者带来的真实感，以及作品中如何使用虚构手法。

身为司法官的兄长郁华到日本考察法律，郁达夫也同行来到日本，在东京神田的正则学校学习后，进入第一高等学校的特设预科，1915 年升入名古屋第八高等学校。随后，他于 1919 年考入东京帝国大学经济学部，在这期间组织发起创造社并出版刊物。^② 郁达夫精通日语、英语、德语及俄语等外语，在留学期间他大量阅读各国文学作品，将其转化为构成自己文学风格的养分。随后，他发表的处女作《沉沦》，给当时的中国文坛带来了很大的冲击，成为开创中国现代文学先河的作品。这篇小说收在同名小说集《沉沦》里，于 1921 年作为创造社丛书在上海出版。

在此简单地介绍一下这篇郁达夫的代表作。这篇小说的主人公是一位在日本留学，住在 N 市近郊的中国男子。他患有"心病"，时常被孤独与幻想困扰，又被对异性的迷恋与冲动日复一日地折磨着，他会去偷看房东的女儿洗澡却又在最后慌忙逃出，这样一种非英雄且可怜的人物形象被呈现在读者面前。他不断地进行自我否定，臆想自己被周围的日本女学生甚至是妓女拒绝，并将原因归结为日本轻视中国。结果，他将陷于弱国境地的祖国与自己的"可悲"境遇重叠在一起，在小说的最后，他打算带着对祖国的忧愁

① 关于郁达夫的研究，本章主要参考了稻葉昭二『郁達夫——その青春と詩』（東方選書、1982 年）；鈴木正夫『郁達夫　悲劇の時代作家』（研文出版、1994 年）；李麗君「1920 年代における郁達夫の同時代批評再考」『言語文化論究』第 26 号、2011 年 2 月；大東和重『郁達夫と大正文学〈自己表現〉から〈自己実現〉の時代へ』（東京大学出版会、2012 年）；等等。

② 伊藤虎丸・稻葉昭二・鈴木正夫編著『郁達夫資料総目録附年譜』（下）、東京大学東洋文化研究所附属東洋学文献中心、1990 年。

跳海自杀。有学者指出，《沉沦》中对性的自白，其实受到了田山花袋《棉被》（1907 年，日文原题『蒲团』）的很大影响，这部日本著名的自传体小说赤裸裸地描述了中年作家"我"对女弟子抱有的性的欲望。[1]

《沉沦》发表后，因其大胆地描写"性"苦恼而被批判成"悖德的文学"。困惑的郁达夫求助于当时北京文坛的权威、同样有留日经历的周作人。周作人将《沉沦》喻为"受戒者的文学"，在他的充分肯定下，对《沉沦》的评价与认识一转而成为真挚的告白之作，[2] 特别是青年读者们在主人公身上找到了共鸣。该小说由于大受欢迎而再版了 10 次以上，共计发行了 3 万多册。[3] 不仅如此，作品中表达了留日学生在日本受到的歧视以及对祖国强大的渴望，这一点在以后也得到关注，收获了更多名气。[4]

《沉沦》里中国留学生的主人公形象，时常被看作作者郁达夫根据自身经历塑造的。这种看法也源于郁达夫本人曾多次提到，"我觉得'文学作品，都是作家的自叙传'这一句话，是千真万确的"。[5] 但另一方面，在他随后发表的另一篇小说《茫茫夜》（1922 年）中，多次写到男主人公对异性的贪恋与性的自白，并暗示他有同性恋的倾向。该小说发表后，郁达夫收到了许多读者的来信批评。对此，他却解释说："我的事实（Wahrheit）之中，也有些虚构（Dichtung）在内，并不是主人公的一举一动，完完全全是我自己

---

① 「第 3 章　田山花袋の受容——『蒲団』と『沈淪』」大東和重『郁達夫と大正文学〈自己表現〉から〈自己実現〉の時代へ』、76—92 頁。

② 对于《沉沦》的各种评价，主要参考了李麗君「1920 年代における郁達夫の同時代批評再考」『言語文化論究』第 26 号，2011 年 2 月。

③ 李麗君「1920 年代：郁達夫の社会文化的研究（二）：作家としての経済生活の様相」『比較社会文化研究』第 13 号、2003 年 3 月、34 頁。

④ 鈴木正夫『郁達夫　悲劇の時代作家』、7 頁。

⑤ 《五六年来创作生活的回顾》，《文学周报》第 5 卷第 11、12 号合刊，1927 年，收入《郁达夫全集》第 10 卷，第 312 页。

的过去生活。"① 由此可见，郁达夫的小说并不是纪实文学，而是
交织着虚构成分的虚构文学。

对于《沉沦》这部作品，郁达夫在作品集《沉沦》出版时有
以下介绍：

> 第一篇《沉沦》是描写着一个病的青年的心理，也可以
> 说是青年忧郁病（Hypochondria）的解剖，里边也带叙着现代
> 人的苦闷，——便是性的要求与灵肉的冲突。（中略）这两篇
> 东西里（指《沉沦》与《南迁》——引者注），也有几处说
> 及日本的国家主义对于我们中国留学生的压迫的地方，但是怕
> 被人看作了宣传的小说，所以描写的时候，不敢用力，不过烘
> 云托月的点缀了几笔。②

从这段介绍可以看出，《沉沦》想要描写的是"青年的心理"。
文中虽然提到日本压迫中国人的情形，但这仅仅是故事背景的一部
分而已，它并不是要表达反日的"宣传小说"。并且，郁达夫本人
也从未表达过这部作品是基于亲身体验而写成的。

近年来，有学者指出，如果我们追溯《沉沦》的故事本身，就会
发现主人公"他"的苦闷是被过度强调的，这其实是在暗示"他"的
认识与现实之间存在偏差。③ 也就是说，作家在冷眼旁观这位扮演孤
高且自我陶醉的主人公。在作品的最后，出现了暗示"他"由于忧国
而欲自杀的场面，对于这一情节，在当时就已经出现了"显得过于唐

① 《〈茫茫夜〉发表以后》，《时事新报·学灯》1922 年 6 月 22 日，收入《郁达
夫全集》第 10 卷，第 32 页。

② 郁达夫：《〈沉沦〉自序》，《沉沦》，泰东图书局 1921 年版，收入《郁达夫全
集》第 10 卷，第 18 页。

③ 大東和重『郁達夫と大正文学〈自己表現〉から〈自己実現〉の時代へ』、
25—26 頁；范文玲「郁達夫『沈淪』の主人公は本当に『自殺』したのか——新たな
読みの可能性を探る」『野草』第 99 号、2017 年 3 月。

突且不自然"的评价,① 后世也有人指出"其自杀的愿望仅仅是自我
怜悯的表现,不会真的去自杀"。② 如前所述,田山花袋的《棉被》
对《沉沦》的创作产生了很大影响。其实,《棉被》这部作品本身
也是装作在描述作家私生活的样子,并非写实文学,作者田山花袋
和小说主人公之间是相互背离的,这一点已经得到学者的论证。③

　　实际上,《沉沦》中的主人公与郁达夫本人的日本体验并不一
样。主人公对日本人抱有强烈的反感,甚至由于无法结交日本女性
而产生自卑感。而第八高等学校时期的郁达夫,与当地的汉诗爱好
者社团"佩兰吟社"里的日本人相交甚欢,④ 后来还被证实当时与
名为"雪儿"的一位日本女性有过恋爱关系。⑤ 综上所述,《沉
沦》中的主人公形象与作者郁达夫本人的经历并不一致,也就是
说该作品采用了虚构的手法来构成故事。

　　郁达夫将苦闷青年的内心,作为新时代的精神来描写,以告白
体的形式,让读者以为这部作品呈现的是作者自身的经历,这样的
表现手法继续运用在接下来要提到的《归航》中。

三　《归航》与反日小说《和服》

　　《归航》是郁达夫在代表作《沉沦》出版三年后发表的作品。
这部作品同样描写了中国男子留学生对日本怀有的复杂情感。本节

---

① 西滢（陈源）:《闲话》,《现代评论》第 3 卷第 71 期, 1926 年 4 月。

② 范文玲「郁達夫『沈淪』の主人公は本当に『自殺』したのか──新たな読
みの可能性を探る」『野草』第 99 号、2017 年 3 月。

③ 「第 4 章　恋愛・性・自然──山田花袋の『蒲団』と自然主義」鈴木登美
著、大内和子・雲和子訳『語られた自己　日本近代の私小説言説』岩波書店、
2000 年。

④ 「郁達夫と服部担風」稲葉昭二『郁達夫──その青春と詩』、103─123 頁。

⑤ 郁峻峰著、中井政喜訳「郁達夫と日本人女性お雪」（上、下）『中国文芸研
究会会報』第 236、237 号、2001 年 6、7 月。

将聚焦《归航》中提到的英国反日小说《和服》，考察被视为散文的《归航》中运用的虚构手法，以及主人公对日本的多重认知。

《归航》最早是以《中途》为题发表在《创造》季刊第 2 卷第 2 号（1924 年 2 月），① 随后在收入《达夫散文集》时改作《归航》。② 在《创造》季刊中，该文没有被归类在"小说"与"诗词"等作品的"创作"一栏，而是被归入"杂录"。2007 年，在浙江大学出版社出版的《郁达夫全集》中，《归航》也没有被归为"小说"而是收入"散文"中。从这种作品分类来看，《归航》（《中途》）被看作记述了作者自身体验的纪实作品，或是与此类型相近的作品。作品将第一人称"我"设定为叙事人，叙述以郁达夫为原型的人物"我"的体验与情感。然而，文中提到"我"的脑子里满是伤感甚至想自杀的冲动，以及对日本妓女充满性欲等自白，与《沉沦》的故事结构是相通的。

首先概要介绍一下《归航》的内容。在故事的开头，故乡的一个冷清的小镇上，"我"在深夜里，回想起了曾经在日本的郊外看着余晖伤感的情景。之后，作者便开始具体地讲述"我"在离开居住了十年的日本前夕，直到登上回国轮船那几日的心情，以及在船上每天的心境变化。文章末尾标注了脱稿日期，即"1922 年、7 月 26 日、上海"，由此可知，这篇文章写于郁达夫在 1922 年 7 月 20 日③从神户乘船归国之后的几天。

作为叙事者的"我"对日本这"强大又暴虐的小国"抱有厌恶情绪，但同时又难以割舍对这个自己度过了青春岁月的地方的留恋，甚至推迟了回国的日期。终于，"我"坐上了从东京开往神户的火车，登上了驶向上海的客轮，沉浸在与那位日本女人于须磨邂逅的回忆中，

① 在《创造》季刊的目录中，题目被错印为"途中"。
② 本章中引用的《归航》原文均出自《郁达夫全集》第 3 卷。《归航》与《中途》内容基本一致，《归航》的原文多加了些副词，或将一字动词改成了二字动词。
③ 伊藤虎丸・稲葉昭二・鈴木正夫編著『郁達夫資料總目錄附年譜』（下）、224 頁。

但对于压迫着自己祖国的日本，"我"无法抑制自己的反感：

> 啊啊，日本呀！世界一等强国的日本呀！国民比我们矮小，野心比我们强烈的日本呀！（中略）我的同胞的青年，大约仍旧要上你这里来，继续了我的运命，受你的欺辱的。但是我的青春，我的在你这无情的地上花费了的青春！啊啊，枯死的青春呀，你大约总再也不能回复到我的身上来了吧！①

接下来，和郁达夫其他的作品一样，日本的妓女登场了，在看到她们的身姿之后，"我"毫不顾忌地谈到了"我"对肉体的欲望。"我"怀着对日本的反感与难以割舍的留恋，徘徊在日本境内最后一个港口——门司的街中，望着花街柳巷里妓女们的肉体。这个场景在原文里是这样描述的：

> 幸町是三弦酒肉的巢窟，是红粉胭脂的堆栈，今天正好像是大扫除的日子，那些调和性欲，忠诚于她们的天职的妓女，都裸了雪样的洁白，风样的柔嫩的身体，在那里打扫，啊啊，这日本的最美的春景，我今天看后，怕也不能多看了。
>
> 我在一家姓安东的妓家门前站了一忽，同饥狼似的饱看了一回烂熟的肉体，便又走下幸町的街路，折回到了港口。②

如同《沉沦》的描写，为了深入地分析"我"的内心，《归航》中也有意地以一种"露骨"的方式着重描写了"我"的情欲。③ 对"我"来说，回到中国也并非一个充满喜悦的选择，不如

---

① 《归航》，载《郁达夫全集》第3卷，第3页。
② 《归航》，载《郁达夫全集》第3卷，第5—6页。
③ 李丽君《妓女描写与色情美学——郁达夫小说特异女性造型的异文化要素》（《现代中文学刊》2015年第6期）中论述了郁达夫的小说常描写主人公前往妓女之处，这并不是描写放荡的文学，妓女只是主人公自我表现的附属而已。

说是一种"黑暗的前途"。因为"我"认为比起在祖国受同胞们的侮辱，还不如在外国受到侮辱呢。当在船上看到一位"西洋"与中国的混血少女后，"我"的注意转移到了中国被"西洋"压迫着的问题上。摆在"我"眼前的是对现实的"闭塞感"，这是不管身处日本还是中国都不得不面对的。在作品的结尾，这种复杂的内心呼喊被凝练成了以下"我"所说的话：

> 日本呀日本，我去了。我死了也不再回到你这里来了。但是，但是我受了故国社会的压迫，不得不自杀的时候，最后浮上我的脑子里来的，怕就是你这岛国哩！Ave Japon！我的前途正黑暗得很呀！①

与《沉沦》一样，《归航》里主要描写了作为主人公的中国留学生对"帝国"日本抱有的矛盾感情，以及对情欲的自白。然而，笔者最为关注的是文中提到的英国反日小说《和服》。在日本境内最后一个港口——门司港，"我"一个人在街上转悠，作为离开日本的纪念品，到街上的书店去买了一本书。这本书就是"去年新出版的约翰·巴里斯所著《和服》"：

> 我将要去日本了，我在沦亡的故国山中，万一同老人追怀及少年时代的情人一般，有追思到日本的风物的时候，那时候我就可拿出几本描写日本的风俗人情的书来赏玩。这书若是日本人所著，他的描写，必至过于真确，那时候我的追寻远地的梦幻心境，倒反要被那真实粗暴的形相所打破。我在那时候若要在沙上建筑蜃楼，若要从梦里追寻生活，非要读读朦胧奇特，富有异国情调的，那些描写月下的江山，追怀远地的情事的书类不可，从此看来，这 Kimono 便是与这境状最适合的书

---

① 《归航》，载《郁达夫全集》第 3 卷，第 8—9 页。

了，我心里想了一遍，就把 *Kimono* 买了。①

1921 年 5 月，约翰·巴里斯的长篇小说《和服》由伦敦墨尔本出版社出版，它很快成了最畅销的英文小说，并创下了两年内再版 17 次的纪录。② 巴里斯原名弗兰克·艾什顿·格沃特金（1889—1976），由于小说发表时使用了笔名，谁也不知道他的真实身份，还因此引起骚动。后来证实他曾在 1913—1918 年担任英国驻日大使馆的外交官，并且作为随行人员与当时的皇太子（后来的昭和天皇）一同访问过英国。③ 具体情况将在后文加以论述，这里要明确的是，在日本，《和服》被热议的原因是其"夸大了日本的黑暗面，无耻的反日宣传"。④ 1923 年，文京社出版了若柳长清翻译的日文版，结果其反响远大于英语世界，未满一年即被再版了 300 次以上。⑤

那么，这篇红极一时的小说有着怎样的故事内容呢？故事的时代背景设置在第一次世界大战前夜至开战之后。女主人公藤波朝子从已故双亲那里继承了一大笔遗产，她是一位从小在法国长大且受到良好欧洲教育的千金小姐。朝子与年轻的英国贵族·陆军大尉杰弗里·布灵顿的婚姻被英国各界誉为"英日同盟"的象征，但也

---

① 《归航》，载《郁达夫全集》第 3 卷，第 5 页。

② 本章有关约翰·巴里斯的内容，主要参考羽田美也子「ジョン·パリス作『キモノ』——最も物議を醸したジャポニズム小説」『国際文化表現研究』第 3 号，2007 年 3 月。

③ 「摂政宮に扈従した元英大使館員が著はした小説『キモノは』」、『読売新聞』1922 年 9 月 14 日。继《和服》之后，巴里斯以相同的笔名发表了 *Sayonara*（1924 年）、*Banzai*（1926 年）等以日本为背景的作品。

④ 「摂政宮に扈従した元英大使館員が著はした小説『キモノは』」『読売新聞』1922 年 9 月 14 日。

⑤ 根据若柳長清訳『きもの』（文京社、1924 年 4 月 10 日、第 305 版）的出版信息。初版发行于 1923 年 8 月 30 日，至同年 12 月 30 日，已经发行到第 21 版。1924 年 1 月 5 日后，每日都会再版，现在可确认当时一日可再版 10 次以上。这应该属于现今的增印。

传出了诸如会生下"不纯的种族"、这是"亵渎大自然"的结合等风言风语。后来，天真的朝子与布灵顿充满好奇地到访了未知的国家——日本。跟随英国大使馆的官员雷兹金，他们在日本看到的是以吉原为代表的卖春文化，并且两人还得知朝子的家族正是作为吉原的总管发家的。此后，一位名叫史密斯·八重子的英日混血女人开始接近布灵顿，同时，朝子被意图夺取财产的亲戚蛊惑，渐渐变得不信任丈夫，两人也因此分开，布灵顿独自回到英国。但是在故事的最后，逃出亲戚魔爪的朝子决定回到布灵顿身边。

故事全篇由 27 章构成，日文版与英文原版《和服》的目录如下：① "日本人与英国人的结合"（An Anglo‐Japanese Marriage）；② "新婚旅行"（Honeymoon）；③ "向东而去"（Eastwards）；④ "长崎"（Nagasaki）；⑤ "花柳巷中的歌谣"（Chonkina）；⑥ "横渡日本"（Across Japan）；⑦ "大使馆"（The Embassy）；⑧ "混血女孩"（The Half‐Caste Girl）；⑨ "伊藤先生"（Ito San）；⑩ "吉原的女人"（The Yoshiwara Women）；⑪ "艺妓的晚餐"（A Geisha Dinner）；⑫ "散落的暴风雪"（Fallen Cherry‐Blossoms）；⑬ "藤波家的神龛"（The Family Altar）；⑭ "盆栽"（The Dwarf Trees）；⑮ "混血儿"（Eurasia）；⑯ "大佛"（The Great Buddha）；⑰ "梅雨期"（The Rainy Season）；⑱ "向日光山中去"（Among the Nikko Mountains）；⑲ "史密斯·八重子"（Yaé Smith）；⑳ "和服"（The Kimono）；㉑ "再见"［Sayonara（Good‐Bye）］；㉒ "藤波浅子"（Fujinami Asako）；㉓ "真正的神道"（The Real Shinto）；㉔ "秋祭"（The Autumn Festival）；㉕ "日本人的求婚"（Japanese Courtship）；㉖ "独居东京"（Alone in Tokyo）；㉗ "布灵顿夫人"（Lady Brandan）。①

下面引用一段对吉原的嫖客与妓女们的描写，笔者特意选择这位英国作者以明显否定的态度记述的片段，令人意外的是这些描写

---

① *Kimono*, Tutis Digital Publishing Private Limited, 2008.

在当时的日本反而得到了一些批判公娼制度、主张将其废除的人的赞同：

> 真是一群让人感到不悦的群众。（中略）一群总是贫穷、肮脏的家伙；一群时常出现在当铺，靠酒与吉原的女人为乐的下流阶级，是神明造人时弄坏了的丑陋之极的动物。矮小、像是猴子一般、有着黄皮肤、长着如蒙古人般扁平的鼻子、合不上的嘴巴、不整齐的牙齿、坚硬却无光泽的黑头发。他们这般犹如怪物似的外貌，就像是来到了妖精们的房间或者是由崩坏的思想转变成人类的尼伯龙根之地。①

> 雷兹金正在思考这些小巧女人的穿着太富贵华丽，因此她们所象征的身份完全隐藏了她们自己的人格，到底她们正在想什么。她们涂满白色的脸上十分不自然却看不到一丝微笑与一片自我意识的痕迹。虽然那些女人们表面上好像是梦游病患者，但其实她们内心可能并不是如此。那个女人穿着如此奢华的服装心里开心吗？被那样打赏心里高兴吗？她们的心也曾经为自己心爱男人而砰砰直跳过吗？（中略）她们还能回想到被抵押了的农场与水田、孤寂的小店与喧闹的小村、将曾经天真的自己卖出去的酒鬼父亲，以及在入行当日受到的如雷击般的打击吗？②

在《和服》执笔之时，正值日本推进"日韩合并""对华二十一条要求"，大肆扩张亚洲殖民地。此时，日本与美国的对立关系不断加剧，英国也随之提高了对日本的警惕。虽然 1902 年缔结的英日同盟已经延长到第三次同盟，但和希望继续延长两国同盟的日

---

①　若柳長清訳『きもの』、176 頁。
②　若柳長清訳『きもの』、183 頁。

方不同，英国方面出现了反对的意见。最终，1922 年华盛顿会议上缔结了《四国公约》，这一条约生效后，英日同盟也自然作废。在这个时候出版的《和服》不免引起英日两国的争论。日本政府开始讨论是否禁止此书在日本国内的发售，甚至为了表示对英国政府的抗议，暂时禁止该书作者回到日本。①

回到郁达夫《归航》的文本，笔者要关注在文本里如何表达"我"在日本境内最后的港口门司购买《和服》的理由，并试图通过对其理由进行分析，考察郁达夫赋予了《归航》文本以怎样的意义。

1922 年，在《归航》脱稿之时，日文版《和服》尚未出版。由此可以推想，当时接触大量外国文学的郁达夫早就有了此书的英文原版，或者至少听闻过此书在英语世界引发的轰动。但更加值得注意的是，作为叙事人中国留学生的"我"，买这本"朦胧且特异，充满异国情调，可以寄托自己对月光所照的山河与远方的思绪"的《和服》，是为了寄托自己对日本的爱憎之情。这样的表述包含什么意义呢？

彼时，日本一心效仿"西洋"，意图将中国半殖民地化。在这样的氛围中，受到歧视的中国留学生"我"，其实身处双重困境当中。通过将日本当作"非文明国家"，凸显"西洋"文化优越性的《和服》一书，"我"不仅可以客观地观察日本，还能够争口气给日本看。但有意思的是，如前所述，《和服》以"近代西洋"的观念来批判日本的公娼制度，将吉原的妓女描写为"性奴隶"，而嫖客们则是"卑微厌恶"的存在。与此相对，《归航》却毫无隐晦地描写了"我"手里攥着《和服》走向花柳巷，兴致勃勃地看着妓女们，表现出自己那如"饿狼"般的情欲。

总之，"我"通过《和服》得以站在"西洋"的立场上批判

---

① 羽田美也子「ジョン・パリス作『キモノ』——最も物議を醸したジャポニズム小説」『国際文化表現研究』第 3 号、2007 年 3 月、354、365 頁。

日本，但对于妓女们的看法又和该书的观点相左。从中可以看出郁达夫并没有尽情享受把自己放到"西洋"的"高度"，反而表明自己与"亚洲"的黑暗也有着共通之处，明示了自己与日本紧密的关系。另外，《归航》提到在驶向上海的客轮上，"我"看到一位"西洋"与中国的混血少女，感到"西洋"对中国的压迫。从此处可以看出，虽然"我"想要站在"西洋"的立场来推开"帝国"日本，但"我"又无法完全将自己融入"西洋"的视线中，作为中国人，"我"的身体还是"分裂"的，处于"西洋"与"亚洲"和"帝国"日本与中国之间。

如此，由于《和服》的出现，《归航》得以建构出多层的文本叙事。该作品以第一人称"我"为叙事者，像《沉沦》一样，道出了主人公——中国男留学生的"我"——被封闭的内心。这样的写法很容易使读者认为这部作品来自作者郁达夫的自身经历。但是，《归航》不是单纯地叙述"我"的体验，文中也掺杂了反日小说《和服》的故事世界观，可以说它是一部多层次且以虚构的表现手法来创作的作品。

四　关于《和服》的讨论

本节将考察《归航》中提到的英国反日小说《和服》，在当时的英语国家与日本是怎样被读者接受的。具体使用的资料包括日本外务省外交史料馆所藏档案、上海发行的英文报刊《远东每周评论》（*The Weekly Review of the Far East*），以及日文版《和服》的序文等。

首先来看日本外交档案中有关《和服》的记载。1922 年 9 月 16 日，外务大臣内田康哉在发给日本驻英代理大使的电报中提到：此前，他在与英国驻日大使会面时，告诉大使一本名为《和服》的英文小说被匿名出版，"其内容充满了对日本极为不友好的表述"，传闻该小说的作者现供职于英国驻日大使馆。同时，他询问了英国大使这一传闻是否属实。① 根据此电报的其他内容，可以知道当时日本政府很担心美国将该小说拍成电影，推动反日宣传。对于此问题，英国大使表示会妥善处理。另外，日本外务省已经调查出该小说作者的真名为弗兰克·艾什顿·格沃特金。日本驻英代理大使接收到以上这些内部秘密情报的同时，也得到了要转发给日本驻美大使的命令。

　　紧接着，1922 年 9 月 19 日，日本驻纽约领事馆总领事熊崎恭将一份《关于小说〈着物〉的报告》发给外务大臣内田康哉。熊崎恭在报告书中提到，纽约一家名为《世界晚报》（*The Evening World*）的报纸在同年 9 月 11 日开始连载小说《和服》，并且在广告中注明此小说在日本国内被禁止发售，此类广告语更吸引了当地一些读者的关注。同时，熊崎恭将已经在《世界晚报》上连载的《和服》作为参考附在报告书中发给了日本外务省。② 1922 年 9 月 30 日、10 月 5 日的报告中也附带了数章该小说的连载部分。③

　　根据日本外务省的报告，1921 年 5 月于英国出版的小说《和服》在短短一年零四个月后就跨过大海，开始在美国的新闻报刊上连载，这也反映了该小说在英美读者中的受欢迎程度。此外，这部描写了日本"阴暗面"的小说，其出版和连载与是否会引起欧美的反日运动有关，这一担忧挑动着日本政府的神经。

---

① 「内田康哉より在英代理大使宛の電報」『新聞雑誌出版物等取締関係雑件 第五巻』（1-3-1-4_005）（外務省外交史料館）、JACAR、Ref. B03040653700。
② 「小説『着物』ニ関スル件」『新聞雑誌出版物等取締関係雑件 第五巻』（1-3-1-4_005）（外務省外交史料館）、JACAR、Ref. B03040653700。有关《和服》的外务省档案及其相关文件，笔者将在其他文章中进一步加以分析。由于与主题不符，且限于篇幅，本章暂不赘述。
③ 「小説『着物』切抜送付ノ件」『新聞雑誌出版物等取締関係雑件 第五巻』（1-3-1-4_005）（外務省外交史料館）、JACAR、Ref. B03040653700；「小説『着物』ノ発行ニ関スル件」『新聞雑誌出版物等取締関係雑件 第五巻』（1-3-1-4_005）（外務省外交史料館）、JACAR、Ref. B03040653800。

约一个月后，1922 年 11 月 30 日，日本驻上海总领事船津辰一郎将《关于小说 *Kimono* 的发行之报告》发给外务大臣内田康哉。船津在报告中提到，在来自英美两国的居民众多的上海共同租界内，《和服》已成了热议话题：

> 当地外国人也经常议论任职于我国英国大使馆的书记官弗兰克·艾什顿·格沃特金先生所著的《和服》一书。听说现如今在上海俱乐部图书室，已经有数十名想要阅读这本书的人在登记排队。近来，在当地的"凯瑞·恩特·威尔斯"书店没有像该小说一样热销的出版物。最初订购的二百本在几日之内被抢购一空，后来又订购两次，至今日已将八百本全部售罄。此后，仍有不少人来询问希望购买该小说，继而电报追加订购了二百本。书店也表示从未见过有如此之多的读者。这足以使人窥探到此书是如何唤起一般外国人的好奇心以及此书需求之旺盛。①

《和服》出版后的两年内，通过在上海公共租界内专供英国人使用的"上海俱乐部"图书室中该小说的阅读申请，以及外文书店"凯瑞·恩特·威尔斯"② 的购买情形，可以了解到《和服》极大地吸引了居住在上海的欧美读者们的兴趣。

其实，这本畅销书并不单单激起了读者们的好奇心，也有英语世界的读者批判该书作者对日本的看法有些偏颇。例如，1922年 4 月，《远东每周评论》刊登了一则题为《"当东方遇见西方"——异民族婚姻的风险》（"When The East Meets West"—The Perils of Intermarriage）的报道，就反映了这些读者的声音。其

---

① 「小説『着物』ノ発行ニ関スル件」『新聞雑誌出版物等取締関係雑件　第五巻』（1‐3‐1‐4_005）（外務省外交史料館）、JACAR、Ref. B03040653800。

② 上海俱乐部地处外滩，凯瑞·恩特·威尔斯书店位于大马路（今南京东路）。木之内誠編著『上海歴史ガイドマップ　増補改訂版』大修館書店、2011 年。

图 9-1　《和服》

资料来源：《世界晚报》1922 年 9 月 11 日。

具体内容如下：

　　约翰·巴里斯，这位《和服》的作者是一位不论什么问题都不会站在中立立场上思考的人。他有着固执且偏颇的意见，还会毫不犹豫地将其表露出来。他热爱英国，厌恶日本，反对两国之间的一切联系。他所著的这本小说是有关异民族之间婚姻的故事。

　　巴里斯先生的文风简洁而飘忽不定，辞藻丰富，表现锐利，并且人物对话的设定也很优秀。《和服》很吸引我们，但是，文章中也存在一些阴险、不妥当之处，比如过于强调日本人的卑鄙与好色。而且比起这个，更重要的是，巴里斯在他这本书里讲述了他个人对日本的厌恶，这种不快的印象也传达给了读者。他绝对不会放过这样将日本人的人格描述为有威胁的、鬼鬼祟祟的、不纯真的机会。①

从上述日本驻上海总领事的报告及英文报道中可见，《和服》不仅仅在英美两国，甚至在上海租界也引起了很多读者的兴趣，亦有着不同角度的评价。那么，像这样在英语世界被热议的小说，在日本国内引起了怎样的反响呢？

1923 年，日本出版了《和服》的日文版，报纸上也刊登了"让全世界瞠目结舌的、大胆描写的反日小说，在国际上掀起波澜、引发争议的一大创作"等广告进行宣传。② 而且，如前所述，此书一年之内再版了 300 多次，引起热议，坊间传言它甚至可能被日本政府禁止售卖。③ 该小说作为"反日小说"会让日本读者感到不快，译者若柳长清在日文版的序文中有如下叙述：

> 就此书概要来说，无须重新介绍，文中到处都有对日本及日本人如手术刀般的辛辣解剖，攻击日本的旧道德观、国民的恶行、丑恶的社会制度，看破了常常被外国人当作日本女性代表的艺妓的真面目，痛骂日本特有的吉原女郎等奴隶制度。④

与此同时，若柳长清也表达了作为读者的另一种看法，即日本人应该接受书中对日本人的忠告，主张应该带有感激之情来阅读该书：

---

① "'When East Meets West' —The Perils of Intermarriage," *The Weekly Review of the Far East* (1921 - 1922), Apr. 1, 1922, By ProQuest Historical Newspapers: Chinese Newspapers Collection, 1832 - 1953, p. 178.

② 『読売新聞』1924 年 3 月 10 日。

③ 若柳長清訳『きもの』「序文」、3 頁。

④ 若柳長清訳『きもの』「序文」、3 頁。

　　虽然在我看来，此书有着过于偏重兴趣、过于夸张、太过放大日本社会的黑暗面的倾向，但是同时它也将我们的缺点毫无保留地摆在眼前，提到了很多日本人应该反省的地方，从这些来看，它又的确是一本激烈而深刻的忠告书。我们在一致认为它是反日小说，并因此感到排外主义似的愤怒之前，有必要先将该书所提到的暗示多加反省。①

　　另外，在当时的日本，"反日小说"一词似乎已经被经常使用。例如，艾里希·布兰达斯的小说《东是东》（*East is East*）讲述了日本男性与美国女性的恋爱故事，该小说的日文版于 1925 年出版之时，也是被当作"美国反日小说"来宣传的。② "反日小说"起源于 19 世纪末在欧洲流行的日本风格小说。众所周知，1867 年在巴黎万国博览会内举办的日本艺术展使很多作家对日本特有的文化加深了兴趣。例如，法国作家皮埃尔·洛蒂的《菊子夫人》（*Madame Chrysanthème*，1887 年）以及意大利作曲家普契尼以美国作家朗的《蝴蝶夫人》（*Madam Butterfly*，1898 年）为原型改编的歌剧（1904 年）等以日本女性为主人公，却又充满了异国情调的作品被接连创作出来。③ 另一方面，20 世纪 20 年代，日本的国力已经可以和欧美列强比肩。这一时期出现的"反日小说"创作于欧美对日本的反感这一背景下，进而吸引英语世界的读者阅读。④

　　《和服》的译者若柳长清称该书是一本攻击日本的书，但同时

①　若柳長清訳『きもの』「序文」、4 頁。
②　『読売新聞』1925 年 10 月 19 日。日文版由东京的中华堂发行。
③　相沢敬久「ジャポニズムにおける日本像：『蝶々夫人』を読む」『茨城大学人文学部紀要　人文学科論集』第 26 号、1993 年 3 月。
④　在若柳长清译《和服》的序文里，有如下叙述："一直以来，不管是皮埃尔·洛蒂的《菊子夫人》、拉夫卡迪奥（小泉八云）的诸多作品还是普契尼的《蝴蝶夫人》等，都是美丽地、如诗一般地、如梦似幻地介绍日本，但这部《和服》用了最真实的表现，对于英国人来说，从一开始就展示出了日本丑陋的一面。"

也指出英国作者在书里描绘出的日本人形象符合一部分事实，建议日本读者以此自省。像这样以"西洋"的视角来描写日本，使日本人得以自省的论述并不罕见。《东是东》的日文版译者松浦美奈子表达过同样的看法，而早在约十年前，皮埃尔·洛蒂《菊子夫人》的日文版（1915 年）译者野上丰一郎也秉持相同的主张。①

　　20 世纪 20 年代，日本出现了对"反日小说"《和服》的狂热反响，这种情况表明虽然日本当时正在迈向"帝国"，但是他们时常在意来自"西洋"的视线，想要摘下自身"落后国家"的标签。可以看到，在当时的背景下，为了成为与"西洋"对等的"帝国"，日本只好继续背负着重压前行。郁达夫在《归航》中提到《和服》，以及对"西洋"与中国的混血少女的描写，或许指出了本是亚洲国家的日本却封印了自己的"东洋"之姿，径自刻上了"西洋"印记的矛盾。并且，在文本中浮现出这样一组权力的图景：日本阻挡着中国的前进，但在自己的面前，仍然横亘着"近代西洋"的霸权。

五　小结

　　本章聚焦创造社代表作家郁达夫的作品《归航》，分析其主人公——一名中国男留学生对日本的复杂心境，考察了其描写的手法。实际上，同为创造社成员的郑伯奇，在其小说《最初之课》里也描写了主人公对"帝国"日本的反感，以及对祖国的失望等中国留学生共有且摇摆的感情。不过，这种叙述将留学生的群体情感当作描写对象。相反，郁达夫在《沉沦》中，用自白的方式来

---

　　①　「排日小説『東は東』をほん訳した才媛」『読売新聞』1925 年 12 月 25 日；中村みどり「中国におけるジャポニズム小説の変容——『菊子夫人』をめぐる異国情緒と民族意識」『野草』第 91 号、2013 年 2 月。

讲述留学生主人公作为"个体"的内心苦闷。这种叙事方法引导读者将其当作描写作者自身经历的写实小说来看待，因此，《沉沦》被看成一部描写作者私生活的作品，成为当时被讨论的话题。

在以中国留学生"我"为叙事者的《归航》中，郁达夫继续运用这种虚构的写作手法。但同时，《归航》中提到了当时在英语世界引起争议的"反日小说"——约翰·巴里斯所著《和服》，这使小说中"我"对日本的复杂心情有了更多层次。《和服》以日本加入亚洲殖民地的竞争以及英日同盟结束为时代背景，尖锐地批评了公娼制度等日本社会的"落后面"。《归航》的主人公为了纪念即将离开日本而购买《和服》的行为，其实意味着主人公从"西洋"这种保证了文化优越性的立场来观察日本。但是，在《归航》中又出现了与《和服》里对日本的否定评价不同的描写，作者不仅让象征日本公娼制度的妓女登场，甚至描述了主人公在看到这些妓女以及中西混血少女之后，肆无忌惮地上下打量她们的肉体等关于性的场景。这里展现出来的是一位想寻求"西洋"化，却又在中国、日本、"西洋"之间彷徨不知所措的主人公形象。

《归航》描述了作为中国男留学生的"我"对日本的爱憎，这引导读者将这部作品当成郁达夫描写自身经历的写实小说。然而，故事中又加入了"反日小说"《和服》等元素，实际上《归航》中这种交错的表达建构起了多层的文本叙事。郁达夫的早期作品，大多从多角度谈及作为"个体"的主人公被迫直面"近代"时，其内心产生的复杂变化。郁达夫作品的出现，改变了以往单纯从内容上描写留学生的文学形式，触及了留学生的复杂心态，这也使得留学生文学融入了中国近代文学的大潮中。

第 十 章
中华学艺社的《学艺》杂志

中华学艺社（1916—1958）是一个由留学日本的知识精英组织的学术社团。本章着眼于该社的主要学术刊物《学艺》，意图勾勒出其在特定时代背景下的变迁过程。

众所周知，清末中国学生大量留学日本，但他们大多接受的是短期速成教育。1907年，日本文部省和清政府缔结了"五校特约"①，为留学生接受高等专业教育开辟了门径。根据此条约，第一高等学校等日本的五所官立学校制定了接收中国留学生的特别入学制度。留学生若进入第一高等学校，将在特设预科接受一年的预备教育，之后被分配到日本全国的官立高等学校，毕业后再升入各帝国大学。中华学艺社的成员多是在这些学校就读的"五校特约生"，尤以帝国大学的学生为中心。

1916年12月，就读于东京帝国大学、东北帝国大学、东京高等工业学校、千叶医学专门学校及早稻田大学等校的47名中国留学生，在东京成立了中华学艺社的前身"丙辰学社"。该社在1920年以后把开展活动的

---

① 其主要内容如下。（1）时间：1908年至1922年，共15年；（2）接收学校以及每年定员：第一高等学校65名，东京高等师范学校25名，东京高等工业学校40名，山口高等商业学校25名，千叶医学专门学校10名；（3）经费：由清国各省分担。参见舒新城编《近代中国留学史》，上海文化出版社1989年版，第65—66页；吕顺長「清末『五校特約』留学と浙江省の対応」『中国研究月報』第600号、1998年2月。

主要舞台转移到国内，1923 年正式更名为中华学艺社，此后该社成长为中国代表性的学术团体，与留美学生组织的中国科学社[①]齐名（为行文便利，本章将其在丙辰学社时期的名称也统一称作中华学艺社）。

中华学艺社的社刊《学艺》从 1917 年创刊到 1958 年终刊，除去将近 10 年的停刊期，前后出版约 30 年，共发行了 236 期。其内容覆盖自然科学、社会科学、人文科学等领域，还涉及艺术，取名《学艺》可谓名副其实。

一　《学艺》杂志的地位

在日本涉及中华学艺社或《学艺》的研究，[②] 只有横井和彦、高明珠的《从民国初期归国留学生的表现来看留学生政策的效果——以中国科学社和中华学艺社的比较为中心》[③]，但其中基本未涉及《学艺》的内容。[④]

---

① 1914 年，就读于康奈尔大学的中国留学生成立中国科学社，该社于 1918 年把本部转移到中国。其核心成员多借由中美庚款留学项目留学美国。参见张剑《科学社团在近代中国的命运——以中国科学社为中心》，山东教育出版社 2005 年版。

② 对于与革命或政治运动有关的留日学生社团的研究很多，如关于创造社的研究。中华学艺社跟创造社也有一定的关系，郭沫若等创造社主要成员都曾在《学艺》的文艺创作栏上执笔。《学艺》的"通讯"栏中曾刊登郭沫若寄给张资平的书信，其中涉及创造社的成立计划。参见《学艺》第 2 卷第 10 期，1921 年 4 月。

③ 横井和彦・高明珠「民国初期における帰国留学生のパフォーマンスからみた留学生政策の効果——中国科学社と中華学芸社の比較を中心として（上）」『経済学論叢』第 66 巻第 4 号、2015 年 3 月；同（下）『経済学論叢』第 67 巻第 1 号、2015 年 7 月。

④ 在留日学生史和中日教育文化交流史等研究领域，日本政府方面实施的"对华文化事业"受到较多关注，代表性的著作是阿部洋『「対支文化事業」の研究——戦前期日中教育文化交流の展開と挫折』（汲古書院、2004 年）。此书的研究视角主要在日本方面，对中华学艺社并无详细论述。另外，也有一些研究关注在日本的中国留学生支援团体，如关于"日华学会"的研究，参见大里浩秋「『日華学報』目次」（『人文学研究所報』第 38 号、2005 年 3 月）。但这些研究和阿部洋的著作一样，视角并非以中国留学生为主。

中国学界的研究以范铁权《知识传播与学术转型——中华学艺社研究》（人民出版社 2019 年版）为代表，[①] 该书系统论述了中华学艺社发展变迁的整个历程。其使用的资料可谓详尽，但大多止于铺陈资料，而未能在对资料进行批判的基础上有机地结合时代背景，特别是当时紧张的中日关系等，深入地探讨中华学艺社的变迁与定位。该书对《学艺》的处理，也止于引用资料和先行研究，未能在时代背景下勾画出《学艺》的变迁与特点。关于《学艺》的研究，还有范岱年《一个曾致力于人文与科学交融的学术团体及其刊物——中华学艺社和〈学艺〉杂志的兴衰》，其重在强调中华学艺社和《学艺》对人文科学和自然科学进行融合的特点，为此把 1916—1950 年的《学艺》分为五个时期，列举了相关论文的标题和作者。

基于上述已有研究的不足，本章尝试将《学艺》置于时代背景下，进行基础性研究。本章由两节组成，在第一节中简述中华学艺社的发展轨迹；在第二节中将《学艺》的出版划分为四个时期，着重从各个时期的时代背景、杂志的出版状况及内容上的倾向等方面分别进行探讨。

关于《学艺》在当时中国学术杂志中的地位及其出版之不易，其编辑郑贞文为《学艺》"百期纪念增刊"（1933 年 3 月发行）所写的《百号复刊述感》中做了很好的概括，特在此引用。其文如下：

> 国内杂志……其以学术为目的，连编百号以上者，以余所知，只有科学杂志[②]与学艺杂志。……然而得此成绩，亦綦难矣。
>
> 溯学艺杂志之产生，由于五九国耻之后，同人等思以学术救国，组织丙辰学社于日本东京。初拟出季刊……历四年方出四大期，序为第一卷。

---

① 参见钱益民《中华学艺社研究（1916—1932）》，硕士学位论文，复旦大学，2001 年。

② 《科学》杂志是中国科学社的主要刊物。

民国九年，归国同人渐集，议改学艺杂志为月刊，年出十册。……

自学艺杂志复刊后，社务日见发达，盛时社员人数达千三四百人，遍集农，工，医，理，文，法，艺术，军事诸科，凡学术上之著作，罔不撷取精彩……

自学艺杂志创刊以来，余为编辑主任多年，余亦皆与编辑之列，故知之最深，言之亦复最痛，民七留东同学争中日军事协约归国①，至九一八丧失东北领土，国事漂摇，文化未昌，斯皆执管之时，求以同人之心血，洗涤污秽之河山者也。九一八之后，议编百号增刊，遍请社员撰述。……方付排印，一二八沪变又生，商务印书馆被焚，全稿毁焉。撰述之人，原稿存者，今见斯册，不存者，今则仅列篇目而已。……②

如郑文所言，《学艺》"百期纪念增刊"于1931年九一八事变后开始募集稿件，原定于1932年出版，但受1932年1月的"一·二八"事变的影响，承担印刷和发行的商务印书馆遭到焚毁，付印的"百期纪念增刊"原稿也毁于其中。因此，不得不重新募集原稿，最终于1933年3月出版。

二　中华学艺社的发展历程

如前文所述，1916年中华学艺社成立于东京，其宗旨为"研究真

---

① 1918年5月，日本政府为出兵西伯利亚，与中国政府缔结了秘密军事协定。留日学生发起反对秘密军事协定的集体归国运动，并组织了"留日学生救国团"，团长由中华学艺社理事王兆荣担任。受此运动影响，中华学艺社一时停止活动。《中华学艺社沿革小史》，《学艺》"百期纪念增刊"，1933年3月。

② 郑贞文：《百号复刊述感》，《学艺》"百期纪念增刊"，1933年3月。

理，昌明学艺，交换知识"。① 其主要成员，除前文所提到的多根据"五校特约"在日本接受高等教育之外，还大多亲身参加过辛亥革命，却因此对政治革命失望，转而追求学术救国之路。②

　　20 世纪 20 年代前半期，正值新文化运动，归国留学生领导的教育学术团体非常活跃，中华学艺社在 1920 年将本部转移到中国国内后展开的活动就是其中一环。中华学艺社除了发行《学艺》外，还致力于出版《学艺汇刊》《学艺丛书》等学术图书，这与其中坚成员多供职于当时中国最大的出版机构商务印书馆有关。另外，中华学艺社还于 1925 年创办了学艺大学，作为其中心事业之一。③

　　但是，由于北京政府的财政困难和政治混乱，教育学术事业的展开困难重重。正当此时，欧美诸国和日本以庚子赔款为财源，开展对华文化事业，这对中国的教育学术界产生了重大影响。中华学艺社试图与日本政府推行的"对华文化事业"展开合作，但日本政府同中国教育学术界围绕文化事业的运营方式发生了严重的对立。中华学艺社等中国教育学术团体要求由中日两国学者合作组成独立于两国政府的中日联合委员会来负责运营，对此日本政府虽表面上同意合组中日联合委员会，但实际的主导权掌握在日本外务省手里，中华学艺社等的设想也没有得到日方学界足够的呼应。④ 与此形成鲜明对比的，是美国的对华文化事业在中美双方知识精英组成的"中华教育文化基金董事会"的领导下顺利开展，归国留美学生和他们的团体因此获得较为稳定的支援。⑤ 受此影响，中华学

　　① 《丙辰学社社章》，《学艺》第 1 卷第 2 期，1917 年 9 月。
　　② 潘吉玲「中華学芸社の設立：革命から学術救国へ——中国の近代的学術団体草創の一断面」早稲田大学『アジア太平洋研究科論集』第 27 号、2014 年 3 月。
　　③ 潘吉玲「上海学芸大学の設立と挫折——一九二〇年代半ばの教育、政治、対日関係の挟間で」『アジア教育』第 9 巻、2015 年 10 月。
　　④ 潘吉玲「『対支文化事業』をめぐる日中両国学者の連携——中華学芸社の動きを中心に」『アジア教育』第 14 巻、2020 年 11 月。
　　⑤ 关于美国的对华文化事业，参见杨翠华《中基会对科学的赞助》，台北，中研院近代史研究所 1991 年版。

艺社的发展渐渐落后于中国科学社。

进入 20 世纪 30 年代，中华学艺社在教育学术界的影响力急速下降，这与中日两国关系恶化有密切的关系。在九一八事变的巨大冲击后紧接着发生的"一·二八"事变，使商务印书馆遭焚，中华学艺社由此失去了中心据点而陷入困难。① 在抗日战争时期，中华学艺社由于发生内部对立，被迫停止活动。其成员中有在重庆国民政府下坚持抗战的，也有部分在华北日军占领区和汪伪政权下与日本"合作"的。

抗日战争结束后，一部分核心成员参与接收台湾地区教育文化设施的工作。代表人物是负责接收"台北帝国大学"，并在接收后即被任命为台湾大学第一任校长代理的罗宗洛。② 中华学艺社试图以台湾为据点之一，在经历抗战后重振社务。③ 然而，很快国共内战开始，1949 年中华人民共和国成立，国民党政权迁到台湾。去台湾的成员中，有经济学家周宪文，他为台湾研究基础性史料的收集和整理做出了贡献。④ 又如曾参加左联的陶晶孙，在国民党政权迁台后，又从台湾亡命日本，留下了代表作『日本への遺書』（創元社、1952 年）。留在大陆的成员，多在中华人民共和国成立后开展的政治运动中受到批判。中华学艺社受 1957 年开始的反右运动影响，于 1958 年最终宣布解散。⑤

----

① 《中华学艺社沿革小史》，中华学艺社总办事处编《中华学艺社概况》，1936年版。

② 1945 年抗日战争结束后，罗宗洛被国民政府教育部任命为台湾区复员辅导委员会主任委员，负责接收台湾地区的教育文化设施。后因与台湾省行政长官公署长官陈仪发生矛盾，他于 1946 年 8 月辞台湾大学校长代理职。参见李东华等编校《罗宗洛校长与台大相关史料集》，台北，台湾大学出版中心 2007 年版；何卓恩：《台湾大学接收改造中的"国界"与"省界"——基于〈罗宗洛日记〉（1945—1946）的观察》，《中山大学学报》2016 年第 4 期。

③ 《台湾分社筹备会》，《中华学艺社报》第 13 卷第 1 期，1946 年 10 月。

④ 吴幅员：《周宪文先生传》，载《在台剩稿》，台北，正中书局 2001 年版。

⑤ 徐锋华：《中华学艺社与近现代上海的文化传播》，载《上海市社会科学界第十届学术年会文集（2012 年度）》，上海人民出版社 2012 年版。

三 《学艺》的刊行状况和内容

由于《学艺》的发行时间跨度大，其间出版地也发生了变化，本节将其划分为四个时期，即在日本发行时期（1917—1919）、迁回上海至抗日战争全面爆发（1920—1937）、抗日战争结束后（1947—1949）、中华人民共和国初期（1950—1958），分别进行探讨。

（一）在日本发行时期（1917—1919）

如前所述，《学艺》杂志于 1917 年在东京创刊，顺利出版至第 3 期（1918 年 5 月），但第 4 期受 1918 年 5 月的留学生集体归国事件的影响，直到 1919 年底才进行编辑。① 在日本发行的 1—4 期，后被称为第 1 卷。

第 1 卷采取竖排形式，页数有 250—300 页。封面上印有"学艺"和德语译名"Wissen und wissenschaft"。编辑所是中华学艺社事务所，在东京都小石川原町。印刷所在神田的三秀舍。② 首任主编是东京帝国大学政治学专业的吴永权，第二任主编是该校物理学专业的文元模。出版经费主要来自中华学艺社成员的年度特别捐助，以及驻日公使和驻日留学生监督等的捐赠。③

《学艺》的发刊有其时代背景。在日本，当时大正教养主义盛行，出现了以"文化"为关键词对学问和艺术的各个领域进行"综合"的趋势。所谓"大正教养主义"，是以新康德学派等当时

---

① 受印刷所罢工的影响，延至 1920 年 3 月出版。参见《丙辰学社启事》，《学艺》第 1 卷第 4 期，1920 年 3 月。

② 《学艺》第 1 卷第 3 期，1918 年 5 月。

③ 《丙辰学社启事一》，《学艺》第 1 卷第 2 期，1917 年 9 月；《丙辰学社社报》，《学艺》第 1 卷第 3 期，1918 年 5 月；《丙辰学社社报》，《学艺》第 1 卷第 4 期，1920 年 3 月。

在日本学界有很大影响的德国哲学为思想背景，以旧制高等学校为
据点的日本精英文化。① 如前所述，中华学艺社的成员，以高等学
校—帝国大学出身的精英为中心，他们深受大正教养主义的影响。

而在中国，正当民国初期，袁世凯政府倒台后政治上陷入了分
裂和军阀混战。同时，以蔡元培就任北京大学校长为契机，新文化
运动开始，这场运动以"民主"与"科学"为旗帜，致力于批判
儒家传统文化。《学艺》的创刊号上刊登了许崇清对蔡元培批判儒
教的演讲进行评论的文章，② 对此蔡元培予以回应并在《新青年》
杂志上刊登了对《学艺》的介绍。③ 其文称："近日丙辰学社发行
《学艺》第一号（总代派处，上海中华书局）。丙辰学社为东京留
学界研究学术之机关，而以其研究所得，揭之于《学艺》。……近
年吾国学者社会之杂志，纯然言学理者，有《科学》。根据学理以
谈法政者，有《太平洋》及《新国民》。今《学艺》则兼前两种
性质而有之。要之，皆好学者所不可不读之杂志也。特为介绍。"④
蔡元培在介绍中，通过与《科学》杂志和《太平洋》杂志等的比
较，突出了《学艺》作为综合杂志的特点，并将其定位为新文化
运动中的重要杂志。

关于《学艺》的创刊宗旨，刊登在创刊号上的《发刊词》中，
首先强调学问的作用，认为学问引导文化的进步，文化的进步促进
社会的发展。再次指出儒教等中国的传统学问，与西洋的科学相
比，有两点不足：一是研究对象只限定于政治和人事，不包括自然
科学；二是都是片段性的知识，欠缺逻辑性。在此基础之上，提出

---

① 竹内洋『学歴貴族の栄光と挫折』第 5 章『教養の輝きと憂鬱』講談社学術
文庫、2011 年；筒井清忠『日本型「教養」の運命——歴史社会学的考察』岩波現代
文庫、1995 年、57—58 頁；三谷太一郎「『澀江抽斎』の文化史的観点——和辻哲郎
の鷗外批判によせて」『鷗外歴史文学集』第 7 巻、岩波書店、2000 年、2 頁。

② 许崇清：《批判蔡孑民在信仰自由会之演说并发表吾对于孔教问题之意见》，
《学艺》第 1 卷第 1 期，1917 年 4 月。

③ 蔡元培：《与许崇清先生书》，《新青年》第 3 卷第 3 期，1917 年 5 月。

④ 蔡元培：《再致〈新青年〉记者函》，《新青年》第 3 卷第 3 期，1917 年 5 月。

《学艺》的主旨为"昌明学术，灌输文明"。最后举康德、黑格尔、卢梭、笛卡尔等人为例，指出学者对社会的变革具有巨大的影响力，因此丙辰学社的成员当以"文章报国"为志，为祖国的文化发展做出贡献。①

创刊号上还刊登了杨栋林的《说学艺》，专门解释"学"和"艺"的意思。文章最后说道："西方哲士论人道之极则也，曰真 Truth，曰美 Beauty，曰善 Good。窃以为善之一字，本无一定准的，人道极则，只须向真美二者中求之。若真而美，斯为善矣。学艺二者，即求真求美之途术也……今者吾人欲以真美为正鹄 Aim，以学艺为对象 Object。"②

从这两篇文章可看出两点：其一，把学问视作独立于政治的范畴，强调其对文化发展和社会变革的作用；其二，批判以儒学为中心的中国传统学问，并引进西洋的科学，指出学问和艺术的价值在求真、求美。即在《学艺》中可看出背弃以儒学为中心的传统学问观，而向近代的学问观转换的趋势。

接下来从《学艺》的栏目设置和具体文章探讨其具有综合性这个特点。这个时期的《学艺》设有"撰著""译丛""评论""杂俎""来件""通讯""演讲""文苑""附录"等栏目，其中最重要的是"撰著"和"译丛"。

这两个栏目一共刊登了75篇文章，③ 如表10-1所示，遍及法科、文科、工科、农科、理科及医科等各领域。相对集中的主题之一，是第一次世界大战。④ 相关文章的标题和作者，如表10-2所示。这些文章涉及外交、军事、经济、农业等领域，可谓极好地展示了《学艺》的综合性。作者各自立足于自身的专业进行写作，但在这些文章中都强调了即便在战时，学术研究也很重要。

---

① 《发刊辞》，《学艺》第1卷第1期，1917年3月。
② 杨栋林：《说学艺》，《学艺》第1卷第1期，1917年3月。
③ 连载文章以连载数算入，下同。
④ 另外，关于当时正在审议的宪法草案问题的文章也比较多。

表 10-1　《学艺》第 1 卷"撰著""译丛"两栏刊登文章的专业领域

专业领域	法科	文科	工科	农科	理科	医科	计
文章数	23	16	16	12	7	1	75
比例(%)	30.67	21.33	21.33	16	9.33	1.33	100

注：百分比统计按四舍五入计。

资料来源：笔者根据《学艺》第 1 卷制成。

表 10-2　《学艺》第 1 卷"撰著""译丛"两栏刊登的有关第一次世界大战的文章

专业领域	作者姓名	作者出身学校·专业	文章题名
外交	陈启修	东京帝大·政治学	庶民政治与外交秘密
	吴永权	东京帝大·政治学	外交与庶民政治
	王兆荣	东京帝大·政治学	空中领域与航空机之攻击
军事	郑贞文	东北帝大·化学	最近德国军用之化学武器
	钟毓灵	东京帝大·造兵学	鱼形水雷之武力
	林大勋	东京帝大·火药学	现代之火药
	张资平	东京帝大·地质学	德国潜水艇
	崔士杰	东京帝大·政治学	中国之军事政策
经济	邹宗孟	京都帝大·政治学	对外贸易政策之原理与关税问题之关系
农业	周建侯	北海道帝大·农艺化学	战争中德意志之食粮计划及农业整理

资料来源：笔者根据《学艺》第 1 卷制成。

　　另外，从这些文章还可看出，作者颇受所在大学的教授等的影响。一战相关文章较多的一个原因，或与中华学艺社成立一周年纪念的演讲会有关。1917 年 12 月 1 日，中华学艺社在本乡基督教青年会举行讲演会，讲题多涉及一战，演讲者为大学教员。比如，东京帝国大学教授吉野作造演讲《欧洲大战后的新形势》，该大学讲师美国人普莱斯（William Hyde Price）演讲《战争与社会经济》，早稻田大学教授金子筑水演讲《东西文明之比较》等。①

　　其中，吉野作造的讲演中涉及秘密外交和民主主义的关系。吉野认为秘密外交不符合战后的民主主义，因此主张应由国民外

----

　　①　吉田熊次预定做最后讲演，但因为吉野作造讲演了两个半小时，超过预定时间很多，吉田熊次的演讲没能充分展开。《丙辰学社社报》，《学艺》第 1 卷第 3 期，1918 年 5 月。

交取代。① 或受此演讲的启发，东京帝国大学政治学专业的陈启修和吴永权，各自翻译了对秘密外交和民主主义的关系持相反观点的论文，刊登在《学艺》上。陈翻译的论文主张秘密外交和民主主义可以两立，应把外交置于议会的职权之外。与此相反，吴翻译的论文主张秘密外交和民主主义不能两立。② 从这个例子可以看出，自由的学术讨论意识已经萌芽。

（二）迁回上海至抗日战争全面爆发（1920—1937）

如前所述，受 1918 年 5 月留学生集体归国事件的影响，中华学艺社一时停止活动，《学艺》也暂停出版。1920 年 4 月《学艺》在上海复刊（月刊，商务印书馆发行），此后中华学艺社把主要活动舞台转移到中国。截止到 1937 年 7 月抗日战争全面爆发时停刊，包括百期纪念增刊在内，《学艺》共出版了 144 期（第 2—16 卷）。这个时期的学艺改为横排，以白话文为主，每期页数 120 页左右。共刊登了 1400 多篇论文，作者超过 460 名。③ 刊载论文数处前 15 位的作者和他们的专业领域，如表 10 - 3 所示。由此可知作者的专业领域非常多样化，但仍可整理出比较集中的几个领域：国文、国故研究，科学思想研究，科学史研究。

《学艺》的复刊以新文化运动为背景。复刊后的《学艺》由商务印书馆编译所的郑贞文等负责编辑。当时，商务印书馆与北京大学并称为两大文化中心。但到国民革命时期，《学艺》的出版就往往延期。1932 年 1 月后受"一·二八"事变中商务印书馆被焚的影响，《学艺》被迫休刊一年多。之后，商务印书馆解除了与《学

---

① 〔日〕吉野作造讲：《欧洲大战后之新形势》，黄伦芳译，《学艺》第 1 卷第 3 期，1918 年 5 月。

② 〔法〕Joseph Barthélemy：《庶民政治与外交秘密》，陈启修译，《学艺》第 1 卷第 1 期，1917 年 3 月；〔美〕Arthur Bullard：《外交与庶民政治》，吴永权译，《学艺》第 1 卷第 2 期，1917 年 9 月。

③ "社报"和"文学创作"栏除外，下同。

艺》的出版契约，《学艺》出版由此面临经费上的困难，同时编辑也改由中华书局的周宪文等人接任。①

表 10 - 3 《学艺》的主要作者及其专业领域（1920—1937）

作者	专业领域	文章数	作者	专业领域	文章数
徐式圭	国故	37	郑贞文	化学·科学思想	18
陈承泽	国文	29	陈钟凡	国故	17
范寿康	哲学·教育哲学	27	钟毓灵	数学	17
陆志鸿	材料工学·科学思想	27	许崇清	教育学·思想	15
李俨	数学史	22	张资平	矿学·文学	15
马宗荣	教育学·图书馆学	20	周昌寿	物理·科学思想	15
陶烈	生理学·脑之研究	20	C. P.	国文	14
沈璿	天文学·天文学史	19			

注：陈承泽于 1922 年病逝，《学艺》上刊登其遗作。C. P. 是笔名，本名不明。

资料来源：笔者根据《学艺》第 2—16 卷制成。

由于《学艺》的这个时期是从 1920 年至 1937 年，时间相对较长，再将其细分为三个阶段分别进行探讨，即 1920 年 4 月至 1925 年 5 月、1925 年 8 月至 1931 年 9 月、1932 年 11 月至 1937 年 7 月。

表 10 - 4 《学艺》的主要作者及其专业领域

1920—1925 年（第 2—6 卷）		1925—1931 年（第 7 卷—第 11 卷第 8 号）		1932—1937 年（第 11 卷第 9 号—第 16 卷）	
作者	专业领域	作者	专业领域	作者	专业领域
范寿康	哲学·教育哲学	曾世荣	铁路	刘鸿万	统计学
陈承泽	国文	沈璿	天文学·天文学史	陆志鸿	材料工学·科学思想
周昌寿	物理·科学思想	徐式圭	国故	徐式圭	国故
张资平	矿学·文学	陈钟凡	国故	陶烈	生理学·脑之研究
郑贞文	化学·科学思想	马宗荣	教育学·图书馆学	李俨	数学史
钟毓灵	数学	陈承泽	国文	蓝梦九	农艺化学
林骙	林学·思想	李俨	数学史	王石安	天文学
杨树达	国文	许崇清	教育学·思想	于景让	生物学
C. P.	国文	陶烈	生理学·脑之研究	冯振心	国文
胡霖	苏俄研究	C. P.	国文	刘铨元	国文

资料来源：笔者根据《学艺》第 2—16 卷制成。

---

① 周宪文：《编辑后记》，《学艺》第 12 卷第 12 期，1933 年 3 月。

1. 1920 年 4 月至 1925 年 5 月

在这个阶段《学艺》共计发行 50 期。刊登论文数处前十位的作者和他们的专业领域，如表 10－4 最左栏所示。此时正值新文化运动期，这也是中国近代史研究中观点严重对立的时期。一种是基于"革命史观"的研究，其认为新文化运动的主要影响是社会主义思想广为传播，而且在此基础上 1921 年中国共产党成立；还有一些研究虽然未必立足"革命史观"，但也经常强调留日学生对社会主义思想的传播做出了巨大贡献。[①] 另一种研究把新文化运动定位为思想启蒙，经常强调胡适等留美出身的知识分子和他们提倡的自由主义。[②]

新文化运动时期的《学艺》又处在怎样的立场呢？此时《学艺》最具特色的，是主张用科学思想来进行启蒙，作者们称之为"科学革命"。同时，《学艺》也刊登了不少关于社会主义的文章。作者们还把两者对比，认为"科学革命"的影响并不亚于社会主义革命，《学艺》的编辑郑贞文在《爱因斯坦和科学的精神》中的论述就是一例。其文称："罗素说：'现代最伟大的人物，只有李宁（列宁——引者注）和爱因斯坦二人。'他们同是思想界的革命家，然而李宁的理想，正在试验，成功和失败，我们还不敢遽下判断；至于爱因斯坦的学说……他在科学界的革命，完全成功了。……我们惊叹爱因斯坦在科学上的功业，尤当敬服他的科学的精神。怀疑的勇气和求真的信念，是他成功的要素，我们所当取以为法。……这种科学的精神，是科学研究的唯一基础……"[③]

刊登在《学艺》上的有关科学思想的一部分文章，被汇集成单行本《自然科学之革命思潮》（《学艺汇刊》第 14 期，商务印书

---

① 日本的研究有石川祯浩『中国共产党成立史』（岩波书店、2001 年）等。

② 〔美〕周策纵：《五四运动：现代中国的思想革命》，周子平等译，江苏人民出版社 1996 年版；章清：《"胡适派学人群"与现代中国自由主义》，上海古籍出版社 2004 年版。

③ 郑贞文：《爱因斯坦和科学的精神》，《东方杂志》"爱因斯坦专号"，1922 年 12 月。这个专号是以郑贞文等当时任职于商务印书馆的中华学艺社成员为中心编辑的。

馆 1926 年版）出版。该书的内容构成如表 10 – 5 所示。这些文章
的著译者是东京帝国大学物理学专业毕业的文元模、周昌寿和东北
帝国大学化学专业毕业的郑贞文等。他们参考或翻译的是日本大正
教养主义的代表人物石原纯和田边元等的论著。至于文章内容则多
涉及相对论。① 从这些文章中，可看到两种思考模式：一是认为事
物的变革是渐进的；二是认为科学是建立在假说基础上的。②

表 10 – 5   《自然科学之革命思潮》的内容构成

文章题名	著译者姓名	出身学校	原著、参考文献
自然科学的真理是客观的真理吗？	文元模	东京帝国大学	Jules-Henri Poincaré, *Science and Hypothesis*；田辺元訳, Jules-Henri Poincaré 著『科学の価值』
现代自然科学之革命思潮			
论现代科学革命者爱因斯泰因的新宇宙观			
相对性理论与哲学之交涉	张心沛抄译	东京帝国大学	Ernst Cassirer 的相关论文
爱因斯坦底宇宙论和思维底究极	周昌寿译	东京帝国大学	石原纯「アィンシュタィンの宇宙論と思惟の究極」
物理的认识与原子力学	周昌寿		
最近自然观之批判	郑贞文	东北帝国大学	田辺元『科学概論』『最近の自然科学』
科学之体系			田辺元『科学概論』

资料来源：根据《自然科学之革命思潮》制成。

---

①　胡大年也认为，留日出身的学者对于相对论在中国的传播做出了极大的贡献，
而石原纯等日本学者对他们产生了巨大的影响。胡大年：《爱因斯坦在中国》，上海科
技教育出版社 2006 年版，第 83—89、106—115 页。

②　如文元模在《现代自然科学之革命思潮》中写道："故以抱残守缺为至善，以
改弦更张为非圣者，妄也。然旧者皆可弃之如土，新者皆宜奉之如珍乎？是又不然。
过去之历史者，未来之指针也，不有旧土，何来新珍。由斯义以言之，旧者虽不免沦
胥。然其启迪新者之功，仍不能泯。彼抱残守缺，不知进化者，固不足道。然其所抱
所守之残者缺者，依然自有其价值。故徒侈谈革新，而不以已往之陈迹为根本者，亦
妄也。姑不必泛论人生，广征史乘，即就自然科学思想变迁之程序以察之，此理亦不
难明矣。"中华学艺社编：《自然科学之革命思潮》，第 19—20 页。

这样的思考模式，也影响了中华学艺社成员对于社会主义革命的看法。刊登在《学艺》上有关社会主义的文章，① 具有以下特点：①多参考或翻译大正民主主义时期日本的著作，尤其是河上肇的论著；②著译者多是河上肇在京都帝国大学的学生，包括在九州帝国大学学习医学的郭沫若；③著译者多数主张经济落后的中国还不具备实行社会主义革命的条件，与此相反，郭沫若主张模仿苏联，在强大的国家权力下快速发展国家资本主义。②

2. 1925 年 8 月至 1931 年 9 月

在这个阶段《学艺》共计发行 48 期。刊载论文数处前十位的作者和他们的专业领域，如表 10 - 4 中间一栏所示。其中数学史③

①　这个时期刊登在《学艺》上有关社会主义的主要著译文章有白鹏飞《何谓社会主义》，《学艺》第 2 卷第 7 期，1920 年 10 月；〔日〕河上肇：《经济学批评序中之唯物史观公式》，何崧龄译，《学艺》第 4 卷第 1 期，1922 年 7 月；〔日〕河上肇：《唯物史观公式中之一句》，何崧龄译，《学艺》第 4 卷第 2 期，1922 年 8 月；〔不明〕Bodin：《马克思和近时的批评家》，李希贤译，《学艺》第 5 卷第 1 期，1923 年 5 月；郭心崧：《中国经济现状与社会主义》，《学艺》第 5 卷第 5 期，1923 年 9 月；资耀华：《亚丹斯密与马克思之关系》，《学艺》第 5 卷第 7 期，1923 年 11 月；萨孟武：《马克思之资本复生产论》，《学艺》第 5 卷第 8 期，1924 年 1 月；〔日〕河上肇：《社会革命与政治革命》，郭沫若译，《学艺》第 6 卷第 4 期，1924 年 8 月；萨孟武：《康德与社会主义》，《学艺》第 6 卷第 5 期，1924 年 11 月；〔日〕河上肇：《社会革命与社会政策》，郭沫若译，《学艺》第 6 卷第 6 期，1924 年 12 月；〔日〕河上肇：《唯物史观公式》，李春涛译，《学艺》第 6 卷第 9 期，1925 年 4 月；等等。

②　对此，作者之一、京都帝国大学出身的萨孟武回忆道："朱家骅先生曾对我说：'中国的共产主义，思想方面由日本传入，行动方面由苏联传入'；此言大约不错。奇怪得很，我们看了河上肇的论文却发生了反作用，而不赞成共产主义。这大约因为日本工业已经发达，而吾国当时尚停止于农业经济阶段之故。而在思想上又受 Kautsky 的影响很大。他是德国社会民主党的学者，著作甚多，虽然也提倡马克思主义，而却认为社会主义不能在经济落后的国家实行。"萨孟武：《学生时代》，广西师范大学出版社 2005 年版，第 168 页。另参见〔日〕三田刚史《留日中国学生论马列主义革命——河上肇的中国学生与〈孤军〉杂志》，《徐州师范大学学报》2005 年第 5 期；三田刚史『甦る河上肇：近代中国の知の源泉』藤原書店、2003 年。

③　李俨的中国数学史论文，后汇集为单行本《中算史论丛》（一）（二）（三），作为《学艺汇刊》出版。

和天文史等中国科学史研究引人注目。尤其是新城新藏著、沈璿译的中国古代天文学相关论文独具特色，这些论文后被收入『東洋天文学史研究』（弘文堂书房、1928 年），其中文版也是由沈璿翻译、中华学艺社出版（1933 年）。

新城新藏和沈璿都与日本政府当时实施的"对华文化事业"有关。新城是这个项目中负责经营上海自然科学所的上海委员会委员之一，沈则被上海自然科学所内定为研究员，从事天文学研究。在这个阶段，"对华文化事业"的相关人员参与执笔，成为《学艺》的重要特征。这个特征尤其体现在《学艺》的"陶烈追悼专号"中。[1] 陶烈（1900—1930）是毕业于京都帝国大学医学部的脑科学家，1930 年逝世前是中山大学的生物学教授，为购买研究教育用设备赴日，即在东京病逝。

这个专号的编辑和作者多获得过"特选留学生"奖学金。"特选留学生"奖学金制度，是"对华文化事业"中所设奖学金制度的一种，以本科或专科毕业后继续从事研究者为对象。[2] 负责编辑该专号的是陶烈的兄长陶晶孙与陶烈中山大学的同事罗宗洛。陶晶孙从东京帝国大学毕业后，在该校继续做研究。罗宗洛是北海道帝国大学农学博士。执笔者中有陶烈的姐姐、生物学家陶慰孙。陶晶孙、罗宗洛和陶慰孙都获得过"特选留学生"奖学金资助，陶慰孙还是第一个进入京都帝国大学研究生院的女性。[3] 另外，如前所述，协助编辑的郑贞文，是"对华文化事业"日中共同委员会中

---

① 《学艺》第 11 卷第 4 期，1931 年 4 月。

② 关于陶烈和"特选留学生"奖学金制度，参见中村みどり「陶晶孙の日本留学と医学への道——陶烈、佐藤みさをとの交流から」大里浩秋・孫安石『近現代中国人日本留学生の諸相：「管理」と「交流」を中心に』（御茶の水書房、2015）；潘吉玲「『特選留学生』学費補給制度（1924—1940 年）に関する研究」早稲田大学地域・地域間研究機構『次世代論集』第 3 号、2018 年 3 月。

③ 陶炽、郑贞文：《编辑后记》，《学艺》第 11 卷第 4 期，1931 年 4 月。

方委员。[①]

此外，日方主导的"对华文化事业"未能顺利开展，但也在《学艺》中留下了痕迹。如郑贞文在这个专号的"编辑后记"中写道，陶烈君客死他乡，可见在中国缺的不是研究人才，缺的是可以接收日本留学出身的研究者的学术机关。[②]

3. 1932 年 11 月至 1937 年 7 月

在这个阶段，包括"百期纪念增刊"在内，《学艺》共计发行46 期。受"一·二八"事变的影响，《学艺》休刊一年多后复刊，但此时《学艺》已不复过去精彩。刊载论文数处前十位的作者和他们的专业领域，如表 10-4 最右栏所示。从中可看出以下倾向。

首先，和前一个阶段相比，翻译的连载偏多。如蓝梦九译《土壤学提要》（关丰太郎著）连载 10 次，于景让译《细胞的生化学》（柿内三郎著）连载 7 次。

其次，关于国文、国故的文章相对较多，如刊登了冯振心《说文解字讲记》、张觉人《墨子的经济思想》等。这与当时中日关系紧张，文化民族主义兴起有关。

最后，经济领域的论文增多。其直接原因是京都帝国大学经济学专业毕业的周宪文接任编辑，但还有更深层的原因，即受世界经济恐慌和日本军事侵略的影响，马克思主义在中国学术界的影响增强。[③]

但是，中日关系恶化的影响，最鲜明地反映在一度被焚的"百

---

① 其他寄稿的有东北帝国大学动物学教授畑井新喜司、后来成为日本脑科学研究第一人的小川鼎三，还有中国科学社的秉志、竺可桢等，他们曾和陶烈一同出席1929 年在印度尼西亚爪哇岛召开的第四届泛太平洋学术会议。此外，毕业于日本东北帝国大学的数学博士苏步青、毕业于九州帝国大学的医学博士杨子韬等人也都寄送了研究论文，但因专业不同或寄到太迟没有刊登，苏步青和杨子韬曾获得"特选留学生"奖学金。

② 陶炽、郑贞文：《编辑后记》，《学艺》第 11 卷第 4 期，1931 年 4 月。

③ 如王亚南在《学艺》连载有关古典经济学的论文，这些论文多是为翻译《资本论》做准备。王亚南等人在抗日战争中完成了《资本论》的中文全译。参见胡培兆、林圃《〈资本论〉在中国的传播》，山东人民出版社 1985 年版，第 144—149 页。

期纪念增刊"上。编辑增刊号的主旨，是总括中华学艺社成立 15 年来中国学术研究所取得的进步，并强调留日出身学者对此所做的贡献。为此，中华学艺社网罗了各领域的专家执笔。[①] 但如前所述，增刊号在"一·二八"事变中遭焚，此后虽经再度募稿，但论文数不足原来的一半。原来的稿件大多不曾留下草稿，只能刊登标题。

（三）抗日战争结束后（1947—1949）

受抗日战争影响，《学艺》停刊近十年。从 1947 年 1 月（第 17 卷第 1 期，"通卷"第 149 期）复刊，到 1949 年休刊共计出版 26 期（第 17—19 卷）。复刊后的《学艺》改为每年 12 期，文科号和理科号轮流出版，页数减少到每期 32 页。[②] 这个时期共刊登 127 篇论文，作者约 77 名。

这个时期《学艺》的编辑和作者不少执教于台湾大学。责任编辑是罗宗洛、刘百闵、戈绍龙、于景让、张梦麟等 5 人，[③] 其中罗宗洛如前文所述是台湾大学首任校长代理，于景让是该校的教授。[④] 另外，该校的台湾籍教授和日本教授也为《学艺》执笔，如理学院的早坂一郎，农学院的松本巍、小泉清明和徐庆钟等。

如前文所述，抗日战争结束后，罗宗洛等中华学艺社部分核心成员参与了接收"台北帝国大学"等台湾地区教育设施的工作。他们还组织了中华学艺社台湾支社，并于 1947 年 12 月 6 日在台湾大学法学院召开了台湾支社年会。此次年会共提交 17 篇论文，其

---

① 如执笔者之一陶晶孙曾谈及，1931 年中华学艺社为出版《学艺》"百期纪念增刊"，嘱其撰写《十五年来的英美派德日派医学》，但陶因论什么派有论其功罪的嫌疑，没有写成。陶于是提交了《最近医学向社会卫生转换的趋势》作为代替。陶炽孙：《廿二年来之中国医学界》，《中华月报》第 2 卷第 1 期，1934 年 1 月。

② 1949 年出版的第 19 卷第 1—4 期，只有十几页。

③ 张梦麟是中华书局的编辑；刘百闵有国民党 CC 派的色彩，当时经营着中国文化服务社。1947 年《学艺》由中国文化服务社代理发售。

④ 叶曙：《值得特别一记的几位台大教授》，载《闲话台大四十年》，黄山书社 2008 年版。

中一部分就刊登在《学艺》上。① 而此时的中国大陆，则处于通货膨胀和国共内战之中。受此影响，《学艺》1949 年 1—4 月休刊。5 月人民解放军解放上海后，《学艺》又出版了第 19 卷第 1—4 期（5—8 月），之后再次休刊。责任编辑 5 人中，刘百闵赴香港，② 于景让留在了台湾。

（四）中华人民共和国初期（1950—1958）

中华人民共和国成立后，1950 年 7 月出版第 20 卷第 1 期（"通卷"第 175 期），截止到 1958 年 9 月终刊，③ 共计出版 60 期。其中，1950 年 7 月至 1956 年 11 月（第 20—26 卷）是双月刊，1957 年 1 月号至 1958 年 9 月号是月刊。页数是十几页或三十几页不等。负责编辑的，初期是中国科学院实验生物研究所的朱洗等，后改为上海水产学院的华汝成等。

《学艺》从 1955 年 1 月起转为专门研究水产学的杂志，从 1957 年 1 月起杂志更名为《学艺·水产月刊》。1957 年以后的《学艺》，是当时中国唯一的水产学专门杂志，最近的相关研究对其研究水平有极高的评价。④ 但是，1958 年 7 月《学艺》被上海水产学院接收，编辑业务移交科学技术出版社。实际上，《学艺》以 1958 年 9 月号终刊。终刊的一个原因与 1957 年开始的反右运动有关，在这场运动中该社 23 名理事中有 4 人被划为右派，其中包括理事兼总干事许君远。⑤

---

① 《台湾分社年会报告》，《中华学艺社报》第 15 卷第 1 期，1948 年 3 月。

② 《刘百闵》，刘绍唐《民国人物小传》第 8 册，上海三联书店 2015 年版［原载《传记文学》（台北）第 45 卷第 6 期］。

③ 笔者所见《学艺》最后出版的是 1958 年 9 月号。

④ 齐振英、张培富：《〈学艺·水产月刊〉与新中国早期水产科学传播》，《求索》2017 年第 8 期。

⑤ 《中华学艺社宣告结束启事》，《解放日报》1958 年 8 月 5 日、6 日，转引自徐锋华《中华学艺社与近现代上海的文化传播》，载《上海市社会科学界第十届学术年会文集（2012 年度）》，上海人民出版社 2012 年版。

1950—1956 年《学艺》上的 81 篇翻译论文中，有 52 篇译自苏联，译自日文的仅 18 篇。由此可知，中华人民共和国成立后外交上的"一边倒"政策对学术研究也产生了极大的影响。

四　小结

本章将中华学艺社的主要刊物《学艺》的出版过程划分为四个时期，对各时期的出版状况、背景、编者及作者和文章内容的倾向进行了探讨。中华学艺社于 1916 年成立于东京，成员多是根据"五校特约"留学制度，在日本接受高等教育，尤以帝国大学出身的精英为中心。1917 年 4 月，《学艺》创刊。从日本时代的《学艺》可见中华学艺社成员力图摆脱以儒学为中心的传统学问观而向近代学问观转换的趋势。

随着中华学艺社把主要活动舞台转移到中国，1920 年 4 月，《学艺》在上海复刊（商务印书馆发行）。当时正值新文化运动盛期。《学艺》最具特色的，是主张用相对论等科学思想来进行启蒙，作者们称之为"科学革命"。从相关文章中，可看到两种思考模式：一是认为事物的变革是渐进的；二是认为科学是建立在假说基础上的。这些文章多参照或翻译石原纯、田边元等人的著作，从中可见日本大正教养主义的影响。同时《学艺》也刊登了不少关于社会主义的文章，这些文章多参照或翻译河上肇的著作。著译者多为河上肇在京都帝国大学的学生，也有郭沫若等人。

可见，日本的学问对《学艺》产生了持续的影响，但同时中日关系的恶化也给《学艺》投下了巨大的阴影。1932 年 1 月的"一·二八"事变中商务印书馆被焚，中华学艺社因此失去中心据点，《学艺》的出版也受到重大打击。到抗日战争全面爆发，《学艺》被迫停刊将近十年。战后初期的《学艺》，其编者及作者中有不少执教于台湾大学，该校的台湾籍教授和日本教授也为《学艺》

撰稿。其背景是中华学艺社部分核心成员，参与了"台北帝国大学"的接收工作，负责接收后即被任命为台湾大学首任校长代理的罗宗洛是其代表。

进入中华人民共和国时期，中华学艺社和《学艺》的出版受到政治的巨大影响。中华学艺社于 1958 年 8 月宣布解散，《学艺》一度改成研究水产学的专门杂志，最后于 1958 年 9 月终刊。

第 十一 章
留日学生与中共东京支部

　　马克思主义诞生后，相继从欧洲、俄国、日本传入中国，并与中国革命实践相结合，在 1921 年 7 月催生了中国共产党。中共成立后既在国内开展和领导轰轰烈烈的革命运动，又顺应国际共产主义运动洪流，在海外建立旅莫支部、旅欧支部、南洋支部等，组织与团结华人华侨和留学生学习马克思主义，发展入党积极分子和为中国革命事业培养干部与各类人才，积极开展反帝反封建运动，密切中共与当地共产党组织或共产国际的联系，为国内革命运动提供各种信息、经验与借鉴。作为向中国传播马克思主义和接收中国留学生大国的日本，是否存在中共的党组织？对此，中共中央组织部、中共中央党史研究室、中央档案馆合编的《中国共产党组织史资料》并无记载。① 原留日学生的回忆中虽经常提到中共东京支部、中共东京特支，但多为零星片段，且有的前后矛盾、语焉不详。② 有学

---

　　① 中共中央组织部、中共中央党史研究室、中央档案馆编：《中国共产党组织史资料》（全 13 卷），中共党史出版社 2000 年版。

　　② 中共东京支部名称几经变更，故原支部党员、留日学生对其称谓不尽相同，有"中共东京支部""中共东京特别支部""中共东京特别市委""中共东京特支""留东党委"等。笔者为表述方便，除特定历史时期的特定名称外，一般称为"中共东京支部"，特此说明。参见黄鼎臣《从中共东京特支到反帝大同盟》，载中国人民政治协商会议全国委员会文史资料研究委员会编《革命史资料》第 1 辑，文史资料出版社 1980 年版；王子光：《忆中共东京特别支部》、张持平：《中共东京特别支部的后期》，载中国人民政治协商会议全国委员会文史资料研究委员会编《革命史资料》第 3 辑，文史资料出版社 1981 年版；中共广州市委党史研究室编：《中共东京支部（1935—1938）》，广州出版社 2013 年版。

者据此简介中共东京支部的大致情况;① 中共广州市委党史研究室
以留日学生的回忆录、访谈、自传等资料，选编了《中共东京支
部（1935—1938）》一书，由此中共东京支部的存在不仅已无问
题，而且"对相关人员的革命经历的确认起到了积极的作用"。②

中共东京支部因存在和活动的极端秘密性，以及日本政府的严
密监控和镇压，③ 为"隐蔽精干、长期埋伏、积蓄力量、以待时
机"，他们遗留资料较少，④ 甚至回国后相当一段时间内也避而不
谈，直到"文革"前后的"自述"和改革开放后的一些回忆文章
中才略有提及。⑤ 因此，仅仅存在五年左右的旅莫支部、旅欧支部
及其群团组织，不足四年的南洋支部等，均受到关注，⑥ 反倒是几
乎与近代中共党史相始终的东京支部，至今是"雾里看花"，难
窥芳踪。基于此，本章根据日本政府监控、逮捕、审讯、驱逐中
共东京支部党员及其发展的留日学生、积极分子的相关资料，结
合他们回国后的"自传"、回忆文章等，尽力还原留日学生在中
共东京支部的组织演变、主要活动，以及与日共关系中的特殊位
置和作用，试图揭开中共东京支部的神秘面纱，管窥其孤悬海外、
身在异国他乡为国家独立、民族解放和国际共产主义事业奋斗的

---

① 刘建美、杨德山：《20 世纪二三十年代中共东京支部始末》，《北京党史》
2005 年第 5 期。

② 中共广州市委党史研究室编：《中共东京支部（1935—1938）》，第 125 页。

③ 徐志民：《九一八事变后日本政府对中国留日学生监控政策述略》，《抗战史料
研究》2012 年第 1 辑。

④ 王子光：《忆中共东京特别支部》，载中国人民政治协商会议全国委员会文史
资料研究委员会编《革命史资料》第 3 辑，第 184 页。

⑤ 中共广州市委党史研究室编：《中共东京支部（1935—1938）》，第 7、112—196 页。

⑥ 参见王永祥、孔繁丰、刘品青《中国共产党旅欧支部史话》，中国青年出版社
1985 年版；张泽宇：《留学与革命——20 世纪 20 年代留学苏联热潮研究》，人民出版
社 2009 年版；Chin Peng，Lan Ward，Norma Miraflor，*My Side of History—Alias Chin
Peng*，Singapore：Media Masters，2003。相关文章较多，此处从略。需要说明的是，美
洲各国的中国共产党员大多加入所在国的党组织，这与旅欧支部、旅莫支部、南洋支
部、东京支部成员多属中共党团员不同。

革命历程，探寻其顽强存在、革命斗争和开展党际合作的历史特点与规律。

一　中共东京支部的主体

明治维新以降，资本主义的发展和不断对外侵略扩张，导致日本阶级矛盾尖锐和社会主义运动兴起，这为中国在日留学生接触马克思主义提供了适宜环境。19 世纪 70 年代，马克思主义传入日本，并与日本工人运动相结合。樽井藤吉联络几百名同志，于 1881 年成立东洋社会党，被誉为"日本社会主义运动的先驱"。[1] 日本工人陆续成立各类劳工组织与团体，举行罢工和反对战争。片山潜、幸德秋水、安部矶雄等人，在 1898 年成立"社会主义研究会"，研究和宣传社会主义思想，引导日本劳工运动。[2] 他们的活动虽遭日本政府忌恨和镇压，但引起欲挽救民族危亡的中国留日学生的关注。留日学生创办的《天义报》《译书汇编》等，便刊载过一些马克思主义的译文，[3] 反映了马克思主义在 20 世纪初的留日学生中已有一定影响。李大钊、周恩来、李汉俊、李达、施存统、陈望道、周佛海等，留日期间或与日本社会主义者交往，或学习、翻译、发表马克思主义论著，[4] 为旅日共产主义小组的成立准备了条件。

1921 年 4 月，施存统与周佛海在日本成立旅日共产主义小组。其实，施存统在 1920 年 6 月 20 日东渡日本之前，就参与陈独秀、

---

① 〔日〕片山潜：《关于马克思主义在日本的诞生与发展问题》，刘国瑞译，《国际共运史研究资料》1984 年第 2 期。

② 〔日〕大田英昭：《20 世纪初期马克思主义在日本的传播与社会民主主义——以片山潜为中心》，《外国问题研究》2016 年第 1 期。

③ 周谷平、代妮娜：《清末民初留日学生与马克思主义教育思想的导入》，《徐州师范大学学报》2006 年第 2 期。

④ 金安平：《近代留日学生与中国早期共产主义运动》，《近代史研究》1990 年第 2 期。

李汉俊等人成立上海共产主义小组的活动。① 1917 年赴日留学的周佛海，在 1920 年暑假回国期间受陈独秀约见，参与上海共产主义小组的一些活动，② 但他与此时已经赴日的施存统并无交集。施存统在东京同文书院一方面学习和翻译马克思主义论著，向国内介绍日本的社会主义思潮与活动；另一方面与陈独秀、李达等人通过书信联系，探讨建党问题。返回日本鹿儿岛第七高等学校就读的周佛海，也与陈独秀等人保持书信联系。1921 年 4 月 19 日，周佛海致信施存统，表示陈独秀虽命他们二人作为驻日代表，但自己明年将离开鹿儿岛，可能到京都求学，这两地均不如他在东京与日本人联系方便，建议施存统担任小组驻日代表。③ 于是，施存统成为小组实际负责人。④

　　施存统因频繁联系中日社会主义者，遭到日本警察监视。东京警视厅事先侦知中共"一大"召开的消息和准确地点，很可能"是从施存统身边泄露出去的"。⑤ 即使如此，施存统在"一大"后仍暗中发展了彭湃、杨嗣震、林孔昭等十几名留日学生，召开过两三次小组会议，⑥ 共同学习和宣传马克思主义。不久，日本警察侦知施存统参与共产国际资助日本的社会主义者，于 1921 年 12 月将其逮捕，并驱逐出境。⑦ 旅日共产主义小组遭受重大损失。1924 年 5

---

　　① 中国社会科学院现代史研究室、中国革命博物馆党史研究室编：《"一大"前后——中国共产党第一次代表大会前后资料选编》第 2 卷，人民出版社 1980 年版，第 35 页。

　　② 周佛海：《往矣集》，古今出版社 1943 年版，第 30—32 页。

　　③ 〔日〕石川祯浩：《中国共产党成立史》，袁广泉译，中国社会科学出版社 2006 年版，第 289 页。

　　④ 中共中央党史资料征集委员会编：《共产主义小组》（下），中共党史资料出版社 1987 年版，第 782 页。

　　⑤ 〔日〕石川祯浩：《中国共产党成立史》，第 291 页。

　　⑥ 中国社会科学院现代史研究室、中国革命博物馆党史研究室编：《"一大"前后——中国共产党第一次代表大会前后资料选编》第 2 卷，第 36 页。

　　⑦ 〔日〕石川祯浩：《青年时期的施存统——"日本小组"与中共建党的过程》，王士花译，《中共党史研究》1995 年第 3 期。

月，受时任广东国民政府宣传部部长戴季陶之邀，周佛海从日本返回广州，出任宣传部秘书。有学者指出，施存统与周佛海建立的旅日共产主义小组，可谓"最早的中共东京支部"。① 他们二人回国后，这个小组在大革命时期发展为直属于中央领导的中共东京支部。②

1924 年 1 月，国民党"一大"确立孙中山的"联俄、联共、扶助农工"三大政策，决定国共两党以"党内合作"方式建立革命统一阵线，当然也包括两党的旅日组织。3 月，中共党员谭平山担任国民党中央组织部部长，选派国民党左派郭汉鸣赴日改组国民党驻日总支部。郭汉鸣在中共东京支部帮助下改组国民党驻日总支部，但总支部内的左右两派围绕孙中山的三大政策、国共合作和领导权斗争愈演愈烈，③ 导致 1925 年冬的大分裂，分为占据神田区中华基督教青年会的左派总支部和在西巢鸭区活动的右派总支部。1927 年第一次国共合作破裂后，国民党右派总支部派人打伤中共东京支部书记王树声，"抢走支部会议记录，交给日本警视厅"。日本政府以在"帝都宣传赤化"为借口，逮捕并驱逐王树声、濮德治、谢嗣育三人。④ 1927 年，中共东京支部仅余党员 10 人左右。⑤

中共东京支部鉴于党员人数少、组织机构不稳定和大革命失败的教训，决定秘密发展党员，健全党的组织。1928 年 10 月，中共东京支部在东京市外的大冈山召开第一次党代表大会，日本大学的廖以仁、铁道传习所的史谦等 9 名留日学生秘密出席，正式命名党

---

① 刘建美、杨德山：《20 世纪二三十年代中共东京支部始末》，《北京党史》2005 年第 5 期。

② 黄鼎臣：《从中共东京特支到反帝大同盟》，载中国人民政治协商会议全国委员会文史资料研究委员会编《革命史资料》第 1 辑，第 27 页。

③ 夏衍：《懒寻旧梦录》，三联书店 2000 年版，第 58—78 页。

④ 张天放、濮清泉：《国民党东京支部的左右派斗争》，载中国人民政治协商会议全国委员会文史资料研究委员会编《文史资料选辑》第 60 辑，中华书局 1979 年版，第 153 页。

⑤ 王宜田、丁伟：《中共党史上的"东京事件"》，《中共党史资料》2009 年第 4 期。

组织为"中共东京特别市委"。1929 年 4 月，中共东京特别市委在东京召开第二次党代表大会，十余名代表参加，选出 11 名执行委员，选举李味五为书记。7 月，中共东京特别市委在东京召开第三次党代表大会，决定将"中共东京特别市委"更名为"中共东京特别支部"，选举古杰为书记，建立支部最高机构常务委员会，下设由 11 人组成的执行委员会，负责领导分布日本的 11 个支部和109 名党员；同时成立中华留日反帝同盟，加强与日共、共产国际之间的联系，以联合开展反对日本帝国主义活动。[①]

　　1929 年 7 月，"中东路事件"爆发，中华留日反帝同盟发行《反帝战线》，暗中联络日本反帝同盟和朝鲜反帝人士，呼吁"保卫苏联革命"，强烈要求国民政府将中东铁路"返还苏联"，后又策划 9 月 4 日晚 8 时到东京银座游行和袭击中国驻日公使馆，结果事泄，日本警察逮捕十余名中国留日学生。[②] 10 月 3 日晨 5 时，日本警察以"防止共产党助俄""防止赤化宣传""维持治安"为由，逮捕一百多名中国留日学生。[③] 12 月 24 日、29 日，日本政府相继下令驱逐 34 名中国留日学生，其中包括 32 名中共东京特别支部党员和 1 名预备党员、1 名支部外人员。外务省指责他们为实现世界革命，建立无产阶级领导的共产主义国家，与日本的共产主义者联络，"策动不稳，导致帝国治安紊乱"，决定驱逐出境。[④]

　　日本政府驱逐前述留日学生的同时，继续搜捕中共东京特别支

---

　　① 「6. 昭和四年十月検挙セラレタル共産被疑者予審決定三十六名 昭和六年二月」『共産党並同党関係者ノ検束及退去処分関係雑件　第一巻』（外務省外交史料館）、JACAR、Ref. B05016125900；荻野富士夫編『特高警察関係資料集成』第 15 巻、不二出版、1992 年、395—396、398 頁。

　　② 「在本邦中国共産党検挙問題」『最近支那関係諸問題摘要　第三巻』（外務省外交史料館）、JACAR、Ref. B13081185400。

　　③ 実藤恵秀『中国人日本留学史』、508 頁。

　　④ 「5. 共産党員並留日学生ノ退去処分ニ関シ留日学生及朝鮮人ノ宣伝ニ関スル件　昭和五年二月」『共産党並同党関係者ノ検束及退去処分関係雑件　第一巻』（外務省外交史料館）、JACAR、Ref. B05016125800。

部及其所属支部成员，甚至殃及与他们联系密切的亲朋好友。如日本警察通过侦查长崎的华侨夜校，拘捕在该校任教的留日学生简文、李昂鸣、李荣基、朱大容等人；认定简文是长崎支部书记，朱大容、李昂鸣、王握瑜是该支部党员；强调"简、朱、李、王四名，无论如何伪装，都不能掩盖其加入中国共产党的事实"。① 日本警察还发现居住横滨山手元町 1 丁目 5 番地的国民党驻日总支部执行委员林国珍，与中共东京特别支部的横滨支部书记潘少庭关系甚密，并在日本警察逮捕中共党员之时为潘少庭传递信息、毁灭证据，致使抓捕落空，潘少庭也不知所踪。10 月 30 日晨 7 时，横滨加贺町警察署派人逮捕林国珍及其胞弟林国富、内弟柳颖生。经驻日公使汪荣宝几次交涉和亲自担保，林国珍在签署保证书后于 11 月 15 日被勒令离境。②

　　日本警察此次大逮捕，对刚刚发展起来的中共东京特别支部造成了近乎灾难性影响。1929—1933 年，日本政府逮捕、审判、驱逐中共党员及嫌疑者的案件共有 11 件，其中 8 件在这次大逮捕前后。③ 在日本政府的严密监控下，中共东京特别支部的不少活动被迫停止，或以更加隐秘方式开展，一些党员也被迫回国。1932 年，支部书记李葆华回国后，中共东京特别支部临时关闭。④ 九一八事变后，虽有一些旅日中共党员和进步学生组织各种形式的文化团体，以召开座谈会、婚宴会、茶话会等方式，暗中学习和宣传马克思主

---

　　① 「中国共産党日本特別支部員検挙に関する件（第四報）」『各国共産党関係雑件/中国ノ部/中国共産党員検挙関係　第二巻』（外務省外交史料館）、JACAR、Ref. B04013033700。

　　② 「東京国民党総支部執行委員林国珍横浜ニ於テ逮捕セラレタル事件ニ関スル覚書」『各国共産党関係雑件/中国ノ部/中国共産党員検挙関係　第二巻』（外務省外交史料館）、JACAR、Ref. B04013033700。

　　③ 「共産党並同党関係者ノ検束及退去処分関係雑件　自昭和四年至昭和八年（一）」『共産党並同党関係者ノ検束及退去処分関係雑件（表紙）　第一巻』（外務省外交史料館）、JACAR、Ref. B05016125300。

　　④ 刘建美、杨德山：《20 世纪二三十年代中共东京支部始末》，《北京党史》2005 年第 5 期。

义，但是，这些文化团体没有党组织的统一领导，互不联系，甚至彼此攻讦。如中国社会科学研究会日本分会（以下简称"社研日本分会"）的漆宪章、习明伦等人，认为方瀚、王承志等人成立的新兴文化研究会是"反动团体"，后者批判前者是"关门主义"，后经中国左翼文化界总同盟派遣楼适夷赴日调解，两者"以自我批判精神反省各自错误"，同意各自解散，加入日本普罗科学同盟。①

1935年7月，左联东京支盟负责人林基路利用暑假回国之际找到周扬，提出入党和在东京建立党组织的请求。周扬鉴于上海党组织遭到破坏，其本人也与中央失去了联系，建议林基路"在进步的留学生中建立领导核心，待我与中央恢复联系后，再来接受你们的组织关系"。② 8月，他返回东京。9月，林基路联合中共党员官亦民、共青团员陈洪潮等人，秘密成立中共东京支部，他被推举担任支部书记，陈洪潮任组织委员，官亦民任宣传委员，在留日学生中秘密发展党员，进行革命宣传和对国民党留日学生的革命斗争。后来，中共东京支部党员增至50名左右，能够联系和影响约500名留日学生和左翼人士。③ 1936年，陈洪潮、官亦民相继回国，林基路决定由陈健、梁威林分别接任组织委员、宣传委员。1937年4月，林基路、梁威林、李云扬、伍乃茵等人回国，由上海党组织接收他们的组织关系。中共东京支部由组织委员陈健主持工作。七七事变爆发后，根据上海党组织密令，陈健率支部成员和"文化座谈会"成员30余人返回广州。1938年3—4月，中共广州市委接收了他们的组织关系。④

---

① 「1. 昭和八—十四年　分割6」『各国共産党関係雑件/中国ノ部/府県報告第二巻』（外務省外交史料館）、JACAR、Ref. B04013047100。

② 陈健、梁威林：《三十年代中期的中共东京支部》，载中共广州市委党史研究室编《中共东京支部（1935—1938）》，第4—5页。

③ 曾庆榴：《序》，载中共广州市委党史研究室编《中共东京支部（1935—1938）》，第3页。

④ 陈健、梁威林：《三十年代中期的中共东京支部》，载中共广州市委党史研究室编《中共东京支部（1935—1938）》，第8—9页。

重建的中共东京支部由于秘密存在，不为其他在日革命者所知，于是又有中共东京特别支部的再建。1936 年暑假，世界编译社的卢耀武回国后找到中共党员何锡麟，向他介绍了东京的进步学生和文化团体，希望由党来引导。何将此意转告彭真后不久，解树椿也从东京返回北平找到彭真，请求在东京建立党组织。最后，中共中央北方局批准在东京重建东京特别支部。① 9 月，解树椿返回东京，重建中共东京特别支部，由熊唯知任支部书记，王孔昭任组织委员，王克西任宣传委员，先后发展党员十余名。1937 年 4—5 月，熊唯知、解树椿相继回国，王孔昭代理特别支部书记。6 月，王孔昭被东京警视厅逮捕和驱逐。② 组织委员冯基民在暑期回国前，暂定张持平代理支部书记，并将王重英（王众音）等人的地址交给他。未几，七七事变爆发，张持平等人组织进步学生分期分批回国，并于 7 月底和王重英离日回国。③ 至此，无论中共东京支部，还是中共东京特别支部，这两个同属中共领导但又互不联系的党支部，在日活动均暂告一段落。

七七事变后，滞留日本的进步学生和以各种方式潜入日本的中共党员、革命青年并未放弃革命斗争，不仅暗中投身抗战，而且努力恢复中共东京支部，或建立秘密党组织。如张乐诚等 5 名党员化装成难民，潜入日本侦察军情，但于 1937 年 8 月在九州、朝鲜被捕。④ 同月，早稻田大学留学生赵冬日、夏航等人，组织"东北留

---

① 卢耀武：《我所知道的东京"世界编译社"的一些情况》，载中国人民政治协商会议全国委员会文史资料研究委员会编《文史资料选辑》第 9 辑，中国文史出版社 1987 年版，第 136 页。

② 《中国留日左翼学生文化运动纪要（一九三四年——一九三七年）》，载中国人民政治协商会议全国委员会文史资料研究委员会编《文史资料选辑》第 9 辑，第 163、164 页。

③ 张持平：《中共东京特别支部的后期》，载中国人民政治协商会议全国委员会文史资料研究委员会编《革命史资料》第 3 辑，第 189—191 页。

④ 「附録・其の1 朝鮮人台湾人及支那人策動の事例」『支那事変の経験に基づく無形戦力思想関係資料（案） 昭和 15 年 9 月』（防衛省防衛研究所）、JACAR、Ref. C11110754800。

日学生读书会",坚持学习马克思主义,后在 1938 年 2 月与新知识研究会、东京反帝大同盟合并为"东北留日青年救亡会",到 1939年底发展会员 60 余名。1940 年 4 月,因为该会成员大多毕业后返回东北,所以其总部迁往奉天,改名为"东北青年救亡会",隶属中共中央晋察冀分局社会部领导,重点搜集日伪情报。[①] 出身东北军的留日学生汪叔子,根据党的指令,于 1938 年 9 月在伪满洲国留日学生会馆秘密恢复中共东京支部,制定严密的组织纲领和抗日计划。1939 年 2 月 19 日,他被东京警视厅逮捕,[②] 中共东京支部再度被毁。

由于史料局限,我们尚难以完全解密全面抗战时期中共在日本的组织形式,但中共地下党组织的存在是一个不争的事实。据王阑西、赵冬日、胡育德回忆,他们组织学习马克思主义的"新兴自然科学者同盟",在七七事变后大部分成员回国参加党的工作和八路军,但"留在东京未归国的少数成员,继续秘密地组织抗日青年组织并开展活动;日本帝国主义投降后,他们回国参加解放战争",[③] 由此可见战时日本一直存在中共领导的抗日组织。1942 年9 月回国的东京工业大学留学生米国钧说,他曾"是地下工作的负责人"。[④] 此外,战时被强征至日本各地的中国劳工中,也有中共党员及其组织,他们长期潜伏和暗中斗争,一直坚持到抗战胜利。[⑤]

---

① 唐继革:《战斗在敌人心脏里的东北留日青年救亡会》,《长春市委党校学报》1999 年第 2 期。

② 「支那臨時政府派遣警察官留学養成　自昭和十三年　分割 2」『在本邦留学生便宜供与（入退学、見学、実習等）関係雑件/警察関係　第七卷』（外務省外交史料館）、JACAR、Ref. B05015593800。

③ 王阑西、赵冬日、胡育德:《关于新兴自然科学者同盟的情况》,载中国人民政治协商会议全国委员会文史资料研究委员会编《文史资料选辑》第 9 辑,第 128 页。

④ 《米国钧》,载钟少华主编《早年留日者谈日本》,山东画报出版社 1996 年版,第 108 页。

⑤ 参见武万华《我在日本北海道当劳工的经历》,《档案天地》2003 年增刊;李国荣:《"海外流亡支部"与日本共产党》,《党史博采》2002 年第 5 期。

中共东京支部的变迁，既是中共组织系统变化在日本的延伸，也是他们在日本军国主义统治下生存状况的反映。一是中共东京支部在日本政府严密监控下几经被毁、数度重建，故其组织名称、人事关系、联络机构等经常变化。二是中共东京支部从直属中央，经1927 年大革命失败后与江苏省委联系，[①] 到 1935 年、1936 年相继恢复中共东京支部、中共东京特别支部，分别受命于上海党组织和中共中央北方局，但彼此之间互不统属、并无联系。全面抗战期间，汪叔子重建的中共东京支部，其国内联络机构应为中共中央晋察冀分局或直通延安。三是中共东京支部不仅为留日学生、辗转赴日的中共党员和革命者，提供了继续学习马克思主义、培养党的人才队伍、联络国内党组织和接受党中央指令的重要途径，而且指导他们在日本继续开展革命斗争和抗日救亡活动。

二　支部革命活动的先锋

中共东京支部孤悬海外，斗争环境异常复杂、异常艰难，既遭受日本政府的严密监控和残酷镇压，又随时面临被国民党右派迫害和出卖的危险。面临困境，中共东京支部的共产党人并未放弃革命理想，而是以坚定的信念，在异国他乡坚持战斗、顽强拼搏，发挥着基层党组织的战斗堡垒作用。

首先，学习和宣传马克思主义，暗中发展党员和扩大党组织。施存统与周佛海时期的旅日共产主义小组人数少、规模小，只能悄悄传播马克思主义和保持中共党组织在日本薪火相传。1924—1927 年国共合作时期，中共东京支部主要是协助国民党驻日总支部的改组。1927 年八七会议后，中共东京支部摆脱了右倾路线干扰，发

---

① 黄鼎臣：《从中共东京特支到反帝大同盟》，载中国人民政治协商会议全国委员会文史资料研究委员会编《革命史资料》第 1 辑，第 38—42 页。

行《学校生活》《火花》《红旗》等杂志，指令所属支部创新宣传
方法。如横滨支部将《火花》及《反军阀战争宣言》、《中国共产
党反对帝国主义进攻苏联的宣言》等，邮寄给国民党驻横滨支部、
中山公所等24个团体。1929年5月25日，横滨支部借孙中山总理
移灵大典之机，散发宣传共产主义和反对国民政府的传单。① 京都
支部在留日学生中成立读书会，由中共党员担任讲师，宣传共产主
义。仙台支部以留日仙台社会科学研究会名义，培养和发展党员，
发行《通讯录》，发表打倒国民党和号召世界革命的文章。② 中共
东京支部还以女性信封，匿名向留日学生邮寄传单。如他们向名古
屋高等工业学校的留学生韩丕绩邮寄《为纪念列宁五周年李扑克
内西十周年告侨日华工学生商人》，虽被校方发现，但因匿名而难
以追踪。③

　　1929年9月东京游行事件后，日本政府对中国留日学生大肆
逮捕、审讯和驱逐，导致积蓄一年多的革命力量损失惨重，中共东
京支部也难以开展统一行动，党员要么各自为战，要么成立各种团
体，以合法或半合法形式开展宣传与革命斗争。1930年6月22日
夜，有人在东京神田区中华基督教青年会、本乡区第二中华学社，
散发拥护中国共产党、拥护苏联、拥护共产国际的传单和《沙基
惨案纪念宣言》，以及劳动者围攻列强、国民党的讽刺漫画。④ 这
次活动随之受到东京警视厅调查。1932年中共东京支部被迫关闭

　　① 「分割1」『各国共産党関係雑件/中国ノ部/中国共産党員検挙関係　第三巻』
（外務省外交史料館）、JACAR、Ref. B04013034000。
　　② 「5. 共産党員並留日学生ノ退去処分ニ関シ留日学生及朝鮮人ノ宣伝ニ関スル
件　昭和五年二月」『共産党並同党関係者ノ検束及退去処分関係雑件　第一巻』（外
務省外交史料館）、JACAR、Ref. B05016125800。
　　③ 「4. 昭和四年」『各国共産党関係雑件/中国ノ部/府県報告　第一巻』（外務
省外交史料館）、JACAR、Ref. B04013046000。
　　④ 「2. 刊行物関係/3　昭和5年6月27日から昭和6年8月15日」『支那中央
政況関係雑纂/国民党関係　第一巻』（外務省外交史料館）、JACAR、Ref. B0203
1694800。

后，一些留日学生进步团体和左翼文化团体，发挥了组织与引导学习马克思主义的特殊作用。1933 年 9 月，左联党组书记周扬找即将赴日留学的林焕平谈话，要他到东京联系孟式钧，以恢复左联东京支盟。林焕平到东京后，在孟式钧帮助下，借鉴日本左翼文化团体活动的经验，以办同人杂志方式，既形成较强的领导核心，又团结一批人开展活动。他们创办《东流》《杂文》《新诗歌》等杂志，分散发展，避免被日本警察发现和同时全被破坏。①

　　不过，林焕平创办杂志、召开文化座谈会、联络赴日左翼人士等活动，还是引起了日本警察的注意，左联东京支盟在 1934 年 8 月决定由林基路接替林焕平担任书记。1935 年暑假因林基路回国寻找党组织关系，又由魏猛克接替林基路。直至 1936 年春左联解散，它一直发挥着团结赴日左翼人士和进步留日学生的重要作用。他们邀请在日本的郭沫若，国内的鲁迅、茅盾为其杂志撰稿，1935 年 6 月出版的《杂文》第 2 期同时刊载这三位中国文坛巨匠的文章。这无论对留日学生，还是对国内知识界而言，都有极大的吸引力。左联东京支盟成员还成立了世界语者学会、中华留日剧人协会等，召开学习马克思主义的"文化座谈会"，② 吸收进步留日学生参加。当时"文化座谈会"成员按照所属地区，三五人为一小组，每小组两周组织一次活动，全体会员几个月举行一次专题讨论，均事先指定发言人，重点交流中国社会与中国革命的性质、中日政治局势和国际关系等时事问题，引导留日学生走向革命和抗日救国道路。③

---

① 林焕平：《回忆左联东京支盟》，载中共广州市委党史研究室编《中共东京支部（1935—1938）》，第 20—23 页。

② 陈健、梁威林：《三十年代中期的中共东京支部》、林焕平：《回忆左联东京支盟》，载中共广州市委党史研究室编《中共东京支部（1935—1938）》，第 6—7、27、30 页。

③ 古子坚：《东京"文化座谈会"的诞生及其活动》，载中国人民政治协商会议全国委员会文史资料研究委员会编《文史资料选辑》第 9 辑，第 123 页。

中共东京支部、中共东京特别支部于 1935 年、1936 年恢复重建后，虽互不统属，但与党中央保持联系更为便捷，从而开展更有针对性的学习与宣传活动。譬如，中共东京支部以左翼留日学生掌握领导权的各校同学会为基础，成立"中华留日学生联合会"，出版《东京学联》，并获得驻日大使许世英的认可和每月 200 日元的资助。但是，这些工作的开展处处受到阻挠和压制。当他们扩大宣传而增强留日学生爱国和革命热情之时，驻日留学生监督处立刻高度警惕，纠合以陈固亭为代表的国民党右派留日学生，企图成立与之抗衡的"中华留日学生总会"，结果引发两派留日学生在 1937年 2 月 14 日的一场武斗。① 事后，中共东京特别支部接到中共中央北方局指示：随着西安事变和平解决，要争取广大留日学生进入抗日民族统一战线。于是，解树椿、王孔昭等人代表左翼团体、进步学生与陈固亭谈判，双方同意化敌为友、共同抗日。②

其次，组织反日集会，策划反日游行，揭露日本侵华暴行。国民党驻日总支部分裂后，中共东京支部联合国民党左派，既与国民党右派破坏团结的行为做坚决斗争，又揭露日本侵华阴谋与行动。1926 年 5 月 9 日，即日本最后通牒袁世凯接受"二十一条要求"11 周年之日，中共东京支部与国民党左派在神田区的中华基督教青年会召开"国耻纪念大会"，高呼"废除不平等条约"，举行示威游行。③ 这对广大华侨和留日学生是一次很好的爱国教育活动。1928 年 3 月 18 日，中共东京支部举行三一八惨案纪念集会，中共党员郑道之主持，廖承志、司徒慧敏等人发表演讲，张贴标语，散

---

① 胡成放：《在日本东京的革命活动》，载中共广州市委党史研究室《中共东京支部（1935—1938）》，第 68—69 页。

② 王子光：《忆中共东京特别支部》，载中国人民政治协商会议全国委员会文史资料研究委员会编《革命史资料》第 3 辑，第 185—186 页。

③ 张天放、濮清泉：《国民党东京支部的左右派斗争》，载中国人民政治协商会议全国委员会文史资料研究委员会编《文史资料选辑》第 60 辑，第 141—154 页。

发传单，扩大革命影响。① 5 月，日本出兵山东，制造震惊中外的
"济南惨案"。在此前后，留日学生举办演讲会，散发反对日本出
兵山东的传单。② 中共东京支部成立"中国侨日各界反日大同盟"，
并派人深入日本各地广大华侨、华工中宣传与募捐。③ 日本警察在
侦悉他们的活动后，逮捕并驱逐郑汉先、黄鼎臣、童长荣等中共东
京支部主要负责人。④ 此后，中共东京支部的活动变得更加隐秘。
如党员之间虽以普通信件联系，但在信纸上涂抹液体后，方可显示
秘密字迹。⑤

　　1929 年 8 月，为响应共产国际要求各国共产党支持苏联，中
共东京特别支部与日本反帝同盟协商，预定 9 月 1 日到东京银座和
中国驻日公使馆等处游行。会后，中华留日反帝同盟制定了具体的
游行计划。8 月 29 日，日本反帝同盟支部书记三浦重道临时通知
中华留日反帝同盟，提出因日方准备不足，要求延至 9 月 4 日晚 8
时举行游行。结果，内务省警保局与东京警视厅经过秘密侦查，在
9 月 3 日夜拘捕游行敢死队总指挥张璋，并从其家中查获游行计
划。⑥ 9 月 4 日，中华留日反帝同盟的李亚农获知张璋被捕，立刻
通知日本反帝同盟，但当时后者已经来不及通知他人。结果，在游
行计划已经暴露的情况下，中华留日反帝同盟、日本反帝同盟、部
分朝鲜反帝人士，按计划走向银座街头，被早已埋伏在那里的日本
警察和便衣逮捕多人，其中中国留日学生 14 名。日本警察在审讯
中发现中共东京特别支部的更多线索，遂于 10 月 3 日晨 5 时实施

---

　　① 黄鼎臣：《从中共东京特支到反帝大同盟》，载中国人民政治协商会议全国委
员会文史资料研究委员会编《革命史资料》第 1 辑，第 33—34 页。
　　② 「1. 東京/1　昭和 3 年 4 月 20 日から昭和 3 年 4 月 29 日」『済南事件/内地情
報関係　第一巻』（外務省外交史料館）、JACAR、Ref. B02030102200。
　　③ 荻野富士夫編『特高警察関係資料集成』第 15 巻、393 頁。
　　④ 黄鼎臣：《从中共东京特支到反帝大同盟》，载中国人民政治协商会议全国委
员会文史资料研究委员会编《革命史资料》第 1 辑，第 39 页。
　　⑤ 王宜田、丁伟：《中共党史上的"东京事件"》，《中共党史资料》2009 年第 4 期。
　　⑥ 荻野富士夫編『特高警察関係資料集成』第 15 巻、395 頁。

统一抓捕，至 11 月 26 日逮捕中国留日学生共 225 名。①

这次东京游行事件的失败，使中共东京特别支部的发展遭受重挫。一是中共东京特别支部及所属支部领导和骨干成员，大多被日本政府辨明身份后驱逐回国，且严禁再次登陆日本。即使暂时逃脱的东亚高等预备学校学生王劈铁，也被日本警察继续搜捕，难以藏身。② 二是日本政府对有思想嫌疑的中国留日学生加强调查和监控。1932 年 2 月 15 日，九州帝国大学留学生"鄂瑞玗"寄给东洋大学"蒋某"的信中，含有以中国社会科学研究会名义发行的《反对日本出兵宣言》，但东洋大学并没有"蒋某"，估计是"匿名邮寄"。于是，东京警视厅开始调查与"鄂瑞玗"相关者。5 月 14 日，庆应大学留学生吴世汉，因随身携带河上肇翻译的《唯物辩证法》和永田庆志翻译的《唯物论与辩证法根本概念》等"思想图书"，被日本有关部门严密监视。庆应大学留学生陈志远、明治大学留学生王承志，因属于"思想嫌疑者"而被日本警察跟踪调查。③

中共东京支部被迫关闭期间，一些留学生进步团体继续悄悄开展活动，其中社研日本分会的活动颇有代表性。一是社研日本分会成立"预备共产党支部"，④ 按照国内党组织标准严格要求自己，并进行"预备共产党支部"建设。他们认为通过自我建设，在留日回国后作为中共预备党员，经过一两个月考察，就能转为正式党员，⑤ 因而工作热情较高。二是他们以东京各校的留日同学会为团

---

① 王宜田、丁伟：《中共党史上的"东京事件"》，《中共党史资料》2009 年第 4 期。

② 「1. 農林省農事試験場　昭和五年度」『在本邦一般留学生補給実施関係雑件/実習所関係　第三卷』（外務省外交史料館）、JACAR、Ref. B05015466900。

③ 「5. 五月分」『外国人来往関係雑集　第十九卷』（外務省外交史料館）、JACAR、Ref. B05016211900。

④ 「日本治安維持法違反事件　分割 1」『各国共産党関係雑件/中国ノ部/中国共産党員検挙関係　第七卷』（外務省外交史料館）、JACAR、Ref. B04013036900。

⑤ 「1. 昭和八—十四年　分割 6」『各国共産党関係雑件/中国ノ部/府県報告第二卷』（外務省外交史料館）、JACAR、Ref. B04013047100。

体会员，于 1932 年 10 月组建中华留日各界救济国内难民联合会
（以下简称"难民联合会"），积极向华商、华侨、华工、留日学生
募捐，创办《济难新闻》，介绍国内难民情况，救助"一·二八"
事变后的第十九路军失散士兵，以及因参加事变失业的工人。① 三
是他们深入华工群众之中，从理论走向实践。例如，习明伦深入吾嬬
町、石岛町、大岛町、南千住町的华工中宣传，动员他们成立难民联
合会大岛町分会、吾嬬町分会，但他后来忙于学业，无暇顾及，导致
石岛町、南千住町等地分会未能成立。② 可见，没有党组织的坚强领
导和周密计划，仅仅依靠青年学生的革命热情，各项工作难以持久。

最后，动员留日学生回国参战，搜集日军情报，支持祖国抗
战。1937 年 7 月 8 日，张持平通过日本媒体获知七七事变爆发，
随即召集支部成员和几位进步同学商讨抗战局势，决定联络东京各
进步团体的负责人，响应中共中央的全民族抗战号召。他们一方面
与国民党驻日总支部谈判，希望国民政府能够派船接留日学生回
国；另一方面派进步学生劝导分散日本各地的广大留日学生回国抗
日。7 月底，张持平与王重英等人乘船离日回国，且在回国的轮船
上进行抗日宣传，募集抗日资金。③ 驻日大使许世英鉴于国共合作
抗日在即，同意郭沫若秘密回国，但为避免日本特务的监视、阻拦
和迫害，中共东京支部党员梅景钿暗中将郭沫若护送至登船后才离
开。④ 根据"党的密信指示，要支部坚持到最后才离日回国"，⑤

---

① 「日本治安維持法違反事件　分割 1」『各国共産党関係雑件/中国ノ部/中国
共産党員検挙関係　第七巻』（外務省外交史料館）、JACAR、Ref. B04013036900。

② 「1. 昭和八一十四年　分割 6」『各国共産党関係雑件/中国ノ部/府県報告
第二巻』（外務省外交史料館）、JACAR、Ref. B04013047100。

③ 张持平：《东京文化救亡运动片段》，载中国人民政治协商会议全国委员会文
史资料研究委员会编《文史资料选辑》第 9 辑，第 103—104 页。

④ 李胜利：《梅景钿传略》，载中共广州市委党史研究室编《中共东京支部
（1935—1938）》，第 245—246 页。

⑤ 陈健、梁威林：《三十年代中期的中共东京支部》，载中共广州市委党史研究
室编《中共东京支部 1935—1938》，第 9 页。

中共东京支部在陈健主持下，坚持斗争到 1937 年 8 月回国。

　　全面抗战时期，旅日中共党员与再次重建的中共东京支部的活动，因档案文献与口述资料甚少，目前只有零星片段而无法系统地解密或展示，但他们抗日救国的行动是不争事实。如中共暗中派人秘密联络日本的共产主义者，在日本成立红色劳工筹备会，宣传反战思想，准备重建日共，策划日本国内的革命运动，但他们大多在 1938—1939 年被捕。① 汪叔子联络张凤翔、李树林、焦立仁等人秘密恢复中共东京支部，② 联络以苏联驻日大使馆为主的各国大使馆的馆员，传播和交换有助于中国抗战的信息；策划在日本重要的工业区和兵工厂放火，阻碍日本军需物资制造和运输；暗中联络日共党员，伺机暗杀日伪军政要员；搜集日军情报，发往国内。③ 但是，这些筹划、准备与活动随着汪叔子被捕和中共东京支部被毁，大多未及实施便夭折了。1940 年，中国留日学生仲同升、刘思寰、吴普文等人在日本秘密成立左翼团体，悄悄散发传单、邮寄抗日贺年卡等，但也很快被日本警察发现和逮捕。④

　　由此可见，中共东京支部开展革命活动与抗日斗争是时刻处于危险之中的。因此，受严峻和残酷的客观环境所迫，支部活动的开展必须非常隐秘，党员之间、党员与党组织之间只能以暗号联络，匿名邮寄或悄悄散发传单，开会和接头地点选择不易引起注意的公共场合。支部活动的开展只得借助文化交流、戏剧演出、休闲度假、结婚庆典、生日宴会、社团活动等形式，以宣传革命思想、介绍革命形势和发展党员为主，无法开展轰轰烈烈的示威游行和武装

---

　　① 「附録・其の1　朝鮮人台湾人及支那人策動の事例」『支那事変の経験に基づく無形戦力思想関係資料（案）　昭和 15 年 9 月』（防衛省防衛研究所）、JACAR、Ref. C11110754800。

　　② 内務省警保局編『外事警察概況』第 3 巻、龍溪書舎、1980 年、27 頁。

　　③ 「附録・其の1　朝鮮人台湾人及支那人策動の事例」『支那事変の経験に基づく無形戦力思想関係資料（案）　昭和 15 年 9 月』（防衛省防衛研究所）、JACAR、Ref. C11110754800。

　　④ 内務省警保局編『外事警察概況』第 7 巻、龍溪書舎、1980 年、71 頁。

斗争等公开的革命活动。在此过程中，中共东京支部的活动不可避免地受党内右倾、左倾路线的干扰和共产国际与苏联的影响，也因孤悬海外接受党的指示不及时而产生一些损失。特别是中共东京支部瘫痪或关闭时期，一些党员和进步学生急需党的领导，甚至有人加入日共，成为沟通中共与日共关系的一个特殊渠道。

三 与日共联系的"中间人"

国际共产主义运动以解放全人类、建立共产主义社会为奋斗目标，故作为共产国际支部的中国共产党，设立东京支部就是顺应国际共运洪流和开展海外革命斗争的需要。因此，中共东京支部的主要任务与革命活动，一是在留日学生和华人华侨中学习与传播马克思主义，发展革命力量，扩大中国革命的国际影响；二是配合国内与国际的反日斗争，为国家独立、民族解放和国际共产主义事业顽强战斗；三是肩负共产国际的特殊使命，加强与日本共产主义者的联系，特别是在中共与日共的沟通联络、联合游行、合作反战中发挥特殊作用，即使在1935—1945年日共瘫痪期间，[①] 仍是联络日共党员和左翼人士团结奋斗的重要渠道。

首先，促成日本的共产主义者组团参加远东各国共产党及民族革命团体代表大会（以下简称"远东大会"）。1921年10月5日，参与筹备远东大会的张太雷受共产国际委托，秘赴日本东京。6日，施存统与张太雷拜访堺利彦，商谈组建日本代表团参加远东大会相关事宜。谈妥后，张太雷给堺利彦1000日元，作为宣传活动费。12月20日，东京警视厅以参与给予日本共产主义者"赤化宣

---

① 日本共产党中央委员会：《日本共产党的六十年》（上），段元培等译，人民出版社1986年版，第75—76页。

传运动资金"为由逮捕施存统，且于 12 月 27 日将其驱逐出境。①
施存统虽然留日时间不长，但是"在日本的共产主义运动中，作
为'日本共产党临时执行委员会'、'晓民共产党'与中国以及共
产国际联络人……地位和作用相当重要。特别是他协助张太雷促成
日本共产主义者参加远东各国共产党和民族革命团体大会……的确
完成了'日本小组''联系日本同志'的使命"，② 成为这一时期
中日两国社会主义思想的沟通者和共产主义运动的推进者。

其次，成为中共与日共沟通联络、联合斗争的秘密通道。1922
年 7 月，施存统回国半年之后，日本共产党成立，当年 12 月成为
共产国际日本支部。1923 年 6 月，日本政府对日共实施大逮捕，
拘捕了堺利彦、德田球一等在内的约 80 名日共领导人和党员。③
在日本社会的白色恐怖中，日共在 1924 年 3 月自动解散，到 1926
年 12 月才恢复重建。同期的中共东京支部，自然失去与日共联系。
1927 年 7 月，共产国际要求重建后的日共与日本所属殖民地的解
放运动建立密切联系，且"给予他们一切思想上和组织上的支
持"。④ 据此，在帮助受到日本殖民统治的台湾创建共产党之际，
日共开始与中共建立更加直接的联系。中共对此也高度重视，抽调
中共台籍党员加入台共，选派彭荣具体指导 1928 年 4 月 15 日的台
共成立大会，并在台共成立后继续为之输送干部，指导其革命斗
争。⑤ 同时，中共与日共还通过发表联合宣言，在呼吁民众武装起

---

① 〔日〕石川祯浩：《中国共产党成立史》，第 300—303、371 页。

② 〔日〕石川祯浩：《青年时期的施存统——"日本小组"与中共建党的过程》，
王士花译，《中共党史研究》1995 年第 3 期。

③ 日本共产党中央委员会：《日本共产党的六十年》（上），第 15、21 页。

④ 日本共产党史资料委员会：《共产国际关于日本问题方针、决议集》，林放译，
世界知识出版社 1959 年版，第 24 页。

⑤ 宋帮强：《日据时期台湾共产党与中国共产党的关系研究》，《党史教学与研
究》2012 年第 3 期。

义、建立革命政权、拥护苏联等方面进行合作。①

中共东京特别支部就是中共与日共，以及与日本其他社会主义政党之间人员往来、相互合作的一条重要渠道。1929 年 4 月，在东京的李达方秘信共产国际驻上海的"秘书"李茂根，希望他对即将来华的日本劳农党党员山口金次郎、中庭七郎给予支持。② 12 月 4 日，劳农党因日本政府决定驱逐中共东京特别支部的成员发表檄文，呼吁日本民众反对这次驱逐运动，支持中国共产党。③ 1929 年，日共曾派人列席中共的一些会议，还向驻上海的日本海军士兵散发传单，宣传革命。共产国际也曾派中共党员携带资金，秘密前往东京、大阪等地支援日共与中共东京特别支部的活动。④ 1929 年 8 月，中共中央委派梅电龙赴日，一是视察中共东京特别支部的工作；二是向日共通报佐野学在华被捕的情况，且向日共交付 2000 日元活动资金；⑤ 三是秘密调查未满刑期却出狱赴日的女共产党员骆英豪是否叛变。梅电龙在廖体仁带领下前去拜访日共党员田中清玄时，被日本警察逮捕。⑥ 此事虽未成，但反映了东京特别支部在中共与日共之间发挥的重要联络作用。

李亚农联系日本反帝同盟，商讨营救梅电龙、廖体仁事宜，虽未救出两人，但与日本反帝同盟商定为反对国民政府在中东路事件上的态度和拥护苏联而联合游行，结果事情泄露，导致多人被捕。

① 「1. 事件別（4）　日支共産党ノ提携運動関係」『日本共産党関係雑件』（外務省外交史料館）、JACAR、Ref. B04013163800。

② 「1. 事件別（4）　日支共産党ノ提携運動関係」『日本共産党関係雑件』（外務省外交史料館）、JACAR、Ref. B04013163800。

③ 「分割 1」『各国共産党関係雑件/中国ノ部/中国共産党員検挙関係　第三巻』（外務省外交史料館）、JACAR、Ref. B04013034000。

④ 「1. 事件別（4）　日支共産党ノ提携運動関係」『日本共産党関係雑件』（外務省外交史料館）、JACAR、Ref. B04013163800。

⑤ 「6. 昭和四年十月検挙セラレタル共産被疑者予審決定三十六名　昭和六年二月」『共産党並同党関係者ノ検束及退去処分関係雑件　第一巻』（外務省外交史料館）、JACAR、Ref. B05016125900。

⑥ 王宜田、丁伟：《中共党史上的"东京事件"》，《中共党史资料》2009 年第 4 期。

即使如此，原劳农党领导人大山郁夫仍在1929年11月秘密派代表小田长吉抵达上海，商定与中共的联络方案：在东京、神户、大阪、上海建立秘密联络站，其中东京联络站的日方代表是久光彦一、大山雄三，中共代表是李达夏；大阪联络站的日方代表是峰岸良、山口贤次郎，中共代表是王大鸿；神户联络站的日方代表是河村国一、中村（某），中共代表是米树雄；上海联络站的日方代表是小田长吉，中共代表不详。[1] 中共与日共则以社会科学研究的名义进行联络。如中共位于上海四马路望平街的江南书局，与位于东京市目黑区中野町中野399号的日本无产阶级科学研究所保持通信联系。[2]

　　九一八事变后，中共与日共于1931年9月20日发表联合宣言，谴责日本侵略的野蛮行径。[3] 但随着留日学生回国和日本政府对日共及其支持者的几次大逮捕，[4] 在中共东京支部被迫关闭的情况下，旅日中共党员与进步青年缺乏党组织的统一领导，只能各自为战，要么通过左联东京支盟等团体接受党的一些指示，要么暗中寻找党组织，甚至有人加入日共。1932年8月，方瀚与日本反帝同盟成员、朝鲜人李某联系时，经后者介绍加入该同盟。他的任务是每星期二下午2时，到淀桥区户塚小龙桥与同盟成员、朝鲜人秋山事接头，领取反帝的报纸。秋山又将他介绍给日共党员西川，此后他们每星期五在不同地点接头。在此期间，方瀚又吸收王承志加入日本反帝同盟，并在西川指导下成立"赤旗之友会"，为其发展会员和读者，募集资金，撰写稿件。1933年2月，方瀚受邀参加日共，且劝导王承志也加入日共。此后，他们一方面研读《赤

　　① 「1. 事件別（4）　日支共産党ノ提携運動関係」『日本共産党関係雑件』（外務省外交史料館）、JACAR、Ref. B04013163800。

　　② 「2. 刊行物関係/3　昭和5年6月27日から昭和6年8月15日」『支那中央政况関係雑纂/国民党関係　第一卷』（外務省外交史料館）、JACAR、Ref. B02031694800。

　　③ 参见《中国、日本共产党为日本强占东三省宣言》（1931年9月20日），中国人民抗日战争纪念馆藏。

　　④ 日本共产党中央委员会：《日本共产党的六十年》（上），第71—76页。

旗》，宣传马克思主义；另一方面与其上级村山文雄在京桥区三越吴服店香烟专柜前秘密联络，接受日共指导及革命任务。①

1933 年 3 月 4 日，在日本普罗科学同盟的重要人物浅川谦次的寓所，新兴文化研究会与社研日本分会各自解散后，召开日本普罗科学同盟华侨班成立会议，旨在对留日学生和在日华人宣传无产阶级革命思想，加强日中共产主义运动的联络与合作。② 华侨班成立由浅川谦次担任书记的班委会，委员有漆宪章、方瀚、习明伦等人。3 月 11 日，漆宪章、方瀚、习明伦等人到浅川家召开第二次班委会，决定对已工作者收缴班费为每月 20 钱，对学生收缴班费为每月 50 钱；明确班委会各部门职责；强调日本劳农救援会指导难民联合会，华侨班援助难民联合会的活动。③ 在此前后，习明伦、汪成模、郭兆昌加入日本劳农救援会。3 月下旬，日本警察经秘密侦查，将他们一举逮捕。④

随之，日本政府高度警惕中国人与日共的联系。1934 年 6 月 13 日，驻上海总领事石射猪太郎致函外务大臣广田弘毅，报告上海公共租界工部局逮捕了中共嫌疑者、原早稻田大学留学生卢倚霞，且从其居处搜出几十册左翼图书、《列宁青年》、通讯录、日记等。石射猪太郎随之汇报了那本通讯录中涉及日本的学校、地址、人名等，如叶季瑶，明治大学女子部学生；塚野重雄，早稻田大学学生；村山，早稻田大学政治经济科学生；远地辉武，早稻田大学学生；佐藤和夫，中国商人，原名郭卫，妻子是日本人；还有

① 「10. 中国留学生方瀚、王承志日本共産党ニ入党収容（後退去処分）　昭和八年六月」『共産党並同党関係者ノ検束及退去処分関係雑件　第一巻』（外務省外交史料館）、JACAR、Ref. B05016126500。

② 「日本治安維持法違反事件　分割 1」『各国共産党関係雑件/中国ノ部/中国共産党員検挙関係　第七巻』（外務省外交史料館）、JACAR、Ref. B04013036900。

③ 「1. 昭和八—十四年　分割 6」『各国共産党関係雑件/中国ノ部/府県報告第二巻』（外務省外交史料館）、JACAR、Ref. B04013047100。

④ 「日本治安維持法違反事件　分割 1」『各国共産党関係雑件/中国ノ部/中国共産党員検挙関係　第七巻』（外務省外交史料館）、JACAR、Ref. B04013036900。

其他一些留日学生和日本人，以便日本警察调查。① 9 月 12 日，东京中央邮政局致函外务省，报送从上海寄来的邮件中包含的"违禁品"——《共产党文献情报》。② 可见，中共与日共无论直接联系，还是间接通信的环境，都非常危险。

最后，团结日共党员与左翼人士，联合反对日本侵略战争。面对日本警察的严密监视和残酷镇压，近乎瘫痪的日共和一些日本左翼人士，继续积极支持中共东京支部、特别支部重建后的左翼文化活动。1936 年中华留日戏剧协会成立后排演进步剧目时，"得到了日本进步戏剧界的许多帮助。如，左翼戏剧家千田是也、秋田雨雀、山川幸世诸先生，和我们排演《孩子们》一剧时那样，经常来帮助导演，多方面给我们指导。此外伊藤熹朔先生亲自帮助我们设计和制作舞台装置；清洲丝米子女士亲手给我们化妆；日本的音乐家们，帮我们伴奏；'新筑地''新协'两个左翼剧团，帮我们租借几十个角色的服饰和上百件的大小道具等等"，③ 冒着极大风险支持中国留日学生的进步戏剧活动。④ 1936 年秋开始，黄乃与陈秋凡、丁克、李一三等人，每周两晚聚集在中垣虎儿郎家学习"世界语"，讨论马克思主义的立场、观点与理论。1937 年 6 月，中垣虎儿郎与这些留日学生陆续被捕。其中，黄乃因宫崎龙介和前田久二四郎的救助，始得保释出狱，其他人大多到全面抗战爆发后

---

① 「2. 日本留学生中ノ中国人容疑者盧倚霞二関スル件　昭和九年六月」『共産党並同党関係者ノ検束及退去処分関係雑件　第二巻』（外務省外交史料館）、JACAR、Ref. B05016127000。

② 「3. 上海ヨリノ共産党分権差押二関スル件　昭和九年六月」『共産党並同党関係者ノ検束及退去処分関係雑件　第二巻』（外務省外交史料館）、JACAR、Ref. B05016127100。

③ 颜一烟：《忆中华留日戏剧协会》，载中国人民政治协商会议全国委员会文史资料研究委员会编《文史资料选辑》第 9 辑，第 142 页。

④ 「日本治安維持法違反事件　分割 1」『各国共産党関係雑件/中国ノ部/中国共産党員検挙関係　第七巻』（外務省外交史料館）、JACAR、Ref. B04013036900。

才被释放回国。①

中共东京支部在全面抗战爆发后曾努力联络日本共产主义者，但在日本严密的防谍政策下多未成功，或仅有短暂联系而随之被破获。汪叔子等人在中共东京支部恢复后积极发展成员，到 1939 年 2 月已发展 30 余名留日学生和 2 名日本同志，但在他动员理发店店主马场政子时，后者不慎泄密而被日本警方察觉，导致汪叔子等 36 人被捕。② 中共秘派权泰变、权宁祥等人赴日，联络十余名日本同志、朝鲜同志，成立了"共产主义俱乐部"，启发和指导日本民众，但他们在 1938 年相继被捕。1939 年 1 月，中共又秘派金汉变潜入东京，发展梁丁默、李东云两名朝鲜同志，宣传反战思想和共产主义，准备扩大党组织，但也不幸被捕。③ 钱崖在日本建立反战情报组，吸收日共党员田中忠夫和共产主义支持者黑田善次参加，获取一些日本军事情报，但也很快被破获。④ 此时，中共东京支部或地下党组织，既没有日共党组织以资联系，又面临日本警察、特务更甚于战前的监控与镇压，大多各自为战或处于潜伏状态。

可见，在日本政府的严密监控和镇压下，中共东京支部与日共的联系处于秘密状态，而且是时断时续。一是日本政府对日共持续不断的搜捕与镇压，导致日共经历成立、解散、恢复、长期瘫痪几个阶段，难以根据共产国际的"一国一党"原则代管台共和接管在日的中共党组织。二是中共与日共都是共产国际的支部，两者通过莫斯科的共产国际、共产国际驻上海代表，以及在双方国内建立

---

① 黄乃：《记留日世界语者的活动》，载中国人民政治协商会议全国委员会文史资料研究委员会编《文史资料选辑》第 9 辑，第 113—117 页。

② 内务省警保局编『昭和 15 年度外事警察概况』不二出版、1987 年、73—76 頁。

③ 「附録・其の1　朝鮮人台湾人及支那人策動の事例」『支那事変の経験に基づく無形戦力思想関係資料（案）　昭和 15 年 9 月』（防衛省防衛研究所）、JACAR、Ref. C11110754800。

④ 内务省警保局编『昭和 12 年度外事警察概况』不二出版、1987 年、47—48 頁。

的秘密联络站等进行直接联系或间接沟通。即使如此，中共东京支部作为中共与日共联系的一个秘密渠道，在两党之间传递信息、沟通接待、联合游行、合作反战等方面发挥了极其特殊的重要作用。中共东京支部在关闭期间，旅日中国共产党人或进步人士，与日共党员、左翼人士仍保持个人交往，相互交流信息，彼此支持与帮助。这也从一个侧面反映了双方在共同信仰基础上的真诚合作。

四　小结

19 世纪中叶国际共产主义运动兴起，影响遍及全球，特别是俄国十月革命的胜利给奋斗的中国人以极大的鼓舞，于是中国各地共产主义小组和海外支部相继诞生。中共东京支部就是这个时代的产物，因其孤悬海外和面对日本政府的白色恐怖，具有不同于中国内地党组织的显著特征。一是鲜为人知的极端隐秘性。中共东京支部不仅遗留资料少，而且即使回国者，为了在日同志的安全也鲜少谈及，以致"一部中共党史，只是在写到左翼文化团体活动地区不断扩大时"，才"提到'日本东京'几个字"，至于中共东京支部更是"谜一样的问题"，至今仍是"党史征研的薄弱点"，① 难以为世人所详知。二是革命活动的有限性。中共东京支部既无可以依赖的群众基础，也无法及时接受党中央的指示，主要依靠革命理想与信念，秘密学习和宣传马克思主义，暗中发展党员和扩大组织，悄悄搜集日军情报，以支持祖国抗战，无法进行轰轰烈烈的武装斗争，一次东京游行失败给支部带来的毁灭性灾难就是证明。三是发挥作用的特殊性。中共东京支部一方面是中共与日共联络的秘密渠道，另一方面为党发现、培养和输送了一批又一批的各类优秀

---

① 曾庆榴:《序》，载中共广州市委党史研究室编《中共东京支部（1935—1938）》，第 4、6 页。

人才。

中共东京支部作为近代中共党史上延时最长的海外支部，既是共产国际和苏联面对日本在东亚大陆的武力扩张与日共长期瘫痪的现实，"保卫苏联革命"、防止日本"北进"的客观需要，也是中国革命发展和联合一切抗日力量的实际需要。持续不断且人数众多的进步留日学生，为中共东京支部的长期维续和开展活动提供了源源不绝的生力军。张持平曾言："当时在留日同学中，真正的左翼分子是少数，亲日分子更是极少数，大多数人处于中间状态……但绝大多数人都是爱国的。他们积极投身于抗日救亡运动，为祖国的安危而奔走呼号。"① 可见，国家独立、民族解放，是大多数留日学生的根本追求。中共"二大"提出消除内乱、打倒军阀、实现国家统一和民族独立的最低纲领，以及实现共产主义的最高纲领，引起不少留日学生共鸣，以至于他们找不到中共党组织时，自建"预备共产党支部"并开展活动。因此，中共东京支部几经被毁与重建，且只能秘密活动、长期潜伏，但中共党员、进步留日学生与日共党员及其支持者的联系从未中断，革命斗争从未停止，直至抗战胜利。

---

① 张持平：《东京文化救亡运动片段》，载中国人民政治协商会议全国委员会文史资料研究委员会编《文史资料选辑》第 9 辑，第 97 页。

第 十 二 章
伪满洲国留日学生会的活动*

　　近年来，学界对中国留日学生的历史研究发展迅速。① 然而，对中日战争时期的中国留日学生，包括伪满洲国留日学生的研究仍然比较薄弱。② 其中，笔者较为关心的是近代日本社会与留学生之间的"交流与龃龉"，曾根据日华学会的机关报《日华学报》，③ 以及伪满

---

　　*　译者郭梦垚。

　　①　关于中国留日学生史的研究,在此仅列举由大里浩秋和孙安石编著的三部著作『中国人日本留学史研究の現段階』(御茶の水書房、2002 年)、『留学生派遣から見た近代日中関係史』(御茶の水書房、2009 年)、『近現代中国人留学生の諸相』(御茶の水書房、2015 年)。另外,笔者在『留学生は近代日本で何を学んだのか——医薬・園芸・デザイン・師範』(日本経済評論社、2018 年)中,聚焦在千叶大学前身的高等教育机关学习的留学生,整理了相关研究。

　　②　关于伪满洲国留学生的研究如下。刘振生:《"满洲国"日本留学史研究》,吉林大学出版社 2004 年版;刘振生:《近代东北人留学日本史》,民族出版社 2015 年版;周一川『中国女性の日本留学史研究』国書刊行会、2000 年;浜口裕子『満洲国留学生の日中関係史』勁草書房、2015 年;河路由佳・淵野雄二郎・野本京子『戦時体制下の農業教育と中国人留学生』農林統計協会、2003 年。另外,笔者在「戦前期における千葉師範学校(現千葉大学教育学部)の留学生たち」(『国際教育』第 9 号、2016 年 3 月)中的论述涉及在地方师范学校学习的伪满洲国留学生。

　　③　关于日华学会对中国学生的经济支援,参见見城悌治「『日華学報』にみる留日中国学生の生活と日本認識」[大里浩秋・孙安石・見城悌治監修解説『日華学報』(復刻版)第 16 巻、ゆまに書房、2013 年]、「一九四〇年における『中華民国留日学生会』の創設と日華学会」(『中国研究月報』2014 年 10 月号)、「第五章　渋沢栄一による中国人留学生支援と日華学会」(町泉寿郎編著『渋沢栄一は漢学とどう関わったか』ミネルヴァ書房、2017 年)。

洲国留日学生会发行的《满洲国留日学生会会报》等史料，考察了战时留日学生的一个侧面。^①前者日华学会是向中国留学生提供经济援助的组织，在 1940 年创立了"中华民国留日学生会"，并动员留学生们参与具有明确政治意图的"日华亲善"活动；后者"满洲国留日学生会"则强制要求留学生们参加修炼、运动会等课外活动。对于以上行为，留学生们采取了消极应对的态度。

　　本章延续此前的研究，尝试通过讨论伪满洲国留日学生会的各个"分会"的活动，揭示战时伪满洲国留日学生的真实面貌。

一　伪满洲国留日学生及其学生会

　　笔者首先整理了伪满洲国留日学生人数与关内留日学生人数的比较表，从而对战时中国留日学生的人数有一个整体印象。

表 12 - 1　战时伪满洲国留日学生数（附关内留日学生数）

年份	伪满洲国留日学生数	关内留日学生数
1935	1269	2588
1936	1867	4083
1937	2017	4009
1938	1519	1508
1939	1325	1023
1940	933	1204
1941	1256	1466
1942	1220	1341
1943	1004	1380

　　资料来源：依据伪满洲国驻日大使馆编各年版『满洲国留日学生録』，以及日华学会编各年版『中華民国留日学生名簿』制成。

---

　　①　关于伪满洲国留日学生会，参见见城悌治「戦時下日本における『満洲国』留学生たちの『修錬』活動：『満洲国留日学生会会報』から見る日本体験の一側面」［『人文研究（千葉大学）』第 46 号、2017 年 3 月］、「戦時下日本における『満洲国』留学生たちの運動会」［『国際教養学研究（千葉大学）』第 2 号、2018 年 3 月］。

伪满洲国留日学生会成立于 1936 年 6 月。① 如表 12－1 所示，这一年在日本学习的伪满洲国留学生有约两千人。② 留日学生会的《趣意书》中对于学生会的主旨和目的有如下描述：

> 满洲国建国以来，由于仰慕友邦日本的文化，负笈东渡的学生们逐年递增，现在已经有两千多名。这些学生无论哪一位都是国民中的重要分子，将来会立于枢机之位，成为负有指导国民责任的人。因此，他们在留学时是否接受了合适的指导教育会影响到国运的消长。为了让他们在留学中不犯错误，我们更要将学生们团结起来，由他们自主地实行统一管理，并对学生们施以集体训练，增强他们的国民精神。在践行五族协和、日满一体的亲密情谊的同时，增进学业。在谨守留学生本分的方针指导下，组织起满洲国留日学生会。③

再来看《满洲国留日学生会规约》（以下简称《规约》）中的记述。《规约》第一条规定了组织的名称，第二条记载了组织的所在地，第三条中明确了"本会由驻日满洲国大使馆监督"。也就是说，虽然前面的《趣意书》中提出学生会由学生自主团结学生、管理组织，但实际上，这一学生会组织是处于"大使馆"的管理之下的。第四条记载了组织的"目的"，即"本会由在日本留学的满洲国学生及其相关者组织而成"。此外，《规约》详细规定了诸多方面，如"第五条、本会的目的

---

① 关于学生会成立的概略，参见「学生会の沿革」謝廷秀编『満洲国学生日本留学拾周年史』（満洲国大使館内学生会中央事務所、1942 年），第 162—166 页。

② 伪满洲国驻日大使馆编纂的《满洲国留日学生录》从 1935 年开始发行，目前已知发行到 1943 年。

③ 参见伪满洲国留日学生会会长于静远「満洲国留日学生会発会式趣意書」（昭和十一年六月）、『満洲国留日学生発会式ニ於ケル有田大臣ノ祝辞ノ件』（国立公文書館）、JACAR、Ref. B05015945500。

是养成（学生们）满洲国的建国精神，力求修炼王道实践的磨炼，学生之间和睦相处、互相提携，以达成留学的目的"；"第六条、为了达成这些目的，本会有以下相关事业。一演讲会、二研究会、三讲习会、四运动会、五人事咨询、六健康咨询、七其他学生修学的必要事情"。①

此外，《满洲国留日学生会会报》上刊载了"六大精神"，要求伪满洲国的留日学生理解并学习。需要说明的是，在此后学生会的活动中，这"六大精神"经常被当作口号呼喊。

> 我们满洲国的留学生，将来作为国家的中坚力量，应勠力同心，严守留学生的本分，坚持满洲国的建国精神，体会日满两国亿兆同心的旨意。为了达成这些，我们组织成立了满洲国留日学生会，并要求学生们遵守以下纲领。
> 一、我们决心要贯彻国家的精神
> 二、我们决心要坚持日满两国一体的精神
> 三、我们决心要实现民族协和的精神
> 四、我们决心要发扬牺牲奉公的精神
> 五、我们决心要养成集体的精神
> 六、我们决心要养成勤劳的精神②

如上所述，伪满洲国留日学生会的成立目标是培养能够担负起维护"日满两国一体"职责的人才。那么，留学生会要如何养成学生们的"民族"精神，又如何达成其"目的"呢？

---

① 「満洲国留日学生会規約」（昭和十一年九月二六日）、『満洲国留学生会　第一回役員会』（国立公文書館）、JACAR、Ref. B05015945900。

② 「宣誓」『満洲国留日学生会会報』第4号（満洲国留日学生会成立特集号）、1936年9月、2頁。

二　《满洲国留日学生会会报》
与留日学生会分会

伪满洲国留日学生会将"本部"置于东京，"支部"设在大阪，并要求接收留学生的各校建立学生会"分会"。那么，学生会本部希望分会起到怎样的作用呢？1940 年 11 月 21 日、22日，在东京的伪满洲国留日学生会馆召开了"第二届满洲国留日学生会分会长座谈会"。留日学生会本部干事阿部常就（驻日"大使馆"理事官、前满洲制铁总务部部长。以下简称"阿部干事"）对从日本全国各地前来参会的人员（分会长）进行了说明。[①]

　　驻日满洲国大使令全体留学生及相关者来组织、建立学生会，希望以此作为监督留学生的机构。最初，学生会会长由大使指定之人来担任，此后为表示对学生会的重视，改为大使身兼会长之职。还有，由各校的学生主任等教员担任分会长。各校的留学生以五人为一组，在修学和修养的实践上，彼此间有着连带责任。从学生中选择担任各分会及支部、本部的学生委员，负责与指导机关联络。

　　（……各学校与分会的关系）对留学生的指导，原则上依据各校的训育方针，但要尽量与日本学生保持一致。不过留学生与日本学生不同，存在一些特殊情况。基于这些特殊情况，

---

①　参见 1940 年 11 月 21 日、22 日阿部常就在"第二届满洲国留日学生会分会长座谈会"上的发言。「満洲国留日学生会館分館牛込寮落成式祝辞　昭和十四年」『満洲国留日学生会　分会長懇談会記録（第二回）』（国立公文書館）、22—32 頁、JACAR、Ref. B05015951700。

想必会有很多在与各校的训育不重复的范围内指导留学生的场合。在这种场合下，希望可以发挥分会的作用。①

伪满洲国民生部教育司专门教育科科长吕悛福出席了座谈会，并对阿部的发言进行了补充：学生会分会的职能，"不只是作为分支机构，学生们要什么样的生活？难道不该树立一些目标，相互协作地生活吗？分会如果可以对这些事情给予指导就太好了"。②

总而言之，对于这些从全国各地聚集而来的分会人员，学生会干部们（阿部等）传达给他们的主要内容是，一方面，留日学生会是在伪满洲国驻日大使的直接监督下整合而成，是有着强力管理体制的组织。学生会令学生们组成五人小组，以使他们意识到彼此间的连带责任。另一方面，对于各分会的活动，干部们决定在应对不同事情时，交由各校的"训育"方针来决定。阿部和吕的讲话都提出，为了"分会"，希望各校的代表一定要有对留学生进行"指导"的觉悟。

伪满洲国留日学生会成立于 1936 年 6 月，但在其成立 3 个月前，《满洲国留日学生会会报》（以下简称《会报》）已经创刊。发刊初始，阿部表示："希望《会报》可以在分会与学生之间起到联络的作用。"③ 但是，《会报》发行一年半后，在 1937 年 11 月号的"编辑后记"中仍有如下表述：希望"《会报》可以刊载学生会的各项活动及联络事项、公告事项、学生会相关人员的动向等内容，使会员之间的联系更紧密。各会员在阅读这一通讯的同

---

① 「満洲国留日学生会館分館牛込寮落成式祝辞　昭和十四年」『満洲国留日学生会　分会長懇談会記録（第二回）』（国立公文書館）、23、26 頁、JACAR、Ref. B05015951700。

② 「満洲国留日学生会館分館牛込寮落成式祝辞　昭和十四年」『満洲国留日学生会　分会長懇談会記録（第二回）』（国立公文書館）、99 頁、JACAR、Ref. B05015951700。

③ 『満洲国留日学生会　分会長懇談会記録（第二回）』（国立公文書館）、24 頁、JACAR、Ref. B05015951700。

时，还可以提供支部及分会相关活动的消息"；"现在的《会报》几乎没有各分会的相关通讯，很遗憾我们无法得知分会的活动情况。今后一定要加强本部、支部、分会之间的相互联系，让每个月的通讯内容更加丰富"。这些语句透露出学生会活动的冷清。

换句话说，《会报》没有起到学生会最初预想的作用。那么，各个学校的学生会分会建立情况又如何呢？根据《会报》第2号刊载的《已成立的留日学生会一览》，可见以下8所学校。

> 第一高等学校（留学生40名）、东京高等工学校（现芝浦工业大学，留学生23名）、帝国女子专门学校（现相模女子大学，留学生13名）、早稻田大学（留学生92名）、日本女子大学（留学生20名）、东京工业大学（留学生36名）、东京师范学校（留学生57名）、东京齿科医学专门学校（现东京齿科大学，留学生2名）。①

四个月后，即同年9月，留日学生会召开了"满洲国留日学生第一届干部会"。会议资料显示，在上述8所学校之外，又有15所学校建立了学生会。②

留日学生会从初创，历经了三年多的发展后，分会的数量开始逐渐增加。通过以下表述，我们可以感受到情况已经开始"好转"："分会月报显现出生机勃勃的样子。我们可以清楚地了解到分会的活动，从中学习到很多。我们的感谢之情溢于言表。我们想要刊登各个分会的活动照片，会员们不要有顾虑，尽管发给

---

① 「既成之留日学生会一覧」『満洲国留日学生会会報』第2号、1936年5月、9頁。其中，原资料中"东京高等师范学校"被误记为"东京师范学校"，此处保留史料原貌，不做修改。

② 『満洲国留学生会　第一回役員会』（国立公文書館）、JACAR、Ref. B0501594 5900。

我们。"①

在此，笔者将介绍一部分分会的活动。新潟县高田师范学校分会参加了1938年正月举行的武道冬季锻炼，还举办了滑雪训练和去校长家拜访等活动。② 富山县女子师范学校分会1940年度才首次接收两名留学生。该校分会表示："对本校留学生的指导，要在同样的条件下与所有其他的在校生保持一致，实现真正的日满一体。"此外，留学生们举行了新年开笔仪式，在教师家中体验了日本的正月，他们将这些经历写成文章，刊登在当地的《北国新闻》上。③ 在山形县师范学校分会的1942年度计划中，可以看到该分会举办了满语研究会、参观日本农村的国民学校、对日本农村生活的研究、校长与职员座谈、旅行、在学生家住宿等活动。④

此外，有的分会与日本学生共同举办了旅行、联欢会，以及去分会长（校长等）家拜访等活动。留日学生会认为在日"满"学生的相互交流中，实现了养成"日满两国一体的精神"（"六大精神"之一）的目标。⑤

在1942年9月发行的《满洲国学生留学日本十周年史》中，根据"留日学生在籍学校一览"的记载，该年夏天共有103个学校分会，学生总数达到了791名：

---

① 「編輯後記」『満洲国留日学生会会報』第3卷第2号、1938年2月、14頁。

② 『満洲国留日学生会会報』第3卷第3号、1938年3月、10頁。

③ 『満洲国留日学生会会報』第6卷第4号、1941年4月、38頁。

④ 『満洲国留日学生会会報』第7卷第5号、1942年5月、58頁。

⑤ 从1935年开始，伪满洲国留日学生会为了培养学生的"团体的精神"，开始举办运动会（体育会前身）。从1941年开始，为了实现"日满协同活动"，日本学生也被要求参加运动会。見城悌治「戦時下日本における『満州国』留学生たちの運動会」『国際教養学研究（千葉大学）』第2号、2018年3月、1—23頁。

表 12 – 2　《满洲国学生留学日本十周年史》中可见的留学生在籍校和学生数

	学校名	《满洲国学生留学日本十周年史》（1942 年 9 月）可见在籍学生数	1942 年 5 月留学生数（根据《满洲国留日学生录》）	第二届分会长座谈会（1940 年）的参加校	第一届分会长座谈会（1939 年）的参加校
1	北海道帝国大学	学部 13 名、农学部实科 7 名、预科农 4 名	13 名、附属土木专门部 2 名，农学部实科 5 名、预科 4 名		
2	函馆高等水产学校	6 名	6 名		
3	秋田矿山专门学校	7 名	7 名	○	
4	盛冈高等农林学校	5 名	5 名	○	○
5	岩手医学专门学校	无记载	3 名		
6	东北帝国大学	4 名	4 名	○	○
7	第二高等学校	5 名	6 名		
8	仙台高等工业学校	8 名	8 名		
9	米泽高等工业学校	6 名	6 名		
10	山形高等学校	1 名	1 名		
11	福岛高等商业学校	1 名	1 名	○	○
12	宇都宫高等农林学校	4 名	4 名		
13	桐生高等工业学校	6 名	6 名	○	
14	东京帝国大学	14 名	14 名		
15	东京商科大学	25 名	大学 10 名、附属商学专门部 8 名、预科 4 名	○	○
16	东京工业大学	无记载	31 名、附属预备部 38 名	○	○
17	东京文理科大学	2 名	2 名		
18	东京高等师范学校	本科 24 名、特设预科 6 名	30 名	○	
19	庆应义塾大学	本科 4 名、预科 25 名	4 名、预科 25 名	○	○
20	早稻田大学	学部 9 名、第一高等学院 14 名、第二高等学院 2 名	9 名、专门部 17 名、第一高等学院 14 名、第二高等学院 2 名	○	○
21	明治大学	无记载	16 名、专门部 6 名	○	○
22	明治大学女子部	10 名	10 名		

续表

	学校名	《满洲国学生留学日本十周年史》（1942 年 9 月）可见在籍学生数	1942 年 5 月留学生数（根据《满洲国留日学生录》）	第二届分会长座谈会（1940 年）的参加校	第一届分会长座谈会（1939 年）的参加校
23	法政大学	3 名	5 名、专门部 8 名	○	○
24	日本大学	学部 4 名、专门部 6 名、预科 1 名、高等专攻科 21 名	大学 6 名、专门部 21 名、专门部医学科 2 名、专门部齿科 1 名、专门部艺术科 3 名、预科 1 名	○	○
25	专修大学	学部 2 名、专门部 35 名	2 名、专门部 35 名	○	○
26	中央大学	学部 2 名、预科 1 名、专门部 4 名	2 名、专门部 4 名、预科 1 名		○
27	上智大学	1 名	1 名		
28	立教大学	学部 1 名	0 名	○	○
29	东京慈惠会医科大学	学部 1 名、预科 9 名	预科 13 名		
30	东京农业大学	专门部 6 名	专门部 6 名	○	○
31	大正大学	专门部 4 名	专门部 4 名		
32	东京高等农林学校	5 名	6 名	○	○
33	东京医学专门学校	5 名	7 名		
34	昭和医学专门学校	1 名	3 名	○	○
35	明治药学专门学校	2 名	2 名	○	○
36	东京高等齿科医学校	1 名	1 名		
37	东京齿科医学专门学校	本科 1 名、特设科 2 名	4 名		
38	日本齿科医学专门学校	0 名	0 名		
39	东京高等兽医学校	8 名	6 名	○	
40	麻布兽医专门学校	6 名	3 名	○	○
41	东京音乐学校	本科 1 名、选科 1 名	2 名		
42	武藏野音乐学校	本科 1 名	1 名	○	
43	东京美术学校	本科 2 名、预科 1 名	0 名	○	○

	学校名	《满洲国学生留学日本十周年史》（1942年9月）可见在籍学生数	1942年5月留学生数（根据《满洲国留日学生录》）	第二届分会长座谈会（1940年）的参加校	第一届分会长座谈会（1939年）的参加校
44	东京外国语学校	6名	6名		
45	日本体育专门学校	1名	1名		
46	东京摄影专门学校	2名	2名		
47	第一高等学校	无记载	51名	○	
48	东京府立高等学校	3名	3名		
49	武藏高等学校	1名	0名		
50	东亚学校	高等科24名	0名		
51	日本女子大学校	6名	6名	○	○
52	东京女子大学	13名	13名	○	○
53	东京女子医学专门学校	本科30名、预科10名	40名	○	○
54	帝国女子医学药学专门学校	10名	10名	○	○
55	东洋女子齿科医学专门学校	本科3名、专攻科4名	2名	○	○
56	日本女子齿科医学专门学校	本科3名	3名	○	○
57	共立女子药学专门学校	预科1名	1名		
58	东京药学专门学校女子部	1名	1名		
59	女子美术专门学校	高等科1名	1名	○	○
60	日本女子高等商业学校	本科3名	3名		
61	女子经济专门学校	本科1名、家庭科1名	2名		
62	共立女子专门学校	家庭科5名	5名		
63	东京女子高等师范学校	2名	0名		○
64	横滨高等工业学校	2名	2名	○	○
65	山梨高等工业学校	2名	2名		
66	长冈高等工业学校	2名	2名		
67	富山药学专门学校	1名	1名	○	○

	学校名	《满洲国学生留学日本十周年史》(1942 年 9 月)可见在籍学生数	1942 年 5 月留学生数(根据《满洲国留日学生录》)	第二届分会长座谈会(1940 年)的参加校	第一届分会长座谈会(1939 年)的参加校
68	金泽高等工业学校	3 名	3 名	○	○
69	福井高等工业学校	1 名	1 名	○	
70	滨松高等工业学校	3 名	3 名	○	
71	名古屋高等工业学校	8 名	9 名	○	○
72	金城女子专门学校	1 名	1 名		
73	三重高等农林学校	6 名	6 名	○	○
74	京都帝国大学	48 名	48 名	○	○
75	第三高等学校	1 名	1 名		
76	京都市立绘画专门学校	1 名	1 名		
77	立命馆大学	1 名	0 名		
78	龙谷大学	2 名	2 名		
79	大谷大学	预科 2 名	预科 2 名		
80	同志社专门学校	2 名	2 名		
81	同志社女子专门学校	正科 1 名、高等女学部 3 名	高等女学部 1 名		
82	佛教专门学校	2 名	2 名		
83	奈良女子高等师范学校	本科 29 名、特设预科 7 名	36 名	○	○
84	大阪帝国大学	1 名	1 名		
85	大阪商科大学	学部 2 名、高商部 8 名	2 名、附属高商部 8 名		
86	大阪高等医学专门学校	7 名	7 名	○	○
87	大阪女子高等医学专门学校	2 名	4 名		
88	大阪外国语学校	1 名	1 名	○	
89	摄南高等工业学校	1 名	1 名		
90	神户商业大学	8 名	8 名		○
91	神户高等工业学校	7 名	7 名		
92	第六高等学校	1 名	1 名		
93	广岛文理科大学·广岛高等师范学校	大学 5 名、高师 34 名	大学 5 名、高师 29 名	○	○

续表

	学校名	《满洲国学生留学日本十周年史》(1942 年 9 月)可见在籍学生数	1942 年 5 月留学生数(根据《满洲国留日学生录》)	第二届分会长座谈会(1940 年)的参加校	第一届分会长座谈会(1939 年)的参加校
94	广岛高等工业学校	3 名	3 名	○	
95	山口高等商业学校	本科 25 名、特设预科 6 名	31 名	○	○
96	德岛高等工业学校	5 名	6 名		
97	九州帝国大学	正科生 3 名、专攻生 2 名	3 名		○
98	九州医学专门学校	本科 12 名、研究科 1 名	13 名	○	○
99	明治专门学校	5 名	3 名		○
100	长崎高等商业学校	本科 27 名、特设预科 6 名	27 名	○	○
101	熊本高等工业学校	6 名	6 名	○	○
102	熊本药学专门学校	1 名	1 名		
103	宫崎高等农林学校	1 名	1 名		

注：东京高等工学校、东京高等无线电信学校、善邻高等商业学校、东京家政学院等学校出席了 1939 年的集会，鸟取高等农业学校出席了 1940 年的集会，但『满洲国学生日本留学拾周年史』中未记载这些学校。

以下为『满洲国学生日本留学拾周年史』中未曾记载，但在《满洲国留日学生录》（1942 年）的学生名簿上留下记录的学校名及留学生人数：

[1] 札幌工业学校（6 名）、[2] 函馆工业学校（6）、[3] 青森县师范学校（3）、[4] 秋田县师范学校（4）、[5] 秋田工业学校（8）、[6] 岩手县师范学校（2）、[7] 黑泽尻工业学校（5）、[8] 岩手县立盛冈中学校（3）、[9] 宫城县工业学校（7）、[10] 宫城县仙台第一中学校（1）、[11] 栴檀中学校（仙台）（1）、[12] 吉田高等女学校（仙台）（1）、[13] 山形县师范学校（3）、[14] 山形工业学校（5）、[15] 鹤冈工业学校（9）、[16] 福岛县立女子师范学校（5）、[17] 福岛县立磐城中学校（2）、[18] 群马县立富冈中学校（2）、[19] 埼玉县立浦和中学校（1）、[20] 千叶县师范学校（2）、[21] 千叶县立匝瑳中学校（2）、[22] 东京高等工学校（2）、[23] 东洋大学专门部（1）、[24] 玉川学园专门部（1）、[25] 伪满洲国留日学生会馆语学院（16）、[26] "新京"美术院东京分室（15）、[27] 东洋音乐学校（1）、[28] 东京高等音乐学院（2）、[29] 东亚商业学校（1）、[30] 帝国商业学校（1）、[31] 食料学校（1）、[32] 东京家政学院（2）、[33] 日本体育专门学校女子部（1）、[34] 东京女子医学专门学校附属产婆养成所（1）、[35] 骏河台女学院（1）、[36] 文化服装学院（1）、[37] 中野高等无线电信学校（1）、[38] 东京盲学校（1）、[39] 失明伤痍军人教育所（1）、[40] 东京府立第二中学校（2）、[41] 东京府立第十五中学校（3）、[42] 东京府立第二十二中学校（1）、[43] 东京府立第六高等女学校（4）、[44] 庆应义塾普通部（3）、[45] 日本大学中学校（2）、[46] 自由之丘学园中学校（1）、[47] 惠泉女学院普通部（1）、[48] 玉川中学校（11）、[49] 玉川高等女学校（1）、[50] 大日本国民中学会高等预备学校中学部（1）、[51] 神奈川县立横滨第一中学校（1）、

［52］山梨县女子师范学校（3）、［53］祖山中学校（山梨）（1）、［54］新潟县师范学校（2）、［55］长冈女子师范学校（5）、［56］高田师范学校（5）、［57］新潟县立新发田中学校（2）、［58］长野县师范学校（3）、［59］松本女子师范学校（4）、［60］长野县立松本中学校（1）、［61］长野县立松本第二高等女学校（2）、［62］富山县女子师范学校（4）、［63］静冈县师范学校（2）、［64］岐阜县师范学校（3）、［65］石川县立金泽第一中学校（1）、［66］津山中学校（爱知）（2）、［67］长滨农学校（2）、［68］比叡学院（2）、［69］延历寺喇嘛训育道场（5）、［70］比叡山中学校（滋贺）（2）、［71］中央佛教学院（1）、［72］知恩院喇嘛训育道场（15）、［73］京都第三中学校（1）、［74］立命馆中学校（1）、［75］大谷中学校（2）、［76］平安中学校（2）、［77］京都成安高等女学校（1）、［78］大阪府立农学校（2）、［79］大铁工学校（1）、［80］浪华商业学校（3）、［81］此花商业学校（1）、［82］大阪府立高津中学校（1）、［83］奈良县立添上农学校（2）、［84］天理中学校（5）、［85］天理第二中学校（3）、［86］高野山兴亚密教学院（18）、［87］兵库县师范学校（1）、［88］兵库县立第一神户夜间中学校（1）、［89］兵库县立赤穗中学校（2）、［90］冈山县立西大寺高等女学校（2）、［91］关西中学校（冈山）（1）、［92］冈山县金川中学校（4）、［93］山阳中学校（广岛）（1）、［94］德岛中学校（1）、［95］鹿儿岛县立市来农艺学校（16）、［96］鹿儿岛实业学校（7）。

三　伪满洲国留日学生会的修炼活动

留日学生会干部曾表示"夏季修炼是满洲国留日学生会活动中倾力最多的一项"，① 其相关资料保存至今。笔者曾撰文论述过夏季修炼，② 在此只述其概要。

首先，修炼活动起源于 1923 年，这一年日华学会在千叶县馆山町举办了"消夏团"。③ 这是为中国留日学生提供的福利政策。

---

① 这是在 1940 年 11 月举行的分会长座谈会上小原铁之助（伪满洲国留日学生会馆主事、伪满洲国留日学生会干事）的发言。『満洲国留日学生会　分会長懇談会記録（第二回）』（国立公文書館）、20 頁、JACAR、Ref. B05015951700。

② 見城悌治「戦時下日本における『満洲国』留学生たちの『修錬』活動：『満洲国留日学生会会報』から見る日本体験の一側面」『人文研究（千葉大学）』第 46 号、2017 年 3 月、101—125 頁。

③ 日华学会成立于 1918 年，是以小松原英太郎为会长、涩泽荣一等商界人士为顾问的法人团体。日华学会为留学生提供宿舍、经济援助，并经营日本语预备学校。砂田實編『日華学会二十年史』日華学会、1939 年；見城悌治「第五章　渋沢栄一による中国人留学生支援と日華学会」町泉寿郎編著『渋沢栄一は漢学とどう関わったか』。

日华学会组织学生们离开炎热的东京，来到海边，上午进行日语补习，下午游泳，享受清凉。活动的目的是使学生们亲身体验中国传统文化中所没有的"海水浴文化"。[①] 来自中国东北地区的学生们当然是要参加"消夏团"的，但是 1932 年以后，他们转归新成立的伪满洲国，便不能再参加"消夏团"的活动。

尽管如此，"消夏团"依然拥有高人气。伪满洲国建立后的第二年（1933 年），在馆山町北的富浦町举办了"满洲国留日学生消夏团"。第一年有 20 余名学生参加，第二年达到 40 名。到 1935 年时，学生人数的增加甚至导致宿舍数量不足，"被拒绝的多数学生留在炎热的东京"，这一活动的人气高到需要对不足之处进行反省的程度。[②] 1936 年 7 月中旬到 8 月中旬，"消夏团"以两周一期的形式举办。学生们分为两批，分开参加。[③]

伪满洲国留日学生会成立于 1936 年，但从 1937 年开始，学生会将"消夏团"改名为"夏季修炼"，继续举办。1937 年 7 月，修炼活动有了明文规定，即《夏季修炼规程》。其中第一条规定："暑假时，（由学生会）集合留学生，组织他们参加山岳修炼、海滨修炼及田园修炼团。根据各团每天的活动，锻炼学生们的身心，以达到养成留学生指导纲领规定的六大精神的目的。"[④] 也就是说，原本以避暑为目的、有着强烈娱乐色彩的"消夏团"，转而成了养成"六大精神"的修炼活动。

1937 年是修炼活动实施的第一年。海滨修炼依然在千叶的富浦海岸，山岳修炼在富士山麓的山中湖畔（山梨县），田园修炼则在友部国民高等学校，三种修炼分开举办。同年，为了督促缺席夏

---

① 見城悌治「近代千葉における中国留学生と海水浴体験」『千葉史学』第 60 号、2012 年 5 月。

② 「留日学生富浦海岸銷夏団之回憶」（原文为中文）、『満洲国留日学生会会報』第 3 号、1936 年 7 月、5 頁。

③ 「富浦銷夏団員募集」『満洲国留日学生会会報』第 3 号、1936 年 7 月、1 頁。

④ 「夏期修錬状況」『満洲国留日学生会会報』第 10 号、1937 年 9 月、5 頁。

季修炼的学生，学生会正式开始举办冬季修炼。1938 年 1 月 4 日到 11 日，第一次冬季修炼在埼玉县秩父町的"秩父织物组合公民道场"举行。

1938 年度的田园修炼分为两期，分别在千叶县松户的千叶高等园艺学校和茨城县友部的国民高等学校举行。山岳修炼和海滨修炼在与前一年相同的地方举行。这一年的冬季修炼在两处举行，分别为东京乃木山的"日本青年馆道场"和茨城县内原的"满蒙开拓青少年义勇军训练所"。

1939 年度的山岳修炼在山梨县八之岳山麓举行。海滨修炼的场所从富浦海岸转移到静冈县骏东郡静浦海岸（现沼津市）。这一年的冬季修炼，第一日的地点为皇居外苑，从第二日开始，在茨城县内原的"满蒙开拓青少年义勇军训练所"举行。

1940 年度的山岳修炼在山梨县八之岳山麓的"满洲国留日学生修炼道场"举行，每期十天，共举办了四期。海滨修炼回到富浦海岸后，仍以十天为期，但是学生会提出"让本年度的所有新留学生参加海滨修炼"的方针，[①] 因此，共有 120 名学生参加了这次修炼。

这一年的 7 月 11 日到 8 月 3 日，国内修炼在伪满洲国首都"新京"举行。留日学生会动员理工科及教育系统的临毕业留学生参加"新京宫廷的营造及建国神庙的建设工作"。另外，这一年的冬季修炼于 12 月 24 日到 29 日的六日间，在东京府南多摩郡的"东京府拓务训练所"举行。

1941 年度的山岳修炼在八之岳山麓举行，从 7 月 11 日开始，共计十天。同一时间，海滨修炼在富浦海岸举行，共有 99 名学生参加。7 月 15 日到 24 日，名为"轻井泽女子修炼"的新活动，在长野县轻井泽的早稻田大学棒球部集训宿舍举行（参加者只有 4 名）。

---

① 『满洲国留日学生会会报』第 5 卷第 6 号、1940 年 6 月、10 页。

1942 年度的海滨修炼从千叶县富浦转移到千叶县兴津海岸的会场举行（57 名学生参加）。该年度新增"女子海滨修炼"活动，在静冈县三津海岸（现沼津市）举行（13 名学生参加）。

由于史料缺失，目前无法确认 1943 年后修炼活动是否继续举行。①

参加修炼活动的留学生们写下的感想，刊载在《会报》上。虽然其中有很大部分是"重新认识到作为满洲国留学生所担负的使命"这样的模范文章，但也出现了明显带有批判思想的文章。②

例如，参加 1937 年度田园修炼的学生写道："这些参加活动的学生，有着相同的使命和理想，将来要献身于满洲国，成为国家的中坚力量。因此，希望干部们的讲话多少以满洲国为中心。"③ 该学生批判了干部以日本为中心的讲话内容，认为这对学生一点作用都没有。

参加 1940 年度冬季修炼的学生写道，修炼活动"倾向于让学生们从事非生产性的劳动。……在这个意义上，我们就不该在训练所的后山运土，难道不该是去工厂见习，或去公司、银行实习更有效吗？"同时，他对修炼活动的本质提出了质疑："阅读皇帝的诏书、升国旗、军事训练等活动，感觉过于形式化了。"④

参加修炼活动的学生对自己的同胞也提出了严厉的质问。学生们本应怀有热情和志气参加活动，但是"学生中有的身心好像已经年老昏聩一样。……我亲爱的同志们，我们真的应该反思那些厌恶集体、忌讳劳动、只想着独善其身的态度"。与这篇文章的作者

---

① 『满洲国留日学生会会报』上只留下了 1940 年度的会议记录。另外，可根据 1942 年 9 月刊行的『满洲国学生日本留学十周年史』，补充 1941 年度、1942 年度的会议记录。

② 对此，见城悌治「戦時下日本における『満洲国』留学生たちの『修錬』活動：『満州国留日学生会会報』から見る日本体験の一側面」[『人文研究（千葉大学）』第 46 号、2017 年 3 月] 有详细介绍。

③ 「田園修錬に対する感想、批判及び覚悟」『満洲国留日学生会会報』第 10 号、1937 年 9 月、8 頁。

④ 「感想」『満洲国留日学生会会報』第 6 巻第 2 号、1941 年 2 月、10 頁。

所提倡的热情相反，对于与传统读书人的体质并无太大差别的留学生们来说，厌恶劳动也是没有办法的事情。然而，作者的愤怒没有就此停歇，他向"大使馆"提出了谏言："我想说的是，从各校留学生的特殊性来说，不考虑后果而强迫学生们参加修炼会引发种种问题，还可能造成极大的影响。对我们的后辈来说，如果能够多注意避免纸上谈兵这种不考虑实际情况的行为就太好了。……很抱歉口出狂言。"①

学生会希望学生们养成的"六大精神"，包括"日满两国一体的精神""牺牲奉公的精神""集体精神""勤劳精神"等。明治维新以后的 70 余年，日本政府在小学和军队中推行了严格的教育，养成了民众的"日本精神"。然而，对于有着文化差异的中国东北地区的人来说，如果强制要求他们也养成同样的"精神"，必然会使两者间产生各种摩擦与矛盾。

就像本章一开始引用的内容所示，从日本方面来看，留学生会举办的修炼活动，是最适合养成精神的一种方式。但是，在实际的实施过程中，远不能达到其初衷。

如何定位与评价夏季和冬季修炼？1940 年，在"第二届满洲国留日学生会分会长座谈会"上，与会者们讨论了这个问题。② 留日学生会干事小原铁之助（兼任伪满洲国留日学生会馆主事）说道，到 1938 年为止，学生会号召参加修炼的学生以补助费生为主。从 1939 年开始，不再区分补助费生和自费生，活动经费全部由学生会负担。这就意味着，由于学生会免除了参加费，包括自费生在内的所有学生都要参加修炼活动。

小原表示，参加者们都发自内心地相信"可以取得不少成果"。但是后面他也吐露了实情："尽管由大使馆出面召集学生，每年仍

---

① 「冬期修錬に就いて感ずる所」『満洲国留日学生会会報』第 6 卷第 2 号、1941 年 2 月、8 頁。

② 『満洲国留日学生会　分会長懇談会記録（第二回）』（国立公文書館）、JACAR、Ref. B05015951700。

有不少学生不参加。"因此他强调，没有参加夏季修炼的学生都要参加冬季修炼。①

　　同样担任干事的阿部常就也做了发言，现将其所述概要如下。夏季和冬季修炼因召集了全国学生，所以与普通的学生会修炼大不相同。由伪满洲国驻日大使担任留学生会会长，负责保护和监督留学生。由"大使"召集新留学生，教育他们遵守留学中的规则；在学生毕业的前一年，"大使"要检查学生的成绩，并将其通报"本国"（伪满洲国）。干事们在参加修炼活动的时候，会对学生进行面试，制成人物考课表。这张考课表会交给"本国"（伪满洲国），成为文官考试时的审查资料及就职时的参考资料。这份材料与学校的推荐书、成绩单同样重要。"今后，各校在方便的情况下，无论如何要让学生们参加修炼活动。请求各校指导。"②

　　针对阿部干事的发言，熊本高工表达了自己的难处，"夏季修炼正好与学校的实习期重叠，我们无法参加"。同时，滨松高工指出"留学生说活动中的饮食不合胃口"。对此，阿部干事表示，"虽然学生们有很多不满，但你们还是要强行实施。因为修炼只有四天，我认为食物不合口味也是种锻炼，你们要说服学生参加"。③阿部对要求改善修炼活动的滨松高工表示出高压态度，要求他们"不要让学生发出抱怨"。

　　如上所述，从留日学生会干部的角度来看，由"大使"直接监管学生会是极为重要的。因为修炼活动关系到留学生回国后的前途（后面详述），所以学生会干部们期待各分会对留学生进行严格的"指导"。在隐约可见的利益驱动下，就算压制学生们的不满，

---

① 『満洲国留日学生会　分会長懇談会記録（第二回）』（国立公文書館）、20—21 頁、JACAR、Ref. B05015951700。

② 『満洲国留日学生会　分会長懇談会記録（第二回）』（国立公文書館）、36 頁、JACAR、Ref. B05015951700。

③ 『満洲国留日学生会　分会長懇談会記録（第二回）』（国立公文書館）、36—37 頁、JACAR、Ref. B05015951700。

也要让他们参加修炼。然而，就像前面分析的一样，在关于参加修炼活动的文章中，留学生们发泄着不满："从修炼和讲话的内容中几乎看不出有什么意义，激发不出干劲。"

四　伪满洲国留日学生会分会长座谈会

　　1939 年是伪满洲国留日学生会成立三周年。从这一年起，学生会开始召开伪满洲国留日学生会分会长座谈会，其目的在于集合各校学生会分会长，"交换指导留学生的意见，对诸活动的质疑做出回答，以及本部、中央事务所、支部分会间的介绍与联络"。①

　　笔者利用 1940 年 11 月 21 日、22 日举行的 "第二届满洲国留日学生会分会长座谈会" 留下的会议记录，② 来讨论留日学生会及分会的相关问题。

　　根据《满洲国学生留学日本十周年史》的记载，第一届座谈会于 1939 年 5 月 29 日、30 日在东京小石川的伪满洲国留日学生会馆举行。③ 虽然书中没有记载会议讨论的内容，但是记录了参加学校的名字（50 校，参见表 12 - 2）。另外，根据 1943 年 4 月号《会报》的记载，第三届座谈会于 1943 年 2 月 24 日、25 日举行。④ 然

---

　　①　『満洲国学生日本留学拾周年史』、195 頁。

　　②　『満洲国留日学生会　分会長懇談会記録（第二回）』（国立公文書館）、JACAR、Ref. B05015951700。

　　③　『満洲国学生日本留学拾周年史』、196 頁。

　　④　『満洲国留日学生会会報』第 8 巻第 4 号、51—54 頁。此处记载缺少参加学校的校名。另外，虽然不清楚讨论的详细内容，但《会报》上保留了 "協議事項"，故列于此。（イ）経費に関する件（分会での懇談会費、訓育費、見学旅行費など）；（ロ）宿所ハ関する件（寄宿舎、学生会館など）；（ハ）就職に関する件（就職斡旋、採用前の就職指定など）；（ニ）予備教育に関する件（日本語習得法、科外指導など）；（ホ）入学に関する件（優良なる学生の招致など）；（ヘ）教練並訓練に関する件（軍事教練の強化、戦時下留学生の思想指導など）；（ト）雑件（衣料切符補助、会館の食事改善、卒業後の分会との連絡など）。

而，现在无法找到这两次会议的会议记录，因此笔者只选取第二届座谈会的内容进行分析。

参加座谈会的人包括留学生会本部会长（"大使"）阮振铎等16 人、"大阪支部"1 人、伪满洲国派出的民生部教育司专门教育科科长 1 人。日本方面的参加者有文部省的大臣代理横田邦彦等 5 人、陆军省军务局军务课 2 人，以及外务省文化事业部 1 人。出席会议的"分会长"则来自 53 所学校（表 12－2 中标记○的学校）。

根据《分会长座谈会记录》的目录，会议上讨论的内容如下所示（根据原史料"イ""ロ""ハ"的顺序排列）：

第一日

说明及希望事项

（イ）学生会机构的改组及规程的改订；

（ロ）学生奖学表彰规程；

（ハ）对学生的指导。

协议事项

（イ）留学生的日语教育（满洲国留日学生会馆语学院）

①留学生日语的学力能否达到正常学习需要的程度

②设立了专门为学生提供日语指导部门的各学校成绩如何

（ハ）留学生选择学科时的自由程度（熊本高工）

（二）留学生升学指导和就职咨询的情况（富山药专、山口高商）

（ホ）留学生中补助费生、自费生的本质差异，以及各分会对他们的指导训育方针（富山药专）

（チ）毕业生在满洲国内有没有开设医院的资格（九州医专）

（カ）补助费的支取（长崎高商）

第二日

（ヘ）最近留学生的思想倾向（熊本高工）

（ロ）分会和新修炼组织的关系（盛冈高农、三重高农、山口高商、鸟取高农、东京高农）

（ル）留学生的修炼强化（名古屋高工）

（ト）为了帮助养成留学生的建国精神，各分会的环境整备状况（富山药专）

（リ）朝鲜族满洲国留学生的改姓（福井高工）

（ヌ）需要统一仪式庆典举行的日期及流程（山口高商）

（ヲ）留学生预备校的英语和数学教学情况（长崎高商）

（ワ）夏季修炼的开始时间

（ヨ）派遣留学生的身体检查

因时间关系，保留（タ）和（レ）的议题

（タ）留学生毕业后的联系

①毕业生之间的联系

②毕业生和毕业学校的联系

③毕业生和学生会的联系

（レ）满洲国女子教育研究机关的设立，特别是女子留学生教育研究机关的设立（女子美专）

笔者将从这份目录中选取重要的问题进行讨论。

（一）伪满洲国留学生的派遣方针（"ヘ"相关）[1]

根据伪满洲国民生部教育司专门教育科科长吕悛福的说法，伪满洲国的留学生派遣方针如下："如果可以的话，我们希望减少法文科学生的派遣数量，培养最有用、最有建设性的人。因此，学习理科的学生要大量地送出去。"会长（"大使"）阮振铎在座谈会一

---

① 『満洲国留日学生会　分会長懇談会記録（第二回）』（国立公文書館）、97頁、JACAR、Ref. B05015951700。

开始发表致辞时同样表示，学生派遣的比例应为"理科占七成，文科占三成"。① 对伪满洲国最有用、最有建设性的是学习理科的学生。

（二）对没有获得认可的学生的处理（"ホ"相关）②

留日学生会的阿部干事表示，"满洲国"留学生派遣的目标是700名。从1937年开始，每年派遣的学生在200名以内。去年有120名，今年（1940年）达到160名。另一方面，对于此前有很多没有获得认可的留学生，学生会严格执行了"认可制度"。到1937年3月底，没有获得认可的学生只剩下二三十名。并且，通过参加夏季修炼等活动，学生会对这些学生进行人品考察和日语考试，"以追加认可的方式，将他们转为正式的留学生来进行保护和指导"。

当时的留学机制是，希望到日本留学的人需要通过留学生认可考试，或从指定的留学生预备校毕业。③ 学生满足这些条件，并从伪满洲国民生部获得"留学认可"后，方能留学。④

尽管如此，据阿部干事所言，当年到达东京的没有获得认可的学生大约有80名。如果从"满洲国认可制度的执行程度"来看，"仍然有不足的地方"。"这些学生的学力，特别是日语，还非常不

---

① 『満洲国留日学生会　分会長懇談会記録（第二回）』（国立公文書館）、11頁、JACAR、Ref. B05015951700。

② 『満洲国留日学生会　分会長懇談会記録（第二回）』（国立公文書館）、43—45頁、JACAR、Ref. B05015951700。

③ 关于留学生预备学校的研究，参见李思齐「満洲国留学生予備校についての一研究」『言語社会（一橋大学大学院言語社会研究科2016年度紀要）』第11号，2017年3月。

④ "认可考试"包括笔试、面试和体检。笔试有"国民道德""国语（日语满语或日语蒙语的互译）""数学（代数、几何）"等三个科目。「留学生規程」『満洲国留日学生録　昭和13年・康德五年度』1938年、216—218頁。另参见周一川「『満洲国』の留学政策と留日学生」『中国女性の日本留学史研究』，第266—268页。

够。”这一情况产生的原因，是在 1939 年 7 月施行的“满洲国国兵法”中，有一条规定是“到日本留学的人可以放缓被征兵”。

因此，阿部干事希望“满洲国”在为留学生发放渡航证明时能够更加慎重。另外，对于日本的学校，他提出“大部分学生并不具备足够的能力来接受日本的教育。让这样的学生接受不完善的教育，反而会让他们误解日本，或在将来对日满关系产生不利的影响。因此，在彻底地实行‘留学认可制度’这一点上，希望你们可以予以全力协助”。

伪满洲国驻日大使馆编《满洲国留日学生录》1939 年版（表12－1）中一共记载了 1325 名学生的名字。1940 年时留学生人数尚不足千人，下一年则有超过 1200 名学生赴日留学。从人数变化上来看，阿部所说的留学生派遣“以 700 名为目标”，是指获得“认可”的留学生人数。也就是说，尽管与“认可制度”这样的“国策”无关，那些“没有获得认可”的学生也大量来到日本留学，从中可以看到相关人员在应对这些事情时伤脑筋的样子。

（三）希望升学的学生的选定方法及回国后的前途（“二”“ホ”相关）①

不少毕业于专门学校的学生，希望可以到日本更高等级的学校继续学习。对于这些学生，阿部干事表示，夏季修炼时，他们会对学生进行考察，考察的结果加上“学校的推荐书和成绩单”，将成为“重要的选拔要素”，而“决定谁升学”的问题也“大体依据这个办法”。

阿部强调，从“国家人才培养”的角度出发，在派遣阶段，“满洲国”就预想过“几年后会有几百名”从专门学校毕业的留学生。等到毕业生“回到国内，国家希望他们去就业。同时，考虑到

---

① 『満洲国留日学生会　分会長懇談会記録（第二回）』（国立公文書館）、66—71 頁、JACAR、Ref. B05015951700。

满洲国人才短缺的现实情况，他们也是国家的希望"。此外，"原则上，希望升学的学生只能自费"，[①] 将不会得到经济上的援助。

对此，吕惔福称，在中国，到日本或欧美留学是非常光荣的事。加上留学还是出人头地的捷径，所以希望来日本留学的人非常多。本年度预备校的招收定额大约是 200 名，但报名的人数已经有近千名。我们在指导留学生的时候，"一定要打破他们想要立刻出人头地这种虚荣的想法"。[②] 更进一步来说，专门学校的毕业生最好尽早回国，"现在人才短缺，希望他们可以尽早为国家和社会做贡献"。"如果真的想成为学者、研究者等特殊职业的人"的话，需要先得到推荐，再去实现自己升学的愿望，"除此以外的其他人，最好劝阻他们升学"。[③]

对于参加座谈会的学校相关人员来说，"阻止学生升学"是一种很严厉的措辞。留学生会干部的宗旨，是希望学生们尽早回国为国家做贡献。

（四）毕业后的就业倾向及实际情况（"ハ""ホ""カ"相关）[④]

对于留学生的就业倾向，吕惔福所持观点是，"因为大部分学生希望成为政府的官员，尽量以官员任用为指导方针"。[⑤]

阿部干事对于不太理想的就职考试结果表达了担忧。去年（1939 年），480 名毕业生中，高等文官考试（「高文試」）的合格

---

① 『満洲国留日学生会　分会長懇談会記録（第二回）』（国立公文書館）、66 頁、JACAR、Ref. B05015951700。

② 『満洲国留日学生会　分会長懇談会記録（第二回）』（国立公文書館）、69 頁、JACAR、Ref. B05015951700。

③ 『満洲国留日学生会　分会長懇談会記録（第二回）』（国立公文書館）、71 頁、JACAR、Ref. B05015951700。

④ 『満洲国留日学生会　分会長懇談会記録（第二回）』（国立公文書館）、44—45、72、81、84—85 頁、JACAR、Ref. B05015951700。

⑤ 『満洲国留日学生会　分会長懇談会記録（第二回）』（国立公文書館）、72 頁、JACAR、Ref. B05015951700。

者只有 32 名，判任官合格者 196 名，升学者 31 名，共计 266 名；剩余的人则就职于公司，或从事商业。明年 3 月预计有 218 名毕业生，在 7 月的高等文官第一次考试中合格者只有 23 名。吕惔福感叹道，只有 23 名合格者确实是意料之外。相比之下，吉林省师道学校参加考试的人有 35 名，其中合格者 28 名。吕惔福并未掩饰自己困惑，他难以想象"是什么原因造成"合格率上的差距。①

阿部干事对想要就业的人劝告道，现在进入特种公司不再需要考试，只需要交涉。4 月回国的毕业生需要到人事处进行报备。然而，"尽管要就业的学生有 230 名之多，却只有十几个人来报到……这太让人遗憾了"。阿部很失望地说道，在派遣留学生时会对学生进行严格的审查，他们在日本也会接受严格的"指导"，"结果却是这样"。②

对于那些回国后的留学生，《会报》刊载了批评他们的文章："大使馆，或学生时代的母校很多都无法得知毕业生的情况。这实在是太遗憾了。于是，干事们特意在会报上设立了'毕业生专栏'，即使学生毕业了，如果能够保持联络……难道不是一件对彼此都有益的事吗？"③

虽然我们可以理解学生会的不满，但即使是在留日期间，学生们也没有积极地向学生会靠拢。其回国后采取这样的消极态度也就并非不可思议了。

另一方面，日本学生很少去伪满洲国就业。阿部表示，"符合雇佣限制令（「使傭制限令」）的日本学生"，"本年度大约有两千名技术人才的指标被分配到满洲国"，但是，几乎没有人愿意去那里工作。"实际上，去满洲国工作的学生非常少……满洲国十分渴

---

① 『満洲国留日学生会　分会長懇談会記録（第二回）』（国立公文書館）、44—45、84 頁、JACAR、Ref. B05015951700。

② 『満洲国留日学生会　分会長懇談会記録（第二回）』（国立公文書館）、81 頁、JACAR、Ref. B05015951700。

③ 「編輯後記」『満洲国留日学生会会報』第 7 巻第 7 号、1942 年 7 月、60 頁。

求那些来自日本的优秀的新锐技术人才，希望日本的学生能来参加这次的特殊技术人才的招聘。"①

在前述发言中，吕悛福曾提到"满洲国人才短缺"的状况，但留学生和日本学生都没有积极地考虑在伪满洲国工作。这也加重了伪满洲国人才的短缺。

（五）"建国精神"的涵养（"卜"相关）②

女子美专的分会长表示，在培养"满洲国"学生具有"日满亿兆同心的精神"过程中面临的问题是他们不了解日本。而且与他们一起生活的日本学生不了解他们也是不行的。因此，对"满洲国"学生的训话，也应该同时告诉日本学生。③

富山药专分会长在发言中提到，"经常听到满洲国的留学生被指'满洲国的建国精神很薄弱'这样的话"。对此，吕悛福说："虽然我不愿这么认为……但这确实也是事实。"④ 尽管吕悛福想要否认，却显露出了自己无法下断言的烦闷。

日本为了养成留学生们的"满洲国建国精神"，"将拥有日本精神的日本人"理想化，以"激励"留学生。这就是所谓"文化强制"。有的留学生充分利用这种观点，向《会报》投稿，讽刺日本的企图：

> 我们到日本留学的目的，首先是理解体会日本精神，钻研各自专业的学术，在此基础上再去了解日满一体的重要性。然

---

① 『満洲国留日学生会　分会長懇談会記録（第二回）』（国立公文書館）、84—85 頁、JACAR、Ref. B05015951700。

② 『満洲国留日学生会　分会長懇談会記録（第二回）』（国立公文書館）、92—94、103—104 頁、JACAR、Ref. B05015951700。

③ 『満洲国留日学生会　分会長懇談会記録（第二回）』（国立公文書館）、92 頁、JACAR、Ref. B05015951700。

④ 『満洲国留日学生会　分会長懇談会記録（第二回）』（国立公文書館）、103—104 頁、JACAR、Ref. B05015951700。

而，我们能够很容易地理解日本精神吗？说实话，我不太清楚，只不过觉得那样的东西就是日本精神啊。……为什么这么说，是因为真正的日本精神并没有被如实地展现出来。那么现在，试问我们敬仰钦慕的老师们，日本精神究竟是什么？能不能立刻清楚具体地回答出来呢？恐怕有的老师会拿日本历史上的事情来举例说明，有的老师会借用国学者本居宣长那有名的诗歌——"欲问大和魂，朝阳底下映山樱花"来形容。但是，这些解释太模糊了，无法让人完全理解。①

（六）与关内留学生的共同计划（"说明及希望事项""イ"相关）②

伪满洲国留学生提出"希望与关内的学生一起举办欢迎会和送别会"的时候，东京女子医专的分会长对他们说："为了强调国民意识，希望所有这样的事他们都不要做。"但是，当学生们提出"来自华北地区的学生，有的也曾在满洲地区居住过。'同一个民族，又很亲近，我们一起办活动应该没问题吧？'这样的问题时，指导者该如何应对呢？"③

名古屋高工提出："在中华民国、满洲国、日本三地一体这样的宗旨下，一年中举办了三次或四次远足。但是'由于满洲国的教育理想与中华民国大异其趣，将他们放在一起并不太好'这样的意见出现，现在已经将他们分开。"④

---

① 「日本精神について」『満洲国留日学生会会報』第 6 巻第 5 号、1941 年 5 月、7 頁。

② 『満洲国留日学生会 分会長懇談会記録（第二回）』（国立公文書館）、34、109—111 頁、JACAR、Ref. B05015951700。

③ 『満洲国留日学生会 分会長懇談会記録（第二回）』（国立公文書館）、34 頁、JACAR、Ref. B05015951700。

④ 『満洲国留日学生会 分会長懇談会記録（第二回）』（国立公文書館）、109 頁、JACAR、Ref. B05015951700。

对于这样的言论，阿部干事说道，"三国"学生互相"提携帮助""亲近和睦"是有必要的。但是"两国"建国的过程不同，组织他们一起活动为时尚早。无论如何都要办活动的话，"需要对学生们进行充分的指导，最好将满洲国学生分开教育"。①

"（满洲国）国民意识"，加上"日满一体的意识"会孕育出什么呢？如何建构与关内学生的关系呢？这是那个时代的大问题。"一起活动也没问题吧"这样质朴却直击本质的疑问，对留日学生会而言，大概是最大的困境或"禁忌"。

（七）伪满洲国"思想问题"的现状（"へ"相关）②

"思想问题"与（五）"建国精神的涵养"互为表里，吕悢福明确说道："满洲国建国时，存在一部分政治家的批判和反满抗日的匪族团体。但是，在军警的讨伐下，经过七年，基本上将他们全部取缔了。""在建国过程中，虽然不能说完全没有摩擦、不满和不公平"，但是，现在的"实际情况是不需要再担心思想问题"。③话虽如此，从这个发言的背后，我们还是能够嗅到"不满和不公平"在发酵的味道。

举例而言，对于警察介入学校一事，名古屋高工表示："满洲国留学生每周必须召开一次座谈会或联谊会。开会前，由校方向警察部门提出申请，得到特高课的许可后，进行座谈或指导。现在已经没有警察部门那令人厌烦、纠缠不休的事情了。"④ 警察也许没

---

① 『満洲国留日学生会 分会長懇談会記録（第二回）』（国立公文書館）、111頁、JACAR、Ref. B05015951700。

② 『満洲国留日学生会 分会長懇談会記録（第二回）』（国立公文書館）、94、109頁、JACAR、Ref. B05015951700。

③ 『満洲国留日学生会 分会長懇談会記録（第二回）』（国立公文書館）、94頁、JACAR、Ref. B05015951700。

④ 『満洲国留日学生会 分会長懇談会記録（第二回）』（国立公文書館）、109頁、JACAR、Ref. B05015951700。

有"吵闹不休"，但是细致的"指导"确实是存在的。

警察试图监视留学生的行为，可以从内务省警保局刊行的《外事警察概况》（1935—1942 年）中窥知一二。这本小册子虽然是为了提高对所有外国人的警惕而制作的秘密报告书，但其中保留了中日战争前后留学生的"思想问题"记录。① 例如，1936 年的《外事警察概况》中记录了伪满洲国留日学生会的建立，同时记载了以下宗旨："到目前为止，我们对待满洲国留学生的态度是友好的、宽容的，但今后要改变这种态度，将他们与内地的学生置于同等位置，以严厉的态度来管理。"② 还要秘密地与警察保持联络，不惜将"不良学生"遣送回国。

1937 年七七事变爆发，同年的《外事警察概况》中有如下记载："一般情况下，留学生比劳动者（工人）和商人有着更明显、更强烈的国家意识。因为有不少人进行反日活动，当局要特别注意。"③ 1939 年 2 月到 11 月，在中国留学生中，36 名学生被检举参加了"中国共产党东京支部事件"。④ 1940 年的《外事警察概况》中明确表示要警惕留学生，"参考中共东京支部事件及其后的其他事件，那些留学生表面上装作亲日，但是内心有着强烈的抗日意识。我们无法想象他们会有什么样的举动，因此有必要特别注意对留学生的监视"。⑤

1941 年 3 月发生了"满洲国留学生左翼团体事件"。被认为有嫌疑的 6 名学生中，有 5 人住在伪满洲国留日学生会馆。日本警察

---

① 「満洲国留学生」内務省警保局編『極秘　外事警察概況』第 2 卷、1937 年、44 頁。

② 「満洲国留学生」内務省警保局編『極秘　外事警察概況』第 2 卷、44 頁。

③ 「中国留学生」内務省警保局編『極秘　外事警察概況』第 3 卷、1937 年、49—50 頁。

④ 「中国共産党東京支部検挙状況」内務省警保局編『極秘　外事警察概況』第 5 卷、1939 年、26 頁。

⑤ 「留学生の状況」内務省警保局編『極秘　外事警察概況』第 6 卷、1940 年、24 頁。

还发现，这些学生在会馆内开会，商讨如何利用《满洲国留日学生会会报》进行宣传。① 不难想象，这个事件对伪满洲国留日学生会产生了巨大的冲击。然而，想要遮掩此事，或是防患于未然，也绕不开《会报》和分会的协助。

五　伪满洲国留日学生会活动的真实面貌

如前所述，《满洲国留日学生会会报》创刊的目的是"利于各地分会和留学生之间的联络"。因此，为了增加学生们的亲近感，留日学生会多次呼吁学生们向《会报》投稿，但投稿仍然很少。1943 年 4 月的《会报》上刊载了如下感叹："审视《会报》的现状，依靠少数会员的投稿和编辑部收集到的国内消息，只是勉强地保持定期发行。不得不说，会员的态度极为消极。……我们原本希望这份《会报》由会员们亲自动手编辑刊行。然而，大家的学业都很繁忙，而且分散在日本的各地，目前只能依靠在东京的同学们收集大家的稿件，从中选择刊载。"②

不仅是向《会报》投稿，留日学生会本身的活动也因为留学生们的"合作"一直不太顺利。根据《外事警察概况》的记载，在 1942 年伪满洲国"建国庆典"，以及伪满洲国"谢恩特派大使"张景惠来访之时，"尽管满洲国大使馆严厉要求在东京的留学生全部出席，但听从指示的学生仍然是极少数"。3 月 1 日的"建国庆典"，参加者本应有 5 万人，然而，除去住在留日学生会馆的人，在市内居住的大约 500 名留学生中，只有 10 人参加。3 月 17 日，张"大使"来访会馆。迎接"大使"的只有住在会馆的 111 人，

---

① 「満洲国留学生左翼グループ事件」内務省警保局編『極秘　外事警察概況』第 7 巻、1941 年、68—71 頁。

② 「巻頭言　会報有料配布の実施について」『満洲国留日学生会会報』第 8 巻第 4 号、1943 年 4 月、4—5 頁。

住在会馆外的无一人来参加。3 月 24 日，为张"大使"回国送行的人群中，住在会馆内的人加上馆外 3 人，共计有 150 人。3 月 22 日，张"大使"在留日学生会馆发表训示，住在会馆的 162 人和馆外的 475 人出席。这次参加者突然增加是"因为会场会分发盒饭以及歌舞伎座的入场券"。综合以上情况，《外事警察概况》做出如下总结："以上的情况，一方面是因为驻日大使馆对留学生的指导过于软弱，另一方面是留学生思想中的机会主义，很多人缺少为日满一体体制献身的热情。这是必须注意的。"①

最后的这个事例表明，学生们这样的态度，并不是日本官员认为的"自觉抵抗"，大家只是"不关心"而已。

1941 年 5 月发行的《会报》上，刊载了伪满洲国驻日大使馆学务处主事田中忠义的文章《留学生的责任》，其中写道：

> 不去学校也可以若无其事，第二天对学生主任撒谎。……满洲人可以若无其事地撒谎。很遗憾，满洲人不懂恩情的传言就是这样产生的。当然，日本人照顾留学生并不是为了施恩。……负笈求学，最初的热情和决心忘到哪里去了，操着蹩脚的日语与低贱的女子在一起，践踏自己本应精彩的人生。最后被遣返回国，或是受到日本警察的关照……真令人不愉快。

从这篇文章来看，接收留学生的各学校，以及留日学生会的干部们，对留学生的行为颇为不满，以至于将他们的真实想法公开在报纸上。但是，为什么（一部分）留学生会表现出这样的态度？如有的学生不能响应（不愿响应）"日满一体的精神涵养"，即便日本方面持续抱怨这件事，但是否应该将责任全部归咎于留学生呢？

---

① 「留学生の動静」内務省警保局編『極秘　外事警察概況』第 8 巻、1942 年、223 頁。

在 1940 年的分会长座谈会上，有一则发言引起了一阵骚动。这则发言站在留学生立场，暗指日本方面的问题。因其内容极为有趣，笔者希望在最后介绍这则发言。

会场上，山口高商分会长提出其一贯主张：日本要求"满洲国"在日本的节日时悬挂"日满两国"的"国旗"。这样说来，在"满洲国"的节日时，日本也应悬挂其"国旗"，这样才能真正体现"东洋浑然一体"。

出席会议的文部省官员没有立刻答复，而是说："你的主张是正常的，我们回去会进行讨论。但是因为还要与其他的政府部门交换意见……"金泽高工对此则反应消极："希望可以给我们讨论的空间。我们无法立刻表示赞成。"更有甚者，大阪医专坚决否认，并表示"日本国只要有日本国人就可以了"。

对此，山口高商分会长极其真挚地发表了回应。"我的学生去了满洲的大同学院"，他批判道，"日本人究竟为何来到满洲？我们的背后有 4000 万的民众"。"他们有拒绝过去日本留学吗？这样的迹象一点都没有表现出来。但是当他们回到满洲后就完全不同了。因此，我们的想法也必须改变。……日本国民经常说'共存共荣'，但也有必要向着'共存共密（亲密）'的关系发展。正因为'共存共密'，我们是日本人的同时也是'满洲国人'。哪里有什么不一样呢？我是一直有这样的思想准备的。"①对那些完全不想要"理解""满洲国人"情绪的同僚，他感到很愤怒。

我们不知道有多少教员有着这样的想法。但是，听闻曾经的学生回国以后，显露出强烈的"民族意识"时，"老师"的想法也会被动摇，大概也会改变对"日满"关系的看法。在战争的笼罩下，在那些宣称"只要有日本国人就可以了"的教员，与以"共存共

---

① 以上内容均来自『満洲国留日学生会 分会長懇談会記録』（119—124 頁）中对于「式典挙行に関し、日式次第を一定するの件」的讨论。

密"为目标的教员和留学生们之间，一直存在从各种不同的立场和视角出发的"交流与冲突"。

六　小结

最后，对伪满洲国留日学生会及地方分会的活动做一简要总结。在留学生人数较少的分会，作为地方名流的校长在自家招待留学生，这样的活动成为"相互交流""相互理解"的开端。但是，伪满洲国留日学生会本质上仍是为了"管理"和"监督"留学生而建立的组织。会刊《满洲国留日学生会会报》为达成其目的，原本应是联系留日学生会本部、地方分会和留学生的平台，并作为一种媒介宣传当局传来的消息，以及收集整理来自各地的现状报告，但实际状况并非如此。

通过分析伪满洲国留日学生会的动向，以及《会报》刊载的讨论，我们可以确认一些事实。其中不仅包括留学生们表现出的"不适应"以及"排斥""抵抗"的情绪和行为，还能看到无法对其进行有效管控的当局表现出的焦躁。因此，可以肯定地说，伪满洲国留日学生会并没有实现其预期目标。

第 十三 章

中国留日同学总会与《中国留日学生报》（1947—1949）[*]

　　1945 年 8 月抗战胜利，对日本人而言，意味着在战争结束的同时，日本将被盟军占领，这也是他们成为战败国国民的开始。可是，对于在日本生活的中国人来说，日本战败则成为改变以前被日本人歧视的敌国国民而为战胜国国民身份的契机。当时在日本生活的中国人有从日本殖民统治下（台湾等）移居到日本内地生活或求学的人，也有从伪满洲国或汪伪政权等被日军占领之地赴日生活

---

　　* 本章为日本学术振兴会科学研究费（基盘研究 C）"冷战期中国外交之形成——以人事制度为中心"（研究代表：王雪萍，研究课题/领域号码：17K02042）、科学研究费（青年研究 B）"关于中华人民共和国对日民间外交与日中人际交流之实证研究"（研究代表：王雪萍，研究课题/领域号码：23730158）、科学研究费（基盘研究 B）"教育交流与东亚国际关系——中国留学生的派遣与支援"（研究代表：孙安石，研究课题/领域号码：17H02 686）、科学研究费（基盘研究 B）"关于战后冷战初期日本的华侨社会的实证研究：东亚秩序之重建"（研究代表：陈来幸，研究课题/领域号码：18H00703）、东洋大学井上圆了纪念研究助成"冷战初期日本共产党与中国共产党对在日中国留学生团体的指导体制研究"（研究代表：荒川雪）阶段性成果。本章是王雪萍在其论文「在日中国人メディアが記録した留日学生の思想及び生活面の変化——中国留日同学総会の機関紙『中国留日学生報』（1947—1949）を手がかりに」『東洋大学社会学部紀要』（第 57 卷第 1 号、2019 年 12 月）的基础上修改与翻译而成。

或留学的人。这些人原则上都可以被认定为战胜国国民。但是，在日本的台湾人根据国民政府于 1946 年 6 月 22 日公布的《在外台侨国籍处理办法》的规定，没能自动取得战胜国国民的身份。根据此办法，他们必须在 1946 年 12 月 31 日之前完成国民政府规定的国民登记，之后才能被正式认定为中华民国国民，发放"华侨临时登记证"。①

　　中国大陆和台湾出身的中国留日学生（以下简称"留日学生"），在战后由于中日两国间的汇款停止而不能接受原派遣机构和家属的资金援助。为了继续在日本的学业，从大陆和台湾来的留日学生最初分别在日本各地设立团体，并分别与日本政府以及盟军最高司令官总司令部（GHQ）进行交涉，以获得继续学习和生活的资金与配给物资。留日学生的此种穷困状况很快就传到国内，甚至蒋介石、何应钦等也闻知此事。国民政府为解决留日学生的救济问题，任命并派遣外交部情报司科长刘增华为"GHQ 联络员"赶赴日本。1946 年 1 月刘到达日本后，日本各地的中国大陆与台湾的华侨、留学生团体的统合活动随之加快。同年 4 月"中华民国留日华侨总会"（以下简称"华侨总会"）作为全日本大陆与台湾华侨的统一团体正式成立。5 月 22 日，"中华民国留日同学总会"（以下简称"同学总会"）作为全日本大陆与台湾的留日学生的全国统一团体也得以组建。② 田中刚的研究指出，同学总会成立的背景中有 1946 年 5 月来到日本的中华民国驻日代表团（以下简称"驻日代表团"）的指导。③

---

　　① 陳来幸「在日台湾人のアイデンティティと国籍選択」華僑華人の事典編集委員会編『華僑華人の事典』丸善出版、2017 年、216—217 頁。
　　② 王雪萍：《战后初期"中华民国政府"对留日学生政策解析——游离于救济与召回之间的政策之成败》，载徐蓝主编《近现代国际关系史研究》第 9 辑，世界知识出版社 2016 年版，第 39—71 页。
　　③ 田中剛「終戦後の華僑と日本の華僑政策」華僑華人の事典編集委員会編『華僑華人の事典』、211 頁。

一　《中国留日学生报》的资料来源及解说

《中国留日学生报》（以下简称《学生报》）于 1947 年 1 月作为同学总会的机关报创刊。为了研究同学总会的活动，笔者从四处搜集到从 1947 年 3 月 1 日发行的第 3 期至 1957 年 7 月 1 日发行的第 116 期《学生报》（其中一部分是复印件，也有一部分缺号、缺页的情况）。搜集工作结束后，笔者与当时在东京大学读研究生的田沼彬文一起制作了《中国留日学生报刊登文章目录》，刊登于大里浩秋、孙安石编《近现代中国人留学生的诸面相——以"管理"和"交流"为中心》① 一书。

第一处是 Gordon W. Prange Collection。根据日本国立国会图书馆官网介绍，GHQ 民间审阅部队从 1945 年至 1949 年 10 月对在日本国内出版的图书、杂志、报纸等进行了审阅。审阅结束之后保存下来的资料由 GHQ 参谋二部的文官修史官 Gordon W. Prange 移交给美国马里兰大学管理。20 世纪 60 年代以后，这批资料的整理工作逐步开展，在 1978 年将其定名为 "Gordon W. Prange Collection"，简称 "Prange 文库"。在 Prange 文库中所保存的《学生报》只有 1947 年 3 月至 1949 年 10 月出版发行的部分。

第二处是由已故日本华侨陈立清的遗属捐赠给笔者的华侨相关研究资料而建立的陈立清文库。陈立清是在东京出生的华侨，其在读书期间曾以同学总会执行委员的身份担任机关报《学生报》的主编。之后，他又创办了旅日华侨青年联谊会机关杂志《东风》，并长期担任该杂志的主编，一直致力于促进日本华侨青年学生的团结。1957 年以后，他开始供职于东京华侨总会，并长期担任华侨总会机关报《华侨报》的主编。他为 2004 年出版的《日本华侨·留学生运动史》的编辑倾注了大量心血，为日本华侨史与中国留日学生史研

---

① 大里浩秋·孙安石编『近现代中国人留学生の诸相：「管理」と「交流」を中心に』御茶の水书房、2015 年。

究留下了许多宝贵的资料。陈立清文库中的大部分资料是在编辑《日本华侨·留学生运动史》的过程中搜集来的。2009 年陈立清去世后，其收藏的书籍、杂志、报纸等（大部分与留日华侨相关）由其遗属捐赠给笔者，现存笔者的研究室，正在进行整理。陈立清文库所收藏的《学生报》，包含 1948—1957 年发行的一部分报纸，早期的多为复印件，20 世纪 50 年代以后的也有一些原件。

第三处是同学总会原主席郭平坦所提供的《学生报》复印资料。郭平坦是台湾出生、神户长大的日本华侨，1950 年考入早稻田大学法学部学习，1952—1956 年先后担任同学总会委员、副主席、主席等职。他于 1956 年回国并长期参与中国政府的对日、对台工作。其回国时带回 1950—1956 年的大部分《学生报》原件，并保存至今。2007 年笔者对其进行采访时，曾将其手中包括《学生报》在内的部分资料进行复印。

第四处是由神奈川大学大里浩秋教授提供的《学生报》复印资料。其主要是神户华侨历史博物馆收藏的《学生报》复印件和台北教育大学何义麟教授从东京华侨总会收集来的资料。[①]

本章主要利用以上资料，通过 1947—1949 年《学生报》刊载的文章，分析当时留日学生的思想及生活方面的变化。《日本华侨·留学生运动史》中曾提到《学生报》一直发行到 20 世纪 60 年代。[②]可是，在笔者所能确认的报纸中最后一期为 1957 年 7 月 1 日发行的第 116 期。大里浩秋教授对东京华侨总会原会长汪洋龙进行采访时，汪说 1957 年 5 月 1 日发行的第 114 期《学生报》是他确认的最后一期。他认为《学生报》的发行应该在当年就停止了，并说明其理由为当时《学生报》的主要负责人陈立清开始负责旅日华侨青年联谊会的机关杂志《东风》的编辑工作，已经没有时间负

---

① 王雪萍·田沼彬文「『中国留日学生报』記事目録」大里浩秋·孫安石編『近現代中国人留学生の諸相：「管理」と「交流」を中心に』、529—635 頁。

② 陳焜旺主編『日本華僑·留学生運動史』日本僑報社、2004 年、67 頁。

责同学总会的各种工作。① 另外，根据笔者的采访，曾担任同学总会主席的郭平坦也表示，从 1952 年开始给留日学生发放救济金的中国政府于 1957 年停止拨款，同学总会的活动当年就陷入停滞。所以，郭平坦认为《学生报》停止发行的主要原因是没有经费。②

《学生报》从创刊之时的《中华民国留日学生旬报》，到后来的《中华留日学生报》，再到《中国留日学生报》，曾两度更名。对此，本章为了方便表述，在正文中统称《学生报》，在注释中则标注为当时报纸的正式名称。

关于纪年的标注，创刊之初只使用"民国"，之后又使用过公元纪年，还有一段时间公元与民国纪年并用，后来完全改为公元，其间变化多次。本章为了方便读者阅读，统一使用公元纪年表述。如希望确认其民国纪年，请参照前述《中国留日学生报刊登文章目录》。

利用《学生报》进行研究的成果，有川岛真、何义麟、陈来幸、田远以及笔者的研究等。③ 特别是何义麟的著作《战后在日台

①　大里浩秋「一九五〇、六〇年代の中国留日同学会と華僑社会——陳学全さんに聞く」孫安石・大里浩秋編著『中国人留学生と「国家」・「愛国」・「近代」』東方書店、2019 年、313—345 頁。

②　对同学总会原主席郭平坦的采访，2015 年 6 月，北京。

③　川島真「過去の浄化と将来の選択——中国人・台湾人留学生」劉傑・川島真編『一九四五年の歴史認識：「終戦」をめぐる日中対話の試み』東京大学出版会、2009 年、31—51 頁；何义麟《战后在日台湾人之处境与认同——以蔡朝炘先生的经历为中心》，《台湾风物》（台北）第 60 卷第 4 期，2010 年 12 月，第 161—194 頁；何義麟「戦後台湾人留学生の活字メディアとその言論の左傾化」大里浩秋編『戦後日本と中国・朝鮮：プランゲ文庫を一つの手がかりとして』研文出版、2013 年、120—168 頁；陳来幸「在日台湾人アイデンティティの脱日本化——戦後神戸・大阪における華僑社会変容の諸契機」貴志俊彦編著『近代アジアの自画像と他者：地域社会と「外国人」問題』京都大学学術出版会、2011 年、83—105 頁；田遠「博士学位論文　戦後直後における中国人留日学生の境遇と選択：1945—1952——主に『中国留日学生報』を通じて」、2014 年 3 月；王雪萍：《战后初期"中华民国政府"对留日学生政策解析——游离于救济与召回之间的政策之成败》，载《近现代国际关系史研究》第 9 辑，第 39—71 頁；王雪萍「留日学生の選択——〈愛国〉と〈歴史〉」劉傑・川島真編『1945 年の歴史認識：「終戦」をめぐる日中対話の試み』、203—232 頁。

湾人的处境与认同》，以及田远的博士学位论文《战后初期中国留学生的境遇与选择（1945—1952）——以〈中国留日学生报〉为主要资料》和其将该博士学位论文的一部分进行了修改而出版的《一九四五年战后中国留日学生的境遇与选择——由 Prange 文库展现的"国家形象"》等著述，对《学生报》刊载的文章内容、思想倾向变化的论述最为详细。但是，何著主要论述 1945 年至 20 世纪 60 年代在日台湾人的处境以及他们的媒体，其分析对象也基本局限于台湾出身的留日学生的言论。田远的研究则是将《学生报》作为主要资料，分析从战后一直到 1952 年留日学生的言论、生活情况，甚至对其与驻日代表团的关系等都进行了详尽说明。但是，田远与何义麟的研究都只利用了《学生报》的一部分，并没有对《学生报》报道的整体内容进行综合分析。①

对此，本章通过对 1947—1949 年的《学生报》中刊载的全部文章的属性、思想倾向进行分类，尝试对其进行量化分析。通过此种分析，了解当时《学生报》思想倾向的变化。本章将分析范围限定在 1947—1949 年这三年的理由如下。

第一，这三年是《学生报》的报道内容和其所反映的留日学生思想倾向变化最为剧烈的一段时间。《学生报》是作为同学总会的机关报创刊的，而同学总会作为全日本的中国留日学生的统一组织，也是得到当时具有国民政府大使馆职能的驻日代表团的认可的。例如，驻日代表团这一时期也曾要求其他留日学生的团体在进行募集资金等活动时，必须得到同学总会的许可。② 但是，从 1948

①　何义麟：《战后在日台湾人的处境与认同》，台北，五南出版公司 2015 年版；田遠「博士学位論文　戦後直後における中国人留日学生の境遇と選択：1945—1952——主に『中国留日学生報』を通じて」、2014 年 3 月；田遠『一九四五年終戦直後の中国人留日学生の境遇と選択——プランゲ文庫で辿る「国家像」』中国文庫株式会社、2017 年。
②　林傑栄「苦学会の成立と同学会との関係」『中国留日学生報』第 34 期、1949 年 8 月 15 日。

年中开始，《学生报》上对国民政府、日本政府和 GHQ 进行批评
的文章逐渐增多，特别是 1949 年以后倾向中国共产党的文章大幅
增加。进入 20 世纪 50 年代以后，《学生报》基本上成为宣传中国
共产党政策的媒体。由此可以认为从创刊的 1947 年至 1949 年中华
人民共和国成立的这三年，是该报的报道内容以及思想倾向变化最
为剧烈的一段时间。

　　第二，避免分析内容的分散。笔者搜集的 1947—1957 年《学
生报》的文章总数超过了 2000 篇（2164 篇）。如果本章对所有文
章进行分析则有可能无法对每个时间段进行详细讨论。所以，本章
将对 1950 年以后《学生报》文章的分析留作今后的课题，在此则集
中精力分析 1947 年（第 3 期）至 1949 年（第 38 期）的 949 篇
文章。

二　《中国留日学生报》的报道内容及其变化

　　首先，笔者对《学生报》创刊之初的三年中所刊登的文章内
容进行了分析。图 13 - 1 是笔者对 949 篇文章的属性进行分类的结
果。时事新闻报道最多，占全体文章的 40.1%；其次是评论文章，
占 29.9%。作为同学总会的机关报，虽然没有必要以时事新闻为
中心，但从统计结果可以看出当时的编辑部成员希望通过《学生
报》向留日学生们传播他们所关心的时事新闻。

　　本章为了对《学生报》的文章内容进行量化分析，将所有文
章按照表 13 - 1 所示分为 57 个小分类。在统计过程中有的文章在
内容上被分别划分为 2 个或 3 个以上的小分类，所以内容分类的文
章篇数的总和超过了总篇数 949 篇。不过，把文章内容分为 57 个
小分类，虽然方便对报道文章的内容进行较为详细的分析，但在制
作图表进行解说时容易产生不便，所以笔者又将 57 个小分类根据
内容划分为 5 个中分类，如表 13 - 1。

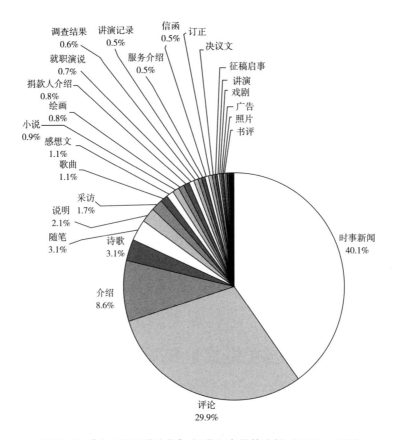

图 13 - 1   《中国留日学生报》报道文章属性比例（1947—1949）

资料来源：根据《中国留日学生报》从 1947 年 3 月 1 日发行的第 3 期到 1949 年 12 月 1 日发行的第 38 期（其中一部分缺失报纸或页面）全部 949 篇文章的内容，由笔者整理制作，下同。

表 13 - 1   《中国留日学生报》文章内容分类

中分类名	小分类名
在日中国华侨、留日学生相关文章	留日学生生活相关、同学总会相关、东京同学会相关、外地同学会相关、台湾学生联盟相关、其他留日学生团体相关、学生救济问题相关、配给相关、留日学生回国相关、华侨总会相关、其他在日华侨团体相关、在日华侨生活相关、在日中国媒体相关、驻日代表团相关、《学生报》相关、东京华侨联合会相关、中日相关团体相关、其他在日中国人团体相关、中华学校相关、华侨学生教育相关、汉语学习相关、在日亚洲国家团体相关、其他在日中国研究团体相关

续表

中分类名	小分类名
中国相关文章	中国政治相关、中国外交相关、中国经济相关、中国教育相关、中国文化相关、中国媒体相关、中国历史相关、中国学生运动相关、中国学生团体相关、中国青年运动相关、中国青年团体相关、中国科学相关、中国内战相关、台湾相关、中日关系相关、国民政府相关、中国社会相关、其他国家的中国留学生回国问题相关、其他国家华侨相关
日本相关文章	日本政治相关、日本社会相关、日本教育相关、日本学生团体相关、日本学生运动相关、日本文化相关、日本共产党相关、日本媒体相关
国际问题相关文章	国际情势相关、国际学生运动相关、国际学生团体相关、世界和平运动相关
其他文化、科学、艺术等相关文章	科学相关、艺术相关、文化相关

如图 13-2 所示，对《学生报》的所有文章按照中分类方式分类的结果是，"在日中国华侨、留日学生相关文章"的占比最大（48.1%），之后依次为"中国相关文章"（47.6%）、"其他文化、科学、艺术等相关文章"（16.2%）、"日本相关文章"（9.8%）、"国际问题相关文章"（4.8%）。在日中国华侨、留日学生相关文章中，同学总会相关文章（活动介绍、改选通告、向留日学生会员提供的服务等）最多，占 15.0%，这明显表明了其同学总会机关报的特征。之后为留日学生生活相关文章 10.7%、《学生报》相关文章 7.8%、东京同学会相关文章 6.1%、外地同学会相关文章 5.0%。这些统计结果充分显示出《学生报》作为同学总会机关报刊登了众多留日学生生活中不可或缺的有关留日学生的时事新闻的特色。

战后初期，GHQ 制定了政策，不允许从中国大陆和台湾向日本汇款。同时，日本国内实施严格的物资配给制度，留日学生要得到包括食品在内的生活物资非常困难。所以，超过半数以上的留日学生通过同学总会到驻日代表团第四组申请领取"留日学生证"，同时，通过同学总会或华侨总会向 GHQ 或日本政府、驻日代表团

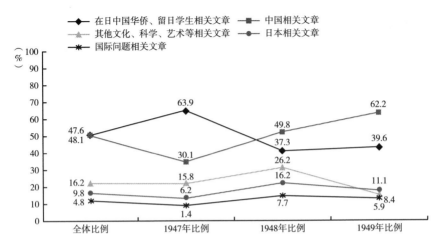

图 13 – 2　《中国留日学生报》刊载文章内容属性中分类
按照年份统计比例（1947—1949）

注：由于对于有复数属性的同一文章在各个相关属性中都做了统计，所以总文章篇数不是 949 篇，而是 1019 篇。每年的文章篇数也比实际篇数多，比例之总和高于 100% 。

申请发放给战胜国国民的特别配给物资或学生救济金，以维持生活。① 这些特别配给物资、学生救济金的发放，也是通过同学总会或具有其支部性质（不完全是上下级关系）的东京同学会、外地同学会进行的。② 在此情况下，《学生报》刊登的文章中不仅包括东京的各种信息，还有许多关于日本各地的同学会的动向，以及与留学生救济相关的文章（3.7%）、配给相关的文章（0.8%）。以上统计结果，说明我们可以通过《学生报》了解当时留日学生的生活情况及其变化的过程，是我们研究战后初期留日学生生活的珍贵资料。

---

① 「在学証明書未提出者は留学生資格を喪失す」『中華留日学生報』第 7 期、1947 年 7 月 1 日；「総合だより（福利部・総務部）」『中国留日学生報』第 19 期、1948 年 6 月 15 日；王雪萍：《战后初期"中华民国政府"对留日学生政策解析——游离于救济与召回之间的政策之成败》，载《近现代国际关系史研究》第 9 辑，第 205—244 页。

② 「全国代表委員会」『中国留日学生報』第 22 期、1948 年 9 月 1 日；何义麟：《战后在日台湾人的处境与认同》，第 84 页。

　　另外，在日华侨相关的信息刊登比例较大也是《学生报》的特征之一。1947—1949 年发表的全部文章之中，华侨总会相关文章有 42 篇（4.4%），在日华侨生活相关文章有 29 篇（3.1%），其他华侨团体相关文章有 15 篇（1.6%），东京华侨联合会相关文章有 9 篇（0.9%），在日中国（华侨及留日学生）媒体相关文章有 29 篇（3.1%），中华学校相关文章有 10 篇（1.1%）等，《学生报》广泛地介绍了当时在日华侨的团体及其生活、教育、媒体等情况。比如《学生报》在对华侨总会选举的报道中，对一些候选人的言行进行了批评性的评论，从中也可以了解到当时在日华侨的一些言行。①

　　与"在日中国华侨、留日学生相关文章"的差距不大，《学生报》中刊登的"中国相关文章"的比例也接近半数。相关文章涉及中国政治的 104 篇（11%）、文化的 81 篇（8.5%）、社会的 49 篇（5.2%）、学生运动的 42 篇（4.4%）、内战的 33 篇（3.5%）、教育的 23 篇（2.4%）、经济的 15 篇（1.6%）等，可以看出《学生报》以大量的篇幅报道或评论与中国相关的新闻。由此可见，《学生报》的编辑们对于祖国中国的最新时事以及内战的形势等政治经济动态也十分关心。与台湾相关的文章有 25 篇（2.6%）。这是因为台湾出身的留日学生约占同学总会会员总数的三分之一，所以对他们所关心的二二八事件等台湾最新时事的报道，也是对台湾出身会员需求的回应。②

---

　　①　蔡记者「華総選挙風景　名刺をくばる候選人　あきれかへる宣伝ビラ」『中華留日学生報』第 5 期、1947 年 5 月 1 日。

　　②　何义麟：《战后在日台湾人的处境与认同》，第 80 页；周元宝「会論　献給台湾省諸同学——関於台湾二・二八事件」、「白国防部長談　"中国は台湾を切り離せない"善良愛国の省民」、「"暴動でなく政治ストだ"　謝南光先生談」、呉修竹「軽々しい断定を許さない　台湾二・二八事件の見方」『中華留日学生報』第 4 期、1947 年 3 月 30 日；H 記者「台湾工業建設の構想　産業科学技術研究所長林俊生先生熱演」『中華留日学生報』第 7 期、1947 年 7 月 1 日；李振華「台湾青年の言語問題」『中華留日学生報』第 8 期、1947 年 7 月 15 日；「台湾大学の現状（続）」『中華留日学生報』第 15 期、1947 年 12 月 15 日・30 日合期；等等。

　　另一方面，"日本相关文章"所占比例只有 9.8%。这是因为日本的相关时事新闻，留日学生们从一般的日本媒体报道中都可以了解到。当然，从这 93 篇日本相关文章中，我们也可以了解到当时留日学生所关心的日本时事的内容。

　　从各年度的文章分类来看，1947 年刊登的在日中国华侨、留日学生相关文章占整体的 63.9%，其中与同学总会相关文章占 20.6%，与留日学生生活相关文章占 13.2%，与《学生报》相关文章占 9.3%，与外地同学会相关文章占 7.6%，与东京同学会相关文章占 6.2%。从 1947 年的《学生报》所刊载文章的分类来看，可以说《学生报》充分体现了作为同学总会机关报的作用，把主要精力放在报道与同学总会、东京同学会、各地同学会、留日学生的生活相关的信息上，是一份名副其实的面向全日本的中国留日学生的报纸。但是，随着时间的推移，《学生报》上刊载的在日中国华侨、留日学生相关文章所占比例在 1948 年为 37.3%，1949 年为 39.6%，与 1947 年相比下降了 20 多个百分点。而与此相比"中国相关文章"的刊载比例，却从 1947 年的 30.1% 上升到 1948 年的 49.8%、1949 年的 62.2%。这种变化与时刻变化着的中国国内形势有关，也与本章在后文所述《学生报》的思想倾向向亲中共之转变有关。

三　《中国留日学生报》的报道与留日学生思想倾向

　　笔者将 1947—1949 年《学生报》发表的全部文章分类，将它们的思想倾向分成 27 类，再对《学生报》思想倾向的变化过程及其原因进行分析。

　　如表 13-2 所示，从总体来看，"事实"报道最多，占比 55.0%。其下为"亲中共"19.4%，"中立"7.9%，"批评国民政府"7.3%，"批评日本政府"5.1%，"亲共产主义"4.1%，"亲国民政府"2.7%，"批评美国政府"1.9%，"批评 GHQ"0.5%，"批评驻日代表团"0.4%。对于报道总体一半以上为事实报道这一点，可以说，作为同学总会机关报，《学生报》将与留日学生、在日华侨的学习生活相关的内容作为报道的重点是理所应当的。从同学总会在一定程度上是在驻日代表团指导下成立的这一角度来看，其机关报《学生报》却刊登了大量亲中共、批评国民政府、批评驻日代表团的文章这一现象反而更值得探讨。在此期间，包括《学生报》在内的在日本出版的报刊书籍等都要接受 GHQ 的审查（1947—1949 年中只有最后的两期不是收集来自 Prange 文库的 GHQ 审查文本），但《学生报》上还是刊登了批评 GHQ 的 5 篇文章（占 0.5%）。

表 13 - 2　《中国留日学生报》刊载文章的思想倾向按年度分类篇数及其所占比例

思想倾向	刊载文章总数（1019）	总篇数比例（%）	1947 年篇数（356）	1947 年比例（%）	1948 年篇数（284）	1948 年比例（%）	1949 年篇数（379）	1949 年比例（%）
事实	522	55.0	262	73.8	154	56.8	106	32.8
亲中共	184	19.4	7	2.0	24	8.9	153	47.4
中立	75	7.9	42	11.8	19	7.0	14	4.3
批评国民政府	69	7.3	11	3.1	26	9.6	32	9.9
批评日本政府	48	5.1	4	1.1	16	5.9	28	8.7
亲共产主义	39	4.1	3	0.8	14	5.2	22	6.8
亲国民政府	26	2.7	21	5.9	5	1.8	0	0.0
批评美国政府	19	1.9	0	0.0	12	4.4	7	2.2
批评 GHQ	5	0.5	1	0.3	1	0.4	3	0.9
批评驻日代表团	4	0.4	0	0.0	1	0.4	3	0.9
批评留日学生的生活态度	4	0.4	0	0.0	0	0.0	4	1.2
批评台湾"独立"	3	0.3	0	0.0	3	1.1	0	0.0
批评日本社会	3	0.3	0	0.0	3	1.1	0	0.0
批评《学生报》	2	0.2	1	0.3	0	0.0	1	0.3
批评日本学者	2	0.2	2	0.6	0	0.0	0	0.0
批评中共	2	0.2	0	0.0	2	0.7	0	0.0
亲日共	2	0.2	0	0.0	0	0.0	2	0.6
批评共产主义	1	0.1	0	0.0	1	0.4	0	0.0

思想倾向	刊载文章 总数 （1019）	总篇数 比例 （%）	1947 年 篇数 （356）	1947 年 比例 （%）	1948 年 篇数 （284）	1948 年 比例 （%）	1949 年 篇数 （379）	1949 年 比例 （%）
批评华侨团体	1	0.1	0	0.0	0	0.0	1	0.3
批评同学会	1	0.1	0	0.0	0	0.0	1	0.3
批评在日中国人的生活态度	1	0.1	0	0.0	0	0.0	1	0.3
亲美国	1	0.1	0	0.0	1	0.4	0	0.0
批评帝国主义	1	0.1	1	0.3	0	0.0	0	0.0
批评同学总会	1	0.1	1	0.3	0	0.0	0	0.0
批评华侨总会	1	0.1	0	0.0	1	0.4	0	0.0
批评日本媒体的报道	1	0.1	0	0.0	0	0.0	1	0.3
批评苏联政府	1	0.1	0	0.0	1	0.4	0	0.0

　　图 13 - 3 是按照《学生报》报道的思想倾向之年度变化制作的。在 1947 年事实报道占到全部文章的 73.8%，1948 年降为 56.8%，1949 年则降为 32.8%，呈逐年递减的趋势。相反，1947 年《学生报》所刊载的亲中共以及亲共产主义的文章分别为 17 篇（2.0%）和 3 篇（0.8%），而亲国民政府的文章有 21 篇，占 5.9%，可以说 1947 年《学生报》的思想倾向更趋亲国民政府。但到了 1948 年，亲中共和亲共产主义的文章分别增至 24 篇（8.9%）和 14 篇（5.2%），反而是亲国民政府的文章降到 5 篇（1.8%）。

　　进入 1949 年以后，亲中共的文章激增到 153 篇（47.4%），甚至超过了事实报道的 106 篇（32.8%）。可以说，1949 年《学生报》思想倾向的变化最为显著。这与何义麟、田远的研究结果一致。

　　那么，《学生报》是如何转变其亲国民政府的思想倾向，成为亲中共、亲共产主义的媒体，并且还在其版面上刊登了许多批评国民政府、批评日本政府、批评 GHQ 的文章，转变为倾向共产主义的媒体的？笔者将对其报道内容和其变化的背景加以探讨。

　　亲共产主义的文章，早在《学生报》创刊不久的 1947 年 3 月

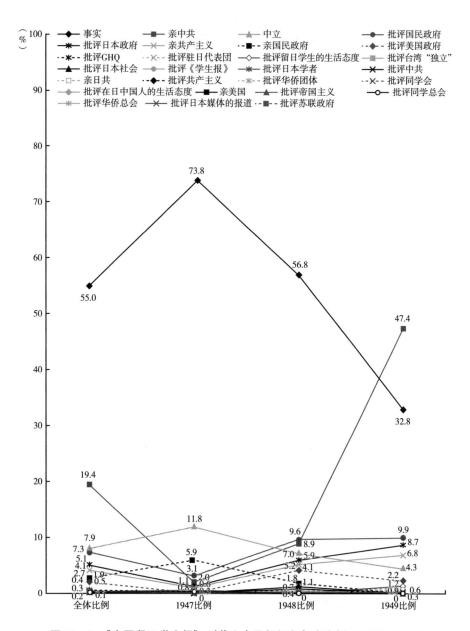

图 13－3 《中国留日学生报》刊载文章思想倾向年度比例（1947—1949）

30 日发行的第 4 期和 5 月 15 日发行的第 6 期上就已经刊登了 3 篇。这可以说是其较早对共产主义进行介绍的文章，内容也基本上是介绍日本的工人运动和共产主义哲学等。① 而亲中共的文章是从第 7 期（1947 年 7 月 1 日发行）才首次出现。从那以后一直到第 19 期（日语版 1948 年 6 月 15 日发行、汉语版 1948 年 6 月 1 日发行），几乎每期都有 1—3 篇关于中国内战、中国历史等内容的文章中表现出亲中共的思想倾向。在 1948 年 7 月 1 日发行的第 20 期（"民族复兴纪念号"）以后，《学生报》上刊载的亲中共的文章数量急剧增加。

但是，何义麟和田远的研究都将 1948 年 5 月 4 日发行的第 18 期"五四纪念特辑号"作为《学生报》思想倾向转变的转折点。何义麟认为，"这一期名为'五四纪念特辑号'，页数倍增为 16 页，发行人王毓声，编辑人康春祥。这期特辑中，日本左翼学者盐胁幸四郎《五四运动的历史基础》专文占了 12 页，其余 4 页中文版也是谈五四运动。盐胁之专文，将五四的发生定位为中国革命史的源头，然后分别介绍五四对国民党与共产党的革命有何影响。中文版文稿之论旨，也是将五四学生运动连接到当时的反帝、反内战的学生运动。这是学生报相当特殊的一期，整体明显在呼应中共之宣传论述，这显示学生会已开始转变"。②

田远也论述道："留日学生的政治态度从 1948 年《中国留日学生报》的舆论动向中可见一端。《中国留日学生报》的更名以及其中刊登的论及留日学生的政治态度等的文章都是其表现，而最为明显的即为五四运动特辑号。留日学生的基本政治态度从以前的支持国民政府，转变为对国民政府的有限批判，再到理论上与中共共鸣，进而到彻底转向支持中共。从《中华（中国）留日学生报》没有任何说明即改名为《中国留日学生报》这一事实，就足以显示其具有象征性的政治意义。1948 年的五四特辑号是留日学生政

---

① 鄭孝舜「歷史唯物論之輪廓（一）」、緑衣「最近日本的劳働運動」『中華民國留日学生旬報』第 4 期、1947 年 3 月 30 日；鄭孝舜「歷史的唯物論之輪廓（二）」『中華留日学生報』第 6 期、1947 年 5 月 15 日。

② 何义麟：《战后在日台湾人的处境与认同》，第 94 页。

治态度转变的起点。"①

　　正如何义麟所述，第 18 期刊登的盐胁幸四郎的文章，有明显的亲中共之倾向，因此笔者在做思想倾向分类时将其列入"亲中共"。尽管如此，如果仔细阅读其文章内容，也可以了解到这并非一篇完全描述中共的文章。在全部 12 页的文章中，为了让读者理解五四运动，作者用了半数以上（7.5 页）的篇幅解说从太平天国到戊戌变法、义和团运动、辛亥革命，直至五四运动的中国革命史。在谈到有关五四运动时，作者以同等的篇幅论述了"中国国民党的发展"和"中国共产党的发展"历史。在谈到掌控（中国）革命的领导力量时，又明确阐明了从孙中山逝世之后至西安事变前的"中国革命"之领导人为蒋介石，西安事变之后事实上的中国革命力量的中心才转到中共方面。从这些方面可以说盐胁对中共在革命运动中的地位给予了高度评价。但是，以盐胁的这一篇文章作为第 18 期的《学生报》已经变成一份亲中共、亲共产主义的报纸的主要根据，笔者认为有对盐胁文章过度解读的成分。

　　关于上述两位学者所指出的报纸版面（在所有收集到的《学生报》中第 18 期的页数最多，而且版面的排版方式与其他期完全不同）和内容的变化，笔者认为有三个理由可以解释这一变化。其一是编辑负责人的更替。《学生报》第 11 期至第 16 期（第 17 期未能找到）的发行人是范琦，主编是李子聪。而第 18 期的发行人是同学总会的新主席王毓声，主编是康春祥。王毓声也是第 19 期的发行人，但该期的主编变成了李泰然、林连德、简镜山三人。另外，第 19 期的编后记中还写道："我们担任编辑工作以来，本期已经是第二期了。但尚不能按照我们本身的想法来进行编辑，特此致歉。我们的方针是，就算在报纸的形式上后退一些，也希望能在编辑意图和主张等方面贯彻我们编辑的思想。作为学生的报纸，特

---

　　①　田遠『一九四五年終戦直後の中国人留日学生の境遇と選択——プランゲ文庫で辿る「国家像」』、173 頁。

别是本报作为留学生的报纸，从这一点出发就已经规定了《学生报》的性质。学生报纸没有新闻性，比起普通的报纸，《学生报》必须具有批判性。本期努力在第 4 页和第 5 页进行了新的尝试，并在第 3 页上努力刊登了一些比较愉快的话题。效果如何，敬请读者赐教。同时我们也希望大家对于下一期的编辑方针给予建议。"向读者表达了编辑人员在编辑学生报时的意图与难处。从第 19 期的编后记来看，第 18 期的编辑确实出现了与之前不同的特点，这也引起了一些反响，使得第 19 期在编辑工作上进行了比较大的调整。但是，他们又强调第 18 期与第 19 期编辑人员的连续性，如何解释这一点还需今后进一步考证。

对比这两期报纸，第 18 期刊登的文章只有 6 篇，而第 19 期激增到 37 篇。从思想倾向分类进行比较来看，相对于第 18 期中事实报道 1 篇（16.7%）、亲中共 1 篇（16.7%）、中立 4 篇（66.7%），第 19 期刊载的文章中事实报道为 26 篇（70.3%），亲中共 2 篇（5.4%）、中立 2 篇（5.4%）、批评日本社会 2 篇（5.4%），批评国民政府、批评日本政府、亲共产主义、亲国民政府、批评共产主义的各 1 篇（2.7%）。由第 19 期的文章构成来看，其编辑方针是兼顾各类文章，努力保持让各方面满意的维持平衡的程度。在编后记中所表示的编辑方针的变更，也不排除是对第 18 期所刊登的内容受到批评以后进行解释的可能。

把第 18 期作为《学生报》思想倾向转变标志的判断略显草率的第二个理由，是在第 19 期的汉语版上刊登了胡适的文章《国际形势里的两个问题（给周鲠生先生的一封信）》。这篇文章是明确站在批判共产主义的立场进行论述的，并将苏联作为侵略势力进行批判。在第 19 期中使用在中国知识分子中名望极高的胡适的文章批判共产主义，笔者认为这是借胡适的权威，做出《学生报》并不是一份一边倒偏向共产主义报纸的表态。在第 19 期之后的第 22 期和第 24 期上也刊登了 2 篇批评中共的文章，这也是第 18 期并不是《学生报》完全转向标志的有力反证。

　　其三是第 18 期的印刷形式与之前不同，笔者认为有可能是因为更换了印刷厂，并没有政治意图。第 3 期至第 7 期《学生报》上标记的印刷场所是"东京都小石川区小石川町一　中华学艺社"，第 8 期至第 16 期《学生报》上并没有记载印刷场所。但是，在第 18 期上印刷场所则标记为"みやこ（都）新闻社　中华学艺社"，在"中华学艺社"之前追加了一个"みやこ（都）新闻社"。虽然笔者不能确定，但是第 18 期的印刷工作有可能是因为中华学艺社的印刷厂出现问题，所以主要由みやこ（都）新闻社负责，报纸版面的变化有可能是由于印刷机器的种类不同而不得不更改。在第 18 期出版并受到一些批评后，第 19 期以后的印刷场所又更换为"中华日报社　中华学艺社"，所以第 19 期以后的报纸版面形式与第 16 期以前的和第 18 期的都不同。

　　至于《学生报》名称的变更，笔者认为也不能作为第 18 期就是其思想倾向转折点的根据。第 18 期开始使用的报纸名称不是从第 5 期至第 16 期一直使用的《中华留日学生报》，而是用《中国留日学生报》的名称刊发的。但是，因为第 17 期一直未被发现，那么报纸名称的变更有可能是从第 17 期就开始的。如果是那样的话，在第 17 期更名时有可能刊登了更名的原因，所以特别指出在没有任何解释的情况下报纸的名称就被变更，表述有失慎重。另外，如果认为同学总会是因为对国民政府的批评态度增强而更换《学生报》的名称，那同学总会应该也同时更改其冠有中华民国之国名的会名。然而，《学生报》的发行机关名称直到第 34 期一直使用"中华民国留日同学总会"。《学生报》发行机关一栏的名称变更为"中国留日同学总会"是在中华人民共和国成立之前，即开国大典之日已经公开的 1949 年 9 月 1 日发行的第 35 期。

　　如上所述，亲中共的文章篇数激增是从 1948 年 7 月 1 日发行的第 20 期开始的。1947 年《学生报》上刊登的亲国民政府的文章有 21 篇，但到了 1948 年 8 月 1 日发行第 21 期以后亲国民政府的文章完全消失了。而这一时期刚好和同学总会开始接受日本共产党（以下简称"日共"）领导的时间接近。因此，笔者下面以日共对同学总会的领导为中心，通过对相关人员的采访和他们的回忆录，对《学生报》思想倾向的变化过程及其原因进行探讨。

围绕日共和同学总会的关系，1948 年日共中就有领导在日华侨和留日学生的组织的传闻一直存在，但关于这个组织一直没有证据证明其实际的情况。不过，作为日共党员当时也负责过对同学总会指导工作的中国对日工作人员郭承敏的回忆录《一个台湾人的奇特人生》一书，于 2014 年 8 月在日本出版之后，情况发生了变化。该书是作者直接用日语写成的，书中明确指出了当时日共领导过同学总会和华侨总会的事实。他在书中明确指出，日共领导同学总会工作的部门，是由中共和日共达成协议，于 1948 年 6 月秘密组织成立的。[①] 此书出版之后，关于日共领导同学总会、华侨总会之事得以解密，所以一些当时参与此事的中共与日共相关人员及其家属相继书写回忆录，并接受采访。[②] 其中在笔者对同学总会原主席、日共党员郭平坦进行的采访中，他直接承认了郭承敏回忆录中所写的关于同学总会与日共的关系基本上都是事实。[③]

另外，以同学总会原主席郭平坦为中心编辑的《中国留日同学总会二十年（1946—1966）》一书，对于日共华侨留学生支部的诞生及之后的活动做了概述：

抗战胜利后的 1945 年底，时任东京华侨联合会副会长的

---

① 郭承敏『ある台湾人の数奇な生涯』明文書房、2014 年。

② 对同学总会原主席郭平坦的采访，2015 年 6 月，北京。

③ 《日本共产党华侨留学生支部的诞生》、杨幼瑛：《我所知道的日本共产党华侨支部的诞生》，载北京日本归侨联谊会《中国留日同学总会 20 年》编辑部编《中国留日同学总会 20 年》，北京日本归侨联谊会 2015 年版，第 44—45、59—62 页；对同学总会原主席郭平坦的采访，2015 年 6 月，北京。

杨春松（台湾桃园人，1928 年加入中国共产党，曾三次被捕入狱）从东京出发，经过朝鲜半岛进入东北，见到中共东北局书记彭真。之后到达当时由我八路军控制的张家口，见到了中国共产党海外工作委员会主任朱德。杨春松向组织请示：在日本的中国人，包括留学生，有数万人，今后应该怎么办？此时得到延安的回复，可以成立共产党组织。但日本的实情，日本共产党最了解。共产主义运动是国际性的，因此你们应服从日本共产党的领导。1946 年 4 月、5 月，杨春松原路返回东京，他当时作为日共党员向日共中央汇报此行。1947 年 6 月，中共中央与日共中央达成协议，日本共产党华侨支部正式成立，并直属于日共中央纪律检查委员会（统制委员会）。随着国内解放战争的发展，日本共产党华侨支部亦发展很快，由开始的 10 多人，一年后增加到几十人，因此分别成立同学总会的留学生支部和其他地区的支部。分别领导这些支部的，是由日共派出的特派员。

同学总会的共产党支部从 1947 年至 1955 年底解散共 9 年期间发挥了重大作用。首先在 1951 年至 1952 年的困难时期不被压垮，坚定地高举爱国主义旗帜，坚持爱国团结。其次是从组织上保证了同学总会拥护新中国、拥护中国共产党的革命的正确路线。据统计，共 9 年的 13 名同学总会主席均是共产党员，大部分副主席亦是共产党员。日本华侨留学生支部开始由日共中央领导，1950 年 6 月朝鲜战争爆发后，日共中央被美国占领军镇压。之后，华侨留学生支部直接由中共中央来领导。随着形势的发展，1955 年底中共中央指示，日本共产党华侨留学生支部解散。①

---

① 《日本共产党华侨留学生支部的诞生》，载北京日本归侨联谊会《中国留日同学总会 20 年》编辑部编《中国留日同学总会 20 年》，第 44—45 页。

另外，根据郭承敏的回忆，1947 年 4 月他进入一高（现东京大学驹场校区）的时候，一高里已经有日共的支部。① 郭在入学一年后的 1948 年 4 月被人劝说参加日共，在经过认真考虑之后，他提交了入党申请书，正式加入一高的日共支部。当时，日共一高支部成员共有二十多人，比郭承敏还早入党的中国人有崔士彦和陈文贵两人。②

因为当时同学总会的成员多为一高、东京大学的在校生及毕业生，③ 所以《学生报》可能从创刊初期就已经受到日共成员的影响。也许正是因为有日共的影响，1947 年 3 月 30 日刊发的《学生报》第 4 期中就已经刊登了 2 篇亲共文章。

关于日共华侨、留学生支部开始活动的时间，郭承敏回忆为 1948 年 6 月。④ 其过程如下文所引。他还指出除东京外，1948 年 5 月 1 日在京都也成立了直属日共关西统制委员会的中国人秘密支部。

（1948 年）6 月大约在梅雨季节结束的时候，崔士彦告诉我因为有重要的会议，让我到小田急线的新宿车站的站台

① 据郭承敏的回忆，对这个组织的称呼有"パルタイ""细胞"等。本章为了避免混乱，除直接引用原文的情况以外，全部使用日共"支部"这一说法。

② 郭承敏『ある台湾人の数奇な生涯』、88—98 页。

③ 如崔士彦曾长期负责同学总会的工作和《学生报》的编辑工作。

④ 杨幼瑛在文章中介绍日共华侨留学生支部的成立时间为 1947 年 6 月（《我所知道的日本共产党华侨支部的诞生》，载北京日本归侨联谊会《中国留日同学总会 20 年》编辑部编《中国留日同学总会 20 年》，第 59—62 页）。但是，因为杨幼瑛在 1947 年还未出生，笔者认为不能排除她从为设立日共华侨留学生支部做了重大贡献的父亲杨春松或其他家人那里听来的信息有错误的可能性。考虑到杨幼瑛以外的人写的回忆录的可信度，以及《学生报》从 1947 年 3 月到 1948 年 5 月共刊登了 25 篇亲国民政府的文章，而同一时期亲中共的文章只有 12 篇，笔者认为 1948 年 6 月日共华侨留学生支部成立的说法可信度更高。所以，本章基于 1948 年 6 月支部成立的说法展开论述。如果将来中共或日共公开新史料，关于支部成立时间这一史实的认定有可能出现变化，笔者希望继续寻找相关史料加以证实。

与他会合。吕永和等几个人在小崔的带领下到了成城学园前的安静的高级住宅区的潇洒的洋房。聚集在一起的有十二三人吧。因为是五十七年前的事了，现在能想起来的参加人员有崔士彦、陈文贵、吕永和、林杰荣、赖銮娇、黄永国、范琦、于长久，好像还有一两个其他人吧。……首先由老前辈杨春松给大家介绍了岩本严日共统制委员会委员。然后他说："今天来的都是已经加入日本共产党，或者今天要写入党申请书的同志们。现在中国革命的发展形势良好，我们中国党员也要在新的局面下面临新的任务。由中共中央和日共中央协商决定，在日本的中国党员，今后要在日共中央统制委员会的领导下，对华侨、留学生开展启蒙、组织工作，这要和日本的民主势力联合起来行动。"接着岩本同志追加说明："你们的党籍从现在的所属部门转到这个新的组织。这件事由中央通知给各个支部。这个组织是秘密组织，但是其活动要在合法的范围内进行。"

如此，日共华侨、留学生支部虽然成立了，但因为是秘密组织，日共党员也不能在同学总会会员中宣布此事。据郭承敏回忆，成立之初只有十多个人的这个组织，在一年多之后包括关西小组在内已经扩大到五十多人的规模。日共华侨、留学生支部的活动也在 1948 年 6 月以后随着党员及组织的增加而逐渐活跃起来。①

同学总会内建立了日共支部之后，其影响在《学生报》中明显地表现出来是在 1948 年 12 月 1 日发行的第 24 期（11 月、12 月合期）。该期上刊登的文章构成，为事实报道 15 篇（39.5%）、亲中共 3 篇（21.1%）、批评国民政府 7 篇（18.4%）、亲共产主义 6 篇（15.8%）、批评日本政府 2 篇（5.3%）、批评美国政府 2 篇

---

① 　郭承敏『ある台湾人の数奇な生涯』、99—106 頁。

（5.3%）、批评驻日代表团 1 篇（2.6%）、批评中共 1 篇①
（2.6%）、批评华侨总会1 篇（2.6%）。② 第 24 期的《学生报》表
现出如此强烈的亲共倾向与该期发行之前（1948 年 11 月）同学总
会和东京同学会的代表委员改选，由新执行委员负责编辑有关。在
11 月选出的委员之中，日共相关人员有林连德（就任时不是党员，
1950 年加入日共）、副主席兼东京同学会主席林杰荣、同学总会兼
东京同学会文化部委员郭承敏、崔士彦。《学生报》相关人员中，
社长林连德、主编崔士彦、编辑吕永和，同学总会中主管《学生报》
的部门为同学总会文化部，而该部的两名委员均为日共党员，主编
又由 1947 年以前就是日共党员的崔士彦担任。③ 从此人事安排就可
以看出日共对《学生报》的影响之大。

第 24 期《学生报》所刊登的文章内容之变化也引起了 GHQ
的注意，并导致相关人员被 CIE（GHQ 民间情报教育局）传唤。
对于这一事件，郭承敏在回忆录中做了叙述：

> 在 1948 年秋天发生了与《学生报》相关的事件。当时
> 出版的《学生报》确实曾提到在当年美国总统大选中参选
> 的华莱士（Henry Agard Wallace），并将其表现为亲中国派，
> 更在那篇文章中批判"美国是国际帝国主义的本家"，这样
> 的用词被他们称为违反《日本新闻报道规则》（Press Code

---

① 这篇批评中共的文章是刊登在该期汉语版的《一篇关于共区生活的报道》，是
从中国国内出版的《观察》杂志转载的文章。在这篇文章的最后还标注了"社告：11
月期本刊因为经济困难未能发行，本次 11 月、12 月两期合并发行。发行时间延迟，非
常抱歉"，并且在第 24 期汉语版（全 3 页）上并没有标注发行日期。综合这些情况，
笔者认为这篇文章有可能是旧编辑人员决定在 11 月号上刊登的，虽然在 12 月编辑人
员发生了变动，但对于已经决定刊登的文章不得不继续刊登。
② 第 24 期上共计刊登了 38 篇文章，在同一篇文章中出现复数思想倾向之时，笔
者同时进行了统计，所以百分比之和不是 100%，而是 113.2%。
③ 「同学総会東京同学会委員改選　総会主席林連德　副主席林傑栄、高銘智」
『中国留日学生報』第 24 期（11・12 月合期）、1948 年 12 月 1 日。

for Japan）。作为负责人的同学（总）会主席林连德与学生报主编崔士彦被 CIE 情报科新闻出版班班长英博登少校（Daniel Imboden）传唤。那篇文章的作者是我（郭承敏），但是我不在传唤名单上。少校通过日裔第二代的中尉翻译批评说"这是对同盟国的虚假报道或者说是恶意批判"。林连德反驳说，"我们是同盟国成员的中国人，所以不受《日本新闻报道规则》的制约"，"是不是美帝国主义，这是文章作者的意见，应该保证言论自由"。在这种情况下，恶名昭著的英博登少校进一步要求"那你们就写下'中国留日学生报因为违反《日本新闻报道规则》而接受了警告'一文"。林连德当时还提出要加上一句"但是我们不接受"，但小崔则说"那就这样吧"，进行了妥协，没有把林连德的追加案写上去。当时小崔已经是共产党员了，而林连德入党是在 1950 年以后。小崔当时说："真让我吃惊啊。老林一身正气，一点都不退缩。"①

　　尽管受到 GHQ 的传唤，《学生报》也没有停止刊登对美国政府、对 GHQ 进行批评的文章。1949 年《学生报》文章的思想倾向分类构成，变为以亲中共的文章为主，达到 47.4%，其后为事实报道 32.8%、批评国民政府 9.9%、批评日本政府 8.7%、亲共产主义 6.8%、中立 4.3%、批评美国政府 2.2%、批评留日学生的生活态度 1.2%、批评 GHQ 0.9%、批评驻日代表团 0.9%、亲日共0.6%、批评《学生报》0.3%、批评华侨团体 0.3%、批评同学会0.3%、批评在日中国人的生活态度 0.3%、批评日本媒体的报道0.3%。从此统计结果可以看出 1949 年《学生报》刊载的文章与

① 郭承敏『ある台湾人の数奇な生涯』、111—112 頁。被 CIE 认为有问题的文章为「国際学連の旗の下に　邁進せよ！世界の恒久平和へ」『中国留日学生報』第 24期（11・12 合期），1948 年 12 月 1 日。

1947 年的文章构成变化之巨大。但即使如此，《学生报》还是持续刊登了许多事实报道和中立报道的文章。笔者认为这是因为《学生报》既要坚持其作为同学总会的机关报的性质，也要坚持为会员们提供与留日学生的学习、生活、文化等相关的各方面信息。如图 13 - 2 所示，对 1949 年《学生报》的所有文章进行分类分析，"中国相关文章"虽然最多，但"在日中国华侨、留日学生相关文章"占到 39.6%，"其他文化、科学、技术等相关文章"占到 8.4%，这也是上述论点的佐证。

四　小结

本章用数据分析的方法对《学生报》上刊登的文章按照属性、思想倾向进行分类，通过刊登文章类型的变化展现该报从亲国民政府向亲中共的转变过程。通过分析可以看出，这种转变过程并不是在没有任何障碍的情况下推进的，很明显其中伴随诸多困难。

《学生报》1947 年创刊后曾两度更名。创刊时名为《中华民国留日学生旬报》，发行机关用的是"留日同学总会"，而不是其"中华民国留日同学总会"的正式名称。之后同学总会各地分会的名称因为没有统一的称呼，在留日学生中也遭到质疑，同学总会执行部最终决定要求各地的同学会统一使用冠以中华民国国名的同学会名称。在这种情况下，1947 年 5 月 1 日发行的第 5 期《学生报》名称改为《中华留日学生报》，发行机关则明确使用同学总会的正式名称"中华民国留日学生总会"。这应该是在强调其作为同学总会机关报的性质，使报纸的发行更为正规。①

与此相对，后来在 1948 年 5 月 4 日第 18 期的改变报纸名称之

---

① 「声　名称の統一（東京・委員）」『中華留日学生報』第 9 期、1947 年 8 月 15 日；「同学会だより」『中華留日学生報』第 10 期、1947 年 9 月 1 日。

事和同年 6 月第 19 期开始的改变纪年写法的做法，则可以认为是
因为留日学生和华侨在提到"中华""中华民国"这些名称时，一
般都会联想到国民党政权，所以这应该是为了削弱《学生报》亲
国民政府的立场，更多展现其亲共或中立的政治立场的一种努力。
而使用民国纪年是国民政府的一贯立场，使用公元纪年则是中共的
方式。从以上特征可以看出，虽然 1948 年春天该报只是更换了名
称和纪年方法，且这些变化在目前收集到的报纸中并没有说明原
因，但也可以说明此时期同学总会的思想倾向开始发生变化。但
是，同学总会直至 1949 年 8 月一直使用冠有中华民国国名的"中
华民国留日同学总会"这一名称而未作更改，原因应该是战后日
本物资极度匮乏，中国留日学生、在日华侨还需要在实行配给制度
的日本，通过具有国民政府大使馆性质的驻日代表团申请配给生活
物资；为了维持留日学生们的日常生活和同学总会的活动，也必须
与日本政府和 GHQ 保持良好关系。[1] 另外，当时同学总会的成员、
日本全国各地的中国留日学生，思想倾向并不是都转变为亲中共、
亲共产主义。根据 1948 年 10—12 月同学总会对日本全国的同学总
会会员中的留日学生所做的问卷调查，当时的留日学生中支持国民
党的为 12 名，支持共产党的为 27 名，支持民主同盟的为 37 名，
中立的为 87 名。由此可以证明，1948 年底明确表示支持中共的留
日学生在会员中还只占少数。[2]

　　另外，《学生报》作为同学总会的机关报，刊登了许多同学总
会在日本各地的会员的投稿和关于各地留日学生生活的文章。同

---

① 王雪萍「戦後期日本における中国人留学生の生活難と政治姿勢をめぐる葛
藤——救済金問題を事例に」大里浩秋編『戦後日本と中国・朝鮮：プランゲ文庫を一
つの手がかりとして』、83—119 頁。
② 「留日学生のデザイン——一九四八年末総合調査統計〔生活調査・世論調
査〕」『中国留日学生報』第 25 期（该期上把期号错误地标注为第 26 期，但在下一期
的社告栏中进行了订正，所以在本文中将其标为第 25 期）、1949 年 2 月 1 日。川島真
「過去の浄化と将来の選択——中国人・台湾人留学生」劉傑・川島真編『一九四五
年の歴史認識：「終戦」をめぐる日中対話の試み』、31—51 頁。

时，同学总会和日本各地同学会、华侨团体的活动情况也得以持续刊载。从这些文章中也可以了解同学总会、华侨团体与国民政府和中共的关系。所以，《学生报》还可以作为研究从战后初期至 20 世纪 50 年代留日学生、在日华侨的生活及其思想倾向的变化，甚至留日学生、华侨与中国政府、日本政府、GHQ、日共的关系，以及留日学生史、华侨史等方面的史料。

参考文献

一　中文文献

1. 史料

北京日本归侨联谊会《中国留日同学总会 20 年》编辑部编：《中国留日同学总会 20 年》，北京日本归侨联谊会 2015 年版。

曹汝霖：《一生之回忆》，香港，春秋杂志社 1966 年版。

陈旭麓主编：《义和团运动——盛宣怀档案资料选辑之七》，上海人民出版社 2001 年版。

陈学恂、田正平编：《中国近代教育史资料汇编·留学教育》，上海教育出版社 1991 年版。

杜迈之、李龙如等辑：《自立会史料集》，岳麓书社 1983 年版。

冯自由：《革命逸史》初集，中华书局 1981 年版。

故宫博物院明清档案部编：《清末筹备立宪档案史料》，中华书局 1979 年版。

李东华等编集、校正：《罗宗洛校长与台大相关史料集》，台北，台湾大学出版中心 2007 年版。

李宗棠：《东游纪念第一考察学务日记》，1901 年版。

林清芬编著：《台湾战后初期留学教育史料汇编》第 2 册《留学日本事务（二）》，台北，"国史馆" 2003 年版。

留日学生监督处编纂：《官报》（1—12），国家图书馆出版社 2009 年版。

罗家伦主编：《中华民国史料丛编》，台北，中国国民党中央委员会党史史料编纂委员会 1968 年版。

彭国兴、刘晴波编：《秦力山集（外二种）》，中华书局 2015 年版。

清国留学生会馆干事编：《清国留学生会馆第一次报告》，东京并木活版所 1902 年版。

清国留学生会馆干事编：《清国留学生会馆第二次报告》，东京并木活版所 1903 年版。

清国留学生会馆干事编：《清国留学生会馆第三次报告》，东京并木活版所 1903 年版。

清国留学生会馆干事编：《清国留学生会馆第四次报告》，东京并木活版所 1904 年版。

清国留学生会馆干事编：《清国留学生会馆第五次报告》，东京并木活版所 1904 年版。

璩鑫圭、唐良炎编：《中国近代教育史资料汇编·学制演变》，上海教育出版社 1991 年版。

日本共产党史资料委员会：《共产国际关于日本问题方针、决议集》，林放译，世界知识出版社 1959 年版。

上海图书馆编：《汪康年师友书札》，上海古籍出版社 1986 年版。

沈云龙编：《近代中国史料丛刊续编》第 5 辑，台北，文海出版社 1974 年版。

舒新城编：《中国近代教育史资料》上册，人民教育出版社 1981 年版。

《宋教仁日记》，湖南人民出版社 1980 年版。

王延晞、王利编著：《郑伯奇研究资料》，知识产权出版社2009年版。

夏衍：《懒寻旧梦录》，三联书店2000年版。

杨天石、王学庄编：《拒俄运动（1901—1905）》，中国社会科学出版社1979年版。

译书汇编社同人：《波兰衰亡战史》，译书汇编社1901年版。

苑书义等主编：《张之洞全集》，河北人民出版社1998年版。

《张之洞教育文存》，人民教育出版社2008年版。

章宗祥：《日本游学指南》，岭南报馆1901年版。

中共广州市委党史研究室：《中共东京支部（1935—1938）》，广州出版社2013年版。

中共中央党史资料征集委员会编：《共产主义小组》（下），中共党史资料出版社1987年版。

中共中央组织部、中共中央党史研究室、中央档案馆编：《中国共产党组织史资料》（全13卷），中共党史出版社2000年版。

中国人民政治协商会议全国委员会文史资料委员会编：《文史资料存稿选编·教育》，中国文史出版社2002年版。

中国人民政治协商会议全国委员会文史资料研究委员会编：《文史资料选辑》第60辑，中华书局1979年版。

中国人民政治协商会议全国委员会文史资料研究委员会编：《革命史资料》第3辑，文史资料出版社1981年版。

中国社会科学院现代史研究室、中国革命博物馆党史研究室编：《"一大"前后——中国共产党第一次代表大会前后资料选编》第2卷，人民出版社1980年版。

2. 著作

陈旭麓、何泽福：《宋教仁》，江苏古籍出版社1984年版。

范铁权：《知识传播与学术转型——中华学艺社研究》，人民出版社2019年版。

何义麟：《战后在日台湾人的处境与认同》，台北，五南出版公司 2015 年版。

胡大年：《爱因斯坦在中国》，上海科技教育出版社 2006 年版。

胡培兆、林圃：《〈资本论〉在中国的传播》，山东人民出版社 1985 年版。

黄福庆：《清末留日学生》，台北，中研院近代史研究所 1983 年版。

〔美〕孔飞力：《他者中的华人——中国近现代移民史》，李明欢译，江苏人民出版社 2016 年版。

李宗棠撰，李兴武点校：《东游纪念》，黄山书社 2016 年版。

刘惠林：《中国地方教育财政问题研究》，黑龙江人民出版社 2008 年版。

刘振生：《"满洲国"日本留学史研究》，吉林大学出版社 2004 年版。

刘振生：《近代东北人留学日本史》，民族出版社 2015 年版。

吕顺长：《清末中日教育文化交流之研究》，商务印书馆 2012 年版。

潘君祥、段炼、陈汉鸿：《上海会馆公所史话》，上海人民出版社 2012 年版。

瞿同祖：《清代地方政府》，法律出版社 2003 年版。

日本共产党中央委员会：《日本共产党的六十年》（上），段元培等译，人民出版社 1986 年版。

萨孟武：《学生时代》，广西师范大学出版社 2005 年版。

桑兵：《清末新知识界的社团与活动》，三联书店 1995 年版。

商丽浩：《政府与社会：近代公共教育经费配置研究》，河北教育出版社 2001 年版。

〔日〕石川祯浩：《中国共产党成立史》，袁广泉译，中国社会科学出版社 2006 年版。

舒新城编：《近代中国留学史》，上海文化出版社 1989 年版。

宋越伦：《留日华侨小史》，台北，中央文物供应社 1953 年版。

汪向荣：《日本教习》，三联书店 1988 年版。

王永祥、孔繁丰、刘品青：《中国共产党旅欧支部史话》，中国青年出版社 1985 年版。

魏光奇：《官治与自治——20 世纪上半期的中国县制》，商务印书馆 2004 年版。

魏光奇：《有法与无法——清代的州县制度及其运作》，商务印书馆 2010 年版。

吴幅员：《在台剩稿》，台北，正中书局 2001 年版。

杨翠华：《中基会对科学的赞助》，台北，中研院近代史研究所 1991 年版。

张剑：《科学社团在近代中国的命运——以中国科学社为中心》，山东教育出版社 2005 年版。

张玉法：《清季的革命团体》，台北，中研院近代史研究所 1975 年版。

张泽宇：《留学与革命——20 世纪 20 年代留学苏联热潮研究》，人民出版社 2009 年版。

章清：《"胡适派学人群"与现代中国自由主义》，上海古籍出版社 2004 年版。

钟少华：《早年留日者谈日本》，山东画报出版社 1996 年版。

〔美〕周策纵：《五四运动：现代中国的思想革命》，周子平等译，江苏人民出版社 1996 年版。

3. 论文

〔日〕大田英昭：《20 世纪初期马克思主义在日本的传播与社会民主主义——以片山潜为中心》，《外国问题研究》2016 年第 1 期。

范铁权、孔祥吉：《革命党人戢翼翚重要史实述考》，《历史研究》2013 年第 5 期。

付可尘：《蔡锷军国民教育思想浅析》，《怀化学院学报》2011 年第 3 期。

傅光培：《庚子汉口起事中的傅慈祥》，《湖北大学学报》1982年第 5 期。

关晓红：《晚清直省"公费"与吏治改革》，《历史研究》2010年第 2 期。

何义麟：《战后在日台湾人之处境与认同——以蔡朝忻先生的经历为中心》，《台湾风物》（台北）第 60 卷第 4 号，2010 年。

何卓恩：《台湾大学接收改造中的"国界"与"省界"——基于〈罗宗洛日记〉（1945—1946）的观察》，《中山大学学报》2016年第 4 期。

金安平：《近代留日学生与中国早期共产主义运动》，《近代史研究》1990 年第 2 期。

李群：《日本体验与近代中国尚武思潮的发生》，《东疆学刊》2011 年第 1 期。

凌兴珍：《清末四川留日速成师范教育及影响》，《四川师范大学学报》2009 年第 4 期。

刘建美、杨德山：《20 世纪二三十年代中共东京支部始末》，《北京党史》2005 年第 5 期。

吕玉军、陈长河：《清末民初的军国民教育思潮的兴起及其衰落》，《军事历史研究》2007 年第 3 期。

宁金苑：《清国留学生会馆》，硕士学位论文，武汉大学，2018 年。

〔日〕片山潜：《关于马克思主义在日本的诞生与发展问题》，刘国瑞译，《国际共运史研究资料》1984 年第 2 期。

齐振英、张培富：《〈学艺·水产月刊〉与新中国早期水产科学传播》，《求索》2017 年第 8 期。

钱益民：《中华学艺社研究（1916—1932）》，硕士学位论文，复旦大学，2001 年。

〔日〕三田刚史：《留日中国学生论马列主义革命——河上肇的中国学生与〈孤军〉杂志》，《徐州师范大学学报》2005 第

5 期。

〔日〕石川祯浩：《青年时期的施存统——"日本小组"与中共建党的过程》，王士花译，《中共党史研究》1995 年第 3 期。

石善涛：《第一个中日民间贸易协议签订始末——兼论中国对日本民间外交的肇始》，《当代中国史研究》2014 年第 4 期。

宋帮强：《日据时期台湾共产党与中国共产党的关系研究》，《党史教学与研究》2012 年第 3 期。

唐继革：《战斗在敌人心脏里的东北留日青年救亡会》，《长春市委党校学校》1999 年第 2 期。

田正平、陈胜：《教育负担与清末乡村教育冲突》，《浙江大学学报》2008 年第 3 期。

王奇生：《取径东洋　转道入内——留日学生与马克思主义在中国的传播》，《中共党史研究》1989 年第 6 期。

王宜田、丁伟：《中共党史上的"东京事件"》，《中共党史资料》2009 年第 4 期。

谢本书：《论"军国民主义"》，《贵州社会科学》1989 年第 10 期。

徐志民：《晚清留日学生报刊与中日关系》，《日本学》第 13 辑，世界知识出版社 2006 年版。

徐志民：《中共东京支部考论》，《中国社会科学》2019 年第 5 期。

张剑：《清末民初留美社团组织分析》，《学术月刊》2003 年第 5 期。

周谷平、代妮娜：《清末民初留日学生与马克思主义教育思想的导入》，《徐州师范大学学报》2006 年第 2 期。

周进、丁伟：《中共旅日早期党员与日本关系述论》，《中共党史研究》2015 年第 11 期。

周一川：《近代中国留日学生人数考辨》，《文史哲》2008 年第 2 期。

朱英：《晚清地方势力的发展与中央政府的对策》，《探索与争鸣》1996 年第 1 期。

二　日文文献

1. 史料

『東亜時論』

『東亜同文会報告』

『明治三十二年学堂日誌』日華学堂、1899—1900 年。

『支那調査報告書』

東京帝国大学『東京帝国大学一覧　明治 32 年至明治 33 年』、1899 年 12 月。

清崟太郎・小松悦二編『愕堂集』読売新聞社、1909 年。

早稲田大学校友会編『早稲田大学校友会会員名簿』大正 4 年 11 月調。

若柳長清訳『きもの』文京社、1924 年。

内務省警保局編『極秘　外事警察概況』第 2—8 巻、1937—1942 年。

謝廷秀編『満洲国学生日本留学拾周年史』満州国大使館内学生会中央事務所、1942 年 9 月。

黄尊三著、実藤恵秀・佐藤三郎訳『清国人日本留学日記』東方書店、1986 年。

伊藤虎丸・稲葉昭二・鈴木正夫編著『郁達夫資料総目録附年譜』東京大学東洋文化研究所附属東洋学文献中心、1990 年。

荻野富士夫編『特高警察関係資料集成』第 15 巻、不二出版、1992 年。

大里浩秋・孫安石・見城悌治監修・編集『日華学報』（全 16 巻）、ゆまに書房、2012 年。

　　郭荣生校補『日本陆军士官学校中华民国留学生名簿』『日本留学中国人名簿関係資料』第 6 巻、龍溪書舎、2014 年復刻版。

　2. 著作

　　阿部洋『「対支文化事業」の研究：戦前期日中教育文化交流の展開と挫折』汲古書院、2004 年。

　　浜口裕子『満洲国留日学生の日中関係史』勁草書房、2015 年。

　　陳焜旺主編『日本華僑・留学生運動史』日本僑報社、2004 年。

　　大東和重『郁達夫と大正文学「自己表現」から「自己実現」の時代へ』東京大学出版会、2012 年。

　　大里浩秋・孫安石編『中国人留学史研究の現段階』御茶の水書房、2002 年。

　　大里浩秋編『戦後日本と中国・朝鮮：プランゲ文庫を一つの手がかりとして』研文出版、2013 年。

　　大里浩秋・孫安石編著『近現代中国人日本留学生の諸相：「管理」と「交流」を中心に』御茶の水書房、2015 年。

　　稲葉昭二『郁達夫：その青春と詩』東方選書、1982 年。

　　貴志俊彦編著『近代アジアの自画像と他者：地域社会と「外国人」問題』京都大学学術出版会、2011 年。

　　郭承敏『ある台湾人の数奇な生涯』明文書房、2014 年。

　　和田守『近代日本と徳富蘇峰』御茶の水書房、1990 年。

　　河路由佳・淵野雄二郎・野本京子『戦時体制下の農業教育と中国人留学生：1935—1944 年の東京高等農林学校』農林統計協会、2003 年。

　　河路由佳『非漢字圏留学生のための日本語学校の誕生――戦時体制下の国際学友会における日本語教育の展開』港の人、2006 年。

　　胡穎『清末の中国人日本留学：派遣と経費を中心に』学術

研究出版、2021 年。

　華僑華人の事典編集委員会編『華僑華人の事典』丸善出版、2017 年。

　吉沢誠一郎『愛国主義の創成：ナショナリズムから近代中国を見る』岩波書店、2003 年。

　榎本泰子『楽人の都・上海』研文出版、1998 年。

　見城悌治『留学生は近代日本で何を学んだのか：医薬・園芸・デザイン・師範』日本経済評論社、2018 年。

　井田竹治『学生風紀問題』弘文館、1902 年。

　李海『日本亡命期の梁啓超』桜美林大学北東アジア総合研究所、2014 年。

　鈴木登美著、大内和子・雲和子訳『語られた自己　日本近代の私小説言説』岩波書店、2000 年。

　鈴木正夫『郁達夫　悲劇の時代作家』研文出版、1994 年。

　劉傑・川島真編『一九四五年の歴史認識：「終戦」をめぐる日中対話の試み』東京大学出版会、2009 年。

　米原謙『近代日本のアイデンティティと政治』ミネルヴァ書房、2002 年。

　木之内誠編著『上海歴史ガイドマップ　増補改訂版』大修館書店、2011 年。

　三田剛史『甦る河上肇：近代中国の知の源泉』藤原書店、2003 年。

　森時彦編『長江流域社会の歴史景観：京都大学人文科学研究所附属現代中国研究センター研究報告』京都大学人文科学研究所、2013 年。

　砂田實編『日華学会二十年史』日華学会、1939 年。

　上垣外憲一『日本留学と革命運動』東京大学出版会、1982 年。

　沈国威編著『漢字文化圏諸言語の近代語彙の形成——創出

と共有』関西大学出版部、2008 年。

石川禎浩『梁啓超——西洋近代思想受容と明治日本』みすず書房、1999 年。

石川禎浩『中国共産党成立史』岩波書店、2001 年。

実藤恵秀『中国人日本留学史稿』日華学会、1939 年。

実藤恵秀『明治日支文化交渉』光風館、1943 年。

実藤恵秀『中国人日本留学史』くろしお出版、1960 年。

実藤恵秀『増補　中国人日本留学史』くろしお出版、1970 年。

実藤恵秀『日中非友好の歴史』朝日新聞社、1973 年。

実藤恵秀『中国留学生史談』第一書房、1981 年。

松本亀次郎『中華留学生教育小史』東西書房、1931 年。

孫安石・大里浩秋編『中国人留学生と「国家」・「愛国」・「近代」』東方書店、2019 年。

田遠『一九四五年終戦直後の中国人留日学生の境遇と選択：プランゲ文庫で辿る「国家像」』中国文庫株式会社、2017 年。

町泉寿郎編著『渋沢栄一は漢学とどう関わったか』ミネルヴァ書房、2017 年。

筒井清忠『日本型「教養」の運命——歴史社会学的考察』岩波現代文庫、1995 年。

丸山真男『丸山真男集』第 4 巻、岩波書店、1995 年。

尾崎行雄『尚武論』博文堂、1893 年。

小島淑男『留日学生の辛亥革命』青木書店、1989 年。

小野寺史郎『中国ナショナリズム：民族と愛国の近現代史』中公新書、2017 年。

厳安生『日本留学精神史——近代中国知識人の軌跡』岩波書店、1991 年。

伊藤虎丸編『創造社資料別巻・創造社研究』アジア出版、1979 年。

早稲田大学大学史編集所『早稲田大学百年史』第 1 巻、早稲田大学出版部、1978 年。

植手通有編『徳富蘇峰集』（明治文学全集 34）、筑摩書房、1974 年。

中村元哉編『憲政から見た現代中国』東京大学出版会、2018 年。

周一川『中国女性の日本留学史研究』国書刊行会、2000 年。

周一川『近代中国人日本留学の社会史：昭和前期を中心に』東信堂、2020 年。

竹内洋『学歴貴族の栄光と挫折』講談社学術文庫、2011 年。

3. 论文

坂元ひろ子「中国民族主義の神話——進化論・人種観・博覧会事件」『思想』第 849 号、1995 年 3 月。

川島真「日本と台湾における清末民初留日学生関係資料——中国留日学生監督処文献・外務部档案・教育部档案」『中国研究月報』第 48 巻第 7 号、1994 年 7 月。

大里浩秋「日本人の見た秋瑾——秋瑾史実の若干の再検討」『中国研究月報』第 453 号、1985 年 11 月。

大里浩秋「『日華学報』目次」『人文学研究所報』第 38 号、2005 年 3 月。

二見剛史・佐藤尚子「〈付〉中国人日本留学史関係統計」『国立教育研究所紀要』第 94 集、1978 年 3 月。

范文玲「郁達夫『沈淪』の主人公は本当に『自殺』したのか——新たな読みの可能性を探る」『野草』第 99 号、2017 年 3 月。

高田昭二「創造社の小説に見られる『反日』と『親日』」『学術紀要』第 32 号、1972 年 3 月。

関智英「日中戦争前後における日中間交渉の一形態——王子恵と彼を巡る人々」『現代中国研究』第 35・36 合併号、2015

年11月。

　何義麟「戦後日本における台湾人華僑の苦悩──国籍問題とそのアイデンティティーの変容を中心として」『大原社会問題研究所雑誌』第679号、2015年5月。

　横井和彦・高明珠「民国初期における帰国留学生のパフォーマンスからみた留学生政策の効果──中国科学社と中華学芸社の此較を中心として（上）」『経済学論叢』第66巻第4号、2015年3月。

　横井和彦・高明珠「民国初期における帰国留学生のパフォーマンスからみた留学生政策の効果──中国科学社と中華学芸社の此較を中心として（下）」『経済学論叢』第67巻第1号、2015年7月。

　胡穎「博士学位論文　清末の中国人日本留学生に関する研究──主に留学経費の視点から」『言語と文化論集』特別号、2017年3月。

　見城悌治「1940年における『中華民国留日学生会』の創設と日華学会」『中国研究月報』第800号、2014年10月。

　見城悌治「戦時下日本における『満州国』留学生たちの『修錬』活動──『満州国留日学生会会報』から見る日本体験の一側面」『人文研究（千葉大学）』第46号、2017年3月。

　見城悌治「戦時下日本における『満州国』留学生たちの運動会」『国際教養学研究（千葉大学）』第2号、2018年3月。

　李麗君「1920年代：郁達夫の社会文化的研究（二）：作家としての経済生活の様相」『比較社会文化研究』第13号、2003年3月。

　李麗君「1920年代における郁達夫の同時代批評再考」『言語文化論究』第26号、2011年2月。

　李思斉「満州国留学生予備校についての一研究：第六期卒業生の証言及び資料に基づいて」『言語社会』第11号、2017年

3 月。

呂順長「清末『五校特約』留学と浙江省の対応」『中国研究月報』第 600 号、1998 年 2 月。

潘吉玲「中華学芸社の設立：革命から学術救国へ――中国の近代的学術団体草創の一断面」『アジア太平洋研究科論集』第 27 号、2014 年 3 月。

潘吉玲「上海学芸大学の設立と挫折：1920 年代半ばの教育・政治・対日関係の挟間で」『アジア教育』第 9 号、2015 年 10 月。

潘吉玲「『特選留学生』学費補給制度（1924―1940 年）に関する研究」早稲田大学地域・地域間研究機構『次世代論集』第 3 号、2018 年 3 月。

三崎裕子「東京女医学校・東京女子医学専門学校中国人留学生名簿――1908 年から1942 年まで」『辛亥革命研究』第 8 号、1988 年 12 月。

沈国威「日本発近代知への接近――梁啓超の場合」『東アジア文化交渉研究』第 2 号、2009 年 3 月。

孫瑛鞠「清末中国人日本留学生の近代国民意識形成に関する一考察」『中国研究月報』第 849 号、2018 年 11 月。

田遠「博士学位論文　終戦直後における中国人留日学生の境遇と選択：1945―1952――主に『中国留日学生報』を通じて」『言論と文化論集』特別号、2015 年 3 月。

土屋由香「文化冷戦と留学オリエンテーション映画――占領下の日本および沖縄における『ガリオア留学』」『愛媛法学会雑誌』第 42 巻第 1 号「戸沢健次郎教授退職紀念号」、2015 年 5 月。

王新生「留日学生と初期の中国共産党」『駒沢史学』第 85 号、2016 年 3 月。

王雪萍「在日中国人メディアが記録した留日学生の思想及び生活面の変化――中国留日同学総会の機関紙『中国留日学生報』

（1947—1949）を手がかりに」『東洋大学社会学部紀要』第 57 巻第 1 号、2019 年 12 月。

　　呉書雅「戦後の台湾留学生派遣政策の変容」『広島大学高等教育研究開発センター　大学論集』第 43 集、2012 年 3 月。

　　夏暁虹「和文漢読法」『清末小説から』第 53 号、1999 年 4 月。

　　相沢敬久「ジャポニズムにおける日本像：『蝶々夫人』を読む」『茨城大学人文学部紀要　人文学科論集』第 26 号、1993 年 3 月。

　　羽田美也子「ジョン・パリス作『キモノ』——最も物議を醸したジャポニズム小説」『国際文化表現研究』第 3 号、2007 年 3 月。

　　郁峻峰著、中井政喜訳「郁達夫と日本人女性お雪」（上・下）、『中国文芸研究会会報』第 236・237 号、2001 年 6・7 月。

　　中村みどり「中国におけるジャポニズム小説の変容——『菊子夫人』をめぐる異国情緒と民族意識」『野草』第 91 号、2013 年 2 月。

　　佐伯富「清代雍正朝における養廉銀の研究（三）——地方財政の成立をめぐって」『東洋史研究』第 30 巻第 4 号、1972 年 3 月。

后　记

　　《团体与日常：近代中国留日学生的生活史》（以下简称《团体与日常》）这部书，我从 2019 年底就与孙安石、大里浩秋教授等开始策划，但随后的疫情及我个人的俗事繁杂与慵懒，确实在相当程度上迟滞了编撰、联络和出版的计划，这是不能不向合作的中、日、韩三国学者及各位研究同行与读者致歉的。当然，你们的信赖、鼓励、支持、督促是我们克服各种困难，坚持编撰和出版的最大动力。

　　最初策划这部书，与我个人所受的学术触动有关。一是我向一些杂志投寄关于近代中国留日学生研究的稿件时，在收到的匿名审稿专家意见中往往有专家提醒：该文没有关注日本学界的最新研究成果，如大里浩秋・孙安石编『中国人日本留学史研究の現段階』（御茶の水書房、2002 年）、『留学生派遣から見た近代日中関係史』（御茶の水書房、2009 年）。编辑同志也会善意地提醒我补充这些成果。这不仅反映了大里浩秋、孙安石教授等人的研究成果获得了中国同行的关注和肯定，而且某种程度上代表着日本学界关于近代中国留日学生研究的学术前沿和最新水平。二是上海人民出版社于 2014 年 3 月推出了大里浩秋、孙安石教授编著《近现代中日留学生史研究新动态》，向中国学界推介日本学界关于近代中国留日学生研究的代表性成果，使我深受启发，即是否可以在中国继续推介日本学界的最新成果，以资中国研究者借鉴和促进中日学界关于近代中国留日学生研究的切磋交流？三是在收集和介绍日本学界相关成果，以及与日韩学者交流过程中，我逐渐萌生了与日韩学者合作编撰书稿的想法。

这一想法也与我曾在日本学习、工作，参与中日共同历史研究的学术服务，参加中、日、韩三国"历史认识与东亚和平"论坛及三国共同编写历史辅助教材的研究实践有关。2006 年，我在东京大学综合文化研究科学习期间，一次偶然的机会与导师王新生教授在东京车站巧遇时任北海道大学副教授川岛真（现任东京大学教授），川岛副教授获悉我当时正在做的博士学位论文以日本政府的中国留日学生政策为题，便推荐我到神奈川大学参加大里浩秋、孙安石教授主持的中国留日学生史研究会的活动。同年 7 月 15 日，我在神奈川大学参加了该研究会的报告会，听取了涉谷玲奈的学术报告《二战后在日华侨和留学生的整合——以与华侨、留学生有关的出版物为主要资料》，受益良多。相比时间安排紧凑的大型学术研讨会，这种研究会以半天时间集中讨论一两篇文章的方式对我触动更大。此后，我经常关注该研究会的学术活动，与该研究会的不少学者保持交流。需要特别指出的是，作为王新生教授同学的留日学生史研究专家周一川教授也是该研究会的重要成员，同期给我诸多帮助和指导。2011—2012 年我在日本大学国际关系学部担任讲师期间，一有机会就参加该校的一些研究会活动。这种学术共同体或合作研究的模式，在 2006 年底至 2009 年底的中日共同历史研究和 2002 年至今连续举办 19 届的"历史认识与东亚和平"论坛，以及中、日、韩三国共同编撰《东亚三国的近现代史》《超越国境的东亚近现代史》的历史辅助教材中体现得更加彻底，不同的历史认识、不同的学术观点的交锋更加激烈，但取得的历史"共识"和研究成果也更具学术价值，更有现实意义。

随着现代科学技术的加速发展和"知识爆炸"，一方面学科析分越来越细，从古代的经史子集四部分出数十个学科，其中历史学又分为考古学、中国史、世界史三个一级学科，每个一级学科又分为若干二级学科，若干二级学科之下又细分三级学科或若干研究方向，依次类推，继续细化，以致过于"碎片化"，导致一些研究"只见树木，不见森林"；另一方面，人们又希望透过现象看本质，提倡跨科学研究、融学科研究。如何避免这两个发展方向的"悖论"，而使之走向辩证统一，是推进新时代中国历史学学科体系、学术体系、话语体系建设的关键问题之一。人生有涯而知识无涯。当代社会，或有极少数人或个别奇才可以通古今、贯东西而无所不晓，但大多数人穷其一生也未必精通一门学科，若泛泛涉猎多门学科，恐皆无所成。故跨学科研究、融合各科知识，往往非一人之力，而需要集体攻关、联合研究。目前，中国学界的近代中国留学史研究，往往侧重中国留学生的"出国史"和"回国史"，而最重要的国外"留学史"研究却较为薄弱，这需要各国学者的通力合作。

2019 年，我受大里浩秋、孙安石教授之邀，赴日本神奈川大学参加中国留日学生史研究会的学术活动，而孙安石教授也受邀到中国参加学术会议，在数次见面和把酒言欢中坦诚交流共同编写《团体与日常》的想法与计划，一拍即合。随之，我们商定具体分工：孙安石、大里浩秋教授除各自撰写一章外，还负责组织日本学者和在日中国学者的文稿；神奈川大学博士研究生郭梦垚除自撰一章外，还负责协调其他日文文稿的中文翻译与校对；徐志民除自撰一章外，主要负责该书中文版的统稿，以及与社会科学文献出版社联系，沟通与协调中、日、韩各方。原本设定的题目是"中国留学生史研究和中日关系史"，但由于本书的内容主要是近代中国留日学生的在日团体及其日常生活，后修改为"团体与日常：近代中国留日学生的生活史"，相对符合实际。在社会科学文献出版社宋荣欣、邵璐璐同志的帮助下，我们从书名、章节排序、各级标题、内容布局、注释规范等方面进行了反复调整、认真校对和修改完善。特别是部分日文书稿，为保持编写体例、表述规范的一致，郭梦垚几乎进行了重新翻译和校对。

兹将各章分工介绍如下：

前　言　孙安石

第一章　大里浩秋

第二章　郭梦垚

第三章　孙安石

第四章　胡颖

第五章　栾殿武

第六章　川岛真

第七章　李晓东

第八章　周一川

第九章　中村みどり

第十章　潘吉玲

第十一章　徐志民

第十二章　见城悌治

第十三章　荒川雪

参考文献　徐志民、郭梦垚

后　记　徐志民

作者简介附后。

各位作者和译者虽然认真和努力，也曾反复修改和校对，但由于我们能力有限、水平不足，错漏恐在所难免，恳请学界同人批评指正。这既是对我们的关爱，也是我们学术成长道路上必要的鞭策与鼓励。最后，我们特别感谢书稿的匿名审稿专家的宝贵意见和推荐支持，特别感谢中国历史研究院的出版资助，无以为报，唯有努力！

徐志民

2022 年 2 月 22 日

作者简介

大里浩秋

神奈川大学外国语学部名誉教授

研究方向：中国近现代史、中日关系史

主要著述：「日本人の見た秋瑾——秋瑾史実の若干の再検討」（『中国研究月報』第 453 号、1985 年 11 月）、「『官報』を読む」（『中国人日本留学史研究の現段階』御茶の水書房、2002 年）、《近现代中日留学生史研究新动态》（编著，上海人民出版社 2014 年版）、『中国人留学生と「国家」・「愛国」・「近代」』（共編、東方書店、2019 年）、『東アジアにおける租界研究：その成立と展開』（共編、東方書店、2020 年）。

郭梦垚

神奈川大学外国语学研究科博士研究生

研究方向：中国近现代史、中日关系史

主要著述：「清末中国人日本留学生の初期活動について：励志会と訳書彙編社を中心に」（『中国人留学生と「国家」・「愛国」・「近代」』東方書店、2019 年）、《湖广总督张之洞之孙张厚琨的日本留学》（《佛教、历史、留学交流视角下的近代东亚和日本》，台北，博扬文化 2021 年版）、「清国留学生会館の設立と励志会・訳書彙編社との関係について」（『中国研究月報』第 885 号、2021 年 11 月）。

孙安石

神奈川大学外国语学部教授

研究方向：中国近现代史、中日关系史、上海都市史

主要著述：《近现代中日留学生史研究新动态》（编著，上海人民出版社 2014 年版）、『増補改訂　戦争・ラジオ・記憶』（共編、勉誠出版、2015 年）、『上海モダン「良友」画報の世界』（共編、勉誠出版、2018 年）、『中国人留学生と「国家」・「愛国」・「近代」』（共編、東方書店、2019 年）、「清末の中国人留学生と『昆虫採集』、そして浙江省『昆虫局』」（『人文研究』第 203 号、2021 年 9 月）。

胡颖

神奈川大学外国语学部外聘讲师

研究方向：中国近现代史、中日关系史

主要著述：《清末奉天留日学生研究》［《九江学院学报》（社会科学版）2015 年第 3 期］、「留学経費を中心に見る清末直隷省の留日学生派遣」（『中国研究月報』第 819 号、2016 年 5 月）、『清末の中国人日本留学：派遣と経費を中心に』（学術研究出版、2021 年）。

栾殿武

武藏野大学环球学院教授

研究方向：中日比较文学和比较文化论、清末留日学生生活史

主要著述：『漱石と魯迅における伝統と近代』（勉誠出版、2004 年）、「中国人留学生の日記から読み取る日常生活：下宿屋という都市空間を中心に」（『中国人留学生と「国家」・「愛国」・「近代」』東方書店、2019 年）、《中国绘画史》（译著，上海书画出版社 2020 年版）、《从〈日华学堂日志〉的视角解读日华学堂的宿舍管理和外出》（《佛教、历史、留学交流视角下的近代东亚和日本》，台北，博扬文化 2021 年版）。

川岛真

东京大学大学院综合文化研究科教授

研究方向：亚洲政治外交史

主要著述：《1945 年的历史认识：围绕"终战"的中日对话尝试》（合编，社会科学文献出版社 2010 年版）、『近代国家への模索：1894—1925』（岩波書店、2010 年）、《中国近代外交的形成》（北京大学出版社 2012 年版）、『中国のフロンティア：揺れ動く境界から考える』（岩波書店、2017 年）、『中国の外交戦略と世界秩序：理念・政策・現地の視線』（編著、昭和堂、2019 年）、『UP plusアフターコロナ時代の米中関係と世界秩序』（編著、東京大学出版会、2020 年）。

李晓东

岛根县立大学国际关系学部东北亚开发研究科教授

研究方向：近代中国政治思想史、中日关系史

主要著述：《东亚的民本思想与近代化——以梁启超的国会观为中心》（台北，中研院东北亚区域研究 2001 年版）、『近代中国の立憲構想：厳復・楊度・梁啓超と明治啓蒙思想』（法政大学出版局、2005 年）、『現代中国の省察：「百姓」社会の視点から』（国際書院、2018 年）。

周一川

神奈川大学人文学研究所客座研究员（原日本大学理工学部教授）

研究方向：中日文化交流史、中国留学日本史、近代中国女性留学日本史

主要著述：『中国女性の日本留学史研究』（国書刊行会、2000 年）、《近代中国女性的日本留学史》（社会科学文献出版社 2007 年版）、『近代中国人日本留学の社会史』（東信堂、2020 年）。

中村みどり

早稲田大学商学学术院教授

研究方向：中国近现代文学、中日比较文学与电影

主要著述：《〈蝴蝶夫人〉：从好莱坞电影到施蛰存与穆时英的小说》（《现代中文学刊》第 44 期，华东师范大学出版社 2016 年版）、《沦陷上海的叙述与故事：陶晶孙的文学阵地》（《史料与阐释》第 4 期，复旦大学出版社 2016 年版）、『上海モダン「良友」画報の世界』（共编、勉誠出版、2018 年）、「青島興亡をめぐる民族意識と父の記憶：洪深の映画脚本『劫後花』を中心に」（『夜の華　中国モダニズム研究会論』中国文庫、2021 年）。

潘吉玲

神奈川大学人文学研究所客座研究员

研究方向：中日关系史、中国人留学生史

主要著述：「中華学芸社とその機関誌『学芸』について」（『中国人留学生と「国家」・「愛国」・「近代」』東方書店、2019 年）、「中国の日本研究専門雑誌『日本評論』およびその前身雑誌について」（『中国研究月報』第 862 号、2019 年 12 月）、「『対支文化事業』をめぐる日中両国学者の連携：中華学芸社の動きを中心に」（『アジア教育』第 14 巻、2020 年 11 月）。

徐志民

中国社会科学院历史理论研究所研究员、中国历史研究院中国历史学学科体系学术体系话语体系研究中心主任、中国社会科学院大学教授

研究方向：中日关系史、中国革命史、西藏地方史

主要著述：《西藏史话》（社会科学文献出版社 2011 年版）、《战后日本人的战争责任认识研究》（社会科学文献出版社 2012 年

版）、《留学、战争与善后：近代中日关系史研究》（浙江古籍出版社 2020 年版）、《近代日本的中国留日学生政策史》（中国社会科学出版社 2020 年版）。

见城悌治
千叶大学大学院国际学术研究院教授

研究方向：近代日本思想文化史、东亚文化交流史

主要著述：「1940 年の『中華民国留日学生会』と日華学会」（『中国研究月報』第 800 号、2014 年 10 月）、『留学生は近代日本で何を学んだのか：医薬・園芸・デザイン・師範』（日本経済評論社、2018 年）、「『中華民国医事綜覧』から見る近代中国の医学者と留学歴：日本留学者を中心に」［『国際教養学研究（千葉大学）』第 5 号、2021 年 3 月］、『近代社会を支える「民」の育成と渋沢栄一』（編著、ミネルヴァ書房、2021 年）。

荒川雪
东洋大学社会学部教授

研究方向：中日关系史、中国留学生史、媒体史

主要著述：《当代中国留学政策研究：1980—1984 年赴日国家公派本科留学生政策始末》（世界知识出版社 2009 年版）、《大潮涌动：改革开放与留学日本》（合编，社会科学文献出版社 2010 年版）、『戦後日中関係と廖承志：中国の知日派と対日政策』（編著、慶應義塾大学出版会、2013 年）、《跨越疆界：留学生与新华侨》（合编，社会科学文献出版社 2014 年版）、『変容する中華世界の教育とアイデンティティ』（共編、国際書院、2017 年）。

图书在版编目（CIP）数据

团体与日常：近代中国留日学生的生活史／徐志民
等著. -- 北京：社会科学文献出版社，2022.8
中国历史研究院学术出版资助项目
ISBN 978 - 7 - 5201 - 9434 - 1

Ⅰ.①团…　Ⅱ.①徐…　Ⅲ.①留学生 - 社会生活 - 历
史 - 日本 - 近代　Ⅳ.①G649.313

中国版本图书馆 CIP 数据核字（2021）第 257829 号

中国历史研究院学术出版资助项目

团体与日常：近代中国留日学生的生活史

著　者／徐志民　〔韩〕孙安石　〔日〕大里浩秋 等

出 版 人／王利民
责任编辑／邵璐璐
责任印制／王京美

出　　版／社会科学文献出版社·历史学分社（010）59367256
　　　　　地址：北京市北三环中路甲 29 号院华龙大厦　邮编：100029
　　　　　网址：www.ssap.com.cn
发　　行／社会科学文献出版社（010）59367028
印　　装／北京盛通印刷股份有限公司

规　　格／开 本：787mm × 1092mm　1/16
　　　　　印 张：24　字 数：333 千字
版　　次／2022 年 8 月第 1 版　2022 年 8 月第 1 次印刷
书　　号／ISBN 978 - 7 - 5201 - 9434 - 1
定　　价／128.00 元

读者服务电话：4008918866